高等院校物流管理专业系列教材·物流企业岗位培训系列教材

国际物流与货运代理

（第2版）

田振中　王红梅 ◎ 主　编
周惠昨　刘文歌 ◎ 副主编

清华大学出版社
北京

内容简介

本书根据国际物流与货运代理发展的新特点，结合实际运营，系统介绍了国际物流业务与国际贸易、国际海上货运代理、国际陆空货运代理、国际多式联运、国际物流报关报检、国际物流保险、国际物流租船等国际物流与货运代理的基础理论知识，并通过实证案例分析讲解，以提高读者的应用能力。

本书既可作为普通高等院校本科物流管理及国际贸易等专业的教材，同时兼顾高职高专、应用型大学的教学，也可作为外贸与工商企业从业者的培训教材，还可作为全国国际货运代理行业从业人员岗位资格专业证书考试指导教材。

本书封面贴有清华大学出版社防伪标签，无标签者不得销售。
版权所有，侵权必究。举报：010-62782989，beiqinquan@tup.tsinghua.edu.cn。

图书在版编目(CIP)数据

国际物流与货运代理/田振中，王红梅主编．—2版．—北京：清华大学出版社，2019(2025.1重印)
(高等院校物流管理专业系列教材·物流企业岗位培训系列教材)
ISBN 978-7-302-52166-2

Ⅰ.①国… Ⅱ.①田… ②王… Ⅲ.①国际贸易－物流－高等学校－教材 ②国际货运－代理－高等学校－教材 Ⅳ.①F252 ②F511.41

中国版本图书馆 CIP 数据核字(2019)第 018979 号

责任编辑：贺　岩
封面设计：汉风唐韵
责任校对：王荣静
责任印制：宋　林

出版发行：清华大学出版社
网　　址：https://www.tup.com.cn, https://www.wqxuetang.com
地　　址：北京清华大学学研大厦 A 座　　邮　　编：100084
社 总 机：010-83470000　　邮　　购：010-62786544
投稿与读者服务：010-62776569, c-service@tup.tsinghua.edu.cn
质量反馈：010-62772015, zhiliang@tup.tsinghua.edu.cn
印 装 者：大厂回族自治县彩虹印刷有限公司
经　　销：全国新华书店
开　　本：185mm×230mm　　印　张：21.75　　字　数：446 千字
版　　次：2012 年 2 月第 1 版　2019 年 7 月第 2 版　　印　次：2025 年 1 月第 7 次印刷
定　　价：58.00 元

产品编号：079990-01

高等院校物流管理专业系列教材·物流企业岗位培训系列教材

编审委员会

主　任

　　牟惟仲　中国物流技术协会理事长、教授级高级工程师

副主任

　　翁心刚　北京物资学院副院长、教授
　　冀俊杰　中国物资信息中心原副主任、总工程师
　　张昌连　中国商业信息中心原主任、总工程师
　　吴　明　中国物流技术协会副理事长兼秘书长、高级工程师
　　李大军　中国物流技术协会副秘书长、中国计算机协会市场
　　　　　　发展分会秘书长

委　员

　　吴江江　宋承敏　赵志远　郝建忠　鲁瑞清　周　平
　　车亚军　张建国　刘徐方　田振中　孟乃奇　李爱华
　　王　松　张劲珊　刘　华　林玲玲　赵立群　郑秀恋
　　孙　军　刘丽艳　李耀华　丁玉书　罗佩华　刘晓晓
　　王　艳　郑秋阳　李　青　于汶艳　温卫娟　刘阳威

总编室

　　总　编：李大军
　　副总编：孙　军　田振中　刘丽艳　李爱华　刘徐方

序言 Xuyan

物流是国民经济的重要组成部分,也是我国经济发展新的增长点。加快我国现代物流发展,对调整经济结构、促进产业升级、优化资源配置、改善投资环境、增强综合国力和企业竞争能力、提高经济运行质量与效益、实现可持续发展战略、推进经济体制与经济增长方式的根本性转变,具有重要而深远的意义。

为推动我国现代物流业的健康快速发展,国务院陆续下发《国务院关于印发物流业调整和振兴规划的通知》(国发〔2009〕8号)、《国务院办公厅关于促进物流业健康发展政策措施的意见》(国办发〔2011〕38号)、《国务院办公厅关于促进内贸流通健康发展的若干意见》(国办发〔2014〕51号)等多个文件。同时,制定和完善了相关配套政策措施,以有序实施促进物流企业加大整合、改造、提升、转型的力度,并逐步实现转型发展、集约发展、联动发展及融合发展。通过物流的组织创新、技术创新和服务创新,在保障我国物流总量平稳较快增长的同时,加快供需结构、地区结构、行业结构、人力资源结构、企业组织结构的调整步伐,创新服务模式,提高服务能力,以满足经济建设与社会发展的需要。

国家"一带一路、互联互通"总体发展倡议的制定和实施,不仅有力地促进了我国物流产业的国际化发展,而且使我国迅速融入全球经济一体化的进程,中国市场国际化的特征越发凸显。

物流既涉及国际贸易、国际商务活动等外向型经济领域,也涉及交通运输、仓储配送、通关报检等多个业务环节。当前面对世界经济的迅猛发展和国际市场激烈竞争的压力,加强物流科技知识的推广应用,加快物流专业技能型应用人才的培养,已成为我国经济转型发展亟待解决的问题。

需求促进专业建设,市场驱动人才培养。针对我国高校物流教材陈旧和知识老化急需更新的问题,同时为了适应国家经济发展和社会就业急需,满足物流行业规模发展对操作技能型人才的需求,在中国物流技术协会的支持下，我们组织北京物资学院、大连工业大学、北京城市学院、吉林工程技术师范学院、北京财贸职业学院、郑州大学、哈尔滨理工大学、燕山大学、浙江工业大学、河北理工大学、华北水利水电大学、江西财经大学、山东外贸职业学院、吉林财经大学、广东理工大学、辽宁中医药大学、郑州升达经贸管理学院等全国20多个省市高职高专院校及应用类大学物流管理专业的主讲教师和物流企业经理，共同编撰了本套教材，旨在提高高等院校物流管理专业学生和物流行业从业者的专业技术素质，更好地服务于我国物流产业和物流经济。

本套教材作为普通高等院校物流管理专业的特色教材，融入了物流运营管理的最新实践教学理念，坚持以科学发展观为统领，力求严谨，注重与时俱进。根据物流业发展的新形势和新特点，依照物流活动的基本过程和规律，全面贯彻国家"十三五"教育发展规划，按照物流企业对用人的需求模式，结合学生就业加强实践能力训练，注重校企结合、贴近物流行业企业业务实际，注重新设施设备操作技术的掌握，强化实践技能与岗位应用培养训练，并注重教学内容和教材结构的创新。

本套教材根据高等院校"物流管理"专业教学大纲和课程设置，各教材的出版对强化物流从业人员教育培训、提高经营管理能力，对帮助学生尽快熟悉物流操作规程与业务管理，毕业后顺利就业具有特殊意义。

本套教材既可作为本科和高职院校物流管理专业的教材，也可以用于物流、商务贸易等企业在职员工培训。

中国物流技术协会理事长　牟惟仲
2017年12月于北京

前言

Qianyan

物流是流通的命脉，是国民经济的基础，也是国家经济建设的重要支撑。国际物流与货运代理既是物流系统中的重要组成部分，也是物流运营的关键环节；国际物流与货运代理的现代化运营管理对规范经营、完善服务、降低成本、减少损失、提高经济效益、提升物流品质、获取国内外客户满意度等各方面具有积极的促进作用，对物流企业经济运行的质量和效益可产生重大影响，并在国际间大物流中发挥着衔接、协调、枢纽等重要作用。因而，越来越受到我国物流行业主管部门和物流企业的重视。

当前，随着国家"一带一路、互联互通"总体发展倡议的快速推进，面对物流市场国际化的迅速发展与激烈竞争，对从事国际物流与货运代理运营人员素质的要求越来越高，社会物资流通和物流产业发展急需大量具有国际物流与货运代理扎实理论知识与实际运作技能的复合型专门人才。

本书自 2012 年出版以来，因写作质量高、突出应用能力培养而深受各高等院校的欢迎，目前已经重印 5 次。此次再版，作者审慎地对原书进行了反复论证、精心设计，包括调整结构、压缩篇幅、补充知识、增加技能训练等相应修改，以使其更贴近现代物流产业发展实际，更好地为国家物流经济和教学服务。

本书共十章，主要介绍国际物流业务与国际贸易、国际海上货运代理、国际陆空货运代理、国际多式联运、国际物流报关报检、国际物流保险、国际物流租船等国际物流与货运代理的基础理论知识，并通过实证案例分析讲解，以提高读者的应用能力。

本书由李大军筹划并具体组织，田振中和王红梅任主编，田振中统改稿，周惠昨、刘文歌为副主编，由刘丽艳教授审订，王艳教授复审。作者编写分工如下：牟惟仲（序言），田振中（第一、二章），郭晓燕（第三章），务鑫（第四章），周惠昨（第五章），雷燕（第六章），刘文歌（第七章），王红梅（第八、九章），范晓莹（第十章），李晓新（文字修改、版式调整、课件制作)。

在再版过程中,我们参考了国内外有关国际物流与货运代理的最新书刊资料和国家历年颁布实施的相关法规和管理规定,并得到编委会及物流货运代理企业有关专家教授的指导,刘文歌等业界人士对本书的出版给予了很大帮助,在此一并致谢。为配合教学,特提供配套电子课件,读者可以从清华大学出版社网站(www.tup.com.cn)免费下载。因作者水平有限,书中难免有疏漏和不足之处,恳请同行和广大读者批评指正。

编　者
2018 年 8 月

目录

第一章 国际物流基础知识 … 1

第一节 国际物流概述 … 2
一、国际物流的定义与内涵 … 2
二、国际物流的特点 … 3
三、国际物流的功能 … 5

第二节 国际物流的构成要素 … 8
一、国际物流主体 … 8
二、国际物流线路 … 16
三、国际物流节点 … 18

第三节 国际物流的产生与发展 … 20
一、国际物流产生的动因 … 20
二、国际物流发展的推动力 … 21
三、国际物流的发展历程 … 22
四、国际物流的发展趋势 … 24

第四节 国际物流的特殊形式 … 27
一、展品物流 … 28
二、快递物流 … 28
三、应急物流 … 29
四、保税物流 … 31

第二章 国际货运代理基础知识 … 38

第一节 国际货运代理的定义及类别 … 39
一、国际货运代理的定义 … 39
二、国际货运代理的类别 … 41

第二节 国际货运代理的业务内容 …… 42
　　一、代理人型国际货运代理业务内容 …… 42
　　二、当事人型国际货运代理业务内容 …… 44
第三节 国际货运代理的法律责任 …… 46
　　一、国际货运代理的法律地位 …… 46
　　二、国际货运代理的法律责任概述 …… 47
第四节 国际货运代理的行业管理 …… 48
　　一、国际货运代理管理制度 …… 49
　　二、国际货运代理标准交易条件 …… 52
第五节 国际货运代理的发展历程及趋势 …… 53
　　一、国际货运代理的发展历程 …… 53
　　二、国际货运代理的发展趋势 …… 55

第三章　国际贸易基础知识 …… 59

第一节 国际贸易概述 …… 60
　　一、国际贸易的含义 …… 60
　　二、国际贸易的分类 …… 60
　　三、国际贸易方式 …… 62
第二节 国际贸易术语 …… 65
　　一、国际贸易术语概述 …… 65
　　二、国际贸易术语解释 …… 65
　　三、商品价格 …… 71
第三节 国际商品贸易 …… 72
　　一、商品品名 …… 72
　　二、商品品质 …… 73
　　三、商品数量 …… 74
　　四、商品包装 …… 76
第四节 国际贸易支付方式 …… 77
　　一、汇付支付方式 …… 77
　　二、托收支付方式 …… 80
　　三、信用证支付方式 …… 81
第五节 商业单证 …… 84
　　一、信用证 …… 84
　　二、商业发票 …… 90

三、装箱单 ······ 90

第四章　国际海上货运代理实务 ······ 94

第一节　国际海上货物运输概述 ······ 95
一、国际海上货物运输的概念及特点 ······ 95
二、国际海上货物运输船舶运营方式 ······ 96
三、国际海上货运代理的性质 ······ 98

第二节　杂货班轮运输货运代理实务 ······ 98
一、杂货班轮运输货运代理业务流程 ······ 98
二、杂货班轮运输货运代理业务单证 ······ 103

第三节　集装箱班轮运输货运代理实务 ······ 107
一、整箱货班轮运输货运代理业务流程 ······ 107
二、整箱货班轮运输货运代理业务单证 ······ 111
三、拼箱货班轮运输货运代理业务流程及单证 ······ 117

第四节　班轮运输的运价与运费 ······ 119
一、班轮运价概述 ······ 119
二、班轮运价表 ······ 120
三、班轮运费的计算 ······ 123

第五节　提单和无船承运人提单 ······ 125
一、提单的定义和性质 ······ 125
二、提单的种类 ······ 127
三、提单的内容 ······ 131
四、无船承运人提单 ······ 136

第五章　国际陆空货运代理实务 ······ 141

第一节　国际航空货运代理实务 ······ 142
一、国际航空货物运输概述 ······ 142
二、国际航空货运代理业务流程 ······ 145
三、国际航空货运代理业务单证 ······ 149
四、国际航空货运费用 ······ 157

第二节　国际铁路货运代理实务 ······ 172
一、国际铁路货物运输概述 ······ 172
二、国际铁路货运代理业务流程 ······ 175
三、国际铁路货运代理业务单证 ······ 178

　　　　四、国际铁路货物运输费用 ··· 181
　　第三节　国际公路货运代理实务 ··· 187
　　　　一、国际公路货物运输概述 ··· 187
　　　　二、国际公路货运代理业务流程 ··· 190
　　　　三、国际公路货运代理业务单证 ··· 191
　　　　四、国际公路货物运输费用 ··· 192

第六章　国际多式联运实务 ··· 198
　　第一节　国际多式联运概述 ··· 199
　　　　一、国际多式联运的特点及优越性 ··· 199
　　　　二、国际多式联运的种类 ··· 201
　　　　三、国际多式联运经营人的含义及分类 ······································· 203
　　　　四、国际多式联运经营人的基本条件 ··· 204
　　第二节　国际多式联运业务的流程及单据 ··· 205
　　　　一、国际多式联运业务流程 ··· 205
　　　　二、国际多式联运业务单据 ··· 207
　　第三节　国际多式联运的单一运费率 ··· 210
　　　　一、单一运费率的构成 ··· 210
　　　　二、单一运费率的制定策略 ··· 212
　　第四节　国际多式联运经营人的赔偿责任 ··· 213
　　　　一、国际多式联运经营人的责任期间 ··· 213
　　　　二、国际多式联运经营人的赔偿责任基础 ····································· 213
　　　　三、国际多式联运经营人的赔偿责任形式 ····································· 214
　　　　四、国际多式联运经营人的赔偿责任限额 ····································· 215
　　第五节　我国国际多式联运的发展 ··· 216
　　　　一、我国国际多式联运发展现状 ··· 216
　　　　二、我国国际多式联运发展对策 ··· 218

第七章　国际物流报关实务 ··· 220
　　第一节　国际物流报关概述 ··· 221
　　　　一、报关的相关概念 ··· 221
　　　　二、报关的范围及内容 ··· 223
　　　　三、报关货物的种类 ··· 224
　　　　四、报关的基本程序 ··· 226

第二节　一般进出口货物报关程序 …………………………………………… 228
　　　　一、进出口申报 …………………………………………………… 228
　　　　二、配合查验 ……………………………………………………… 230
　　　　三、缴纳税费 ……………………………………………………… 231
　　　　四、提取或装运货物 ……………………………………………… 236
第三节　进出口货物报关单 …………………………………………………… 237
　　　　一、进出口货物报关单概述 ……………………………………… 237
　　　　二、进出口货物报关单的填制 …………………………………… 237
第四节　我国报关员业务管理与发展 ………………………………………… 253
　　　　一、我国报关员相关管理制度 …………………………………… 253
　　　　二、提升报关员职业素质的途径 ………………………………… 253

第八章　国际物流报检实务 …………………………………………………… 257

第一节　国际物流报检概述 …………………………………………………… 258
　　　　一、出入境检验检疫概述 ………………………………………… 258
　　　　二、报检相关概念 ………………………………………………… 264
第二节　出入境货物报检 ……………………………………………………… 267
　　　　一、入境货物报检 ………………………………………………… 267
　　　　二、出境货物报检 ………………………………………………… 269
第三节　出入境货物检验检疫单证 …………………………………………… 271
　　　　一、出入境货物报检单填制的一般要求 ………………………… 271
　　　　二、"入境货物报检单"的填制内容 …………………………… 271
　　　　三、"出境货物报检单"的填制内容 …………………………… 274

第九章　国际物流保险实务 …………………………………………………… 280

第一节　国际物流保险概述 …………………………………………………… 281
　　　　一、国际货运保险的含义 ………………………………………… 281
　　　　二、国际保险的基本原则 ………………………………………… 281
第二节　国际海上货物运输保险 ……………………………………………… 283
　　　　一、国际海上货物运输承保风险 ………………………………… 283
　　　　二、国际海上货物运输承保损失 ………………………………… 284
　　　　三、国际海上货物运输承保费用 ………………………………… 286
　　　　四、国际海上货物运输保险险种 ………………………………… 287
　　　　五、国际海上货物保险期限 ……………………………………… 291

第三节 国际陆空货物运输保险 ... 291
一、国际陆上货物运输保险 ... 291
二、国际航空货物运输保险 ... 292
三、国际邮政包裹运输保险 ... 293

第四节 国际货运代理责任保险 ... 294
一、国际货运代理责任险承保风险 ... 294
二、国际货运代理责任险承保内容 ... 295
三、国际货运代理责任险除外责任 ... 295
四、国际货运代理责任险的保险条款 ... 296

第五节 国际货物运输保险实务 ... 297
一、进出口货物运输保险程序 ... 297
二、保险单的缮制 ... 302

第十章 国际物流租船运输实务 ... 308

第一节 租船运输概述 ... 309
一、租船运输的概念及特点 ... 309
二、租船运输的种类 ... 310
三、租船合同的订立程序 ... 313

第二节 航次租船合同 ... 314
一、航次租船合同概述 ... 314
二、航次租船合同的主要条款 ... 315
三、航次租船运价估算 ... 320

第三节 定期租船合同 ... 321
一、定期租船的格式合同 ... 321
二、定期租船合同的主要条款 ... 322

第四节 光船租船合同 ... 327
一、标准光船租船的合同格式 ... 327
二、光船租船合同的主要条款 ... 327

参考文献 ... 331

第一章

国际物流基础知识

【知识目标】
1. 了解国际物流的特殊形式,掌握国际物流的内涵、特点和功能。
2. 了解国际物流市场主体的构成,掌握国际物流的构成要素。

【技能目标】
1. 使学生能够了解国际物流与国际贸易的关系及国际物流网络。
2. 能够掌握国际物流的基本概念及形成与发展。

引导案例

中欧班列贯通欧亚,打造"新丝绸之路"国际物流枢纽[①]

中欧班列是指按照固定车次、线路等条件开行,往来于中国与欧洲及"一带一路"沿线各国的集装箱国际铁路联运班列。目前已铺设了西中东3条运行线:西部通道由我国中西部经阿拉山口(霍尔果斯)出境,中部通道由我国华北地区经二连浩特出境,东部通道由我国东南部沿海地区经满洲里(绥芬河)出境。

截至2018年6月底,中欧班列累计开行量已突破9 000列,运送货物近80万标箱,国内开行城市48个,到达欧洲14个国家42个城市,运输网络覆盖亚欧大陆的主要区域。2018年8月26日,随着X8044次中欧班列(汉堡—武汉)到达武汉吴家山铁路集装箱中心站,中欧班列累计开行数量达到10 000列。截至目前,中欧班列累计开行超过11 000列,运行线路达到65条,通达欧洲15个国家的44个城市,累计运送货物92万标箱。2019年1月12日,中欧班列(郑州)去程和回程班列首次抵达绥芬河口岸,标志着中欧班列(郑州)继阿拉山口、二连浩特、霍尔果斯、凭祥之后的另一条重要出入境通道开通。

---

① 资料来源:中海物流有限公司网站,http://www.csl.cn。

近年来，中欧班列国际合作机制建设持续加强，对内搭建国内统一运输协调平台，对外国际合作持续深化。中欧班列作为推进"一带一路"建设，加快沿线国家道路联通、贸易畅通，打造利益共同体的重要举措，加强了内外沟通协调，优化了运输组织，完善了服务保障，呈现良好发展态势。

随着国内协调和国际合作机制的建立和完善，各平台作用日益凸显，中欧班列国际物流品牌形象进一步树立，受到沿线各国政府、企业欢迎和民众好评。中欧班列开行数量逐年保持翻番增长，特别是回程班列自2014年开行以来，年均增长352%。

中欧班列的开行，一方面积极推动了我国出口产品抢占和开拓国际市场；另一方面也使全球物流格局发生变化，拓展了全球物流产业链，更拓展了全球物流产业链，深刻改变了全球物流发展格局。中欧班列作为我国铁路重磅推出的往返于中欧以及"一带一路"沿线各国的集装箱国际铁路联运班列，具有安全快捷、绿色环保、受自然环境影响小等综合优势，并按照固定车次、线路、班期和全程运行时刻开行，已成为国际物流中陆路运输的骨干方式，发展前景不容小觑。

案例分析：

中欧班列成为国际物流陆路运输骨干，是连接亚欧大陆国际贸易的重要物流通道。那么，什么是国际物流？国际物流的特点是什么？国际物流与第三方物流之间的关系如何？国际物流与国内物流的区别是什么？国际物流的服务功能有哪些？国际物流发展趋势是什么？本章将予以介绍和讲解。

第一节 国际物流概述

一、国际物流的定义与内涵

国际物流是指在物品从一国供应地到另一国接收地的实体流动过程中，将运输、储存、配送、装卸搬运、包装、流通加工、信息处理等功能有机结合，实现高效率、高效益的管理运作，从而满足客户的要求。为了更深入地理解国际物流的含义，需要从国际物流的表现形式、国际物流与国内物流的关系、国际物流与国际贸易的关系三个方面来阐述。

1. 国际物流表现为不同物流形式

国际物流强调物品的供应地和接收地在不同的国家，因此国际物流可以表现为第一方、第二方、第三方或第四方物流，可以表现为供应物流、销售物流、回收物流和废弃物流，也可以表现为正向物流或逆向物流。

生产物流是在企业内部完成，而一个企业一般在一国境内，因此生产物流通常属于国内物流，而非国际物流。但是对于保税货物，在海关监管区内的生产物流具有国际物流的性质，因为海关监管区具有"境内关外"的性质（有关保税物流的内容将在第四节详细介绍)。

2. 国际物流是国内物流的跨国延伸

国际物流与国内物流在业务流程、单证制作及流转等方面具有一定的相同之处,但由于国际物流服务范围远远超过国内物流,这就意味着国际物流比国内物流的服务时间长、服务环节多、服务费用高、承担风险大并增加"报关"这一业务环节,可以说国际物流是国内物流的延伸和扩展。

3. 国际物流受到国际贸易的影响

大部分的国际物流业务以国际贸易为前提,国际贸易的规模和发展速度影响着国际物流的发展。有学者曾收集我国近十年国际物流量、GDP 值以及进出口贸易量数据,发现国际物流量与 GDP 值、进出口贸易量呈二元线性关系,即进出口贸易额是影响国际物流量变化的重要因素,由此可见,国际贸易的快速发展会带动国际物流的快速发展。

与此相反,国际贸易发展缓慢会阻碍国际物流的发展。如 2008 年金融危机导致的经济发展缓慢,使得我国的进出口贸易受到了严重的挫伤,许多中小型国际物流企业效益减少甚至亏损,企业减员甚至倒闭,国际物流量大幅度下滑。由此可见,国际贸易的兴衰在国际物流领域的反馈是非常明显的。

当然,国际物流业务以国际贸易为本源需求并不是绝对的。当国际物流在特定时期或发展到一定阶段时,它可以脱离国际贸易而独立出现,并在国际物流系统中独立运作,例如展品物流、快递物流和应急物流(这三种物流形式将在第四节中详细介绍)。

4. 国际物流是国际贸易的物质基础

国际贸易需要实现货物的空间位移和时间位移,因此必然涉及以运输、仓储、配送、装卸搬运、包装为主要功能的国际物流的发生。国际物流为国际贸易提供了运输物质基础,包括海上运输、航空运输、铁路运输、公路运输、管道运输五种运输方式以及国际多式联运的运输形式。

目前,海上运输的业务份额最高,占有 80%～90% 的比重;近年航空运输业务的份额近年逐渐增高,航空航线遍布全世界;陆路运输主要以铁路运输为主,主要面向周边国家;国际多式联运形式非常普遍。同时,国际物流为国际贸易提供仓储等物质基础,如国际物流口岸和国际物流园区。

二、国际物流的特点

(一) 物流市场广阔

1. 国际物流活动跨越国界

国际物流是跨国界的物流活动,市场广阔。全世界共有 200 多个国家和地区,人口总数超60亿,这样的市场是任何一个国家的国内市场所不能比拟的。以我国为例,我国国际物流市场覆盖欧盟、美国、东盟、俄罗斯、日本、韩国、印度等众多国家和地区。

2. 国际物流需求层次多样

国际物流的需求层次多,包括以运输和仓储为主的简单物流需求,以附加流通加工、包装、装卸搬运、配送的增值物流需求及以附加物流信息咨询、物流方案设计、物流人才培训的一体化物流需求,这为各国国际物流业务的营销提供了多层次的市场。

(二) 环境差异性

国际物流的一个非常重要的特点就是各国物流环境的差异,尤其是物流软环境的差异。不同国家的物流适用的法律存在差异,这使国际物流的复杂性远高于一国的国内物流,甚至会阻断国际物流;不同国家不同的经济和科技发展水平会造成国际物流处于不同科技条件的支撑下,甚至有些地区根本无法应用某些技术,而迫使国际物流全系统水平下降;不同国家的不同标准也造成国际间"接轨"的困难,因而使国际物流系统难以建立;不同国家的风俗人文也使国际物流受到很大的局限。

由于物流环境的差异,迫使国际物流系统在几个不同法律、人文、习俗、语言、科技、设施的环境下运行,这无疑会增加物流运作的难度和系统的复杂性。

(三) 高风险性

由于国际物流的环境差异性很大,因此风险性很高。主要体现为自然风险、经济风险和其他风险。自然风险主要指台风、海啸、暴雨、地震等自然灾害造成的损失风险;经济风险指因经济前景的不确定性,各经济实体会蒙受经济损失的可能性;其他风险包括港口罢工、国家战争、海盗劫船等风险。基于国际物流的高风险性,参与国际物流业务的主体和政府必须共同采取相应措施规避风险。

> **小贴士**
>
> 索马里海盗劫船事件频频发生并且造成严重后果。自2012年以来,索马里沿海累计已发生80多起海盗袭击事件,平均每4天就有一艘船遭劫,海盗已猖獗到无以复加的地步,这不仅给货主造成了巨大的经济损失,而且危害了船员的人身安全。由此可见,国际物流面临海盗劫船的风险。

(四) 标准化要求高

物流标准化是以物流为一个大系统,制定系统内部设施、机械设备、专用工具等各个分系统的技术标准,以及各分领域如包装、装卸、运输等方面的工作标准;研究各分系统与分领域中技术标准与工作标准的配合性,以及整个物流系统与其他系统的配合性,从而谋求物流大系统的标准统一,获得最佳物流秩序和经济效益。

国际物流对标准化要求非常高,例如集装箱、托盘等运输工具和装卸桥、叉车等装卸工具必须有统一的技术标准,否则无法实现国际间的转运业务。

(五) 以远洋运输为主,多种运输方式组合

与国内物流相比,国际物流以远洋运输为主,并将多种运输方式组合。国际物流涉及多个国家,地理范围更大,运输距离更长,因此需要合理选择运输路线和方式,尽量缩短运距和货运时间,加速货物的周转,降低物流成本。

运输方式选择和组合的多样性是国际物流的一个显著特征。海运是国际物流运输中最普遍的方式,国际贸易总运量的75%以上是利用海运来完成的,有的国家占90%以上,特别是远洋运输更是国际物流的重要手段。谁能提高远洋运输效率,降低远洋运输成本,谁就能在国际物流竞争中据有优势地位。

小贴士

从物资输送方式来看,国际物流的形式主要有以下6种。

(1) 陆运物流(含公路和铁路联运物流)。陆地相邻国家,通常采取陆路运送货物的方式,运输工具主要有火车和卡车等。

(2) 海运物流。国际物流大部分的货物是通过海上运输完成的,运输工具主要是各种船舶。

(3) 空运物流。对于贵重和数量少的货物,为了争取时效,往往采用专门的运输机和普通客机搭乘方式完成航空运货任务。

(4) 管道物流。这是借助高压气泵的压力将管道内的货物输送到目的地的一种运输方式。管道输送的介质已由常见的石油、天然气延伸到煤炭、铁矿石等。

(5) 多式联运物流。指按照多式联运合同,以至少两种不同的运输方式,由多式联运经营人把货物从一国境内接运货物的地点运至另一国境内指定交付货物的地点。

(6) 邮运物流。即以邮购包裹的方式对数量不多的国际货物采用的输送手段。其具体运输方式不定,但主要以航空、陆路运输为主。

三、国际物流的功能

(一) 国际物流的基本功能

1. 运输功能

国际运输是国际物流的核心功能,是国际物流的两大支柱之一。运输技术革命特别

是集装箱技术的推广对国际物流的迅速发展起到积极的推动作用。国际运输是国内运输的延伸和扩展，具有货量大、路线长、环节多、涉及面广、手续繁杂、风险性大、时间性强、内外运两段性和联合运输等特点。

国际运输方式以远洋、航空运输为主，铁路、公路运输为辅，国际多式联运是主要运输组织形式。国际物流海上运输历史悠久，线路四通八达，节点遍布全球，运量占总物流量的80%以上，是最主要的运输方式。近年来航空运输迅速发展，凭借运输速度快的优势成为另一主要运输方式。

由于国际运输运距长、运量大，以海陆联运、海空联运和陆桥运输为主的国际多式联运已成为主要运输形式。依托单一公路或铁路运输的国际运输一般开展于相邻国家，物流量相对较少，但凭借公路的"门到门"服务以及铁路运量大的优势，陆路运输成为多式联运不可或缺的力量，从而在国际运输中扮演着重要角色。

2. 储存保管功能

储存是国际物流的第二大支柱性功能，负责国际货物和物品的存储、转运。国际货物和物品的储存地点是国际物流的节点，可以是货物和物品供应地和接收地的仓库或流通仓库，也可以是港口、机场、陆路货运站等国际转运站点，还可以是大型物流中心或物流园区，或者是具有保税功能的保税区或保税仓库。

由于本身的自然属性及外界因素的影响，国际货物和物品在储存过程中会发生各种各样的变化，导致其使用价值的降低甚至丧失，因此需要对其进行有效的保管。保管就是要研究货物和物品的性质及其在储存期间的质量变化规律，积极采取各种有效措施和科学的保管方法，创造一个适于其储存的条件，维护其在储存期间的安全，保护其质量和使用价值，最大限度地降低货物和物品损耗。

3. 配送功能

配送是国际物流的末端环节，是国际物流实现"门到门"服务的必备功能。配送本身就是一个小范围的物流活动，其运输方式以公路、铁路或内河运输为主，节点以公路零担货货运站、公路集装箱货运站(CFS)、铁路货运站、内河港以及配送中心为主。与国际运输环节不同，配送环节的运输是短距离、小批量的运输，是国内、地区内的运输，是节点向客户的运输。

4. 装卸搬运功能

装卸与搬运指货物和物品的垂直运输和短距离水平运输，主要体现为装船卸船、装车卸车、进库出库以及堆场和库内搬倒、清点、查库、转运、转装等活动，是连接国际运输、储存和配送作业的纽带与桥梁，是保证国际物流连续性的必要功能。国际物流货量大，装卸搬运环节所花费的时间和费用较大，因此节省装卸搬运费用、减少装卸搬运时间是降低物流成本、提高物流效率的重要手段。

据有关数据统计,集装箱货物装卸效率是普通件杂货装卸效率的 10 倍左右,这也是集装箱运输在物流中快速发展的重要原因。

5. 包装功能

包装可起到保护商品、促进销售和便利流通的作用。若包装不符合要求或者破损将直接影响货物和物品的交付,因此它是国际物流顺利完成的重要环节。

包装与国际物流的各项活动密不可分。就包装与运输的关系而言,中小件货物如果用件杂货船运送必须严格用木箱包装,而用集装箱船运输只用纸箱包装再装集装箱即可。就包装与搬运的关系而言,如果人工搬运,则应按人工可以胜任的重量单位进行包装;如果使用叉车搬运,则可以以集装箱为搬运单位。就包装与储存保管的关系而言,如果货物在仓库保管时码放得高,则最下面货物的包装应能承受压在上面的货物总重量。

由此可见,包装的材料、规格、方法等都不同程度地影响着国际物流的安全性和便利性。

6. 流通加工功能

流通加工是指产品从生产领域向消费领域流通过程中,在保证产品使用价值不发生改变的前提下对产品进行的简单加工,包括货物分装、配装、拣选、刷唛、贴标签等加工服务,也包括套裁、打孔、组装、改装、服装烫熨等生产性外延加工。

流通加工的优势体现在五大方面:一是增加产品的附加价值,如食品加工;二是满足客户的多样化需求,如服装熨烫、产品贴标签;三是回避流通阶段的商业风险,如套裁、打孔、切割;四是强化流通阶段的保管功能,如加固、隔垫;五是提高物流效率,如捆绑、袋装等。

由此可见,流通加工或者提高物流企业的收入,或者降低物流企业的成本,是物流企业新的利润增长点,可使物流企业在日益激烈的国际物流市场竞争中提升核心竞争力,是国际物流中其他功能无法替代的重要功能。

这里需要强调的是,目前对于国际贸易加工中涉及的来料加工和进料加工的属性尚有不同的看法,但基于流通加工的定义——流通加工是在保证产品使用价值不发生改变的前提下进行的简单加工,即只改变产品的物理性质,而不改变其化学性质,本书认为来料加工和进料加工属于生产领域的加工,而不属于流通加工。

7. 信息处理功能

信息化是国际物流新时期的新特点,国际货物信息处理功能是国际物流必不可少的重要功能。国际物流信息包括产品销售与购买、订货和接收、货款发收等商品交易信息,运输、储存保管、配送等物流信息,消费者需求、竞争者动态等市场信息。国际物流信息具有分布广、数量大、品种多、时效性强的特点,信息流具有双向反馈作用和动态追踪性的特点。

(二) 国际物流的特定功能

1. 报关通关功能

报关指进出境运输工具负责人、进出口货物收发货人、进出境物品所有人或代理人向海关办理运输工具、货物、物品进出境手续及相关海关事务的过程。在国际物流中，不仅进出口货物需要报关，而且运输工具和物品也需要报关。也就是说，不管是国际贸易派生的国际物流，还是国际快递物流或国际展品物流，报关都是必经的环节。

报关功能是国际物流的特定功能，是国内物流所不具备的。通关不仅包括报关环节，还包括海关对进出境运输工具、货物、物品依法进行监督管理，核准其进出境的管理过程。因此，报关的准确性直接影响通关的效率，是国际物流是否能顺利实现跨国境的重要条件。

2. 出入境检验检疫功能

出入境检验检疫是指检验检疫部门和检验检疫机构依照法律、行政法规和国际惯例等的要求，对出入境的货物、交通运输工具、人员等进行检验检疫、认证及签发官方检验检疫证明等监督管理工作。在国际物流中，不仅进出口商品需要检验检疫，而且出入境交通运输工具、人员、行李物品或邮寄物品也需要检验检疫。

出入境检验检疫是国际物流必须经历的环节，也是国际物流特有的功能，是国内物流所不具备的。出入境检验检疫是否合格，直接影响是否能顺利通关，从而影响国际物流是否能顺利完成。

3. 保险功能

保险指投保人根据合同约定向保险人支付保险费，保险人对于合同约定的可能发生的事故因其发生所造成的财产损失承担补偿保险金责任，或者当被保险人死亡、伤残、疾病或者达到合同约定的年龄、期限时承担给付保险金责任的商业保险行为。不管是国际物流还是国内物流，都存在一定的风险，因此保险是物流的必要功能。

由于国际物流具有高风险性的特点，因此在国际物流中对货物、运输工具、物品进行保险就尤为重要。另外，作为国际物流的市场主体——国际货运代理，也存在自身的责任风险。因此，本书第九章将从货物运输保险和国际货运代理责任保险两方面介绍国际物流保险。

第二节 国际物流的构成要素

一、国际物流主体

(一) 国际物流需求方

国际物流市场的需求方指接受国际物流服务的主体，一般理解为货主。在国际物流业务中，货主既包括贸易合同的卖方也包括贸易合同的买方，体现在国际运输合同中既包括托运人又包括收货人。

1. 托运人

一般来讲，托运人是指在货物运输合同中将货物托付承运人，按照合同约定的时间运送到指定地点并向承运人支付相应报酬的一方当事人。这里定义的托运人既是运输合同的当事人又是将货物交给承运人的人，基本适用于任何运输方式。国际海运对托运人有更为详细的解释。《海牙规则》和《维斯比规则》中没有关于托运人定义的规定。《汉堡规则》是第一个对托运人下定义的公约。我国《海商法》对托运人的定义借鉴了《汉堡规则》的规定，两者含义大体相同，但略有差异。

我国《海商法》第42条规定："托运人是指本人或者委托他人以本人名义或者委托他人为本人与承运人订立海上货物运输合同的人；本人或者委托他人以本人名义或者委托他人为本人将货物交给与海上货物运输合同有关的承运人的人。"与《汉堡规则》不同的是，《海商法》中托运人的定义用"分号"隔开，而《汉堡规则》中用"或"隔开。

对于托运人的含义需要从两方面理解，一是与承运人订立海上运输合同的人；二是将货物交给承运人的人，其托运人法律地位的取得是基于不同的原因——缔约或交货。在CFR或CIF贸易术语下，与承运人订立海上运输合同的人和将货物交给承运人的人都是贸易合同的卖方，此时两种理解不发生矛盾。但是在FOB贸易术语下，与承运人订立海上运输合同的人是贸易合同的买方，而将货物交给承运人的人则是贸易合同的卖方，此时托运人应该是卖方还是买方则会出现争执，需要在实际业务中加以鉴别。

对于托运人定义的表述，无论是缔约托运人还是实际交货的托运人，都规定了三种情况：一是本人；二是委托他人以本人名义；三是委托他人为本人。"本人"指托运人本人与承运人签订运输合同或将货物交给承运人。"委托他人以本人名义"指托运人委托他人（代理人）与承运人签订运输合同或将货物交给承运人，并且必须以托运人的名义进行相关事项。

"委托他人为本人"目前仍有争议，一般可以理解为托运人委托他人（货运代理人）与承运人签订运输合同或将货物交给承运人，但以他人（货运代理人）名义进行相关事项，即不透露委托人姓名。后两种表述涉及的货运代理人类型不同，将在第二章中详述。

2. 收货人

收货人定义最早在《汉堡规则》中提出："consignee means the person entitled to take delivery of the goods."我国《海商法》沿用这一概念，其第42条规定为："收货人是指有权提取货物的人。"值得注意的是：收货人不只是提取货物的人，而是"有权"提取货物的人。

所谓"有权"一般理解为三层含义：一是收货人持有的提单必须是真实的，而不是伪造的;二是提单必须是尚未失效的;三是提单必须是通过合法流转得来的,而不是非法手段获得的。

(二) 国际物流供给方

国际物流市场的供给方指提供国际物流服务的主体,根据《物流企业分类与评估指标》,具体包括提供国际运输业务为主的运输型物流企业、提供国际仓储业务为主的仓储型物流企业以及提供综合物流服务的综合型物流企业。由于国际物流业务是从单纯的国际运输业务发展而来,因此这里特别强调专门从事运输业务的实际承运人的概念。

1. 实际承运人

实际承运人是针对契约承运人而言,属于承运人的范畴。在国际运输业务中,实际承运人可以理解为拥有运输工具并提供国际海运、国际空运及国际陆运的船公司、航空公司和陆路运输企业。在国际海上运输中,对实际承运人有更详细的解释。

根据我国《海商法》第42条规定:"承运人是指本人或者委托他人以本人名义与托运人订立海上货物运输合同的人。"《海商法》第72条又规定:"货物由承运人接受或者装船后,应托运人的要求,承运人应当签发提单。"由此可见,承运人既是海上运输合同的当事人,又是提单的签发人。承运人可能是拥有船舶并提供海上运输服务的实际承运人,也可能是不拥有船舶的契约承运人(如无船承运人、多式联运经营人等)。

另外,《海商法》第42条规定:"实际承运人是指接受承运人委托,从事货物运输或者部分运输的人,包括接受转委托从事此项运输的其他人。"此时实际承运人不是海上运输合同的当事人,与托运人之间没有直接合同关系。在国际多式联运业务中,分程承运人接受承运人(多式联运经营人)委托从事货物运输或部分运输,即属于实际承运人。

例如,运输公司A与托运人签订运输合同,后又转委托给运输公司B从事此项运输业务,则此时运输公司A即为承运人,而运输公司B则为实际承运人。

由此可见,实际承运人可以划分成两类:一种是拥有运输工具,与托运人直接签订运输合同并签发提单,同时能够直接提供运输服务的企业;另一种是拥有运输工具,但不直接与托运人签订运输合同,而是接受承运人委托或者转委托从事运输业务的企业。

2. 运输型物流企业

运输型物流企业与实际承运人有所不同,它不仅从事运输业务,还必须符合其他要求。运输型物流企业指具有一定的运输工具,以从事货物运输业务为主并具备一定规模,可以提供门到门运输、门到站运输、站到门运输、站到站运输服务和其他物流服务,同时具备网络化信息服务功能,并能应用信息系统对货物进行状态查询、监控的企业。

3. 仓储型物流企业

仓储型物流企业应具备四个条件:一是以从事仓储业务为主,为客户提供货物储存、保管、中转等仓储服务，具备一定规模；二是企业能为客户提供配送服务以及商品经销、流通加工等其他服务；三是企业自有一定规模的仓储设施、设备，自有或租用必要的货运车辆；四是具备网络化信息服务功能，应用信息系统可对货物进行状态查询、监控。

4. 综合服务型物流企业

综合服务型物流企业应符合以下要求：从事多种物流服务业务，可为客户提供运输、货运代理、仓储、配送等多种物流服务，具备一定规模；根据客户需求为客户制定整合物流资源的运作方案，为客户提供契约性的综合物流服务；按照业务要求，企业自有或租用必要的运输设备、仓储设施及设备；企业具有一定运营范围的货物集散、分拨网络。

因此，综合服务型企业应配置专门的机构和人员，建立完备的客户服务体系，能及时、有效地提供客户服务；具备网络化信息服务功能，可应用信息系统对物流服务全过程进行状态查询和监控。

(三) 国际物流中间方

国际物流市场的中间方指连接国际物流市场需求方和供给方的中间机构或企业，包括为物流需求方(货主)提供代理服务的货运代理企业，为供给方(专指船公司)提供代理服务的船舶代理企业，以及为海运需求方和供给方提供信息并代理签订租船合同的租船经纪人。

1. 货运代理企业

货运代理企业简称货代，代理货主委托的相关业务，主要包括代理租船订舱、货物进出口报关、报检报验、货物包装、短途运输、交收货物、缮制单证等业务。有关货运代理的相关概念将在第二章详细阐述。国际货运代理企业指货物出口国货主(卖方)货运代理企业和进口国货主(买方)货运代理企业，包括国际海运代理、国际空运代理和国际多式联运代理。不同的货运代理企业业务有所差异，具体内容将在后续章节中介绍。

2. 船舶代理企业

国际船舶代理企业包括货物出口港船舶代理企业和进口港船舶代理企业。船舶代理企业简称船代，代理与船舶有关的业务，主要体现在以下四大方面。

一是船舶进出港业务，包括申报海关和办理相关的联检手续，安排拖轮引航、船舶靠泊、检验、修理、扫舱、洗舱、熏舱，并且办理海上救助、海事处理以及买卖船舶和期租船在港的交接手续等。

二是货运业务，包括安排货物装卸、货舱检验、理货、交接中转、储运、理赔，同时代船公司承揽货载、签发提单、计收运费、代付各种款项和费用，同港方签订滞期、速遣协议和结算，代货主租船订舱和缮制货物运输单证等。

三是供应业务，包括办理燃料、淡水、伙食供应以及代购、转送船用备件和物料等。

四是其他服务性业务,包括办理船员调换、遣返、出入境手续、就医、参观游览、船员家属探望、船员信件转递以及船公司或船长临时委托办理的其他事项等。

3. 租船经纪人

海上运输分为班轮运输和租船运输。在租船运输市场上,租船是通过出租人与承租人之间签订租船合同实现的。但通常情况下,租船合同并不都是出租人和承租人直接洽谈签订,而是通过租船经纪人作为代理签订。所谓租船经纪人,是指接受出租人或承租人的委托代办租船交易的谈判和签订租船合同,并收取一定佣金的人。

租船经纪人掌握着大量的货源和运力信息,了解市场行情的变化,对租船业务有丰富的经验,在进行租船时不仅及时、迅速,而且交易条件合理,因此在实践中委托租船经纪人进行租船交易已成为一种习惯。但值得注意的是,租船经纪人只是充当中间人,最后是否订立合同的决定权并不掌握在经纪人手中。

(四) 国际物流政府方

物流市场的政府方指代表国家即一般公众利益对国际物流市场进行调控的工商、财政、税务、物价、金融、公安、监理、城建、标准、仲裁等机构以及各级交通运输管理部门。国际物流市场的政府方还包括国际物流报关业务和报检报验业务涉及的海关以及出入境检验检疫机构。

1. 交通运输部

为优化交通运输布局,发挥整体优势和组合效率,加快形成便捷、通畅、高效、安全的综合运输体系,交通运输部于2008年3月23日由原交通部、国家民用航空局、国家邮政局等部门组建成立,并且建设部的指导城市客运的职责也整合划入该部。交通运输部的主要职责是,拟订并组织实施公路、水陆、民航行业规划、政策和标准,承担涉及综合运输体系的规划协调工作,促进各种运输方式相互衔接等。

2. 铁道部

铁道部是主管铁路工作的国务院组成部门。其主要职能是:拟定铁路行业发展战略、方针、政策和法规,制定国家铁路统一的规章制度并监督执行;拟定铁路行业的发展规划,编制国家铁路各项年度计划并组织指导实施;负责铁路建设的行业管理,组织管理大中型铁路建设项目的有关工作;拟定铁路行业的技术政策、标准和管理法规,组织重大新技术、新产品的研究和成果鉴定;推动和指导铁路改革;任免铁路企业和铁道部直属单位主要领导干部;负责国家铁路财务工作,安排使用公路建设基金和资金,管理国家铁路事业经费;统一管理全国铁路调度指挥工作,监督、检查全行业安全生产和路风建设;管理国家铁路外事和对外经济合作交流工作;负责国家铁路系统党的建设和思想政治工作,管理职工队伍建设等。

3. 商务部

根据第十届全国人民代表大会第一次会议批准的国务院机构改革方案和《国务院关于机构设置的通知》(国发〔2003〕8号),组建商务部(原对外经贸部);商务部是主管国内外贸易和国际经济合作的国务院组成部门。商务部与国际物流相关管理的主要职责是:拟订国内外贸易和国际经济合作的发展战略、方针、政策,起草国内外贸易、国际经济合作和外商投资的法律法规,制定实施细则、规章;研究制定进出口商品管理办法和进出口商品目录,组织实施进出口配额计划、确定配额、发放许可证等。

4. 海关

为维护国际主权和利益,保障国际贸易和国际物流的顺利进行,各国海关都依法对货物、运输工具、物品的进出境实行报关管理制度。《中华人民共和国海关法》第2条规定:中华人民共和国海关是国家的进出关境监督管理机关。海关依照本法和其他有关法律、行政法规,监管进出境的运输工具、货物、行李物品、邮递物品和其他物品,征收关税和其他税、费,查缉走私,并编制海关统计和办理其他海关业务。

5. 出入境检验检疫机构

出入境检验检疫机构是主管出入境动植物检验、卫生检疫、商品检验、鉴定、认证和监督管理的行政执法机构。国家出入境检验检疫机构指国家质量监督检验检疫总局,于2001年4月由原国家出入境检验检疫局和国家质量技术监督局合并成立。原国家出入境检验检疫局是原国家进出口商品检验局、国家动植物检验检疫局和国家卫生检疫局于1998年3月合并成立,即"三检合一"。

(五) 国际物流行业组织

行业组织是指由公民、法人或其他组织在自愿基础上,基于共同的利益要求所组成的一种民间性、非营利性的社会团体。国际物流市场中的行业组织范围非常广泛,包括国际贸易、国际运输与仓储、国际货运代理等领域的行业组织。

1. 国际贸易与物流采购协会

国际贸易与物流采购协会(International Trading & Logistics Purchase Union,ILPU)大中华区办事机构设于中国香港,为代表贸易、物流及供应链管理之专业协会,亦为以物流为主导的非牟利专业协会。

ILPU的使命是:促进相关机构间的合作以提升产业体系的健全发展;将企业、教育机构及专业人士连在一起以发展现代贸易、采购、物流知识及技巧;接受政府与民间委托,办理有关贸易、采购、物流产业的咨询服务;建立贸易、采购、物流产业及其他产业间之良好沟通渠道;协助有关当局及教育机构设计国际贸易、采购、物流课程,使其内容能满足行业要求;反映产业意见及需求,提供政府单位制定物流、采购产业相关政策之参考；表扬及奖励国际贸易、采购、物流产业发展有贡献的事项、机构或人员等。

2. 波罗的海国际海事协会

波罗的海国际海事协会(Baltic and International Maritime Conference，BIMCO)成立于1905年，总部设在丹麦哥本哈根，是各国船舶所有人和经营人为了维护自身利益而联合组成的国际航运组织，是世界上最大的代表船舶所有人利益的国际航运民间组织之一。

协会的任务是：联合船舶所有人和其他与国际航运有关的人和组织，研究与航运有关的事项并考虑应采取的措施；向会员通报对船舶所有人的不合理费收、索赔和业务手续等，提供各种咨询服务和情报资料，并就世界港口和航线情况、港口费收制度的变化、租船业务等及时提供有关建议；拟订和印发各种标准租船合同、提单和其他单证等范本，对各种机构拟订的合同和单证进行研究评价；就与航运业相关的事项和各方联系、会商等。

3. 班轮公会

班轮公会(Freight Conference，FC)是在国际海上货物运输中，主要海运国家班轮运输公司为保护和协调彼此间的权益而组成的航运垄断组织。班轮公会的任务是：规定共同遵守的最低运价；通过对船舶发航次数、船舶吨位和挂靠港口的限制，控制会员公司之间的竞争；采用折扣、回扣、延期回扣和合同优惠等办法给货主一定优惠，以控制货源，排挤会外航运公司和垄断航线上的班轮业务。

海运发达国家通过班轮公会垄断航运业务，严重阻碍了发展中国家航运业的发展，在第三世界国家的争取下，1974年在联合国贸易和发展会议全权代表会议上通过了《班轮公会行动守则公约》，规定了货载分配原则、入会条件和公会提高运价的期限。公约的制定和实施限制了发达国家对班轮航运的垄断，以便国际海上货运有秩序发展。

4. 国际航空运输协会

国际航空运输协会(International Air Transport Association，IATA)是一个由世界各国航空公司所组成的大型国际组织，总部设在加拿大的蒙特利尔，执行机构设在日内瓦。从组织形式上来说，国际航协是一个航空企业的行业联盟，属非官方性质组织，但是由于世界上的大多数国家的航空公司是国家所有，即使非国有的航空公司也受到所属国政府的强力参与或控制，因此航协实际上是一个半官方组织。

国际航空运输协会的活动分为三种：代表会员进行会外活动，向具有权威的国际组织和国家当局申述意见，以维护会员的利益；监督世界性的销售代表系统，建立经营标准和程序，协调国际航空运价；承办出版物、财务金融、市场调研、会议、培训等服务项目。

5. 国际仓储与物流协会联盟

国际仓储与物流协会联盟(International Federation of Warehouse and Logistics

Association,IFWLA),简称国际仓联,成立于1973年,总部设在英国伦敦,是世界仓库业的民间组织,是非政府间的非营利组织。国际仓储与物流协会联盟由19个国家或地区组成,分别是英国、法国、意大利、希腊、瑞士、西班牙、加拿大、美国、巴西、墨西哥、澳大利亚、日本、以色列、塞浦路斯、伊朗、印度、拉脱维亚、中国和中国台湾,其活动宗旨是以"国际仓联"作为联结世界各国仓库业界的纽带,建立仓库业界友好关系,收集、研究和交换信息,交流经验,促进、鼓励、支持各国仓库业的发展。

6. 国际货运代理协会联合会

国际货运代理协会联合会(International Federation of Freight Forwarders Associations,FIATA)于1926年成立,总部设在瑞士苏黎世,是一个非营利性的国际货运代理行业组织,其目的是保障全球货运代理的利益并促进行业发展。FIATA是一个世界运输领域最大的非政府和非营利性组织,具有广泛的国际影响。

FIATA标准条件为国际货运代理人的定义及责任风险做了法律界定,并为货运代理人及托运人之间的委托关系制订了合约文本,对全球货运代理的业务规范化和风险防范起了巨大的推动作用。FIATA所制订的包括联运提单在内的8套标准格式单证,更为各国货运代理所广泛使用,并在国际上享有良好的信誉,对国际货运代理业的健康发展起到了良好的促进作用。

7. 中国国际货运代理协会

中国国际货运代理协会(China International Freight Forwarders Association,CIFA)于2000年9月6日在北京成立,是经国家主管部门批准从事国际货运代理业务、在中华人民共和国境内注册的国际货运代理企业,以及从事与国际货运代理业务有关的单位、团体、个人自愿结成的非营利性的具有法人资格的全国性行业组织。

CIFA是FIATA的国家级会员。其宗旨是:协助政府部门加强对我国国际货代物流行业的管理;维护国际货代物流业的经营秩序;推动会员企业间的横向交流与合作;依法维护本行业利益;保护会员企业的合法权益;促进对外贸易和国际货代物流业的发展;为行业培训现代货代物流人才,提升行业人员素质,增强行业企业的国际竞争力;以民间形式代表中国货代物流业参与国际经贸运输事务并开展国际商务往来,参加各种国际行业会议。

8. 国际物流其他行业组织

国际物流行业组织还包括国际道路运输联盟(International Road Transport Union,IRU)、国际铁路协会(International Railway Congress Association,IRCA)、国际货物装卸协调协会(International Cargo Handing Co-ordination Association,ICHCA)、国际航运公会(International Chamber of Shipping,ICS)和国际独立油轮船东协会等。

二、国际物流线路

(一) 国际海上运输线路

1. 海洋、海、海峡、运河

(1) 海洋

海洋是指大范围的海域,全球共有太平洋、大西洋、印度洋和北冰洋四大海域。太平洋位于东亚、大洋洲、南极洲、南北美洲之间,海运量约占世界海运总量的20%以上;大西洋位于美洲东、欧洲西、非洲西、南极洲之间,其海运量占世界海运量的50%以上;印度洋位于东南亚、非洲东、南极洲之间,其沿岸各港终年不冻,一年四季均可通航;北冰洋位于亚洲、欧洲和北美洲北岸之间,常年结冰。

(2) 海

海是靠近大陆较小范围的海域,是联系周围陆地和沿海国家的海上通道。在国际物流中具有重大贡献的海包括以下几个:波罗的海,是欧洲北部的内海、北冰洋的边缘海以及大西洋的附属海;地中海,位于欧、亚、非三大洲之间,是大西洋的附属海,是世界上最大的陆间海;北海,位于大不列颠岛和欧洲大陆之间,是大西洋东北部的边缘海;墨西哥湾,是北美洲大陆东南沿海水域;加勒比海,位于大西洋西部边缘,是世界上最大的内海。

(3) 海峡

海峡是指两块陆地之间连接两个海或洋的较狭窄的水道。国际物流中重要的海峡有四个:马六甲海峡,位于马来西亚和印度尼西亚之间,是太平洋和印度洋最主要通道;直布罗陀海峡,位于南欧与北非之间,是地中海与大西洋的唯一通道;英吉利海峡,位于法国与英国之间,是大西洋进入西欧、北欧的通道;台湾海峡,位于中国大陆与台湾岛之间,是连接北太平洋和南海的通道。

(4) 运河

运河是在一些狭窄的分割海洋的陆地上,人工建筑运河开辟的航行通道。在国际物流中,影响最大的运河有两个:一是苏伊士运河(Suez Canal),在埃及境内,长161千米,可载20万吨船,连接印度洋与地中海,成为亚洲与欧洲最便利的通道;二是巴拿马运河(Banama Canal),位于巴拿马国境内,长81.3千米,连接太平洋和大西洋,船舶宽小于32米,载重小于6万吨。

2. 国际海运航线

(1) 太平洋航线组

太平洋航线组包括:远东至北美西海岸,是集装箱、粮食运量最大的航线之一;远东至加勒比海、北美东海岸,该航线越过巴拿马,进入加勒比海后北行;远东至南美西海岸,主要货种是矿石、集装箱;远东至澳、新西兰及西南太平洋岛国;远东至北印度洋、地中海、西北欧；东亚—东南亚；澳、新至北美西、东海岸；澳、新至南美西海岸；北美东、西海岸至南美西海岸。

（2）印度洋航线组

印度洋航线组包括：中东海湾至远东航线，东行以石油为主，西行以工业品、食品为多；中东海湾至欧洲、北美东海岸，途经苏伊士运河；远东至欧洲、地中海航线；澳大利亚至远东航线；南非至澳新（新西兰）航线。

（3）大西洋航线组

大西洋航线组包括：西北欧至北美东岸各港，该航线历史悠久，货运量巨大；西北欧至地中海、中东、远东、澳新航线；西北欧至加勒比海岸；欧洲至南美东海岸或非洲西海岸；北美东岸至地中海、中东、亚太地区；北美东岸至加勒比海沿岸各港；北美东岸至南美东岸，是南北美洲工业品与农矿产品的对流航线；南北美洲至好望角航线，是南北美东岸经好望角至中东海湾的巨型油轮航线。

(二) 国际多式联运线路

1. 大陆桥运输线路

（1）亚欧大陆桥

亚欧大陆桥又称西伯利亚大陆桥，是目前最长的一条陆桥运输线，于1971年正式确立，全长13 400千米，它大大缩短了从远东到欧洲（经苏伊士运河）的运输距离，节省了运输时间，现已成为远东至欧洲的重要运输通道。

（2）新亚欧大陆桥

新亚欧大陆桥是连接亚欧的第二座大陆桥，于1990年9月正式贯通。新亚欧大陆桥全线10 837千米，其开通不仅缓解了西伯利亚大陆桥的运输压力，并且比其缩短了运输距离；不仅为中亚地区的振兴与发展创造了新的契机，而且已成为我国中西部地区与中亚、中东和欧洲地区之间新的经济带。

（3）北美大陆桥

北美大陆桥大大缩短了远东至欧洲（经巴拿马运河）的运输距离，节省了运输时间。北美大陆桥主要包括美国大陆桥、加拿大大陆桥和墨西哥大陆桥。美国大陆桥运输始于1967年，拥有连接太平洋和大西洋、连接太平洋与墨西哥湾的两条线路。

加拿大大陆桥运输于1979年开通使用，与美国大陆桥平行。墨西哥大陆桥于1982年开始运营。北美大陆桥是世界上历史最悠久、影响最大、服务范围最广的陆桥运输线。

2. 小陆桥运输线路

世界上最典型的小陆桥是北美小陆桥，它主要承担从日本经北美太平洋沿岸到北美大西洋沿岸或墨西哥湾地区港口的集装箱运输，或反向承担欧洲到北美大西洋沿岸港口的集装箱运输。小陆桥运输比大陆桥"海陆海"联运缩短了一段海上运输，把美国西海岸和墨西哥湾连接起来,绕道巴拿马运河,节省了船舶过河的费用,缩短了运输时间。

3. 微桥运输线路

微型陆桥运输是比小陆桥更短的海陆运输方式。北美微型陆桥运输是经北美东、西海岸和墨西哥地区沿岸港口到美国和加拿大内陆地区的联运业务。与北美小陆桥相比,北美微型陆桥运输的交货地点在内陆,而不在沿海港口;其优势在于缩短了运输距离、节省了运输时间、化简了手续并节省了费用。

三、国际物流节点

(一) 国际物流口岸

1. 口岸的概念及分类

原来的口岸指国家指定的对外通商的沿海港口。但现在口岸不仅是经济贸易往来节点,还包括政治等往来,如中巴(巴基斯坦)陆路口岸红其拉甫口岸;不仅是沿海港口,而且包括内河港口,机场等其他节点。口岸是由国家制定对外经贸、政治、外交、科技、文化、旅游、移民等往来,并供往来人员、货物和交通工具出入国境的港口、机场、车站和通道。口岸是国家主权的象征,是对外开放的门户,是国际货运的枢纽。

按照出入国境的交通运输方式,可将口岸分为三种:一是港口口岸,即沿海港口与内河港口;二是陆地口岸,包括铁路口岸和公路口岸;三是航空口岸,即空港。

2. 我国的主要口岸

(1) 我国沿海港口

2004 年港口体制改革后,我国实行一城一港的政策。根据 2007 年《中国港口》统计,我国沿海港口有 150 余个,主要沿海港口 27 个。在国际物流中占主要地位的沿海港口包括上海港、深圳港、青岛港、宁波港、广州港、天津港、厦门港、大连港、连云港港、苏州港、营口港、中山港、烟台港、福州港、香港港等。

(2) 我国陆路口岸

① 满洲里口岸(铁路、公路口岸),是我国最大的铁路口岸,是我国东北和内蒙古地区通往俄罗斯联邦和欧洲各国的重要交通枢纽,素有"亚欧大陆桥"口岸之称。

② 二连浩特口岸(公路、铁路口岸),是我国与蒙古第一大、唯一的陆路口岸,是中国与蒙古、俄罗斯及东欧各国经济贸易的窗口。

③ 绥芬河口岸(铁路、公路口岸),是黑龙江省最大的陆运口岸,是中俄边境口岸。

④ 阿拉山口口岸(铁路口岸),是新疆四大重点建设口岸之一,在阿拉山口与哈萨克斯坦相连,两国铁路轨距不同,凡联运列车均要在哈方德鲁日巴换装。

⑤ 凭祥口岸(铁路、公路口岸),是中国和越南边境最大的陆路口岸,是东欧与东南亚地区的交通要道。

⑥ 瑞丽口岸（公路口岸），是中国和缅甸边境最大的人员、货物出入口岸通道。

⑦ 霍尔果斯口岸（公路运输口岸），是新疆与哈萨克斯坦之间历史最悠久的口岸之一，是目前新疆西进中亚最大的公路口岸，也是新疆重点建设的四大口岸之一。

（3）我国航空口岸

随着航空运输在国际物流中的地位逐渐提升，航空口岸的作用日益明显。在国际物流中，占主要地位的我国航空口岸有北京首都国际机场、上海虹桥国际机场、广州白云国际机场和香港新机场，其中北京首都国际机场是目前中国大陆地区规模最大、设备最先进的机场。

3. 世界著名港口

在国际物流中，最为著名的世界港口是荷兰鹿特丹港（Rotterdam），它是欧洲最大的集装箱港，是荷兰和欧盟的货物集散中心，是西欧水陆交通的要冲，素有"欧洲门户"之称。德国汉堡港（Hamburg）和比利时安特卫普港（Antwerp）分别是欧洲第二、第三大集装箱港口。新加坡港（Singapore）扼太平洋及印度洋之间的航运要道，是世界最大的集装箱港口之一。另外，法国马赛港（Marseille）、英国伦敦港（London）、美国纽约港（New York）和新奥尔良港（New Orleans）、日本神户港（Kobe）和横滨港（Yokohama），韩国釜山港（Busan）及阿联酋迪拜港（Dubai）等在国际物流中都占有重要地位。

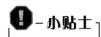

中港网发布的2015年全球十大集装箱港吞吐量统计排名表显示：2015年，全球十大集装箱港排名座次中，中国港口共包揽七席，余下的第二、第六、第九名分别由新加坡港、韩国釜山港、阿联酋迪拜港摘得。前十大港口中，中国港口"军团"完成的集装箱吞吐量所占比重占到七成，为69.53%，较上年68.61%的分量进一步加重。按吞吐量计，2015年，全球十大集装箱港口排序依次为上海港、新加坡港、深圳港、宁波-舟山港、香港港、釜山港、青岛港、广州港、迪拜港、天津港。

（二）国际物流园区

1. 物流园区相关概念

物流园区是由多家专业从事物流服务、拥有多种物流设施的不同类型物流企业在空间上相对集中分布而形成的场所，是具有一定规模和综合服务功能的物流节点。它一般是政府从城市整体利益出发，在城市的城乡接合部、主要交通干道附近开辟专用场地，通过逐步配套完善各项基础设施、服务设施，提供各种优惠政策，吸引大型物流（配送）中心在此聚集，使其获得规模效益，降低物流成本，同时减轻大型配送中心在市中心分布所带来的种种不利影响。

2. 国际物流园区的功能

从功能角度将物流园区划分为四大类：转运型物流园区、存储配送型物流园区、流通加工型物流园区以及综合型物流园区。

（1）转运型物流园区

转运型物流园区指可实现运输方式转换（海-陆、空-陆、公路-铁路）的物流园区，如上海国际航空物流园区、上海海港新城物流园区、上海外高桥物流园区、深圳华南国际物流中心、天津港集装箱物流中心、北京空港物流园区、青岛前湾国际物流园区、大连鑫码物流基地、宁波港物流园区。

（2）存储配送型物流园区

存储配送型物流园区指以大规模的仓库群为基础，形成以存储和配送功能为主的物流园区，如安得芜湖物流基地、深圳笋岗-清水河物流园区、北京华通物流园区、南京王家港物流中心（信息配载）、重庆九九物流园区、广州龙骏物流中心。

（3）流通加工型物流园区

流通加工型物流园区指承担了一部分生产加工功能，实现了从厂商生产的标准产品部件到客户所需个性化产品转换衔接的物流园区，如广东物资集团、深圳笋岗-清水河物流园区、宁波物资物流中心。

（4）综合型物流园区

综合型物流园区指同时具有以上几种功能，规模庞大、功能齐全的物流园区，如深圳平湖物流基地、宝供苏州物流基地、传化物流基地、大连国际物流中心、北京通州物流园区、西南成都物流中心、宁波现代商贸物流园区，及上海西南、西北综合物流园区。

第三节 国际物流的产生与发展

一、国际物流产生的动因

1. 自然资源不均衡

自然资源分布不平衡是一种自然地理现象，人类的经济活动必然要求自然资源由储藏丰富的地区向贫乏的地区流动。比如：铁矿石资源在澳大利亚、巴西比较丰富，在日本、韩国、中国等国家相对匮乏，就必然会产生铁矿石的国际物流活动。

再如：石油资源在沙特阿拉伯、伊朗、伊拉克等中东地区国家以及苏丹、刚果、尼日利亚等非洲地区国家非常丰富，则必然产生向日本等石油匮乏国家的物流活动。

2. 经济发展不平衡

经济发展不平衡，生产力布局与消费群体的分离必然存在。因此在不同国家之间，必然会产生某些产品从经济发达的国家向不发达国家的物流活动。

随着生产社会化、专业化程度的提高，区域经济的分工与合作，生产要素的进一步优化组合，某些产品的生产日益集中在某个或某些地区，在国际上必然会产生某些产品从大产量地区向小产量地区的物流活动。同样，消费能力的不同会产生某些产品从消费能力弱的国家向消费能力强的国家的物流活动。

3. 产品差异化及需求个性化

产品在价格、品质、性能、款式、品牌等方面的差异化以及消费者需求的个性化会使价格低、品质高、性能好、款式新、品牌响的产品在不同国家之间产生物流活动。以汽车产品为例，许多消费者购买日韩系汽车是基于其价格低耗油少，购买德国汽车的消费者更注重产品性能和安全性，购买宝马、陆虎汽车的消费者更注重产品的品牌，因此就产生了汽车产品的国际物流活动。

个人、企业、国家的其他个性化需求也是国际物流产生的重要原因。比如，为满足个人或机构国际间快递业务的需求，产生了国际快递物流业务。企业为提高国际知名度，地区为改善区域经济环境，国家为提升形象、促进世界多元文化融合而举办展览会，这就促使国际展品物流业务的产生。

二、国际物流发展的推动力

1. 经济全球化

全球贸易的发展、对外直接投资的增加、跨国公司的国际渗透，加上 20 世纪 60 年代以来的金融创新和 80 年代以来的全球经济自由化浪潮，这些因素的协力作用最终形成了经济全球化格局。经济全球化是指世界各国在全球范围内的经济融合，越来越多的生产经营活动和资源配置过程在整个世界范围内进行，这就构成了物流国际化的重要基础。

世界各大跨国集团公司为了维护企业自身的市场份额和经济利益，在世界范围内进行了经济结构和产业结构的重大调整，促进了国际贸易的发展，从而推动了国际物流的发展。特别是在以国际互联网为基础的电子商务的推动下，国际物流的发展更为迅速。我国加入世界贸易组织（WTO）后对我国国际物流的发展起到了积极的推动作用。

2. 供应链管理理念

供应链是以市场需求为导向，以客户需求为中心，以核心企业为盟主，以共赢模式将客户、研发中心、供货商、制造商、分销商、零售商、物流商等企业连在一起的多功能网链。供应链管理强调供应链上各节点企业是一个不可分割的有机体，它可以通过信息沟通、数据互换、协同工作，改造和整合企业内外部业务流程，全面提升供应链的竞争力，从而为供应链上各企业带来收益。

在供应链管理模式下，企业竞争由原来的单个企业之间的竞争变成了供应链的竞争，构筑有竞争力的全球供应链已成为许多企业降低生产成本、提高综合服务水平、提高自身竞争力的重要手段。随着国际供应链管理理念的深入和推广，国际贸易得以迅速发展，从而推动了国际物流的进一步发展。

3. 全球运输与金融管制的解除

20世纪80年代由美国发起的解除运输管制措施如今已遍及全球，全球运输管制的解除使国外运输业者可以通过战略联盟运营其他国境内的和不同国家之间的运输业务，大大提高了国际运输的灵活性，为"一站式"国际物流服务提供了可能。

同样，全球金融管制的解除使国际货币市场的电子自动交易系统与各国间的货币不再以黄金为交易，而采用浮动汇率，简化了国家间的货币流通。全球运输和金融管制的解除推动了国际物流向一体化和便捷化方向发展。

4. 信息技术与通信技术的进步

电子订货系统（EOS）、电子数据交换（EDI）技术、条码技术、射频技术（RF）、地理信息系统（GIS）以及全球卫星定位系统（GPS）等信息与通信技术在国际物流领域的应用为国际物流的发展提供了有利的技术支持。

EOS在国际物流中可用于国内外零售商、批发商、制造商、供货商之间的订货作业和订货信息交换，覆盖从新商品资料说明到会计结算等所有商品交易作业，大大提高了整体物流效率。

EDI在国际物流中用于外贸企业可实现国际贸易无纸化，用于运输能实现货运单证的电子数据传输，用于仓储可加速货物的提取及周转，用于金融、保险和商检可实现对外经贸快速循环，用于通关和报关可实现货物通关自动化和高效化，用于税务可实现纳税申报自动化。

条码技术和射频技术的应用适应了物流大量化和高速化的要求，为物流的快速发展提供了有效的技术支持。

GIS物流分析软件集成了车辆路线模型、最短路径模型、网络物流模型、分配集合模型和设施定位模型等，为优化物流系统提供了强有力的技术支持。

GPS可实现车辆跟踪、动态调度、线路规划等功能，大大提高了物流尤其是国际物流的安全性和可控性。

总之，全球信息技术与通信技术的进步推动了国际物流向信息化和高效化方向发展。

三、国际物流的发展历程

国际物流的发展经历了量变、质变和信息化高速发展三大历史阶段。

1. 第一阶段（20世纪50年代至80年代初）——量的发展

"二战"以前，国际间已有不少的经济交往，但是无论从数量还是质量要求来讲，都没有将伴随国际贸易的运输放在主要地位。"二战"后国际间交往得以不断扩展，尤其70年代石油危机后,国际贸易量非常巨大,交易水平和质量要求也越来越高,原有的运输观念已不能适应新要求,系统化物流就此进入国际领域。同时物流设施和物流技术得到发展,一些企业建立配送中心,运用电子计算机进行管理,出现了立体无人仓库,某些国家还建立了本国的物流标准。

20世纪60年代,出现了大型物流工具如20万吨油轮、10万吨矿石船等;70年代由于石油危机的影响,船舶大型化趋势随物流数量的增加而进一步加强;同时大数量、高服务型物流从石油、矿山等物流领域向物流难度最大的中、小件杂货领域倾斜,其标志是国际集装箱及国际集装箱船的大发展,国际间各主要航线的定期班轮都投入了集装箱船;70年代中后期,国际物流的质量要求和速度要求进一步提高,在这个时期,国际物流领域出现了航空物流大幅度增加的新形势,同时还出现更高水平的国际联运。

2. 第二阶段(20世纪80年代至90年代初)——质的发展

随着国际经济往来的日益扩大和科学技术的不断发展,物流的国际化趋势开始成为世界性的共同问题。进入20世纪80年代,美国经济已经失去了兴旺发展的势头,陷入长期倒退的危机之中,因此工商业企业在强调降低成本、扩大销售、改进服务的同时必须进行国际物流管理的改善。正处于成熟的经济发展期的日本,则以贸易立国,实现与其对外贸易相适应的物流的国际化,并采取了建立物流信息网络、加强物流全面质量管理等一系列措施,提高了其物流国际化的效率。

这一阶段物流量基本不继续扩大,着力于解决"小批量、高频度、多品种"物流,出现了许多同城配送企业。同时物流的机械化、自动化水平显著提高,并出现了许多物流新技术和新方法。最为突出的特色是在国际物流领域首次出现并使用EDI系统,即全球EDI。中国远洋运输集团公司于1991年5月与美国通用电气信息公司正式签署协议,通过其EDI增值服务网进行舱单、船图电子数据的交换,成为国内首家采用EDI的公司。可以说国际物流已开始进入物流信息时代。

3. 第三阶段(20世纪90年代至今)——信息化高速发展

这一阶段,国际物流的概念和重要性已被各国政府和外经贸部(现商务部)所普遍认识,信息技术在国际物流领域得到普遍应用。以中国为例,海关建立了"H2000通关系统",大大简化了进出口企业各种海关手续,提高了货物通关效率;以政府带头建立的"中国电子口岸"为海关、税务、交通、保税监管等政府机关核查联网数据,为企业进行网上办理进出口业务提供了有效的信息平台。

各大物流企业纷纷投巨资建立物流信息系统,中外运采用了ES/1系统中的AWM、TPL功能,实现了第三方物流运作;中海2000物流管理信息系统是现代物流企业综合物流业务管理信息系统,现已在全国几十个物流企业中运用。与此同时,物流信息系统供应商之间的竞争加剧,并且已经开始从单纯的信息系统供应转变为参与物流业务的运营。

另外，基于互联网的电子商务的发展，加快了世界经济的一体化，使国际物流在整个商务活动中占有举足轻重的地位。可以说21世纪是国际物流信息化高度发展的时代。

四、国际物流的发展趋势

(一) 第三方物流占据国际物流的主导地位

随着外包(out-sourcing)理念的逐步深入以及外包实践的广泛推广，第三方物流已成为物流业的中坚力量。在国际物流市场，第三方物流凭借自身的显著优势占据主导地位。

第三方物流有助于国际物流服务的需求者如外贸企业、跨国企业等将人力、物力、财力集中在核心业务，提升核心竞争力，从而更好地参与国际竞争；第三方物流利用专业知识和规模优势能够科学合理地规划国际物流网络、优化国际物流系统、设计国际物流线路，从而有效地降低国际物流费用并提高国际物流效率；第三方物流利用较强的资源整合能力，能够有效地整合物流运输、仓储、配送等资源，从而实现"门到门"的一体化物流服务。

第三方物流利用专业团队能够为客户"量体裁衣"，制订出符合客户要求的物流方案，发挥增值服务功能，从而提供个性化、多样化国际物流服务；第三方物流能够利用专业化的信息系统及物流技术与设备对国际物流进行有效的控制，从而保证高质量的国际物流服务。另外需要强调的是，第三方物流与供应链管理理念十分吻合，毋庸置疑，它将成为国际物流的主要发展趋势。

(二) 实物流、信息流、资金流"三流合一"

信息是物流管理的基础，国际物流必须在提供实物流服务的同时提供信息流服务。物流信息服务包括预先发货通知、送达签收反馈、订单跟踪查询、库存状态查询、货物在途跟踪、运行绩效监测、管理报告等内容。USCO物流公司为SUN提供服务器维修零配件物流信息平台，使SUN与其50多个供应链伙伴实时共享订单、选货和库存信息，大大缩短了交货期，提高了客户服务水平，被称为第三方物流信息提供商。

近年来，国外领先的第三方物流服务商在客户的财务、技术和数据管理方面承担了越来越大的责任，这将成为异于竞争对手的有力手段。

第三方物流服务商还通过提供资金流服务参与客户的供应链管理。如美国联合包裹公司UPS并购美国第一国际银行，将其改造成UPS金融部门，为其物流客户提供预付货款、信用担保、代收货款等增值服务，以加快客户的资金流转，从而为客户提供了实物流、信息流与资金流"三流合一"的一体化供应链解决方案。中邮物流与世界著名化妆品企业雅芳合作时，不仅提供了从产品库到专卖店的"端到端"物流服务，还实现了中邮物流信息系统与雅芳信息系统的实时对接，并且依托中国邮政绿卡系统和支付网关为雅芳提供网上代收货款服务,成为我国物流企业开创"三流合一"服务的成功案例。

(三) 物流企业向集约化与协同化方向发展

21世纪是物流全球化的时代,企业之间的竞争愈加激烈。要满足全球化或区域化的物流服务要求,实现规模效益,物流企业必须向集约化和协同化方向发展。

1. 物流企业的并购

为了在日益激烈的国际物流市场中立于不败之地,世界顶级物流企业已大力开展兼并、收购,扩大国际物流市场份额。大量案例说明物流企业的集约化发展已成为未来国际物流发展的趋势。

1997年新加坡东方海皇收购美国总统轮船,1998年日本邮船兼并昭和海运,1999年日本商船三井兼并NAVIX、挪威威廉臣与瓦伦尼斯合营,2005年马士基兼并铁行渣华、赫伯罗特兼并加拿大太平洋、达飞兼并达贸,2006年荷兰TNT集团收购中国最大的公路货运企业黑龙江华宇物流有限公司,2009年德国DHL公司旗下中外运-敦豪国际航空快件有限公司并购我国民营快递全一快递。

2. 物流企业的战略联盟

物流企业战略联盟指两个或多个物流企业为了实现资源共享、开拓新市场等特定战略目标而签订的长期互利协定关系。物流企业通过战略结盟可以在未进行大规模资本投资的情况下,为客户提供"一站式"服务,从而提升市场份额和竞争能力。

日本、欧美等一些物流企业战略联盟的成功案例主要有:日本运输公司与德国海陆空货运代理辛克公司签订战略联盟协议;日本近铁快递公司与荷兰邮政集团签订战略合作协议;芬兰邮政与DHL结成战略结盟;法国邮政的包裹与物流集团公司同美国联邦快递公司签署战略合作协议。

我国物流企业正在成长过程中,真正意义的战略联盟还不普遍,但在与其他物流企业、上下游企业及政府合作方面取得了一定成绩,为物流企业战略联盟未来的发展奠定了基础。2007年京津冀三地物流企业之间,川沪物流企业之间签署了物流合作协议;2008年以来国内各大银行纷纷与第三方物流企业签署合作战略协议;2009年中国福田汽车集团与远成物流结成战略联盟;2010年阿里巴巴和国际物流巨头UPS结成战略联盟;2010年广州国际商品展贸城与广州中信信通物流有限公司签约结成战略联盟;2010年随州市政府在深圳与中集集团签订战略合作协议。这些案例说明物流企业协同化发展已成为国际物流发展趋势。

(四) 物流服务向一体化和协作性方向发展

要想在日益激烈的国际物流市场竞争中取得优势,第三方物流企业必须为客户提供一体化的物流服务,其核心思想主要体现在服务内容和服务方式两方面。

1. 物流服务的一体化

物流服务一体化首先体现在物流服务由基本服务向增值服务延伸。通过运输、仓储、配送等功能实现物品的流通是许多物流服务商都能提供的基本服务,难以体现其核心竞争力。一体化物流服务应根据客户需求,充分发挥物流服务商的自身优势,在基本服务基础上不断创新服务内容,延伸出差异化、个性化的增值服务,如订单处理、流通加工、采购、售后支持等,从而实现物流功能的一体化。

物流服务一体化更体现在物流服务由功能服务向管理服务延伸。一体化物流服务不是单纯为客户提供功能性的物流服务,而是应该从操作层面上升到管理层面,参与客户的物流管理,包括客户物流系统优化、物流业务流程再造、订单管理、库存管理、供应商协调、最终用户服务等,从而为客户提供一体化物流解决方案,实现"一站式"服务。

美国物流咨询公司研究发现,第三方物流企业为客户节省的成本取决于物流服务的一体化程度,如果只是提供简单的功能性物流服务,可节省成本 0～5％;如果部分改进客户的物流流程,可获得 5％～10％ 的成本节省;如果对物流流程进行重组,使物流服务延伸至整个供应链,则可节省成本 10％～20％。

2. 物流服务的协作性

物流服务在运作时要具有协作性。功能性物流服务通常只需要单纯地按照客户指令完成物流运作,而一体化的物流服务提供商则参与客户的物流管理,为客户建立"一站式"的物流方案,因此要求第三方物流企业要始终与客户保持有效的沟通,协同完成物流运作。

要实现物流服务的协作运行,首先要成立物流项目运作团队,设立物流项目经理,建立物流人员联合办公制度,使合作透明化;其次要共同拟定绩效衡量指标以及奖惩办法,细化物流运作环节和意外事故处理措施,使运作明朗化;最后保持运作层每天的交流、管理层每月的绩效评估以及不定期的检查与年度评估。

(五) 物流合作向长期性和多样化方向发展

1. 物流企业与客户建立长期性合作关系

物流服务通常采用与客户"一单一结"的交易方式,物流企业与客户之间是最短期的买卖关系,而一体化物流服务商与客户之间建立的是长期合作关系,需要与客户签订一定期限的服务合同。第三方物流企业要特别重视与客户一起详细制定合同内容,包括服务性质、服务方式、期限和范围、KPI 基准、服务费率、问题解决机制以及保险与责任等。当然,签订合同只是与客户长期合作的开始,日后还需要特别注意客户关系的维护以不断深化合作。

合作内容分为四个层面：首先是要满足客户现有物流需求；其次是要加强与客户沟通，增强服务主动性，努力使服务水平超出客户期望；再次是在熟悉客户物流运作后，主动了解客户新的物流需求，参与发掘客户物流改进机会；最后应努力与客户共同创造价值，最终赢得客户信任，双方建立起长期战略合作伙伴关系。

2. 物流企业与客户的合作形式呈多样化

物流企业与客户的合作表现为三种形式。

一是接管客户的物流资源建立自身的物流系统，在为该客户服务的同时服务于其他客户，如东方海外物流公司系统接管旺旺集团在杭州的仓库，将其改造为东方海外华东区域物流中心。

二是利用客户的物流资源，与客户签订物流管理合同，在为该客户服务的同时面向社会。这种方式在商业企业中比较常见，如和黄天百物流为北京物美商城提供的物流管理服务。

三是与客户合资成立物流公司，既使客户保留物流资源的部分产权并在物流作业中保持参与，又注入了第三方物流的资本和专业技能。这种方式在汽车、电子等高附加值行业较为普通，如TNT物流与上海汽车工业公司合资成立上海安吉天地物流公司。

通过资源整合和资源共享，可以提高物流资源的利用率并分担管理成本，是国际物流未来重要的发展方向。

(六) 物流产业向绿色化、环保化方向发展

作为社会经济体系的重要产业，物流产业同样面临高效节能、可持续发展的问题。随着国际绿色贸易壁垒的悄然兴起，一个国家或地区要将物流产业培育成支柱产业，必须重视绿色理念的推广，提高物流环保化水平，这样才有助于改善投资环境，吸引国际资本，增强竞争能力。所谓物流环保化，是指在物流过程中抑制物流对环境造成危害的同时，实现对物流环境的净化，使物流资源得到充分利用。

在国际物流中，通过改变运输方式，提高车辆、仓库利用效率，降低能源消耗，提高包装物回收再生利用率，提倡绿色包装，鼓励开展绿色流通加工，由分散加工向专业集中加工转变，减少废弃物污染，可在很大程度上消除物流产业造成的环境问题。物流产业绿色化、环保化顺应"循环经济"和"低碳经济"发展的要求，将是国际物流产业发展的大趋势。

第四节　国际物流的特殊形式

近几年来，随着会展经济成为新经济热点以及快递业的蓬勃发展，展品物流和快递物流迅速发展起来。随着国内外突发事件的不断增多，对应急物流的需求也在不断增加。

为进一步促进区域经济外向化,保税物流的发展也发生了深层次的变化。以下四种物流形式在一定程度上具有国际物流的性质,是国际物流的特殊表现形式。

一、展品物流

目前,会展经济成为各国新经济热点之一,像我国北京、上海、广州等各大城市每年都会相继举办各种产品的展览会、博览会和洽谈会,尤其是举世关注的2010上海世博会。由于展品多是高技术产品,数量较少价值较高,展览时效性很强,对物流质量和时效要求较高,因此展品物流服务扮演着重要的角色,直接影响着展会是否能有序进行,展商的利益是否能得到保护。目前对展品物流的研究比较广泛,在实业界很多第三方物流企业也涉足展品物流,如北京中远物流。

展品物流是指为满足商品展览的特殊需要,将展品及时准确地从参展商所在国(地)转移到参展目的地,展览结束后再运回或运至下一展地的过程,包括展览前后的仓储、包装、国内运输、进出口报关和清关、国际运输、展览中的装卸搬运以及在此过程中所需要的信息流动。展品物流是展品送到一个展区后再运送到下一个展区直至复运回展品出发地,如果展品出发地和展区属于不同国家,则这种展品物流就属于国际物流。

它可以不涉及展品的买卖双方、展品的贸易合同或进一步的实际交易。当然展品可能在展区或者在会展之后发生买卖交易,但是这不属于展品物流产生之前的国际贸易,因此展品物流是不以国际贸易为基础的国际物流形式。从一定意义上可以看出展品物流能促使国际贸易的产生,促进国际贸易的发展。

二、快递物流

随着互联网和电子商务的发展,个人和机构对快递的需求量急剧扩大,对货物送达时间和安全性要求越来越高,快递开始向物流和供应链管理方向延伸。快递物流的灵魂是"快",适应经济发展的需求,特征是提供门到门服务,具有一定的增值性和竞争性,因此快递物流业应运而生并快速发展。

快递物流是指快递物流企业收取寄件人托运的快件后,按照寄件人要求的时间,以最快的速度将其运到另一地点,递交指定的收件人,掌握运输、派送过程的全部情况并能向有关人员提供即时信息查询的门到门服务。

快递物流服务的对象包括函件快递和包裹快递,前者以处理文件、资料、图纸、贸易单证为主,后者以处理样品、高附加值物品和高档商品为主,如电子产品、化妆品、食品、药品。如果快递物流的寄件人和收件人在不同的国家,则这种快递物流就属于国际物流;如果寄件人和收件人不属于买卖关系,则这种快递物流就不依托于国际贸易。比如"个人在中国向美国朋友寄送生日礼物"所涉及的物流活动,就属于不依托国际贸易的国际物流活动。

三、应急物流

(一) 应急物流的产生与含义

物流系统作为国民经济体系中的大动脉,为经济安全和社会安全提供了保障,尤其是在面对突发事件时,其重要性日益凸显出来。现实生活中,无论是 SARS 和禽流感这样的公共卫生事件,还是 2008 年汶川地震和 2011 年日本地震、海啸这类突发性的重大自然灾害,都会造成巨大的人员伤亡和财产损失,必然需要大量的应急物资。而应急物资的运送迫切需要社会的物流体系发挥其应急功能,应急物流便随之产生。

应急物流是指为应对严重自然灾害、公共卫生事件、公共安全事件及军事冲突等突发事件而对物资、人员及资金的需求进行紧急保障的物流活动,是以追求时间效益最大化和灾害损失最小化为目标的特殊物流活动。

所谓"一方有难,八方支援",应急物流不应仅仅局限在国内物流范畴,而应延伸到国际物流领域。以 2011 年 3 月发生的日本地震、海啸、核辐射危机为例,世界各国已展开物资、人员及资金的紧急救援与救助。

韩国韩亚航空公司将 1 500 条毛毯以及方便面、矿泉水等赈灾物品运抵日本;澳大利亚搜救队携带 22 吨搜索和救援物资装备抵达日本;瑞士派出一支拥有 25 名搜救医疗专家和 9 条搜救犬的队伍;中国国际救援队携带肠胃药、酒精棉球、创可贴等价值近两万元人民币的药品赴日本,中国红十字会向日本红十字会提供 100 万元人民币紧急援助;俄罗斯派出 6 架装载医疗设备的飞机飞赴日本,俄罗斯总理普京要求萨哈林海域的石油天然气项目"萨哈林 2 号"增加对日本的液化天然气供应;德国救援队由搜救专家 40 人与 3 条搜救犬组成,并携带约 15 吨的器械赴日本;美国派出约 8 艘军舰参与救援;泰国向日本捐助 16.5 万美元;乌克兰派遣医生及核辐射专家并运送相关物资。这是一次世界范围内的应急物流活动,属于国际物流范畴。

(二) 应急物流的分类及特点

1. 应急物流的分类

(1) 自然灾害下的应急物流

自然灾害包括地震、台风、滑坡、泥石流、火灾、水灾、旱灾以及其他自然灾害,这些灾害一旦出现,必然会产生大量的应急物流需求。以我国为例,1998 年长江及 2003 年淮河、黄河的大洪水,2003 年甘肃、内蒙古、云南的地震,2008 年"5·12"汶川大地震,以及 2010 年"4·14"玉树地震产生了大量的应急物资的需求。

(2) 公共卫生事件下的应急物流

公共卫生事件主要包括传染病疫情、食物中毒和动物疫情等。2003 年的"非典"疫情、2004年出现的禽流感疫情以及2009年出现的甲型流感疫情都属于公共卫生事件。近年来,全球新发现的30余种传染病已有半数在我国出现,污染中毒事件、食物中毒事件、各种自然灾害带来的疫情风险、生物侵害事件等时有发生。

(3) 公共安全事件下的应急物流

公共安全事件包括煤矿事故、交通事故、瓦斯爆炸等意外事件。我国煤矿事故频繁发生,仅2010年7月17日到19日,全国各地连发5起煤矿矿难,导致44人遇难,11人被困。2008年4月胶济铁路列车相撞事故造成72人死亡,416人受伤。这些重大的公共安全事件急需紧急医疗物资、搜救人员及搜救设备。

(4) 军事冲突下的应急物流

军事冲突指不同派别、不同国籍的军队以及准军事组织之间相互发生摩擦,继而进行对抗的事件。随着国家利益的拓展和对外联系的加深,许多国家的安全问题日益复杂,印巴冲突、朝鲜半岛问题、中印边境争端等使得中国周边潜伏着发生局部战争或冲突的诱因。2011年2月,利比亚本国人民引发利比亚骚乱,并且经过一个多月演变成为法英美主导的多国部队与利比亚的战争。

2. 应急物流的特点

就其本质而言,应急物流是指在危机发生时进行紧急保障的一种特殊物流活动。与一般性物流活动相比,应急物流具有如下主要特征。

(1) 物流需求急迫性

由突发事件引发的应急物流,最突出的特征就是物流需求急迫性,因此需要及时配齐所需物资并且将物资及时送达。而物流环境的恶化,如道路因洪水、山体滑坡、暴雪或地震原因阻断以及通信线路中断等,使应急物流的实施面临严峻的考验。

(2) 物流需求多样性

突发事件发生时,短时间内需要大量物资。自然灾害下的应急物流需要提供救助过程中的医疗器械、药品、食物、衣物、飞机、搜救及医护人员,以及灾后重建需要的建筑物资及资金等;公共卫生事件下的应急物流主要提供疫苗、口罩、药品等医用物资;公共安全事件下的应急物流急需医疗物资、搜救人员及搜救设备;军事冲突下的应急物流涉及军火、弹药等军事武器和军事装备方面物资的供应和调配,以及战争中伤亡人员的救援物资以及战争后国家重建的物资。

(3) 物流供应非预见性

物流供应需要确定供应物资的数量,物流设备配备的种类和数量,物流人员配备的数量和素质等。但由于突发事件突发性强、破坏力大、涉及面广,并且持续时间、影响范围、强度大小等因素难以预见,因而应急物流提供的服务内容难以事先确定。

(4) 物流服务弱经济性

应急物流最突出的特点就是"急",因而可以不惜成本急剧增加的代价来获得时间效益,例如使用运输成本较高的飞机输送物资。经济效益不是应急物流活动首要考虑的目标,应急物流呈现明显弱经济性,甚至在某些情况下成为一种纯消费性行为。

> **小贴士**
>
> 为进一步加强海洋灾害应急预案管理,国家海洋局对《风暴潮、海浪、海啸和海冰灾害应急预案》中海啸和海冰灾害应急响应标准进行适当调整,并于2011年1月开始实施。
>
> 为加强山西省地震灾害应急救援工作,最大限度减少遭受地震灾害的人员生命财产损失,《山西省应对地震灾害应急救援队伍管理办法》于2011年2月正式实施。
>
> 为进一步完善厦门市应急管理体系,加强综合性应急救援队伍建设,提高全市社会综合应急救援能力和水平,2011年2月厦门市政府制定出台了《关于推进综合性应急救援队伍建设的实施意见》。
>
> 2011年3月国务院明确提出要提高食品安全应急能力,将修订《国家重大食品安全事故应急预案》,完善应对食品安全事故的快速反应机制和程序。

> **小贴士**
>
> 2010年5月11日,民政部救灾物资昆明储备库暨云南省救灾物资储备中心正式揭牌并投入使用,这是全国已建成的规模最大的救灾物资储备库,已被民政部定为中央救灾物资储备库。该救灾物资储备中心有两大亮点:一是4 800平方米停机坪可同时停放起降两架大型直升机,用于紧急情况下停靠转运救灾物资和救灾人员;二是5个库房同时储备救灾物资,可满足紧急转移安置70万灾民的基本生活需求。

四、保税物流

(一) 保税物流的产生及含义

近年来,随着全球经济一体化的不断深入、我国世界制造业中心地位的确立以及现代物流业的迅猛发展,我国加工贸易和保税物流的发展也发生了新的深层次的变化。

2007年,我国海关总署制定出台了《海关保税加工及保税物流改革实施方案》,首次对保税物流的概念作了阐述。保税物流就是指经营者经海关批准,将货物在税收保全(无税)的状态下,从供应地到需求地实施的空间位移的过程。

"在税收保全的状态下"特指企业在海关监管区域内从事仓储、配送、运输、流通加工、装卸搬运、物流信息、方案设计等相关业务,可以享受海关实行的"境内关外"制度以及其他税收、外汇、通关方面的特殊政策。保税货物在海关监管区内的活动在一国境内,但海关监管区具有"境内关外"的性质;并且从供应链角度上看,保税物流包括了保税货物在保税加工、生产链条以外的所有的空间位移过程,因此保税物流属于国际物流的范畴。

(二) 保税物流的功能和作用

1. 保税物流的功能

(1) 保税仓储

国内或国外的货物运至海关监管区,以保税形式储存起来,即货物在进入保税区或保税仓库以及存储期间,可以免交关税。这样可为企业节约大量税金,增加资金流动性。

(2) 简单加工

货物可以在保税区及保税仓库内进行简单加工,即可以进行包装、分拣、贴唛、贴标签、换唛、分拆、拼装等流通性加工。

(3) 转口贸易

充分利用保税区内免领进出口许可证、免征关税和进口环节增值税等优惠政策,利用国内外市场间的地区差、时间差、价格差、汇率差等,在保税仓内实现货物的国际转运。

(4) 出口拼箱

将大陆各地和国外供应商采购的原材料、半成品、成品等,汇集至保税仓存储,再按销售合同组合成不同的货柜运至世界各地。

(5) 进口分拨

从世界各地进口的货物(包括国内转至保税仓的货物)可以暂存在保税仓,进行分拣、简单加工、拆拼箱后,根据国内采购商的需求进行批量送货,以减轻收货人的进口税压力及仓储负担。

(6) 展示服务

国外大宗商品如设备及原材料等,可存放在保税区仓库,并可常年展示。展示结束后可以直接运回原地,从而避免高昂的关税和烦琐的报关手续。

(7) 检测维修服务

发往国外货物因品质或包装退运须返回工厂检测或维修的,可利用保税区功能直接将货物退至保税仓库,简化报关程序,待维修完毕后直接复出口。

2. 保税物流的作用

(1) 促进区域经济发展

保税物流促进了区域经济的整合和辐射,带动了港口腹地经济的发展。海关特殊监管区域是保税物流的重要节点,带动了所在地区经济的发展,起到了经济的龙头和示范作用。我国非常典型的例子就是保税物流促进了珠三角和长三角两个外向型经济带的诞生,进而也加强了与内地经济的联动。

(2) 推进区域经济外向型

我国的外向型经济主要以加工贸易推动为主,而且近年来加工贸易进出口货值占整个外贸进出口总值的比例在不断上升,保税物流支撑起的加工贸易对区域外向型经济发展起到巨大的推动作用。

(3) 促进产业结构转型升级

由保税物流发展起来的保税加工,使我国成为全球制造业的重要生产基地。我国的研发中心、采购中心等通过保税物流的相关政策,把国外的先进技术、资金都吸引进来,促使我国产业从结构上完成了优化升级。保税物流为我国产业结构优化和产品更新换代创造了有利条件,发展保税物流是加快我国产业结构调整和加工贸易转型升级的重要支柱。

(三) 我国保税物流的具体表现形态

近几年,海关不断完善"以保税区区港联动为龙头,以保税物流中心为枢纽,以进出口监管仓库和保税仓库为网点"的多元化保税物流体系,以满足不同地区、不同层次的国际物流发展需要。目前,我国保税物流形态呈多样化趋势。根据发展历程,保税物流有如下一些形态。

(1) 保税仓库和出口监管仓库

从 20 世纪 80 年代中后期,中国海关根据形势发展的需要提出了设立主要以服务加工贸易进口料件为主的"保税仓库"和专门存放出口产品的"出口监管库"的规定。

保税仓库指经海关核准的专门存放保税货物的专用仓库,注册资金不低于 300 万元。保税仓库存放货物种类包括三种:一是供加工贸易(进、来料加工)加工成品复出口的进口料件;二是外经贸主管部门批准开展外国商品寄售业务、外国产品维修业务、外汇免税商品业务及保税生产资料市场的进口货物;三是转口贸易货物以及外商寄存货物以及国际航行船舶所需燃料、物衬和零配件等。

出口监管仓库是指经海关批准设立,对已办结海关出口手续的货物进行存储、保税物流配送、提供流通性增值服务的海关专用监管仓库。

(2) 保税区

为加快我国对外开放的速度,1990 年国务院批准建立了首个保税区,即上海外高桥保税区。至今我国已建有天津港、深圳福田、深圳沙头角、深圳盐田港、大连、广州、张家港、海口、厦门象屿、福州、宁波、青岛、汕头、珠海等 15 个保税区。

保税区是在境内的港口或邻近港口、国际机场等地区建立的在区内进行加工、贸易、仓储和展览,由海关监管的特殊区域。境外货物进入保税区,实行保税管理,视同货物仍在境外;境内其他地区货物进入保税区,视同出境。

(3) 出口加工区

随着我国加工贸易的高速蓬勃发展以及由此带动的国际物流服务业的迅速成长，2000年中国国务院批准设立了第一批15个出口加工区。目前，我国已先后分四批设立了60个出口加工区，形成了以长三角地区为主，珠三角、环渤海地区为辅，兼顾东北地区和西北地区的发展战略格局。

出口加工区是由国务院批准设立的从事产品外销加工贸易的区域，由海关实施封闭式监管。出口加工区的功能比较专一，特别适合以出口为主的加工企业进入，包括出口加工企业、专为出口加工企业提供服务的仓储企业以及专门从事加工区内货物进出的物流运输企业。

(4) 保税物流中心

传统的海关监管区已经难以满足客观发展的需求，大量高附加值的保税物流产品被迫转移到海外。为适应保税物流发展的需要，保税物流中心快速建设并发展起来。

保税物流中心分为A型和B型。保税物流中心A型指经海关批准，由中国境内企业法人设立并经营，专门从事保税仓储物流业务的海关监管场所。主要针对大型生产型跨国公司和大型物流企业，申请设立的资格要求较高，注册资本不低于3 000万元人民币。保税物流中心A型分为公用型和自用型，公用型指专门从事仓储物流业，中国境内企业法人经营，向社会提供保税仓储物流综合服务的海关监管场所；自用型指中国境内法人经营，仅向本企业或者本企业承包集团内部成员提供保税仓储物流服务的海关监管场所。保税物流中心B型指经海关批准，由中国境内一家企业法人设立，多家企业进入并从事保税仓储物流业务的海关监管集中场所，注册资金不低于5 000万元人民币。

保税物流中心允许的业务范围包括保税存储进出口货物、对所存货物开展流通性简单加工和增值服务、全球采购和国际分拨配送、转口贸易和国际中转业务。不得开展以下业务：商业零售、生产和加工制造、维修翻新和拆解、存储国家禁止进出口货物。

(5) 保税港区

2005年12月，我国第一个保税港区——上海洋山保税港区正式启用。它的设立标志着我国第一个具有世界一流现代港口条件和强大政策优势的保税港区正式诞生，也标志着我国在保税物流发展上取得了新的突破。保税港区是在整合保税区的政策优势和港口的区位优势，在保税区和港区之间开辟直接通道、拓展港区功能的基础上建立起来的，是目前我国发展保税物流层次最高、政策最优惠、功能最齐全、区位优势最明显的海关特殊监管区域。

(6) 综合保税区

综合保税区兴起于2006年，目前全国共有15个综合保税区。具体包括苏州工业园综合保税区、天津滨海新区综合保税区、北京天竺综合保税区、潍坊综合保税区、成都综合保税区、海南海口综合保税区、广西凭祥综合保税区、黑龙江绥芬河综合保税区、上海浦东机场综合保税区、江苏昆山综合保税区、重庆西永综合保税区、广州白云机场综合保税区、苏州高新技术产业开发区综合保税区、陕西西安综合保税区和河南新郑综合保税区。

综合保税区是设立在内陆地区的具有保税港区功能的海关特殊监管区域,由海关参照有关规定进行管理,执行保税港区的税收和外汇政策,集保税区、出口加工区、保税物流中心、港口功能于一身,是我国目前开放层次最高、优惠政策最多、功能最齐全、手续最简化的特殊开放区域。

本章小结

本章以物流定义及其分类为铺垫,深入地分析了国际物流的内涵及特点;概要地阐述了国际物流的功能,包括基本物流功能和特定物流功能;系统地介绍了国际物流的构成要素,包括国际物流主体、国际物流线路及国际物流节点;归纳总结了国际物流的产生动因、发展推动力、发展历程和发展趋势;最后介绍了展品物流、快递物流、应急物流和保税物流四种国际物流的特殊形式。

本章练习题

一、单选题

1. 国际货运代理属于哪一国际物流市场主体?(　　)
   A. 国际物流需求方　　　　　　　　B. 国际物流供给方
   C. 国际物流中间方　　　　　　　　D. 国际物流政府方或行业组织
2. 目前世界上最长的陆桥运输线是(　　)。
   A. 西伯利亚大陆桥　　　　　　　　B. 新亚欧大陆桥
   C. 美国大陆桥　　　　　　　　　　D. 加拿大大陆桥
3. 我国最大的陆路口岸是(　　)。
   A. 满洲里口岸　　　　　　　　　　B. 二连浩特口岸
   C. 绥芬河口岸　　　　　　　　　　D. 阿拉山口口岸
4. 欧洲第一大集装箱港是(　　)。
   A. 鹿特丹港　　　　　　　　　　　B. 汉堡港
   C. 安特卫普港　　　　　　　　　　D. 伦敦港

二、多选题

1. 国际物流环境差异性的特点体现在哪几方面?(　　)
   A. 气候、地理等自然环境差异性　　B. 语言、习俗等人文环境差异

C. 操作习惯、设施设备等行业环境差异性　　D. 法律、法规环境差异性

2. 下列有关国际物流的说法正确的是(　　)。
   A. 是不同国家间的物流活动　　B. 一定以国际贸易活动为前提
   C. 是国际贸易的重要物质基础　　D. 是国内物流的跨国延伸和扩展

3. 国际物流发展的推动力有哪些?(　　)
   A. 经济全球化　　B. 供应链管理理念
   C. 全球运输与金融管制的解除　　D. 信息技术与通信技术的进步

4. 世界著名快递物流企业有(　　)。
   A. 德国敦豪国际(DHL)　　B. 美国联邦快递公司(FedEx)
   C. 美国联合包裹公司(UPS)　　D. 荷兰邮政(TNT)

5. 国际物流较国内物流具有哪些额外的功能?(　　)
   A. 运输　　B. 仓储
   C. 报关通关　　D. 出入境检验检疫

6. 根据物流园区功能不同,物流园区包括(　　)。
   A. 转运型物流园区　　B. 存储配送型物流园区
   C. 流通加工型物流园区　　D. 综合型物流园区

7. 关于保税物流中心,下列说法正确的是(　　)。
   A. 保税物流中心 A 型主要由大型生产型的跨国公司和大型物流企业设立并经营
   B. 保税物流中心 B 型由中国境内一家企业法人设立,并由多家企业进入经营
   C. 保税中心 B 型包括公用型和自用型两种,注册资金不低于 3 000 万元人民币
   D. 保税物流中心允许开展保税存储、流通性加工以及商品零售业务

8. 应急物流的特点有哪些?(　　)
   A. 物流需求急迫性　　B. 物流需求多样性
   C. 物流供给非预见性　　D. 物流服务弱经济性

三、简答题

1. 简述展品物流的定义。
2. 简述快递物流的定义。
3. 简述应急物流的含义及其分类。
4. 简述保税物流的含义及其功能。

四、论述题

1. 论述物流企业向集约化和协同化发展的必然性。
2. 论述物流产业向绿色化和环保化发展的必要性。

3. 如何理解快递物流市场主体多样性？
4. 如何理解保税物流形态多样化？

五、实训题

1. 从事海上运输的航运公司属于国际物流市场供给方，请列举 5 个国内外著名的航运公司，并举一例阐述其从事国际物流业务的现状。

2. 至 2017 年 8 月，我国保税物流中心有 50 多家，请同学们利用图书馆资源或互联网查询我国目前保税物流中心都有哪些。并举一例阐述其运作情况。

国际货运代理基础知识

【知识目标】
1. 掌握国际货运代理的定义、类别、法律地位和法律责任。
2. 了解国际货运代理的业务内容、管理制度和标准交易条件。

【技能目标】
1. 能理解国际贸易货物运输合理化。
2. 能掌握国际货代企业的业务内容与工作流程。
3. 能熟悉并遵守国际货运代理人的岗位职责及行为规范。
4. 能树立国际货运代理从业资格考证意识及信心。

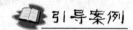 引导案例

宁波泛洋国际货运代理有限公司

宁波泛洋国际货运代理有限公司，前身为 1993 年成立的宁波泛洋船务有限公司，1996 年成功转型为国际货运代理有限公司，现为浙江中外运有限责任公司所属的子公司；1999 年经原外经贸部批准成为一级国际货运代理企业；2001 年首批获交通部颁发的《无船承运业务经营资格登记证》(NVOCC)；2004 年成为世界货运联盟（WCA）成员和中国国际货运代理协会（CIFA）成员。之后继续被宁波海关、宁波国检评为 A 级企业，以及被宁波海事局评为 A 级企业，是宁波国际货代业中唯一一家"三 A"级企业。2013 年被中国出入境检验总局评为"中国质量诚信企业"，2016 年通过了 ISO9001：2015 质量体系认证。

公司自成立以来，与海关、检验检疫、船代、港区及相关行业保持持久密切的联系。与多家船公司，国际性货运代理机构建立长期互为代理关系。公司业务实力在浙江省同行业中名列前茅。

公司主要服务内容：承办海运、空运进出口货物的国际运输代理业务。具体包括：各船公司货运订舱业务；世界各地拼箱、拆箱业务；代理报关、报

验、保险业务；多功能物流服务；中转、仓储、运输服务。

公司是宁波港最大的从事危险品运输的货运企业之一，是中国国际货运代理协会危险品工作委员会会员。公司拥有一群经验丰富、灵活应变的操作精英，提供危险品整柜与拼柜服务，采用流水作业，分工明确、责任清晰，利用有效的监督复核机制，确保服务质量。专业的危险品车队、危险品仓库、报关报检和危险品申报等配套服务和设施，为客户提供灵活多样的危险品进出口服务。在实践中，泛洋不断加强对员工的危险品知识培训，努力积累危险品处理经验，积极为危险品生产企业提供各种咨询，在确保安全的情况下，降低运输成本，在众多客户中树立良好口碑。

作为进入宁波的所有大型承运人的一级订舱代理，泛洋专业提供海运、空运进出口货物国际综合物流服务，从货运订舱业务开始，到世界各地拼箱、拆箱业务，再到代理报关、报验、保险、中转、仓储、运输及目的地到门服务，完整齐备。忠诚及专业的服务队伍，让泛洋的业绩年年提升。2016年，泛洋海运出口代理货量达53.6万TEU，进口2万TEU，内贸完成2.5万TEU，创历史新高，现为宁波前三大货运代理企业，代理的航线遍及五大洲、特别在欧洲、地中海、美国、南美、南非及澳大利亚，有较强竞争优势。

那么什么是国际货运代理企业？国际货运代理有哪些类别？其业务内容有哪些？

第一节　国际货运代理的定义及类别

一、国际货运代理的定义

"货运代理"一词出现于20世纪的欧洲，来源于英文Freight Forwarder，在国际上至今尚无一个普遍公认的、统一的定义。随着货运代理业务在实践中的发展，权威机构对货运代理的解释在总体上可划分为两个阶段。

(一) 货运代理的不同定义

1. 第一阶段

国际货运代理协会联合会的定义是：国际货运代理是根据客户的指示，并为客户的利益而揽取货物运输的人，其本身并不是承运人。国际货运代理也可以依照这些条件，从事与运输合同有关的活动，如储货（也含寄存）、报关、验收、收款等。联合国亚太经社理事会的解释是：国际货运代理代表其客户取得运输合同，而本人并不起承运人的作用。

《船务法律辞典》的解释是：经营为他人安排货物运输业务的人。国际货运代理有权代表他的被代理人就一切所发生的费用取得赔偿，并有权得到偿付他的服务费用。美国《船务和货运代理业务辞典》的解释是：准备航运单证、安排舱位、投保并办理关税手续工作，以取得费用的商业组织。

1990年我国原外经贸部发布的《关于国际货物运输代理业管理的若干规定》的定义是:"国际货物运输代理是介于货主与承运人之间的中介人,是接受货主或承运人委托,在授权范围内办理国际货物运输业务的中介。"该文规定,"国际货运代理除了拥有为代理业务所必需的仓库和小型车队外,一般不经营运输工具,也不经营进出口商品",货运代理仅仅是联系货主和承运人根据他们的委托办理国际货运业务的从业者。

这一阶段对货运代理的认识归纳为两大特点:一是货运代理只作为中间人或中介或代理人提供服务并得到费用,而不作为运输当事人,即承运人;二是货运代理接受客户的委托,而对客户的定义不明确,我国定义中提及客户为货主或承运人。

2. 第二阶段

美国《布莱克法律辞典》对国际货运代理的解释是:其业务为接收货物,以仓储、包装、整车货装运、交货等方式,把不够整车的船货(小船货)集中成整车船货,由此从低运费中取利的货运代理——公司或个人,其业务是为他人接收并海运商品。美国出版的《物流管理》中这样解释:货运代理是以营利为目的的行业,他们把来自各种顾客手中的小批量装运整合成大批量装载,然后利用公共承运人(公路或航空的)进行运输;在目的地,货运代理把该大批量装载拆分成原先较小的装运量。

1995年原外经贸部发布的《中华人民共和国国际货物运输代理业管理规定》提出:国际货运代理业是指接受进出口货物收货人、发货人的委托,以委托人的名义或者以自己的名义,为委托人办理国际货物运输及相关业务并收取服务报酬的行业。这里删除"可以接受承运人的委托",即将船舶代理排除在货运代理之外。

1998年原外经贸部在《中华人民共和国国际货物运输代理业管理规定实施细则》中对货运代理业务范围进行了扩大:"国际货运代理企业可以作为进出口货物收货人、发货人的代理人,也可以作为独立经营人。"这一阶段的特点体现在两方面:一是货运代理可以进行拼装、拆装业务,并赚取运费差价,成为独立经营人角色;二是对客户或顾客的理解确定为货主,我国的定义更明确指定为货物发货人或收货人。

(二) 国际货运代理企业的定义

根据《中华人民共和国国际货物运输代理业管理规定》,国际货运代理企业指接受进出口货物发货人、收货人的委托,以委托人或以自己的名义为委托人办理国际货物运输及相关业务并收取服务报酬的法人企业。图2-1为货运代理业务示意图。货运代理企业可以作为出口货物的收货人、发货人的代理人,也可以作为独立经营人。

货运代理企业作为代理人从事货代业务,指接受进出口货物发货人、收货人或其代理人委托,以委托人或以自己名义为委托人办理相关业务并收取代理费的企业。货运代理企业作为独立经营人从事货代业务,指接受进出口货物发货人、收货人或其代理人的委托,签发运输单证,履行运输合同并收取运费或服务费的企业。如无船承运人

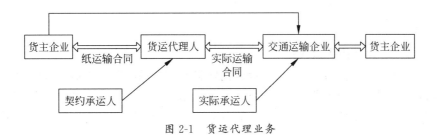

图 2-1 货运代理业务

(NVOCC)、多式联运经营人(MTO)和第三方物流经营人。

二、国际货运代理的类别

(一) 按照国际货运代理企业的背景和经营特点分类

1. 以外贸、工贸公司为背景组建的货代企业

以外贸、工贸公司为背景成立的货运代理企业如五矿国际货运公司、中粮国际仓储运输公司等。这类货运代理企业跟货主保持着长期良好的业务关系,能够保证稳定的货源;并且了解货物特性,能够为货主提供良好的货运代理服务。

2. 以实际承运人企业为背景的货代企业

以实际承运人企业为背景成立的货运代理企业如中国铁路对外服务总公司、中国外轮代理总公司等。这类货运代理企业与承运人联系紧密、运输信息灵通、能够为货主争取优惠的运价,这一特点使其在货运代理市场上具有较强的竞争优势。

3. 以仓储包装企业为背景的货代企业

以仓储包装企业为背景成立的货运代理企业如中储货运代理有限公司、天津宏达国际货运代理有限公司等。这类货运代理企业具有较强的仓储优势,为提供一体化的货运代理服务奠定了一定的基础,并且在仓储费用方面能给予货主一定的优惠。

4. 以港口、航道、机场企业为背景的货代企业

以港口、航道、机场企业为背景成立的货运代理企业如上海集装箱码头有限公司、天津振华国际货运公司等。这类货运代理企业与港、站、机场业务关系密切,经验丰富,在提供顺畅的物流服务方面具有一定的优势。

5. 以其他投资主体为背景的货代企业

其他投资主体成立的货运代理企业包括外商投资、外商合资和民营等。这类企业经营规模不同、经营范围不一,因其特色业务在市场上具有特定客户群;灵活性较强,能够为客户提供满意的货运代理服务。

(二) 按法律地位分类

1. 作为代理人型的货运代理

以委托人的名义为其提供传统的货运代理服务,如订舱、保管货物、安排货物运输、报关、报检报验、包装、保险等业务,并代委托人支付运费、保险费、包装费、海关税以及其他相关费用,并收取一定的代理费(总费用的百分比)。这种货运代理企业在散杂货运输中应用居多。

2. 作为当事人型的货运代理

以自己的名义为委托人办理货运代理业务,能够提供除传统货运代理业务之外的其他服务,如签提单、提供仓储等其他物流业务等,其经营收入来源为运费差价,如无船承运人、多式联运经营人和第三方物流经营人。这种货运代理企业普遍应用在集装箱运输中。在拼箱货运输和多式联运业务中,货主必须委托这种类型的货运代理企业。

(三) 按运输方式分类

根据运输方式不同,国际货运代理分为国际海上货物运输代理、国际陆空货物运输代理以及国际多式联运代理。国际海上货运代理的市场覆盖面最广,业务最为复杂。国际陆空货运代理包括国际公路运输货运代理、国际铁路运输货运代理和国际航空运输货运代理。

由于国际海运、空运、陆运都涉及散杂货运输和集装箱运输,因此代理人型的货运代理和当事人型的货运代理都存在,其中无船承运人主要针对国际海上运输而言。国际多式联运代理即指国际多式联运经营人,基于多式联运经营人必备的条件之一,即签发运单,因此它是作为当事人型的货运代理。不同运输方式下的货运代理业务不同,其具体实务将分别在后续章节中详述。

第二节 国际货运代理的业务内容

一、代理人型国际货运代理业务内容

代理人型的货运代理分为出口货物发货人的货运代理和进口货物收货人的货运代理,两者分别为货物的出口和进口办理相关的运输代理业务。

(一) 出口货物发货人代理业务内容

1. 安排货物运输

安排货物运输的工作包括运输信息的查询工作、运价的确认工作、运输单证的审核与缮制工作、订舱工作、包装仓储工作以及短途运输工作。

具体体现在：查询、提供车次、船期、航班、运价信息，以及出口货物的报关、报检、报验、装运港、中转港、目的港的装卸及运输规定；根据发货人的货物运输要求，选择运输方式、运输路线和适当的承运人，并争取优惠运价，最终确认运费及其他相关费用；接受、审核发货人提供的货物运输资料、单证，提醒发货人准备货物进出口地所属国家或地区要求的货物运输文件、单证；代为填写、缮制货物运输单据，并向承运人洽商舱位或车辆；安排货物从发货人到发货车站、港或机场短途运输，将货物交付承运人或其代理人；办理货物包装、仓储、称重、计量、检尺、标记、刷唛、进站、进港、进场手续。

2. 代理报关、报检、保险

具体体现在：代为填写、缮制报关单及其他相关单证，办理货物出口报关并支付相关费用；代为填写、缮制货物报检、报验单据及其他相关单证，办理出口货物报检报验并支付相关费用；代为填写、缮制保险单及其他相关单证，办理货运保险手续并支付相关费用。

3. 跟踪货物、查询信息

负责跟踪货物动态，并查询、报告货物信息。具体体现在：查询、掌握货物装卸情况及运输工具离开车站、港口、机场的时间，及时向委托人报告货物出运信息；联系承运人或其在货物起运地、目的地的代理人，掌握运输情况，监管运输过程，及时向发货人报告货物运输有关信息。

4. 领取提单、支付运费

具体业务为：向承运人或其代理领取运单、提单，并及时转交给发货人或按其指示处理；向承运人或其代理人交付结算费、杂费、税金、政府规费等款项。

(二) 进口货物收货人代理业务内容

1. 联系与沟通

保持与承运人或其在货物运输目的地代理人的联系，随时查询、及时掌握货物动态和运输工具运抵目的地的信息，并及时通报收货人。

2. 办理报关、报检、保险

具体体现在：代为填写、缮制报关单及其他相关单证，办理货物进口报关并支付相关费用；代为填写、缮制货物报检、报验单据及其他相关单证，办理进口货物报检报验并支付相关费用；代为填写、缮制保险单及其他相关单证，办理货运保险手续并支付相关费用。

3. 向承运人提货并支付费用

具体内容是：保持与收货人的联系，审核其提供的运输单据，协助其准备提货文件，准备向承运人或其代理人提货;向承运人或其代理支付运费、杂费。

4. 安排送货运输及交货

办理货物的短倒、仓储、转运、分拨事宜,安排货物从卸货地到收货人处的短途运输,向收货人或其指定的其他人交付货物及有关单据。

5. 做交货记录

记录货物的残损、缺损、灭失情况,收集有关证据协助收货人向有关责任方、保险公司索赔。

二、当事人型国际货运代理业务内容

当事人型货运代理能够向委托人签发自己的提单,并且对货物在运输过程的货损货差负责,其责任期间自接收货物时起至交付货物给收货人止,因此当事人型货运代理一般既作为出口货物发货人的货运代理,又作为进口货物收货人的货运代理。换言之,当事人型的货运代理一般在货物进出口国设有分支机构或其代理,共同为进出口货物发货人和收货人办理货运代理业务。

当事人型货运代理的业务范围涵盖了代理人型货运代理的业务内容,并在此基础之上拓展了其他业务内容,因此代理人型货运代理的业务内容不再赘述,而仅介绍拓展的业务内容。作为当事人型货运代理的典范,本节重点介绍无船承运人及多式联运经营人的业务内容。

1. 无船承运人的业务内容

所谓无船承运人(non vessel operation common carrier,NVOCC),是指能以承运人身份接收托运人提供的货物,签发自己的提单或单证,收取运费,履行运输义务的经营人,但其不拥有和经营船舶。《中华人民共和国国际海运条例》第7条第2款规定:无船承运业务是指无船承运业务经营者以承运人身份接收托运人的货载,签发自己的提单或者其他运输单证,向托运人收取运费,通过国际船舶运输经营者完成国际海上货物运输,承担承运人责任的国际海上运输经营活动。货运代理人作为无船承运人时,在整个运输环节中具有双重身份,分别与货主和实际承运人签订运输合同,如图2-2所示。

无船承运人作为承运人与货物托运人订立运输合同时签发无船承运人提单,即分提单,根据托运人的具体要求以及货物的实际情况以托运人身份与实际承运人订舱并签订运输合同时,接收实际承运人签发的主提单。无船承运人在接收地安排其分支机构或代理凭主提单向实际承运人提货,收货人凭分提单向无船承运人提货,如图2-3所示。若是集装箱拼箱运输,无船承运人负责拼箱货的装箱、拆箱业务。对货主而言,无船承运人的法律地位为(契约)承运人;对实际承运人而言,其法律地位为托运人。

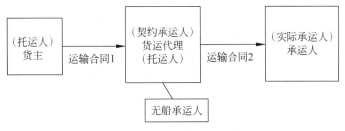

图 2-2 无船承运人的双重身份

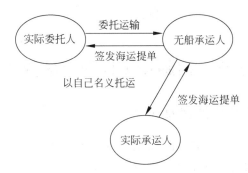

图 2-3 无船承运人的责任关系

2. 多式联运经营人的业务内容

1980 年《联合国国际货物多式联运公约》对多式联运经营人的定义为:"多式联运经营人",是指其本人或通过其代表订立多式联运合同的任何人,他是事主,而不是发货人的代理人或代表,或参加多式联运的承运人的代理人或代表,并负有履行合同的责任。我国交通部和铁道部 1997 年发布《国际集装箱多式联运管理规则》定义为:"多式联运经营人",是指本人或委托他人以本人的名义与托运人订立一项多式联运合同并以承运人身份承担完成此项合同责任的人。

多式联运经营人既可以拥有运输工具也可以不拥有运输工具。当他不拥有运输工具时,则为无船承运人,只属于契约承运人。换言之,当无船承运业务不仅需要通过国际船舶运输经营人完成国际海上运输,而且还需要陆运或空运或两种以上的运输方式进行联运时,则无船承运人转化为多式联运经营人角色。而当多式联运经营人拥有运输工具并从事某一区段运输时,则他既是契约承运人又是该区段的实际承运人。

其业务内容包括:作为承运人与货物托运人订立多式联运合同,并签发多式联运运单;作为总承运人组织货物全程运输,制订全程运输计划,并组织各项活动的实施;作为托运人与分包承运人签订运输合同;对货物全程负责,在转运地安排多式联运经营人分支机构负责与实际承运人的接货与发货,以及向收货人放货。具体业务过程如图 2-4 所示。

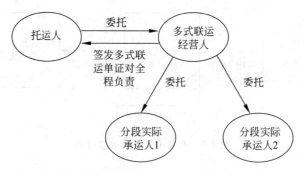

图 2-4 多式联运经营人的责任关系

第三节 国际货运代理的法律责任

一、国际货运代理的法律地位

货运代理法律地位是指作为代理人的法律地位和作为当事人的法律地位。货运代理法律地位不同,其担当的法律责任也不同,因此进行货运代理法律地位的识别非常重要。为了明确货运代理的法律地位,托运人与货运代理的委托合同条款中最好能明确写明,如"委托人要求货运代理从事的一切业务活动均属代理性质"。如果在委托合同中没有明确指明其性质,则可以通过以下方式作为识别依据。

1. 取得收入的方式

货运代理从托运人获取收入的方式是佣金还是运费差额,是区分货运代理法律地位的重要标志之一。若货运代理获取收入的方式是佣金,则其法律地位是代理人;若获取收入的方式是运费差额,则其法律地位是当事人。

2. 签发提单的方式

若货运代理能签发自己的提单,则其法律代理地位为当事人,比如能够签发无船承运人提单的无船承运人以及能够签发多式联运提单的多式联运经营人。若货运代理不能签发提单,或不能签发自己的提单,则其法律地位为代理人。所谓不能签发自己的提单,是指承运人授权货运代理签发提单,即尽管货运代理签发了提单,但其不属于自己的提单。

3. 经营运作的方式

若货运代理接受托运人的委托并向托运人收取一定的运费,然后以自己的名义与承运人签订运输合同并向承运人支付一定的(较低的)运费,则此货运代理对于托运人来说被视作承运人,属于当事人身份。接受多个委托人的货物并进行集装箱拼箱、混装业务的货运代理也属于当事人身份。若货运代理接受托运人委托,并以托运人的名义办理相关运输业务,一般被视为代理人。

货运代理究竟是代理人还是当事人,其身份的确定可依据具体事实,比如货运代理和委托人之间的全部情况,包括合同、电话、来访信件、电子邮件、传真、费率和提单、运单以及以往的业务情况。

二、国际货运代理的法律责任概述

有关国际货运代理的权利、义务及法律责任非常具体,通常体现在有关国际公约、标准交易条件或合同条款之中。本节仅就上述内容进行原则性的阐述。

(一) 代理人型货运代理的法律责任

代理人型的货运代理,在其授权范围内,以委托人的名义从事代理行为,所产生的法律后果由委托人承担。委托人和货运代理之间是代理合同关系,货运代理享有代理人的权利,承担代理人的义务。货运代理以委托人名义与承运人签订的运输合同,合同当事人为委托人和实际承运人或其他第三人,而货运代理本身并不是运输合同的主体,不享有该运输合同的权利,也不承担该运输合同的义务。

1. 代理人型货运代理享有的权利

有权以委托人名义处理委托事务;有权在授权范围内自主处理委托事务;有权要求委托人提交相关运输单证;有权要求委托人预付、偿还处理委托事务费用;有权要求委托人支付服务报酬;有权要求委托人承担代理行为后果;有权要求委托人赔偿损失(货运代理在处理委托事务时,因不可归责于自己的事由受到损失,或委托人经代理人同意另行委托第三人处理委托事务而给代理人造成损失的情况);有权解除委托代理合同,但应赔偿相关损失。

2. 代理人型货运代理承担的义务

代理人型货运代理仅对其本人及其雇员的错误和疏忽承担责任,其中出口货物发货人的货运代理责任期间是从接收货物起至将货物交给承运人止,进口货物收货人的货运代理责任期间是从换单接货时起到将货物交给收货人止。

货运代理本人及其雇员的错误和疏忽主要体现在:安排运输时出现错误或疏忽;在办理保险时出现疏忽;在办理报关、报检报验、保险时出现错误和疏忽;未取得收货人的货款而交付货物;在经营过程中造成第三人的财产灭失或损坏或人身伤亡;与第三人串通损害委托人利益的,与第三人承担连带赔偿责任;明知委托事项违法的,与委托人承担连带责任;擅自将委托事项转委托他人,应对转委托的行为向委托人承担责任;无权代理,对委托人不发生效力,自行承担责任。

然而,代理人型的货运代理对于货物在运输过程中发生灭失或残损不承担责任,并且在能够证明他对第三人的选择做到了合理的谨慎时,一般不承担因第三人的行为或不行为引起的责任。

(二) 当事人型货运代理的法律责任

当事人型的货运代理接受货主的委托,以独立经营人身份,以自己的名义签发提单或其他运输单据,对委托人提供一揽子物流服务,完成货物的单程或全程运输。委托人和货运代理是运输合同关系,货运代理对于委托人来说属于承运人性质,享有承运人的权利,承担承运人的义务。货运代理以自己的名义与实际承运人签订的运输合同,其合同主体是货运代理和实际承运人,货运代理对于实际承运人来说扮演托运人的角色,享有托运人的权利,承担托运人的义务。

1. 当事人型货运代理享有的权利

针对委托人享有的权利具体体现在:有权检查货物、单证;有权拒绝运输;有权收取运费和相关杂费;有权取得赔偿(在与委托人签订的运输合同成立后,但尚未履行或全面履行前,委托人可以单方终止合同或变更合同内容,在此情况下货运代理有权因其给自己造成的损失要求委托人赔偿);享有货物留置权和提存权。

针对委托人应尽的义务具体体现在:选择合理的运输路线;及时、安全地运送货物;妥善保管货物;发送到货通知义务。

2. 当事人型货运代理承担的义务

当事人型的货运代理不仅对本人及其雇员的错误和疏忽负责,还应使货物完好地抵达目的地,这就意味着他应承担承运人的责任和造成第三人损失的责任,其责任期间自接收货物时起至交付货物给收货人止。

当事人型货运代理承担责任范围更广、期间更长、风险更大,除承担本人及其雇员的错误和疏忽外,还承担其他责任,具体体现在三个方面:对货物的灭失或残损负责;因职业过失,尽管既非出于故意也非由于粗心,但给客户造成了经济损失;迟延交货,尽管按惯例货运代理一般不确保货物到达日期,也不对迟延交货负责,但目前的趋势是对过分的延误要承担适当的责任。

第四节 国际货运代理的行业管理

各国对货运代理行业的管理因其国情和历史背景不同而不同。有的国家为了控制货运代理行业中没有成效的、财政收支不稳定的及被认为做法不公正的情况,而对货运代理活动进行管理;有的国家是为了保证国际货运代理最低水平的财政责任而对货运代理活动进行管理；还有的国家对货运代理活动进行管理是为了证明货运代理企业的诚实性及其技术专长，以避免其胡作非为或提供不合格服务。

由于对货运代理行业的管理理念有所不同，因此各国所制定的管理制度也有所差异，但通常的管理制度包括许可证制度和财务责任制度，其中实行许可证制度最为普遍。

此外，FIATA作为各国货运代理协会的国际组织，多年来积极推荐其制定的国际货运代理标准交易条件，力图使不同法律体系国家货运代理的法律地位、责任、权利及义务规范化、标准化、制度化。不少发达国家和发展中国家的货运代理协会，如英国、加拿大、挪威、丹麦、瑞典、芬兰、德国、马来西亚、新加坡、印度、印度尼西亚、泰国、中国等相继制定了本国的标准交易条件并颁布实行。使用标准交易条件规范各国的货运代理行业已成为当今世界发展的一种趋势，不仅为各国接受而且得到许多国家法院认定。

一、国际货运代理管理制度

(一) 外国国际货运代理管理制度

1. 许可证制度

实行许可证制度，即针对国际货运代理这一特殊行业实行申请者资格审查的制度。通过许可证制度，国家能够对申请执照的国际货运代理进行审查，了解其财政地位、诚实性和技术能力，从而控制其经营质量。对于不能满足许可证制度所规定的最低标准或不能宣布其付款保证的货运代理企业，不予以颁发执照；对即使已领到执照但发生破坏信誉或破产行为的国际货运代理企业，通过保留、吊销其执照的权利控制其行为或财政信誉。

根据许可证制度，只有获得执照的个人或公司才允许经营国际货运代理业务，没有执照进行经营的则要按照民法规定课以罚款。以美国为例，国际货运代理行业由联邦海事委员会进行管理，欲从事国际货运代理业务的企业，必须先到该委员会注册登记，并须缴纳保证金，在取得其颁发的营业许可证之后才能正式从事货运代理业务。

美国许可证制度规定了如下保证金的金额

(1) 从事货运代理业务(代理人型)应缴纳5万美元的保证金。

(2) 从事无船承运业务应缴纳7.5万美元的保证金。

(3) 外国企业在美国设立代表处从事货运代理业务应缴纳15万美元的保证金。

美国许可证制度同时还制定了取消营业许可证的规定。

(1) 违反海运法的行为或违反联邦海事委员会有关货运代理的任何条文、规章的行为。

(2) 对联邦海事委员会任何合法的命令或者询问不做出任何反应的行为。

(3) 对为取得营业许可证或延长其营业许可证，故意向联邦海事委员会制造假象或提供假情况、假报告的行为。

(4) 经联邦海事委员会确认,对提供货运代理服务已不够资格的营业者。

(5) 对不能履行联邦海事委员会的债务责任,如罚款及其他款项的营业者。

出现上述情况之一,则取消其营业许可证。

2. 财务责任制度

财务责任制度是为了保证国际货运代理企业在出现业务纠纷、需要承担责任时具有一定的赔偿能力。根据1995年5月1日生效的美国《远洋航运改革法案》第19条规定:

(1) 除非按联邦海事委员会规定的格式和数额提供了经财政部认可的由担保公司出具、用以担保其财务责任的担保金、保险证明或其他担保,任何人不得从事货运代理业务;

(2) 对于取得的担保金、保险或其他担保,一是用以支付本法案作出的赔偿命令或处以的罚款,二是用以支付货运代理在其有关运输活动中引起的其他主体对他的索赔,三是用以支付货运代理在其有关运输活动中引起的损失;

(3) 对于通过法院判决追索对货运代理担保金、保险或其他担保的索赔程序,联邦海事委员会应当就保护索赔人、货运代理和担保公司的利益制定规则;

(4) 对于居所不在美国的货运代理,应当指定一位居住在美国的居民代理人,接受司法和行政程序的传票和文件。

(二) 我国国际货运代理管理制度

1. 审批制度

1995年6月6日经国务院批准,同年6月29日由原外经贸部发布实施了《中华人民共和国国际货物运输代理业管理规定》(以下简称《规定》),从申请经营国际货运代理业务所需条件和审批程序方面制定了货运代理企业的审批制度。

审批制度规定一切从事国际货运代理的企业都必须报请审批机构批准,获批准后向工商行政管理部门办理注册手续方可营业。目前,我国内资国际货运代理企业已取消审批制度,但必须严格执行《规定》中的注册资本条款。

小贴士

《规定》中规定了国际货运代理企业注册资本的最低限额,即海运500万元、陆运300万元、快递200万元,同时还规定国际货运代理企业每申请设立一个分支机构,应当相应增加注册资本50万元;如果企业注册资本已超过最低限额,则超过部分可作为设立分支机构的增加资本。

2. 注册备案制度

2004年5月19日,国务院发布了《关于第三批取消和调整行政审批项目的规定》,取消了货运代理企业经营资格审批制度。2005年2月商务部联合国家工商总局下发的《有关国际货物运输代理企业登记和管理有关问题的通知》(以下简称《通知》)以及2005年3月商务部颁布的《国际货运代理企业备案(暂行)办法》(以下简称《备案办法》)明确了货运代理企业注册登记备案的条件和程序。

小贴士

《通知》和《备案办法》规定：新设立的内资货运代理企业,只要符合《中华人民共和国公司法》规定的设立公司的条件,达到《规定》中经营货运代理业务所需要的最低注册资本,在当地工商局就可以直接登记注册成立公司经营货运代理业务。

《备案办法》规定：无论是原来审批的货运代理企业,还是新成立的货运代理企业,都应当按照属地原则到当地商务部门重新备案,以加强对行业的后续管理。

《通知》和《备案办法》的出台意味着我国内资货运代理企业的管理制度由审批制调整为注册备案制,这一调整不仅简化了管理程序,节约了管理成本,方便了货运代理企业,更重要的是从根本上打破了长期以来束缚中小货运代理企业经营货运代理业务的体制性障碍,适应了货运代理市场放开后新形势的变化。但需要注意的是,目前对于外商投资的国际货运代理企业的设立仍然实行审批制度。

3. 无船承运人管理制度

对于无船承运人,2002年1月实施的《中华人民共和国国际海运条例》(以下简称《条例》)确立了无船承运管理制度,无船承运管理制度的实施有效规范了国际海运市场秩序。

小贴士

《条例》规定：经营无船承运业务,应当向国务院交通主管部门办理提单登记,并交纳保证金,保证金金额为80万元人民币,并每设立一个分支机构增加20万元保证金。保证金用于无船承运业务经营者清偿因其不履行承运人义务或者履行义务不当所产生的债务以及支付罚款。

为了进一步完善无船承运管理制度,缓解无船承运人的资金压力,保障有关各方合法权益,按照无船承运业务经营者保证金责任保险与无船承运业务保证金"自由选择"原则,经与中国保险业监督管理委员会协商,交通运输部决定,在现有无船承运业务保证金方式之外,试行无船承运业务经营者保证金责任保险制度,供无船承运人选择。

> **小贴士**

自2010年11月1日起，无船承运人可选择投保无船承运业务经营者保证金责任保险方式申请取得无船承运业务经营资格。

根据中华人民共和国交通运输部统计，截至2011年4月27日，已有3 694家无船承运业务人取得了无船承运业务经营资格。

二、国际货运代理标准交易条件

标准交易条件通常是为明确委托人与货运代理双方的权利义务关系而制定，作为委托人与货运代理的契约条件，具有约束双方当事人的法律效力。国际货运代理标准交易条件详细解释了在国际货运代理与其客户的关系中，双方尤其是货运代理的权利、义务、责任及所适用的抗辩理由。制定该标准交易条件是保持和提高国际货运代理行业标准的有效方式之一。

1. FIATA标准交易条件

国际货运代理协会联合会（FIATA）推荐的国际货运代理标准交易条件，是由FIATA制定的关于国际货运代理与客户之间订立合同的标准条款，并向至今尚无标准交易条件的各国国际货运代理推荐，供其在制定本国标准交易条件时参考。FIATA推荐的国际货运代理标准交易条件范本体现了规范化、公认化、权威性及合理化特征，便于双方履行和相互监督执行，一旦出现纠纷可以此为依据维护各自利益。

许多国家根据FIATA标准交易条件范本制定本国标准交易条件。作为英美法系的代表，英国货运代理协会标准交易条件分为定义、适用范围、公司之一般责任、客户之保证、公司之作用、公司的一般交易条件、公司关于特殊货物之特殊交易条件、公司作为代理人、公司作为当事人订立合同、责任限制、其他条款、管辖权和法律适用等12个部分44条。

作为大陆法系的代表，德国货运代理协会标准交易条件制定于1927年，其目的是在德国货运代理行业中建立一个被普遍认可的商业惯例和法律惯例，使货运代理依其条件与制造商、批发商、进出口商、零售商和其他利用自己的服务获得商业利益的人进行交易，同时还用来调整诸如损失责任等问题与当事人间的利益。

FIATA建议所有拟起草本国标准交易条件的国家参阅其他国家已有的标准交易条件，并向所有求助的国家提供帮助。FIATA国际货运代理标准交易条件对已有本国标准交易条件的不具任何影响。

2. CIFA 标准交易条件

中国国际货运代理协会（CIFA）标准交易条件于 2002 年 7 月 15 日公布，它不同于法律法规，而是本协会向会员推荐的"行规"，是协会自律的重要手段之一，对我国货运代理行业的发展具有重大意义。

首先 CIFA 标准交易条件明确了货运代理与相关当事人之间的权利和义务，使货运代理业务行为逐步规范化，从而最大限度地保护货运代理自身的合法权益。

其次，CIFA 标准交易条件不仅严格遵从了我国各相关法律、法规和部门规章的规定，同时也充分借鉴了 FIATA 和各主要国家的货运代理标准交易条件的精华，使我国货运代理业务在加快自身规范步伐的同时与国际同行接轨。

再次，CIFA 标准交易条件使保险公司在承接货运代理责任保险业务时更明确保险责任范围，为国际货运代理责任保险的开展奠定了基础。

最后，CIFA 标准交易条件在特定的条件下将产生法律效力，其效力来自当事人的选择，即当货运代理合同各当事人通过合同约定选择或部分选择适用该交易条件，该交易条件或其部分条款就对合同各当事方有相应的约束力。

CIFA 标准交易条件的推广使用，以当事人合同约定、行业自律的形式弥补了我国货运代理行业相关立法欠缺的不足，并为今后出台货运代理行业专门立法奠定了基础。

第五节　国际货运代理的发展历程及趋势

一、国际货运代理的发展历程

(一) 世界国际货运代理的发展历程

从公元 10 世纪，国际海运货运代理开始出现，并随着公共仓库在港口和城市的建立以及海上贸易的扩大和欧洲交易会的举办而逐步发展。此时国际货运代理依附于货方，作为厂家、商人或进、出口商的佣金代理，进行各种经营管理业务，如安排运输、仓储、保关等。到了 16 世纪，已有相当数量的国际货运代理公司能够签发自己的提单、运单及仓储收据等。18 世纪，国际货运代理开始把多个托运人运往同一目的地的货物集中起来托运，并开始办理投保业务，之后逐步发展成为中间性质的独立的行业。

蒸汽机时代的到来引起了运输史上一次大革命，铁路货运代理行业也开始出现。1850 年以后，铁路运输以其速度快、运费低几乎完全垄断了陆运货物，并且进入同沿海、内河航运的竞争。此时，国际货运代理业务更加专业化，并且在五大洲各具特色。欧洲建立了国际货运代理协会，要求国际货运代理更多地面向东方和其他大洲。在美洲和欧洲的国际货运代理组成了行业组织。进入 20 世纪 20 年代，国际货运代理的国际合作有了较大的发展，16个国家的国家级货运代理协会成立了国际货运代理协会联合会。

第二次世界大战以后，国际运输业开展了定期航班空运业务，各国出现了专门从事航空运输的国际货运代理，并开展了集中托运业务。20世纪50年代以来，公路运输有了空前规模的发展，公路国际货运代理开始出现并起到了一定的作用。

20世纪60年代开始，随着国际集装箱运输的发展，一些国际货运代理进入当事人角色，成为海运领域的无船承运人。20世纪七八十年代，一些有能力的国际货运代理突破单一运输方式的限制，介入国际多式联运业务，成为国际多式联运经营人。20世纪90年代以来，一些大型国际货运代理突破传统点到点运输的限制，拓展了仓储、配送、包装、装卸搬运、信息处理等一体化业务，成为现代意义的第三方物流经营人。

（二）我国国际货运代理的发展历程

我国国际货运代理业起步较晚，自1840年鸦片战争后，资本主义国际货运代理制度伴随着资本主义的贸易、航运、海关、保险等行业在我国出现并发展。中华人民共和国成立之前，我国国际货运代理行业几乎全部由帝国主义和资本主义国家的洋行所控制与垄断，尚未形成有影响的独立行业。

1. 计划经济体制下的专营阶段（1949年至1978年）

这一阶段包括国民经济恢复时期的专营起步阶段和计划经济时期的专营化阶段。此时，我国国际货运代理业务由国营对外贸易运输企业——中外运公司独家经营，中外运公司及其分公司成为我国唯一的外贸进出口公司的货运总代理，我国所有进出口货物的货运代理业务都要通过该公司统一组织办理。

2. 改革开放时期的渐进放开阶段（1978年至2004年）

1978年至1988年是计划经济向市场经济过渡阶段，我国国际货运代理业务由一家经营变为中外运公司和中国远洋运输总公司两家经营。1988年至2004年是市场经济下的多家经营阶段。1988年以后，中国政府允许国际货运代理业务逐步放开实行多家经营。1992年以后中国政府也允许外商（包括我国港澳台地区）以合资、合作的形式在我国经营国际货运代理业，从而使我国的国际货运代理业得到了较快的发展。

3. 货运代理企业逐渐向第三方物流企业转型的阶段（2004年至今）

伴随着经济一体化和贸易全球化的迅速发展，外贸规模进一步扩大，外贸活动进一步升级，我国国际货运代理业也随之同步发展，呈现出巨大的投资潜力，成为中外投资者的投资热点。自2005年12月，政府允许外商在我国独资设立货运代理企业，使得国际物流市场竞争日益激烈。为此，船公司纷纷采取服务延伸战略、实施营销一体化，提供集承运、货运代理于一体的一条龙服务，这在很大程度上动摇了以中间人身份提供服务而赚取佣金或运费差价的货运代理企业的生存基础，使其利润空间不断受到挤压。

与此同时，伴随着现代物流的发展，客户对国际物流各环节的服务速度和服务质量提出了更高的要求，这使传统的货运代理企业无法满足客户的需求，因而不得不向新型经营模式与服务模式转变，开展第三方物流，提供增值服务，从而走上向现代物流的转型之路。

二、国际货运代理的发展趋势

(一) 服务专业化、物流化

1. 服务专业化

从开展集约经营的角度出发，提供专业化服务是货运代理企业的基本要求，是培育和增强企业核心竞争力的重要途径。所谓企业核心竞争力，是指企业最擅长的业务，是企业品牌、主业、实力、创新能力等综合资源优势的体现。货运代理企业只有立足于专业化经营，提升核心竞争力，才能将其特色服务淋漓尽致地表现出来，形成对一定客户范围群的垄断，从而凝聚利润使其在激烈的市场竞争中立于不败之地。

国际货运代理业务范围非常广阔，专业化服务就是要求货运代理企业明确主业，在市场开发、企业战略、人才选用、管理规范等资源配置方面采用密集性的营销策略，稳扎稳打，滚动发展，最终成为市场领导者，达到制胜的战略意图。

2. 服务物流化

从完善服务功能角度，拓展无船承运人业务、开展多式联运业务，并在此基础上提供全方位、多功能、一体化的物流服务是货运代理企业未来的发展方向。完善的物流设施和先进的物流技术是货运企业实现服务物流化的基础，也是为客户提供一流服务的保证。

货运代理行业应广泛采用条形码技术对货物进行动态管理和跟踪，采用先进的物料搬运设备和识别系统提高搬运效率，降低货损、货差等。同时"以客户为上帝，想客户之所想"的现代物流经营理念是货运代理企业实现服务物流化的关键；进行企业流程优化、组织机构再造是实现服务物流化的必然选择；培养专业化的物流人才并建立有效的奖惩机制也是货运代理企业实现服务物流化的重点。

(二) 经营规模化、网络化

1. 经营规模化

经营规模化是货运代理企业合理配置现有资源、推动永续发展的必由之路，是应对经济全球化挑战的必然选择。经济全球化的本质即优化配置全球资源，其主要特征是世界范围内的产业结构调整和转移，而其突出表现就是企业合并、收购、重组。

随着国际物流市场的进一步开放，实力超群的外资货运代理将大显身手，而相当一批势单力薄的货运代理将面临被淘汰出局的威胁。因此，货运代理企业尤其是小规模货运代理必须从实现货源、资金、管理规模化入手，通过联合、重组，战略联盟走上规模经营之路。

具体做法体现在三个方面：一是打破地域、行业、企业等界限，实现货源规模化、集约化；二是通过集中融资，吸纳外资、私营等民间资本，从资金上为推动规模经营提供保障；三是在管理上，通过经理层年薪、职工内部持股、竞聘上岗等机制创新，加大货代横向之间联合、兼并、重组的步伐，推动其发展壮大。

2. 经营网络化

所谓网络化有三层递进含义。

第一层含义是指货运代理企业有形的国内外营运网点的建设。货运代理作为国际运输的一项辅助服务，发展到成熟阶段就必须有一定的网络支撑，否则既缺乏滚动发展的后劲，也会使满足客户需求的理念流于形式。

第二层含义是总部对货运代理企业营运网点的资源能够统一调配，各营运网点之间根据业务和战略发展的需要联成一体，服从总部的集中指挥和管理协调。

第三层含义是货运代理企业分割的有形网点需要利用 Internet、EDI、E-mail 等先进的信息传输方式，构筑无形的信息管理系统，并通过电子商务实现内部资源联结运作。

货运代理企业实现经营网络化必须通过网点建设、网点协调管理、信息共享来实现网络化经营。实现经营网络化能够保证货运代理企业在全球拥有顺畅的信息通路，从而提升其在国际物流市场的信誉和收益。

(三) 投资主体多元化

目前，外资公司、国有企业和民营企业已成为三支劲旅，在国际货运代理市场强烈角逐。

外国货运代理企业大多数以中外合资形式进入中国市场，有的合资企业现已转变成为独资企业。中外合资企业、外方控股企业和外商独资企业将成为中国国际货运代理市场一道亮丽的风景线。

中外运、中远、中海、中铁、中邮等大型国有企业已经抓住市场经济发展机遇，由传统的货运代理企业成功转型为现代国际物流企业，并努力打造国际竞争力，他们将成为中国国际货物代理业的主力军。同时，中国市场涌现出一大批民营货运代理企业，他们轻装上阵、产权清晰、体制灵活，具有强大的生命力，将是货运代理市场最具有活力的新生力量。从经营主体趋势来看，外资、国有资本和民营资本将出现三足鼎立的局面。

本章小结

本章在归纳不同阶段货运代理定义的基础之上，介绍了国际货运代理的定义，并从不同角度划分了国际货运代理的类别；介绍了代理人型和当事人型货运代理的业务内容；

阐述了国际货运代理的法律责任和行业管理；总结了国际货运代理的发展历程，并分析国际货运代理的发展趋势；对国际货运代理向第三方物流转型进行 SWOT 分析，提出发展战略。

本章练习题

一、单选题

1. 国际货运代理人作为进出口货物收、发货人的代理人在安排货物运输事宜时，依照我国相关法律法规的规定，其享有一定的权利并需要承担一定的义务，下列表述不正确的是（　　）。

　　A. 国际货运代理人有权要求委托人支付服务报酬
　　B. 国际货运代理人有权在授权范围内自主处理委托事务
　　C. 国际货运代理人有向委托人报告委托事务处理情况的义务
　　D. 国际货运代理人有向承运人报告委托事务处理情况的义务

2. 国际多式联运经营人是（　　）。

　　A. 国际多式联运合同的当事人
　　B. 国际多式联运合同的委托人
　　C. 国际多式联运合同的代理人
　　D. 国际多式联运合同的经纪人

3. 无船承运人无权（　　）。

　　A. 自签提单　　　　　　　　　B. 订运输合同
　　C. 收运费　　　　　　　　　　D. 对实际承运人进行管理

4. 货运代理的首要工作是（　　）。

　　A. 寻找货主　　　　　　　　　B. 揽货
　　C. 订舱　　　　　　　　　　　D. 联系船公司

5. 下列不是国际货运代理的作用的是（　　）。

　　A. 运用专门知识，以最安全、最迅速、最经济的方式组织运输
　　B. 在世界各贸易中心建立客户网和自己的分支机构，以控制全部运输过程
　　C. 在运费、包装、单证、结关、领事要求及金融等方面向企业提供咨询
　　D. 将小批量的货物散装运输，使客户从中受益

二、判断题

1. 无船承运人属于当事人型货运代理。无船承运人是指以承运人的方式经营的货运代理。　　　　　　　　　　　　　　　　　　　　　　　　　　　　（　　）

2. 多式联运经营人属于代理人型货运代理。 （   ）
3. 代理人型货运代理赚取的报酬是佣金。 （   ）
4. 当事人型货运代理赚取的报酬是运费差价。 （   ）
5. 代理人型货运代理不能签发提单。 （   ）

三、名词解释
1. 多式联运经营人
2. 无船承运人
3. 货运代理
4. 第三方物流经营人

四、简述题
1. 简述无船承运人与货运代理的关系。
2. 简述货运代理企业与第三方物流企业的关系。
3. 简述货运代理的分类，以及如何辨别代理人型及当事人型货运代理的法律地位。
4. 简述国际货运代理的权利、义务及责任范围。
5. 论述国际货运代理的发展趋势。

五、实训题
无船承运人是具有签发提单资格的当事人型货运代理，截至2017年12月，我国共有5 485名无船承运人企业。请列举20个无船承运人企业，并举一例阐述其业务发展现状。

第三章

国际贸易基础知识

【知识目标】
1. 掌握国际贸易术语FOB、CFR和CIF的解释。
2. 了解商品名称、品质、数量、包装及价格条款。
3. 理解汇付、托收的种类及结算流程。
4. 掌握信用证结算流程、种类及合同中相关条款。
5. 了解包销、代理、寄售三种国际贸易方式。

【技能目标】
1. 能够根据合同要求,按照国际贸易操作流程,完成向货代公司询价并接受报价,完成货物的装运与交付。
2. 能够根据合同要求,准备各项单据,高效快捷地完成国际收付。

引导案例

对信用证分批运输条款的误解[①]

我国某贸易公司在2016年与国外某公司成交了一笔800公吨的芸豆出口贸易,贸易术语是CIF,货币支付方式是信用证。信用证分批装运条款规定:"Partial shipments are allowed in two lots. 500M/Tons to Antwerp not later than May 30, 2010. 300M/Tons to Brussels not later than June 30, 2010."

贸易合同签订后,我国贸易公司委托国际货运代理A租船订舱,货运代理审核信用证后将500公吨芸豆分两艘船先后于2016年5月20日和5月28日运至安特卫普,又将300公吨芸豆分两艘船先后于2016年6月20日和6月28日运至布鲁塞尔。

货物装运完毕后,货主在备齐信用证所有单据后向议付行办理议付。

---

① 资料来源:中国食品商务网,https://www.21food.cn。

但议付行在审核单据时提出异议,认为对分批装运条款的解释应该是"800 公吨芸豆可以分两批装运,其中一批 500 公吨于 2016 年 5 月 30 日之前运至安特卫普,另一批 300 公吨于 2016 年 6 月 30 日之前运至布鲁塞尔",因此以发货人没有按信用证要求装运为由,拒绝办理议付。

案例分析:

本案例是国际贸易纠纷案,纠纷的核心是对信用证分批装运条款的解释。货运代理的理解是:于 2016 年 5 月 30 日之前运至安特卫普的 500 公吨芸豆可以分批装运;于 2016 年 6 月 30 日之前运至布鲁塞尔的 300 公吨芸豆可以分批装运。这与议付行的理解差别很大。而实际上,议付行对分批装运条款的解释是正确的。

货运代理误解的原因是:按照"Partial shipments are allowed in the two lots"翻译,即对于 500 吨和 300 吨货物分别允许分批运输。

由此可见,货运代理必须正确理解分批运输条款,对于不能确定的条款字句必须与客户确认,这也从侧面反映了扎实的英语能力和良好的沟通能力是对货运代理的基本要求。

当然,本案例涉及了国际贸易术语 CIF,那么什么是国际贸易术语?它与国际物流和货运代理业务有什么关系?国际贸易术语还有哪些,该如何解释?本案例提及的信用证支付方式是什么含义?信用证除分批装运条款还有哪些主要条款?国际贸易还有哪些支付方式?这些国际贸易相关的问题与国际物流业务紧密相关,本章将予以介绍和讲解。

第一节 国际贸易概述

一、国际贸易的含义

国际贸易亦称"世界贸易",泛指世界各国(地区)的商品和劳务(或货物、知识和服务)的交换活动。它是由各国(地区)的对外贸易构成,是世界各国对外贸易的总和。

对外贸易是指一国(或地区)同其他国家(或地区)所进行的商品、技术和服务的交换活动。提到对外贸易时,要指明特定的国家,如中国的对外贸易等。某些岛国如英国、日本等也称对外贸易为海外贸易。

二、国际贸易的分类

(一) 按是否经由第三国划分

1. 直接贸易

直接贸易(direct trade)指货物生产国将货物直接出口到消费国,消费国直接进口生产国的货物时两国之间发生的贸易,即由进出口两国直接完成的贸易,没有第三国的中间商参与的贸易活动。

2. 间接贸易

间接贸易(indirect trade)是直接贸易的对称,是指商品生产国与商品消费国通过第三国进行买卖商品的行为。生产国是间接出口,消费国是间接进口,第三国是转口。

3. 转口贸易

转口贸易又称中转贸易(intermediary trade)或再输出贸易(re-export trade),是指国际贸易中进出口货物的买卖不是在生产国与消费国之间直接进行,而是通过第三国转手进行,这种贸易对中转国来说就是转口贸易。

转口贸易的经营方式大体上可分为两种:一是把商品从生产国输入进来,然后由该国商人销往商品的消费国;二是直接转口,即转口商人仅参与商品的交易过程,但商品还是从生产国直接运往消费国。从事转口贸易的大多数是地理位置优越、运输便利、信息灵通、贸易限制少的国家或地区,如新加坡、中国香港等。

4. 过境贸易

过境贸易(transit trade)指甲国向乙国运送商品,由于地理位置的原因必须通过第三国,对第三国来说虽然没有直接参与此项交易,但商品要进出该国的国境或关境并经过海关统计,从而构成了该国进出口贸易的一部分。如 A 国经过 B 国国境向 C 国运送贸易商品,对于 B 国而言就是过境贸易。

过境贸易分为两种:一是直接过境贸易,指运输外国商品的船舶、火车、飞机等在进入本国境界后并不卸货,而在海关等部门的监督下继续输往国外的贸易;二是间接过境贸易,指外国商品运到国境后,先存放在海关保税仓库,然后未经加工改制从海关保税仓库提出,再运出国境的贸易。过境贸易与转口贸易的区别:一是过境贸易中第三国不直接参与商品交易过程,转口贸易则须由转口商人来完成交易手续;二是过境贸易通常只收取少量手续费如印花税等,而转口贸易则以营利为目的,有一个正常的商业加价。

(二) 按商品形态不同划分

1. 商品贸易

商品贸易(commodity trade)是指物质商品的进出口。由于物质商品是看得见、摸得着的,因此商品贸易又被称为有形贸易(visible trade)。

2. 服务贸易

服务贸易(service trade)又称劳务贸易,是指国与国之间互相提供服务的经济交换活动,如金融服务、旅游服务、保险服务等。与有形贸易相对应,服务贸易又被称为无形贸易(invisible trade)。

货物贸易与服务贸易之间紧密联系,体现在两点。一是货物贸易启动了服务贸易,而服务贸易又促进了货物贸易的发展。二是随着科学技术的发展及服务业水平的提高,服务已被"物质化"并具备了可储存性,这种服务被称为物化服务。如计算机软件技术被"物化"到软盘中,购买软件技术的服务可通过购买软盘来进行。

货物贸易与服务贸易之间存在一个重要区别:货物贸易要通过海关手续,表现在海关的贸易统计上;而服务贸易不经过海关手续,通常不显示在海关的贸易统计上。

(三) 按清偿工具不同划分

1. 自由结汇贸易

自由结汇贸易(free-liquidation trade)又称现汇结算贸易(cash settlement trade),是指用国际货币进行商品或劳务价款结算的贸易方式。作为清偿手段的货币必须能在国际金融市场上自由兑换。常见的国际通用货币有美元、英镑、日元、德国马克和瑞士法郎,我国对港澳地区常用的货币是港元。

2. 易货贸易

易货贸易(barter trade)是指以经过计价的货物作为清偿工具的贸易活动,也称换货贸易或对销贸易。易货贸易大多是由于贸易双方缺少外汇,不能利用现汇结算而产生。

(四) 按统计标准不同划分

1. 总贸易

总贸易(general trade)是以货物经过国境作为统计进出口的标准。进入国境的商品一律列为进口,称为总进口;凡离开国境的商品一律列为出口,称为总出口。这意味着将过境贸易纳入了统计范围。采用总贸易体系统计进出口的国家和地区包括中国、日本、英国、美国、加拿大和澳大利亚等。

2. 专门贸易

专门贸易(special trade)是以货物经过关境作为统计进出口的标准。只有进入关境的商品才列为进口,称为专门进口;离开关境的商品则列为出口,称为专门出口。这意味着未将过境贸易纳入统计范围。采用专门贸易体系统计进出口的国家和地区有德国、法国、意大利、瑞士和奥地利等。

三、国际贸易方式

国际贸易方式指国际贸易中采用的各种方法。随着国际贸易的发展,贸易方式亦日趋多样化。除采用逐笔售定外,最常见的有包销、代理和寄售方式,还包括拍卖、展卖、招标、期货交易与对销贸易等方式。本节重点介绍包销、代理和寄售三种贸易方式。

包销、代理、寄售三种贸易方式的对比,如图3-1所示。

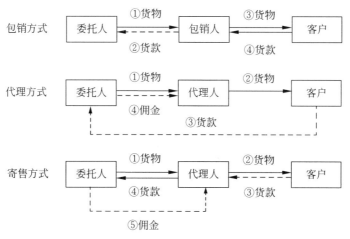

图 3-1　包销、代理、寄售贸易方式的对比图

(一) 包销

1. 包销的含义

包销(exclusive sales)又称独家经销(sole distribution),指出口人(供货商)通过包销协议把某一种或某一类货物在某一个地区和期限内的独家专营权给予国外商人(进口商、包销商)的贸易做法。双方当事人通过包销协议建立起一种较为稳固的购销关系。供货人和包销人之间是一种买卖关系,即供货人是卖方,包销人是买方,货物由包销人购买,自行销售,自负盈亏,包销人承担货价涨跌及库存积压的风险。

包销协议是明确出口人与包销商之间的权利与义务的书面文件。独家专营权是指出口人在一定时期和一定地区内,只向包销人报价成交,销售某种货物,而包销人在此期间和在此地区内也不得购买他人的同样或类似的货物。

包销商品范围不宜太大,一般为一类商品或几类商品,或同类商品的几个品种或几个型号。包销数量或金额是指包销商承购货物的数量或金额,也是出口商(供货人)供货的数量或金额,它对双方有同等的约束力。包销地区指确定一个国家或几个国家或者确定一个国家中几个城市或者确定一个城市。包销期限即给予独家专营权的期限,通常规定为一年,最长不超过两年。

2. 包销的特点

包销方式的优点是:有利于调动包销商经营的积极性;有利于利用包销商的销售渠道,达到巩固和扩大市场的目的;减少多头经营产生的自相竞争。包销方式的缺点是:如果出口人不适当地运用包销方式,可能使出口商的经营活动受到不利影响或者出现包而不销的情况;包销商还可能利用其垄断地位操纵价格和控制市场。

包销需要注意的事项是：慎重选择包销商；适当规定包销商品的范围、地区及时间；在协议中应规定中止或索赔条款。

(二) 代理

1. 代理的含义

国际贸易中的代理是以委托人为一方，以接受委托的代理人为另一方达成代理协议，规定代理人在约定时间和地区内，以委托人名义和资金从事业务活动，并由委托人直接负责由此而产生的后果。代理商同委托人之间不是买卖关系，而是代理关系；代理商不垫资金、不承担风险和不负盈亏，只获取佣金。

代理协议也称代理合同，是用以明确委托人和代理人之间权利与义务的法律文件。协议内容由双方当事人按照契约自由原则，根据双方合意加以规定。常见的销售代理协议主要包括代理的商品和区域、代理人和委托人的权利与义务、佣金的支付等内容。

2. 代理的特点

代理人只能在委托人授权范围内，代理从事商业活动；代理人一般不以自己名义与第三者签订合同；代理人通常是运用委托人的资金从事业务活动；代理人不管交易当中的盈亏，只取佣金；代理人只介绍生意、招揽订单，但他并不承担履行合同的责任。

(三) 寄售

1. 寄售的含义

寄售(consignment)是指寄售人(consignor)先将货物运往国外寄售地，委托当地代售人(consignee)按照寄售协议规定的条件，替寄售人销售，在货物出售后，由代售人向寄售人结算货款的一种贸易做法。寄售双方是一种委托关系，而不是买卖关系；代售人只能根据委托人的指示处置货物，货物的所有权在寄售地出售之前仍属于委托人；代售人不承担代售货物的一切费用和风险，仅为赚取佣金。

2. 寄售的特点

委托人先将货物运至目的地市场，然后经代售人在寄售地向当地买主销售，是典型的凭实物进行买卖的现货交易，这样可大大节省交易时间，减少风险和费用，为买主提供便利；对寄售人来说，寄售有利于开拓市场和扩大销路；代销人在寄售方式中不需垫付资金，也不承担风险，有利于调动客户的积极性；对于寄售人来说，承担的贸易风险较大，资金周转期长，收汇不够安全。

第二节 国际贸易术语

一、国际贸易术语概述

对于国际贸易的买卖双方,在签订贸易合同时面临三方面的问题:一是由谁办理货物运输、保险、进出口报关业务,风险和费用如何划分;二是在什么地方,以什么方式办理货物的交接;三是双方在交接货物、传递单据时,应分别承担哪些责任与义务?

国际贸易术语(trade terms of international trade)又称价格术语,是在国际贸易实践中逐渐形成的以三个英文字母概括说明买卖双方在货物交接方面的权利、义务及买卖双方有关费用、风险和责任划分的专门术语。国际贸易术语的主要作用在于简化买卖双方当事人的贸易谈判缔约过程,明确双方当事人的权利和义务。国际贸易术语是一种国际惯例,具有任意性,即只有当事人选择适用,才对当事人具有约束力。

二、国际贸易术语解释

为统一各种贸易术语的不同解释,国际商会于1936年制定了《国际贸易术语解释通则》(International Rules for the Interpretation of Trade Terms,INCOTERMS)。随后为适应国际贸易实践发展的需要,国际商会先后于1953年、1967年、1976年、1980年和1990年进行过多次修订与补充。

1999年7月国际商会公布的《2000年国际贸易术语解释通则》(Incoterms 2000)于2000年1月1日起生效。2010年9月27日国际商会正式推出《2010国际贸易术语解释通则》(Incoterms 2010),以取代已经在国际贸易领域使用了近十年的Incoterms 2000,新版本于2011年1月1日正式生效。

《2010年国际贸易术语解释通则》是在《2000年国际贸易术语解释通则》的基础上作以修改,因此本节首先系统介绍《2000年国际贸易术语解释通则》对国际贸易术语的解释,然后概要阐述《2010年国际贸易术语解释通则》的修改之处。《2010年国际贸易术语解释通则》共包括11个贸易术语,分为E、F、C、D四组。按照E、F、C、D的顺序,卖方义务范围逐渐变大,买方义务范围逐渐变小(见表3-1)。其中FOB术语、CFR术语和CIF术语是在海运领域应用最广泛的贸易术语。

(一) FOB 术语解释

1. FOB 术语的含义

FOB(free on board)术语的含义是"装运港船上交货",适用运输方式是海上运输或内河运输。其关键点是:交货地点在装货港船上,费用及风险划分点均在装货船舷。

表 3-1 国际贸易术语对照表

贸易类别	代码	英文含义	中文含义	交货地点	风险转移	租船订舱办理及支付运费	保险手续办理及费用承担	出口报关	进口报关	适用运输方式
E组起运	EXW	EX works	工厂交货	工厂	工厂	买方	买方	买卖方	买方	任何运输方式
F组主要运费未付	FCA	Free Carrier	货交承运人	指定装运地点	货交承运人	买方	买方	卖方	买方	任何运输方式
	FAS	Free Alongside Ship	装运港船边交货	装运港船边	装运港船边	买方	买方	卖方	买方	海运或内河
	FOB	Free On Board	装运港船上交货	装运港船上	越过船舷	买方	买方	卖方	买方	海运或内河
C组主要运费已付	CFR	Cost And Freight	成本加运费	装运港船上	越过船舷	卖方	买方	卖方	买方	海运或内河
	CIF	Cost Insurance And Freight	成本、保险费加运费	装运港船上	越过船舷	卖方	卖方	卖方	买方	海运或内河
	CPT	Carriage Paid To	运费付至	指定装运地点	货交承运人	卖方	买方	卖方	买方	任何运输方式
	CIP	Carriage and Insurance Paid To	运费、保险费付至	指定装运地点	货交承运人	卖方	卖方	卖方	买方	任何运输方式
D组抵达	DAF	Delivered At Frontier	边境交货	边境指定地点	边境指定地点	卖方	卖方	卖方	买方	任何运输方式
	DES	Delivered Ex Ship	目的港船上交货	目的港船上	目的港船上	卖方	卖方	卖方	买方	海运或内河
	DEQ	Delivered EX Quay	目的港码头交货	目的港码头	目的港码头	卖方	卖方	卖方	买方	海运或内河
	DDU	Delivered Duty Unpaid	未完税交货	指定目的地	指定目的地	卖方	卖方	卖方	买方	任何运输方式
	DDP	Delivered Duty paid	完税交货	指定目的地	指定目的地	卖方	卖方	卖方	卖方	任何运输方式

2. 买卖双方的基本义务

(1) 卖方的基本义务

① 办理出口报关手续；

② 在约定装运期和装运港，把货物装到买方指定船上并向买方发出已装船通知；

③ 负担货物到装运港船舷为止的一切费用与风险；

④ 向买方提交约定的各项单证或相应的电子信息(正本提单或电放副本、装箱单、发票、贸易合同等)。

(2) 买方的基本义务

① 负责租船、订舱，支付运费，并将船名、装货港和装货日期通知卖方；

② 办理保险，并支付保险费用；

③ 承担货物越过装运港船舷时发生的一切风险和费用；

④ 办理货物进口报关手续；

⑤ 接受卖方提供的有关单据，受领货物，并按合同支付货款。

3. FOB 术语变形

在 FOB 术语下，如不特殊说明，依惯例装货费用由卖方负责，但特殊情况下尤其在大宗货物交易时，装卸费比较大，必须明确装货费由何方负责，由此产生 FOB 术语变形。

FOB 班轮条件(FOB liner terms)的含义是卖方不承担装货费。

FOB 吊钩下交货(FOB under tackle)的含义是卖方不承担装货费。

FOB 理舱费在内(FOB stowed)的含义是卖方必须承担装货费和理舱费。

FOB 包括平舱费在内(FOB trimmed)的含义是卖方必须承担装货费和平舱费。

FOB 包括理舱、平舱和垫舱(FOB stowed, trimmed and dunnaged)的含义是卖方必须承担装货费、理舱费和平舱费。

(二) CFR 术语解释

1. CFR 术语的含义

CFR(cost and freight)术语的含义是成本加运费，指卖方必须负担货物运至约定目的港所需的成本和运费，即在 FOB 价的基础上加上装运港至目的港的运费。其适用运输方式是海上运输或内河运输。其关键点是交货点在装货港船上，风险划分点都在装货港船舷，但是运费由卖方支付。

2. 买卖双方的基本义务

(1) 卖方的基本义务

① 负责租船、订舱，支付货物运至目的港的运费；

② 在约定装运期和装运港,把货物装到卖方负责并向买方发出已装船通知;
③ 负担货物到装运港船舷为止的一切费用与风险;
④ 办理出口结关手续;
⑤ 向买方提交约定的各项单证或相等的电子信息。

(2) 买方的基本义务
① 承担货物越过装运港船舷时起的一切风险和费用;
② 办理保险,并支付保险费用;
③ 办理货物进口报关手续;
④ 接受卖方提供的有关单据,受领货物,并按合同支付货款。

3. CFR 术语变形

在 CFR 术语下,如不特殊说明,依惯例卸货费用由买方负责。但特殊情况下尤其在大宗货物交易时,卸货费比较大,必须明确卸货费由何方负责,由此产生 CFR 术语变形。

CFR 班轮条件(CFR liner terms)的含义是卖方负担卸货费。

CFR 卸到岸上(CFR landed)的含义是卖方负担卸货费,包括驳运费在内。

CFR 吊钩下交货(CFR Ex tackle)的含义是卖方负责将货物从船舱吊起卸到船舶吊钩所及之处(码头上或驳船上)的费用,即卖方负担卸货费。

CFR 舱底交货(CFR Ex ship's hold)的含义是卖方不负责卸货费。

(三) CIF 术语解释

1. CIF 术语的含义

CIF(cost insurance and freight)术语的含义是成本加保险费加运费,即卖方除具有与 CFR 术语相同的义务外,还办理货运保险,并支付保险费。其适用运输方式是海上运输和内河运输。其关键点是交货点在装货港船上,风险划分点在装货港船舷,运费及保险费由卖方支付。

2. 买卖双方的基本义务

(1) 卖方的基本义务
① 负责租船、订舱,支付运费;
② 在约定装运期和装运港,把货物装到买方指定船上并向买方发出已装船通知;
③ 办理保险,并支付保险费用;
④ 办理出口结关手续,负担货物到装运港船舷为止的一切费用与风险;
⑤ 向买方提交约定的各项单证或相同的电子信息。

(2) 买方的基本义务
① 承担货物越过装运港船舷时起的一切风险和费用;

② 办理货物进口报关手续;
③ 接受卖方提供的有关单据,受领货物,并按合同支付货款。

3. CIF 贸易术语变形

CIF 班轮条件(CIF liner terms)的含义是卖方负担卸货费。

CIF 卸到岸上(CIF landed)的含义是卖方负担卸货费。

CIF 吊钩下交货(CIF Ex tackle)的含义是卖方负责将货物从船舱吊起卸到船舶吊钩所及之处(码头上或驳船上)的费用,即卖方负担卸货费。

CFR 舱底交货(CIF Ex ship's hold)的含义是卖方不负责卸货费。

(四) 其他术语解释

1. E 组术语

E 组术语即启运术语。EXW(EX works)术语表达的含义是工厂交货。其交货地点是卖方工厂;风险转移在卖方工厂;由买方负责租船订舱或选择其他运输方式,并支付运费,办理保险手续并支付保险费;货物出口报关,与货物进口报关均由买方负责;适用任何运输方式。

2. F 组术语

F 组术语包括 FCA、FAS 和 FOB 三个术语,其共同特点是卖方运费未付,即由买方租船订舱并支付运费。

FCA(free carrier)术语的含义是货交承运人。其交货地点是指定装运地点;风险转移是货交承运人;由买方办理租船订舱并支付运费,办理保险手续并支付保险费;货物出口报关由卖方负责,货物进口报关由买方负责;适用任何运输方式。

FAS(free alongside ship)术语的含义是装运港船边交货。其交货地点是装运港船边;风险转移是装运港船边;买方办理租船订舱并支付运费,办理保险手续并支付保险费;货物出口报关由卖方负责,货物进口报关由买方负责;适用运输方式是海上运输和内河运输。

3. C 组术语

C 组术语包括 CFR、CPT、CIF 和 CIP 四个术语,其共同特点是卖方运费已付,即由卖方租船订舱并支付运费。

CPT(carriage paid to)术语的含义是运费付至。其交货地点是指定装运地点;风险转移是货交承运人;由卖方办理租船订舱并支付运费;由买方办理保险手续并支付保险费;货物出口报关由卖方负责,货物进口报关由买方负责;适用任何运输方式。

CIP(carriage and insurance paid to)术语的含义是运费、保险费付至。交货地点是指定装运地点;风险转移是货交承运人;由卖方办理租船订舱并支付运费,办理保险手续并支付保险费；货物出口报关由卖方负责,进口报关由买方负责；适用任何运输方式。

4. D 组术语

DAF(delivered at frontier)术语表达的含义是边境交货。交货地点是边境指定地点；风险转移是边境指定地点；由卖方办理租船订舱并支付运费,办理保险手续并支付保险费；货物出口报关由卖方负责,货物进口报关由买方负责；适用任何运输方式。

DES(delivered Ex ship)术语表达的含义是目的港船上交货。交货地点是目的港船上；风险转移是目的港船上；由卖方办理租船订舱并支付运费,办理保险手续并支付保险费；货物出口报关由卖方负责,货物进口报关由买方负责；适用运输方式是海上运输和内河运输。

DEQ(Delivered Ex quay)术语表达的含义是目的港码头交货。交货地点是目的港码头；风险转移是目的港码头；由卖方办理租船订舱并支付运费,办理保险手续并支付保险费；货物出口报关由卖方负责,货物进口报关由买方负责；适用运输方式是海上运输和内河运输。

DDU(delivered duty unpaid)术语表达的含义是未完税交货。交货地点是指定目的地；风险转移是指定目的地；由卖方办理租船订舱并支付运费,办理保险手续并支付保险费；货物出口报关由卖方负责,货物进口报关由买方负责；适用任何运输方式。

DDP(delivered duty paid)术语表达的含义是完税交货。交货地点是指定目的地；风险转移是指定目的地；由卖方办理租船订舱并支付运费,办理保险手续并支付保险费；货物出口报关和进口报关均由卖方负责；适用任何运输方式。

小贴士

《2010 年国际贸易术语解释通则》(Incoterms 2010)的修改考虑了目前世界上免税区的增加,电子通信的普遍使用及货物运输安全性的提高,删去了 Incoterms 2000 D 组术语中的 DDU、DAF、DES 和 DEQ,只保留了 DDP,同时新增加了 DAT(delivered at terminal)与 DAP(delivered at place),以取代被删去的术语,因此,结构上发生了一定的变化。

Incoterms 2010 中将贸易术语划分为适用于各种运输的 EXW、FCA、CIP、CPT、DAP、DAT、DDP,以及只适用于海运和内河运输的 FOB、FAS、CFR、CIF,并将术语的适用范围扩大到国内贸易中,赋予电子单据与书面单据同样的效力,增加对出口国安检的义务分配,要求双方明确交货位置,将承运人定义为缔约承运人,这些都在很大程度上反映了国际贸易的实践要求,并进一步与《联合国国际货物销售合同公约》及《鹿特丹规则》衔接。

第十项要求卖方和买方分别要帮助对方提供包括与安全有关的信息和单据,并向受助方索偿因此而发生的费用。如在 EXW 项下,卖方协助买方办理出口清关,以及在 DDP 项下买方协助卖方办理进口报关等,也包括为另一方清关而获得必要单据所涉及的费用。

在第二项中也增加了与安全有关的清关手续。这主要是考虑到美国"9·11"事件后对安全措施的加强。为与此配合,进出口商在某些情形下必须提前提供有关货物接受安全扫描和检验的相关信息。

此外,Incoterms 2010 取消了 INCOTERMS 2000 中 FOB、CFR 和 CIF 术语下与货物有关的风险在装运港"船舷"转移的概念,不再规定风险转移的临界点,改为卖方承担货物在装运港装上船为止的一切风险,而买方则承担货物自装运港装上船之后的一切风险。

最后,新增连环贸易(String Sales)。Incoterms 2010 在 FAS、FOB、CFR 和 CIF 等几种适用水上运输的术语的指导性说明中,首次提及"String Sales",在 CPT 和 CIP 的 A3 项中也有提及。大宗货物买卖中,货物常在一笔连环贸易下的运输期间被多次买卖,由于连环贸易中货物由第一个卖方运输,作为中间环节的卖方就无须装运货物,而是由"获得"所装运的货物的单据而履行其义务,因此,新版本对此连环贸易模式下卖方的交付义务做了细分,也弥补了以前版本中在此问题上未能反映的不足。

三、商品价格

(一) 商品价格的表示

国际贸易中的商品的价格是由总值和单价构成的。总值是单价和数量的乘积。单价包括计价货币、单位价格金额、计量单位和贸易术语(加地点)四部分。其中计价货币可以是出口国货币、进口国货币或第三国货币。在进出口业务中,选择货币首先要考虑货币是否可以自由兑换;其次考虑货币的稳定性。

(二) 佣金、含佣价、净价

佣金(Commission)指代理人或经纪人为委托人服务而收取的报酬,占含佣价的一定百分比(佣金率),如 USD 15 per M/T for commission 含义是"佣金为每公吨 15 美元"。

含佣价指包括佣金在内的商品价格,如 USD 100 per M/T CIF New York including 3% commission 或 USD 100 per M/T CIFC3% New York,其含义是"含佣价为每公吨 100 美元 CIF 纽约,其中佣金率为 3%"。

净价指不包括佣金的商品实际价格,如 USD 25 per piece CIF New York net 表达的含义是"每件 25 美元 CIF 纽约净价"。

净价与含佣价之间的关系为：含佣价(1－佣金率)＝净价。如果净价为 1 000 美元，佣金率为 3％，则含佣价为 1 000÷(1－3％)＝1 030.93。

(三) 商品价格的换算

FOB 价格、CFR 价格及 CIF 价格之间存在一定的关系，其换算公式如下：

FOB＋F(运费)＝CFR；FOB＋F(运费)＋I(保险费)＝CIF；

CFR＋I(保险费)＝CIF；I＝CIF(1＋保险加成率)×保险费率。

第三节 国际商品贸易

国际商品贸易与国际服务贸易相对应，指物质商品的进出口，其贸易合同的买卖标的物是商品。而国际物流的服务对象是物品，因此国际商品贸易与国际物流具有密切的关系，国际商品贸易中涉及的商品品名、商品品质、商品数量、商品包装、商品价格及商业单证等都是国际物流业务中涉及的主要问题。

一、商品品名

(一) 商品品名概念及作用

商品品名(name of commodity)又称商品名称，是使某种商品区别于其他商品的一种称呼或概念。在国际贸易合同中，通常在合同正文的开头部分列明成交商品的品名，在形式上可以是在"商品名称"或"商品品名"标题下列明，也可以不加标题而只写明交易双方同意买卖"××商品"的文句。

商品品名是买卖合同的重要条款，其作用主要体现在三方面：一是商品品名是货物交收的基本依据之一，如果卖方交付的货物不符合合同规定的品名或说明，买方有权提出损害赔偿要求，直至拒收货物或撤销合同；二是商品品名是交易进行的物质基础和前提，买卖双方在此前提下进行价格磋商并决定包装方式、运输方式和投保险别等；三是商品品名是商业统计、外贸统计的依据，也是报关、报检、托运、投保、索赔、仲裁等实务中收费的依据。

(二) 商品品名条款

合同中商品品名条款的文字表述应能确切反映标的物的特点，避免空泛、笼统的规定。有些商品只需列明该商品的通用名称，如原油、小麦等；有的需列明商品的品种、等级、型号或产地，如"长兴岛海参""东北特级大豆"等；还有的需明确列明商品的品牌和品质规格，如"夏普42英寸液晶电视"等。此外，商品品名条款内容要实事求是，并且尽可能使用国际上通行的名称。

二、商品品质

(一) 商品品质概念及作用

商品品质又称商品质量，是指商品内在质量和外观形态的综合。内在质量指商品的化学成分、物理机械性能及生物学特征等内在价值。外观形态指商品的造型、结构、色泽及味道等技术指标或要求。

商品品质是决定商品使用效能的重要因素，是决定商品销售价格的根本因素，是买卖双方交易磋商的基础。尤其在国际物流中，商品的进出口需要商检部门严格的检验，因此商品品质不仅是交易达成的条件，而且是国际物流顺利开展的前提条件。

(二) 商品品质的表示方法

1. 以实物表示商品品质

（1）看货买卖

看货成交又称凭现货买卖，即根据现有商品的实际品质买卖。具体做法是：卖方在货物存放地向买方展示货物，买方或其代理人对满意的货物与卖方达成交易。这种做法多见于寄售、拍卖、展卖等贸易方式中；一般适合于鲜活商品、古董、工艺品以及字画等物品的交易。

（2）凭样品买卖

样品(Sample)通常是从一批商品中抽选出来的或是由生产、使用部门设计加工出来的，能够反映和代表整批商品品质的少量实物。凭样品买卖指以样品表示商品品质并以此作为交货依据。根据样品提供者的不同，凭样品买卖可分为凭卖方样品买卖、凭买方样品买卖或凭对等样品买卖。

2. 用文字说明表示商品的品质

用文字说明表示商品品质是指用文字、数据、图样等方式来说明成交商品的品质。

（1）凭规格买卖

商品规格指可以用来反映商品品质的主要指标，包括化学成分、纯度、性能、面积、体积、容量、长短、粗细等。凭规格表示商品品质（如"康师傅"鲜橙多，鲜橙原汁含量10%）简单易行、明确具体，在国际贸易中被广泛运用。

（2）凭等级买卖

商品等级是指按质地或规格差异将同一类商品分为品质优劣各不相同的若干等级，以文字、数字或符号表示。凭等级表示商品品质（如"特级中国绿茶"）可以简化手续、促成成交，并能体现按质论价的原则。

(3) 凭标准买卖

商品标准是指有关政府机构、同业公会、交易所或国际性工商组织对商品的规格或等级加以规定，并将其批准为指导性或强制性的文件。在国际贸易中，国际标准主要是指由国际标准化组织(ISO)和国际电工委员会(IEC)等机构制定。对于某些品质变化较大而难以规定统一规范的农副产品，往往采用"良好平均品质"来表示。

(4) 凭说明书和图样买卖

凭说明书和图样买卖是指对于某些工业制成品（如电器、仪表等），当难用几个简单指标来反映其品质时，需要凭说明书、照片或图样来具体地描述其内部构造及性能的表示方法。

(5) 凭商标或牌号买卖

凭商标或牌号买卖是指对于某些质量稳定且在市场上有着良好声誉的商品，买卖双方在磋商和签订合同时，直接采用商品商标或牌号来表示商品品质的方法，如"微软"软件、"海尔"电器等。

(6) 凭产地名称买卖

凭产地名称买卖是指对于某些商品，尤其是农副土特产品，其品质因产地而异，交易中仅凭产地就能说明商品品质的表示方法，如四川涪陵榨菜、新疆和田玉枣、长白山人参等。

三、商品数量

(一) 商品数量的计量单位

1. 重量

许多农副产品以重量(weight)作为计量单位。重量单位有公吨(M/T)、长吨、短吨、公斤、克、盎司等。以重量作为计量单位在当今国际贸易中广为使用。

2. 件数

大多数工业制成品，尤其是日用消费品、轻工业品、机械产品以及一些土特产品以件数(number)作为计量单位。件数单位有件、双、套、打、卷、令、箩以及个、台、组、张、袋、箱、桶、包等。

3. 长度

金属绳索、丝绸、布匹等商品通常以长度(length)作为单计量单位。常用长度单位包括米、厘米、英尺、英寸、码等。

4. 面积

玻璃板、地毯等货物通常以面积(area)作为计量单位。常用面积单位有平方米，平方英尺、平方英寸和平方码等。

5. 体积

以体积(volume)作为计量单位仅限于木材、天然气和化学气体等货物。常用体积单位有立方米、立方英尺、立方英寸和立方码等。

6. 容积

各类谷物和液体货物以容积(capacity)作为计量单位。常用容积单位有升、加仑和蒲式耳(bushel)等。

(二) 商品重量的计算方法

1. 净重(net weight)

净重是指商品本身的重量,按照国际惯例,如合同中对重量的计算没有其他规定,则应以净重计量。

2. 毛重(gross weight)

毛重是针对某些需经包装后才能称量的商品,所得重量为毛重。对价值较低的商品,可以在合同中规定以毛重计量,即所谓"以毛作净"。

3. 按公量(conditioned weight)计重

这是针对含水率不稳定的商品,如羊毛、生丝、棉花等。公量等于干量(用科学仪器抽取商品含水量后的重量)与标准含水量之和。

4. 以理论重量(theoretical weight)计重

这是针对一些具有固定规格尺寸的商品,如马口铁、钢板等,每件重量基本一致,一般可从件数推算出总重量。

5. 法定重量(legal weight)

这是商品重量加上直接接触商品的包装重量。按照一些国家海关的规定,商品在征收从量税时,商品重量按照法定重量计算。

(三) 商品数量的机动幅度

为了使交货数量具有一定范围内的灵活性和便于履行合同,买卖双方可在合同中合理规定数量机动幅度。数量机动幅度也称数量增减条款或溢短装条款,是指允许卖方所交货物的数量指标可有一定幅度范围内的差异,只要卖方所交货物的数量没有超出机动幅度的范围,买方就无权拒收货物。

规定商品数量机动幅度这一方法主要适用于散装货物,因为对于粮食、矿砂、化肥和食糖等大宗商品,由于受商品特性、货源变化、船舱容量、装载技术和包装等因素的影响,要求准确地按约定数量交货有时存在一定困难。数量机动幅度通常用百分比表示，如3%或5%不等，但究竟百分比多大合适，应视具体情况而定。另外，对数量机动幅度选择权的规定要合理，实际业务中选择权通常在卖方，但当买方安排运输时，选择权也可在买方或船方。

四、商品包装

(一) 商品包装含义及作用

商品包装是商品在生产和流通领域中为了保护商品品质完好、数量完整、销售形象醒目的一种商品的外在包装形式。商品包装的作用体现在如下三个方面。

1. 保护作用

包装最重要的作用在于保护商品的使用价值。商品在运输、储存和销售过程中，尤其在长距离的国际物流中，会受到各种因素的影响，可能发生物理、机械、化学、生物等变化，造成商品的损失或损耗。为了最大限度地减小商品劣变损耗，使商品完好无损地到达消费者手中，必须依据商品特性以及运输和储运条件，选择适当的包装材料、包装容器和包装方法，采用一定的包装技术处理，对商品进行科学的包装。

2. 容纳作用

对于液体、气体和粉状等货物，只能依靠包装的容纳才具有特定商品形态。包装容纳不仅有利于商品流通和销售，而且还能提高商品价值。对于食品、药品、化妆品、消毒品、卫生用品等，包装能保证商品卫生；对于复杂结构的商品，包装可充分利用包装容积，节约包装费用，节省储运空间。

3. 便利作用

商品包装的便利作用是指包装为商品从生产领域向流通领域和消费领域转移，以及在消费者使用过程中提供的一切方便。在物流领域，包装有利于方便运输、方便装卸、方便储运、方便统计、方便开箱等。在消费领域，包装有利于方便陈列、方便销售、方便计价、方便计数和方便利用自动售货机等。在环保领域，包装有利于方便回收、方便处理和方便操作等。

4. 促销作用

商品包装可以美化商品和宣传商品，使商品具有吸引消费者的魅力，引起消费者对商品的购买欲，从而促进销售。通过包装上的文字说明，向消费者介绍商品的名称、品牌、产地、特性、规格、用途、使用方法、价格、注意事项等，起到广告、宣传和指导消费的作用。

依靠包装上的图案、照片及开窗包装所显露的商品实物，把商品的外貌表达给消费者，使消费者在感性认识的基础上对商品建立起信心。

(二) 商品包装的种类

1. 销售包装

销售包装又称内包装,是直接接触商品并随商品进入零售网点和消费者或用户直接见面的包装。成功的销售包装应具备的条件:一是能保护商品,延长货物寿命;二是能方便消费者使用;三是有独特的个性和吸引力;四是符合销售国的法令;五是成本经济合理;六是减少或不造成环境污染。

2. 运输包装

运输包装又称大包装、外包装。运输包装主要起着保护商品数量完整、质量完好的作用,分为单件运输包装和集合运输包装。集合运输包装包括集装包、集装袋、托盘、集装箱等。

运输包装标志指在储运过程中识别货物的标志,按其用途可分成运输标志、指示性标志、警告性标志、重量体积标志和产地标志。指示性标志是一种操作注意标志,以图形和文字表达,如小心轻放、由此起吊、禁止翻滚等。

警告性标志又称危险品标志,用以说明商品系易燃、易爆、有毒、腐蚀性或放射性等危险性货物。重量体积标志,用以方便储运过程中安排装卸作业和舱位。产地标志作为商品说明的一个重要内容,一般在内外包装上均有注明。

运输标志(Shipping Mark)又称唛头,一般包括四项内容:一是收货人名称的英文缩写或简称(如 ABC);二是参考号,如合同号码(DE123)、发票号码或运单号码;三是目的地(LONDON);四是件号(No.1—20),即顺序号和总件数。

第四节 国际贸易支付方式

国际贸易货币支付方式是国际贸易合同的重要条款,主要有汇付、托收和信用证三种,其中信用证因其自身优越性被广泛应用。

一、汇付支付方式

(一) 汇付的含义

汇付(remittance)又称汇款,指债务人或付款人(买方)通过银行,使用各种结算工具,将款项交给债权人或收款人(卖方)的结算方式。汇付属于商业信用,采用的是顺汇法。

汇付当事人有四个:一是汇款人(remitter),即付款人,通常是进口人、买卖合同的买方或其他经贸往来中的债务人;二是收款人(payee),通常是出口人、买卖合同中的卖方或其他经贸往来中的债权人;三是汇出行(remitting bank),又称汇款行,是接受汇款人的委托或申请汇出款项的银行,通常是进口人所在地的银行;四是汇入行(receiving bank),又称解付行(paying bank),是接受汇出行的委托解付款项的银行,通常是汇出行在收款人所在地的代理行。

(二) 汇付的分类

1. 电汇

电汇(telegraphic transfer,T/T)指汇款人将一定款项交存汇款银行,汇款银行通过电报或电传指示目的地分行或代理行(汇入行)向收款人支付一定金额的汇款方式。电汇以电报或电传作为结算工具,安全、速度快、费用较高,是目前使用较多的汇款方式。

电汇的流程具体如下(如图3-2所示)。

① 汇款人向汇出行递交电汇申请书,并支付贸易款项;
② 汇出行拍加押电报或电传给汇入行;
③ 汇入行向收款人发出电汇通知书;
④ 汇款人接到通知后去银行兑付,银行进行解付;
⑤ 收款人给汇入行收款收据;
⑥ 汇入行发出付讫借记通知给汇出行;
⑦ 汇出行给汇款人电汇回执。

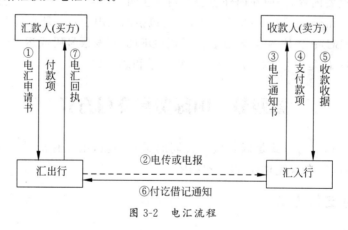

图 3-2 电汇流程

2. 信汇

信汇(mail transfer,M/T)是指汇款人向当地银行(汇出行)交付本国货币,由银行开具付款委托书,用航空邮寄交国外分行或代理行(汇入行),办理付出外汇业务。信汇以信汇委托书或支付委托书为结算工具,费用较低,但速度较慢,目前使用较少。

信汇流程与电汇流程基本一致,不同之处是:汇出行接受汇款人的申请,不以电报或电传形式,而以信汇委托书或支付委托书加其盖章邮寄给汇入行作为结算工具,委托后者凭以解付汇款。

3. 票汇

票汇(remittance by banker's demand draft,D/D)是指汇出行应汇款人的申请,代汇款人开立以其分行或代理行为解付行的即期汇票,支付一定金额给收款人的汇款方式。具体来说,票汇是进口人向进口地银行(汇出行)购买银行汇票寄给出口人,出口人凭此向汇票上指定的银行(汇入行)取款的支付方式。

票汇以银行即期汇票为结算方式。汇票(draft)是一个人向另一个人签发的,要求见票时或在将来的固定时间对持票人某人支付一定金额的无条件的书面支付命令。银行汇票是指由出票银行签发的汇票;即期汇票是见票即付的汇票。

票汇的流程具体如下(如图 3-3 所示)。

① 汇款人向汇出行递交票汇申请书,并支付贸易款项;
② 银行向汇款人开具银行即期汇票;
③ 汇款人将银行即期汇票寄交收款人;
④ 同时汇出行向汇入行发出汇票通知书;
⑤ 收款人向汇入行出示银行即期汇票;
⑥ 汇入行向收款人支付货款;
⑦ 汇入行发出付讫借记通知给汇出行。

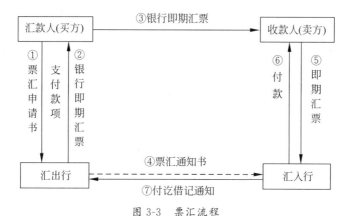

图 3-3 票汇流程

小贴士

思考:在汇付支付方式下,买卖双方是否存在风险?在买方先付款的情况下,是否能保证卖方按照合同发货?在卖方已发货的情况下,是否能保证买方按照合同支付货款付款?

二、托收支付方式

(一) 托收的含义

托收(collection)是出口人(卖方)在货物装运后,开具以进口方为付款人的汇票(随附或不随付货运单据),委托出口地银行通过其进口地分行或代理行代出口人向进口人(买方)收取货款的一种结算方式。托收属于商业信用,采用的是逆汇法。

托收的主要当事人有四个:一是委托人,即出口人或买卖合同的卖方;二是托收银行,即接受委托人委托的银行,通常为委托人当地银行;三是代收银行,通常是托收银行在进口地的分行或代理行;四是付款人,即进口人或买卖合同的买方。

(二) 托收的分类

1. 光票托收

光票托收是指在托收时汇票只附有"非货运单据"(如发票等),而不附任何货运单据(如提单等)的托收方式。

2. 跟单托收

跟单托收是指在托收时汇票不仅附有"非货运单据",而且附有货运单据(如提单等)的托收方式。根据交单条件不同,跟单托收分为付款交单和承兑交单。

(1) 付款交单

付款交单(documents against payment,D/P)是指出口人把汇票连同货运单据交给银行托收时,代收银行只有在进口人付清货款的条件下才能交出货运单据,即所谓"一手交钱,一手交单"。这种托收方式对于出口人取得货款提供了一定程度的保证。

根据付款时间不同,又分为两种形式:一是即期付款交单(D/P at sight),即出口人开具即期汇票交付银行代收货款,进口人见票后须立即支付货款并换取单据;二是远期付款交单(D/P at...days after sight),即出口人开具远期汇票托收,进口人要先行承兑,等到汇票到期日才能付清货款领取货运单据。

(2) 承兑交单

承兑交单(documents against acceptance,D/A)是指在使用远期汇票收款时,在代收银行向进口人提示汇票和单据时,若单据合格进口人对汇票加以承兑,则银行即凭进口人的承兑向进口人交付货运单据。这种托收方式下,进口人承兑付款,代收银行交付单据。这为进口人提供了融资上的方便,但增加了出口人的风险。

下面为跟单托收的流程(如图3-4所示)。

① 卖方将货物交付船公司,并获得船公司的提单;

② 委托人向托收银行发出托收申请,并提交汇票及提单等单据;

③ 托收银行将托收委托书、汇票、提单等单据寄交代收银行；
④ 代收银行向付款人提示汇票；
⑤ 汇款人向代收银行付款赎单；
⑥ 代收银行向托收银行发出收妥贷记通知；
⑦ 托收银行向委托人付款；
⑧ 付款人凭提单换提货单向船公司提货。

通过托收流程可以看出：银行只是作为卖方的受托人行事，并没有承担付款的责任，进口人不付款与银行无关。如果遭到进口人拒绝付款，除非另外有规定，银行没有代管货物的义务，出口人仍然应该关心货物的安全，直到对方付清货款为止。

小贴士

思考：托收对于买卖双方是否存在风险？光票托收与跟单托收哪种方式更安全？

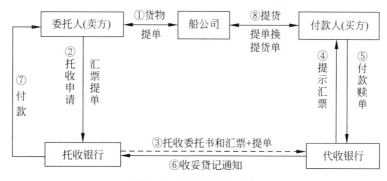

图 3-4 跟单托收的流程

三、信用证支付方式

(一) 信用证的含义

信用证(letter of credit，L/C)是指银行根据进口商的请求，对出口商开立的，授权出口商签发以银行为付款人的汇票，保证交来符合条款规定的汇票和单据必定承兑付款的保证文件。信用证属于银行信用，比汇付和托收更有保障。

信用证的当事人主要有5个：一是开证申请人(applicant/opener)，通常为进口商或买卖合同的买方；二是开证银行(issuing bank/opening bank)，指开立信用证的银行，通常为进口商所在地的银行；三是通知行(advising bank/notifying bank)，指受开证银行委托，将信用证转交给出口商的银行；四是受益人(beneficiary)，通常为出口商或买卖合同的卖方；五是议付/付款行(negotiation bank/paying bank)，指愿意接受受益人的跟单汇票，办理押汇/付款业务的银行。

下面为信用证的支付流程(如图 3-5 所示)。

① 进口商向开证行提出开证申请；
② 开证行开立信用证，委托通知行转交信用证；
③ 通知行转交信用证给出口商；
④ 出口商发出货物，并获得船公司提单；
⑤ 出口商向议付行出示信用证、汇票和提单等单据；
⑥ 议付行(假设议付行与付款行是同一银行)垫付货款给出口商；
⑦ 议付行将汇票及提单等单据寄交开证行；
⑧ 开证行偿付货款给议付行；
⑨ 开证行向进口商出示汇票，提示付款；
⑩ 进口方付款赎提单；
⑪ 进口商凭提单换提货单向船公司提货。

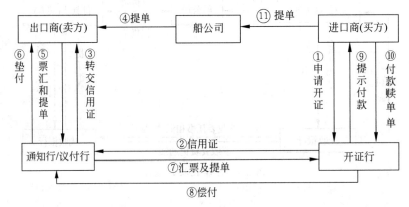

图 3-5 信用证的支付流程

通过信用证支付流程可以看出：银行参与垫付货款，出口商结汇的速度非常快。信用证是一种银行信用，它是银行的一种担保文件，开证银行对之负有首要付款责任；如果进口人在开证后失去偿付能力，只要出口人提交的单据符合信用证条款，开证行就有责任付款。由于银行信用的介入，使信用证的可靠性加强，它是当前最常用的一种国际贸易结算方式。

(二) 信用证的分类

1. 按是否附货运单据划分

(1) 跟单信用证

跟单信用证(documentary L/C)是指开证行凭跟单汇票或仅凭货运单据付款、承兑或者议付的信用证。国际贸易中使用的信用证绝大部分是跟单信用证。

(2) 光票信用证

光票信用证(clean L/C)是指开证行凭借不附单据的汇票付款的信用证。在国际贸易中它可以起到预先支取货款的作用。

2. 按是否可撤销划分

(1) 不可撤销信用证

不可撤销信用证(irrevocable L/C)是指信用证一经开出，在有效期内不经受益人或有关当事人同意，开证行不得单方加以修改或撤销。这种信用证可为受益人收款提供保障，在国际贸易中得到广泛使用。

(2) 可撤销信用证

可撤销信用证(revocable L/C)是指开证行对所开信用证在议付之前不必征求受益人同意或事先通知受益人，有权随时撤销或修改。这种信用证手续费用较低，在某些国家仍然使用。但由于它不能完全保证受益人的利益，因此在国际上应用较少。

3. 按有无银行保兑划分

(1) 保兑信用证

保兑信用证(confirmed credit)是指开证行开出的信用证，由另一银行保证对符合信用证条款规定的单据履行付款义务。对信用证加保兑的银行称为保兑行。

(2) 不保兑信用证

不保兑信用证(unconfirmed credit)指未经其他银行保证兑付的信用证。通常情况下，若不是开证行资信欠佳，或是不出名的小银行，进口国也未出现战争、民变、经济危机等不利形势，信用证无须保兑。况且保兑要加收额外费用，所以一般情况下都是不保兑信用证。

4. 按付款时间不同划分

(1) 即期信用证

即期信用证(sight credit)是指受益人根据信用证的规定，可凭即期跟单汇票或仅凭货运单据收取货款的信用证。其特点是受益人收汇安全迅速。

(2) 远期信用证

远期信用证(usance credit)是指开证行或其指定付款行收到受益人交来的远期汇票后，并不立即付款，而是先行承兑，等到汇票到期再行付款的信用证。

5. 按可否转让划分

(1) 可转让信用证

可转让信用证(transferable L/C)是指受益人(第一受益人)可以将使用信用证的权利转让给其他人(第二受益人)的信用证。信用证只能转让一次，但允许第二受益人将信用证重新转让给第一受益人。如果信用证允许分批装运(支款),则将信用证金额按若干部分分别转让给几个第二受益人(总和不超过信用证金额),该项转让的总和被视为一次转让。

(2) 不可转让信用证

不可转让信用证(non-transferable L/C)是指受益人不能将使用信用证的权利转让给他人,并未注明"可转让"者即为不可转让信用证。

第五节 商业单证

国际商品贸易涉及的单证包括官方单证、商业单证和货运单证三类。官方单证是指我国有关主管部门为了管理上的需要,规定某些单证须先由进出口单位报请主管机关审核批准后方予以签发的单证,包括进/出口许可证、进出口商品检验证书、原产地证明书、普惠制产地证、进/出口报关单、报关委托书、转关货物运输准单、外汇核销单和出口退税单等。

商业单证是指进出口人根据贸易合同或信用证上的要求而制作的单证,包括信用证、汇票、商业发票、装箱单、保险单、受益人证明等。货运单证是由托运人、承运人或其代理签发的单证,如订舱单、装货单、收货单、场站收据、提单、提货单、设备交接单、国际航空运单、国际多式联运运单等。

国际商业单证中的信用证、发票和装箱单与国际物流与货运代理业务联系最为紧密,尤其在报关业务中是报关单填写的依据,因此本节重点介绍这三种单证的格式及内容。官方单证中的报关单将在第七章中详细介绍,货运单证将逐一在第四、五、六章中详细介绍。其他贸易单证可以参照参考文献。

一、信用证

信用证是国际商品贸易中重要的商业单证,是目前广为应用的国际贸易结算方式。不同银行开立的信用证格式有所不同,但其基本内容大致相同。在国际物流领域,信用证中的部分内容是国际货运代理必须了解和关注的,它决定着国际运输是否可以转运,是否可以分运,决定着货物最晚何时装船,提单最晚何时签发等。因此,本节重点介绍信用证中与国际物流与货运代理业务密切联系的条款内容,并参照信用证格式(如表3-2所示)进行讲解。

1. 说明条款

(1) 开证时间

开证时间是开证银行开立信用证的时间,英文表述为 date of issue。正常情况下,买方信用证最少应在货物装运期前15天(有时也规定30天)开到卖方手中,但实际业务中,

表 3-2 信用证

THE *** BANK LIMITED TELEX NOS.　　　HEAD OFFICE	DATE OF ISSUE IRREVOCABLE DOCUMENTARY CREDIT	JUNE 2, 2010
		NUMBER 106-11-2446343
	EXPIRY DATE & PLACE JULY 10, 2010 TIANJIN	
ADVISING BANK　　　（通知行）	APPLICANT　　　（开证人）	
BENEFICIARY　　　（受益人）	AMOUT　　　（总金额） US$ 13 585.00	
NEGOTIATING BANK　　　（议付行）		
PARTIAL SHIPMENTS PROHIBITED ARE	TRANSSHIPMENT IS PROHIBITED	CREDIT AVAILABLE WITH ANY BANK BY NEGOTIATION AGAINST PRESENTATION OF THE DOCUMENTS HEREIN AND OF THE BENEFICIARYS DRAFTS AT SAGHT FOR 100% OF INVOICE VALUE DRAN ON OURSELVES
SHIPMENT DISPATCH FROM TIANJIN NOT LATER THAN JUNE 30, 2010 TO OSAKA JAPAN		

续表

DOCUMENTS REQUIRED
（1）SIGNED COMMERCIAL INVOICE IN QUITUPLICATE
（2）FULL SET OF CLEAN ON BOARD IN BLANK AND MARED TO THE ORDER OF THE SHIPPER AND ENDORSED IN BLANK AND MARKED FREIGHT PREPAID
（3）PACKING LIST IN THREE COPIES
（4）CERTIFICATE OF WEIGHT & MEASUREMEN IN THREE COPIES
（5）CERTIFICATE OF ORIGIN FROM AIM 1ORIGINAL & 1COPY

100PCS OF PRECIOUS STONE，USD 10.5 PER PC, ACCORDING TO SALES CONTRACT NO. GHD-0229, C & F OSAKA（INCOTERMS 2000）

SPECIAL INSTRUCTIONS
（1）5PCT MORE OR LESS IN QUNTITY AND AMOUT ARE ALLOWED
（2）3% COMMISSION TO BE DEDUCTED FROM COMMERCIAL INVOICE VALUE
（3）DOCUMENTS TO BE PRESENTED WITHIN 10DAYS AFTER THE ON BOARD DATE OF BILLS OF LADING BUT WITH THE EXPIRY DATE OF THE CREDIT
（4）SHIPMENT SHOULD BE EFFECTED BY CONTAINER LOADING ONLY
INSTRUCTIONS TO NEGOTIATING BANK

WE HAVE ISSUED THE DOCUMENTAY CREDIT AS DETALED ABOVE

YOURS VERY TRULY.
THE DAWA BANK LIMITIED
HEAD OFFICE

国外客户在遇到市场发生变化或资金短缺时往往拖延开证,因此出口商应经常检查开证情况。

(2) 信用证种类

按是否随附货运单据分为跟单信用证(documentary L/C)和光票信用证(clean L/C);按是否可撤销分为不可撤销信用证(irrevocable L/C)和可撤销信用证(revocable L/C);按有无银行保兑分为保兑信用证(confirmed L/C)和不保兑信用证(unconfirmed L/C);按付款时间分为即期信用证(sight L/C)和远期信用证(usance L/C);按是否可转让分为可转让信用证(transferable L/C)和不可转让信用证(non-transferable L/C)等。

表 3-2 中的信用证类型为"IRREVOCABLE DOCUMENTARY CREDIT",即不可撤销的跟单信用证。

(3) 到期日和到期地点

信用证到期日和到期地点(expiry date or place)是指受益人必须在规定的到期日之前,在规定的地点办理结汇手续。由于跟单信用证需要随附提单、运单等货运单据,因此货运代理需要保证货运单据在此之前备妥,以保证受益人顺利结汇。到期日和到期地点的表达方式比较灵活,主要有以下几种:

This credit shall remain in force until Oct. 1, 2010 in China.

本证到 2010 年 10 月 1 日为止在中国有效。

Expiry date: Mar. 15, 2010 in the country of the beneficiary for negotiation.

有效期:2010 年 3 月 15 日前,在受益人国家议付有效。

Drafts must be presented the negotiating bank not later than Oct. 1, 2010.

汇票不能迟于 2010 年 10 月 1 日议付。

2. 装运条款

(1) 装运期

装运期条款(Date of Shipment)对货运代理来说非常重要。货运代理在接受货主委托后要审核信用证,确定装运期并尽快安排货物装船。船公司签发的提单日期不能晚于装运期,否则货主将不能结汇。这也是实际业务中为什么会出现倒签提单的原因(倒签提单的讲解见第四章)。装运期的表达方式有如下几种:

Shipment must be effected not later than Mar. 12, 2010.

货物不得迟于 2010 年 3 月 12 日起运。

Latest date of shipment: Mar. 12, 2010.

最迟装运日期:2010 年 3 月 12 日。

B/L must be dated not before the date of this credit but not later than Mar. 12, 2010.

提单日期不能早于信用证开具日期,但不能晚于 2010 年 3 月 12 日。

上海对装运期条款的理解[①]

某进出口公司于2010年5月23日接到一张外国开来的信用证,信用证规定受益人为该进出口公司(卖方)。其中装运期和有效期条款为:"Shipment must be effected not prior to 1st May, 2010. The draft must be negotiated not later than 30th June, 2010."

条款解释:装运期不能早于2010年5月1日;汇票不能迟于6月30日议付。

条款误解:装运期不能晚于2010年5月1日;汇票不能迟于6月30日议付。

误解原因:一般来说,装运期条款规定装船日期"不能晚于"某个日期,这是由于思维定式产生的误解。

案例评析:作为货运代理,一定要做到认真严谨。尤其是对于装运期条款,其理解的正确与否直接影响提单的签发时期是否符合信用证规定,影响着货主是否能顺利结汇。

(2) 分批运输

分批运输是指将货主的货物分为几批运输,货运代理根据分批运输条款(Partial Shipments)确定如何租船订舱。分批运输条款的表达方式有如下几种:

With(Without) partial shipment　　允许(不允许)分运

Partial shipment prohibited(not allowed)　　禁止分运

(3) 转运

转运指货物在运输途中转船(运输工具)运输,除特殊情况外,大多数货主不希望转运。货运代理需根据转运条款(Transshipment)确定如何租船订舱。转运条款的表达方式有如下几种:

With(Without) Transshipment　　允许(不允许)转运

Transshipment prohibited(not allowed)　　禁止转运

3. 单据条款

单据(documents)条款规定所需要提交的单据名称及份数。信用证一般要求提交商业发票(Commercial Invoice)、提单(Bill Of Lading)、汇票、装箱单(Packing List)、保险单(Insurance Policy)、检验证书(Inspection Certificate)、原产地证明(Certificate of Origin)和受益人证明书(Beneficiary Certificate)等。单据份数从一式二份到一式十份的英文表述为 in duplicate/triplicate/quadruplicate/quintuplicate/sextuplicate/septuplicate/octuplicate/nonuplicate/decuplicate。

[①] 资料来源:智美网;http://www.zmay.cn/

表 3-2 中单据条款解释如下：
SIGNED COMMERCIAL INVOICE IN QUINTUPLICATE
已签署商业发票一式五份。
FULL SET OF CLEAN ON BOARD
全套清洁已装船提单。
PACKING LIST IN THREE COPIES
装箱单一式三份。
CERTIFICATE OF WEIGHT & MEASUREMEN IN THREE COPIES
重量单和尺码单一式三份。
CERTIFICATE OF ORIGIN 1 ORIGINAL & 1 COPY
原产地证明一正本一副本。

4．货物说明条款

货物说明条款(Description of Goods)一般包括商品品名、品质、数量、包装、单价、价格术语，有时还包含合同号。表 3-2 信用证中的货物说明解释如下：

100PCS OF PRECIOUS STONE, USD 10.5 PER PC, ACCORDING TO SALES CONTRACT NO. GHD-0229, C & F OSAKA(INCOTERMS 2000)

100 件精石，根据 GHD-0229 号买卖合同，每件 10.5 美元，C & F 大阪(《2000 通则》)。

5．特别说明条款

特别说明(Special Instructions)是根据进口国政治、经济和贸易情况的变化或每一笔具体交易的需要而制定的特别规定。常见的条款如表 3-2 所示，解释如下：

(1) 溢短装条款
5PCT MORE OR LESS IN QUNTITY AND AMOUT ARE ALLOWED
在货物数量上允许有 5％溢短装。

(2) 佣金条款
3％ COMMISSION TO BE DEDUCTED FROM COMMERCIAL INVOICE VALUE
3％的佣金必须在商业发票金额中扣除。

(3) 议付条款
DOCUMENTS TO BE PRESENTED WITHIN 10 DAYS AFTER THE ON BOARD DATE OF BILLS OF LADING BUT WITH THE EXPIRY DATE OF THE CREDIT
单据在已装船提单签发之后 10 天，在本信用证有效期之内提交。

(4) 其他条款
SHIPMENT SHOULD BE EFFECTED BY CONTAINER LOADING ONLY

INSTRUCTIONS TO NEGOTIATING BANK

按照议付行的要求,只有集装箱装运货物才有效。

二、商业发票

商业发票(Commercial Invoice)是所有结汇单据的核心单据,其主要作用体现在五个方面:一是交易的合法证明文件;二是买卖双方收付货款和记账的依据;三是信用证结算方式下的随附单据;四是装运货物的总说明,是缮制其他进出口单据的依据;五是买卖双方办理报关、纳税的计算依据。

发票的内容如表3-3所示,主要包括五大方面的内容:一是发票当事人,即发票出票人(卖方)、买方和收货人;二是发票号码与签发日期、信用证号码与签发日期、交付与支付术语及其他相关说明;三是运输相关信息;四是货物相关信息;五是出票人签字。其中,运输相关信息和货物相关信息是国际货运代理必须了解的内容,这里详细介绍。

1. 运输相关信息

(1) 离港时间

离港时间(Departure date)即运输工具离开时间,这是对货物装运期的要求,即货物必须在此时间之前装运完毕,船舶在此时间之前离港。由于签发票时货物一般并未装船,因此这里一般记载预计离港时间(Estimate Departure Date,ETD)。

(2) 船舶名称及航次

在订立贸易合同时,买卖双方就租船订舱工作达成共识,并体现在贸易术语中。不管是买方或卖方租船订舱,船名及航次号(Vessel V. no)需要写到发票中。

(3) 起运港与到达港

起运港(From…)与到达港(To…)一般表示为买卖双方指定的货物装运地港口和目的地卸货港。

2. 货物相关信息

货物相关信息包括唛头、件数与包装种类、商品描述、商品数量、单价、总价和原产地等信息。这些信息是货运代理填写进出口报关单和相关运输单据的依据。

三、装箱单

装箱单(Packing List)又称包装单、码单,明确阐明了商品包装情况,包括包装件数、规格、数量和重量等内容,是商业发票的一种补充单据,便于进口商和海关详细掌握进口商品信息。装箱单是进出口货物报关的随附单据,也是信用证支付下的随附单据。

装箱单没有统一的格式,但其基本内容大致相同,主要包括收货人信息、发票号码和贸易合同号码、装箱单签发日期、起运港与目的港、唛头、货物名称、货物数量、货物体积、

表 3-3 COMMERCIAL INVOICE

Seller:（卖方）	Invoice No. and Date（发票号码与签发日期） L/C No and Date（信用证号码与签发日期）
Consignee:（收货人）	Buyer（买方） As per consignee
Departure Date: ETD: 1530 20Mar, 2005	Terms of Delivery and Payment（交付与支付术语） T/T Shanghai 60 days from B/L Date
Vessel: ESSEN EXPRESS V. 28ED09	Other Reference:（其他相关说明） CONTRACT NO: SFEC/ABC123-01
From: SINGAPORE	To: SHANGHAI, CHINA

Shipping Marks	No& Kind of packing	Goods Description	Quantity	Unit price	Amount
FAR EAST SHANGHAI C/NO:2-150		PAINT	123450LTR	2.00/LTR	CIF SHANGHAI CHINA USD 246 900.00

COUNTRY OF ORIGIN: SINGAPORE

KOREA CHEMICAL CO.,LTD

Signed by: _____

货物净重与毛重、总量及装箱单位签字等。需要注意两点：一是装箱单相关信息要与发票一致；二是"总量栏"必须大写，以防篡改。

本章小结

本章介绍了与国际物流与货运代理业务紧密联系的国际贸易理论与实务，在阐述国际贸易概念、分类及贸易方式的基础上，重点讲解了国际贸易术语、国际贸易支付方式及国际商品贸易的商业单证。

本章练习题

一、单选题

1. 国际贸易支付方式中，结汇最迅速、最安全、应用最广泛的是（　　）。
   A. 电汇　　　　　B. 票汇　　　　　C. 跟单托收　　　　D. 信用证
2. 信用证条款中，Date of Shipment 表示（　　），Transshipment prohibited 表示（　　）。
   A. 装运期　　　　B. 有效期　　　　C. 禁止分批运输　　D. 禁止转运
3. （　　）是指汇款人向当地银行（汇出行）交付本国货币，由银行开具付款委托书，用航空邮寄交国外分行或代理行（汇入行），办理付出外汇业务。
   A. 电汇　　　　　B. 信汇　　　　　C. 票汇　　　　　　D. 现汇

二、多选题

1. 下列哪些贸易术语下是由卖方负担卸货费？（　　）
   A. FOB Under Tackle　　　　　　B. CFR Liner Terms
   C. CFR Ex ship's Hold　　　　　D. CIF Landed
2. 唛头一般由哪些内容组成？（　　）
   A. 收货人英文名称缩写或简称　　B. 参考号
   C. 目的地　　　　　　　　　　　D. 件号
3. 商品包装的作用包括（　　）。
   A. 保护作用　　　B. 容纳作用　　　C. 便利作用　　　　D. 促销作用
4. 代理的特点包括（　　）。
   A. 代理人只能在委托人授权范围内，代理从事商业活动
   B. 代理人一般不以自己名义与第三者签订合同
   C. 代理人通常是运用委托人的资金从事业务活动
   D. 代理人不管交易当中的盈亏，只取佣金

E. 代理人只居间介绍生意、招揽订单,但他并不承担履行合同的责任。
　5. 托收的主要当事人有(　　)。
　　A. 委托人,即出口人或买卖合同的卖方
　　B. 托收银行,即接受委托人委托的银行,通常为委托人当地银行
　　C. 代收银行,通常是托收银行在进口地的分行或代理行
　　D. 付款人,即进口人或买卖合同的买方

三、名词解释
1. 国际贸易
2. FOB 术语
3. CRF 术语
4. CIF 术语
5. 汇付

四、简答题
1. 简述直接贸易、间接贸易、转口贸易、过境贸易的含义。
2. 简述包销、代理和寄售的含义及其区别。
3. 简述国际贸易术语中 FOB、CIF、CFR 的含义。
4. 简述信用证的支付流程及其种类。

五、实训题
1. 如果你是一名货运代理,接受卖方委托办理一批集装箱货物的国际运输,卖方与买方的贸易合同中贸易术语是 CIF。请考虑你可以为卖方办理哪些业务。
2. 如果你是一名货运代理,接受卖方委托办理一批集装箱货物的国际运输,卖方与买方的贸易合同中货币支付方式是信用证。请考虑你需要特别关注信用证的哪些条款。

第四章

国际海上货运代理实务

【知识目标】
1. 掌握杂货班轮货运代理的业务流程及单证流转。
2. 掌握整箱货与拼箱货货运代理的业务流程及单证流转。
3. 掌握提单和无船承运人提单的性质。
4. 理解清洁提单、已装船提单和倒签提单的含义,了解提单的内容。

【技能目标】
1. 能够熟悉有关单据的各项规定以及提单在贸易流程中的流转使用。
2. 能够针对海运业务进行业务模拟操作。

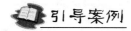 引导案例

海上集装箱运输合同纠纷案

2000年,发货人中国A进出口公司委托B对外贸易运输公司将750箱海产品从上海港出口运往印度,B对外贸易运输公司又委托其下属S分公司代理出口。S分公司接受委托后,向P远洋运输公司申请舱位,P远洋运输公司指派了箱号为HTM-5005等3个满载集装箱后签发了清洁提单,同时发货人在中国人民保险公司处投保海上货物运输的战争险和一切险。货物运抵印度港口,收货人拆箱后发现部分海产品因箱内不清洁而腐烂变质,即向中国人民保险公司在印度的代理人申请查验。检验表明:250箱海产品被污染,检验货物时船方的代表也在场,为此中国人民保险公司在印度的代理人赔付了收货人的损失之后,中国人民保险公司向人民法院提起诉讼。

案例分析:

在集装箱运输中,P远洋运输公司应保持集装箱清洁、干燥、无残留物以及前批货物留下的持久性气味;P远洋运输公司应对海产品的损失负责。S分公司作为装箱铅封的收货人、代理人,应负有在装箱前检查箱体,保证集装箱适装的义务,S分公司未尽前述义务,主观上有过失,应承担货损责任。

因此中国人民保险公司可以作为适格的原告,因为其已取得代位求偿权,把 P 远洋运输公司与 S 分公司告上法庭。

那么海上货运代理除了承担以上任务,还需承担什么业务?其业务流程是什么?涉及的业务单证有哪些?本案例提及的海运费应如何计算?提单的性质及作用是什么?本章将予以介绍和讲解。

引言

在 CIF 条款下,由卖方负责订舱并支付运费,办理保险并支付保险费,办理货物出口报关及货物出境报检;买方负责货物进口报关及货物进境报检。若卖方和买方分别将以上业务委托给各自货运代理,则形成卖方(出口方)货运代理和买方(进口方)货运代理的一套业务。同时,承运人(船方)将在出口港和进口港的相关运输业务委托给船舶代理,形成出口港船舶代理和进口港船舶代理的一套业务。不同的货运代理由于各自职责不同,其业务流程及业务单证也不尽相同。本章以 CIF 贸易术语为例,介绍该贸易合同下国际海上运输货运代理的业务流程及单证流转。

第一节　国际海上货物运输概述

一、国际海上货物运输的概念及特点

国际海上货物运输是指使用船舶通过海上航道在不同的国家和地区的港口之间运送货物的一种运输方式,是国际物流中最主要的运输方式。

1. 运量大,适合大宗与超大货物运输

海上货物运量大主要原因是船舶向大型化方向发展,如 50 万～70 万吨的巨型油船、16 万～17 万吨的散装船以及上万标箱的集装箱船。船舶的载运能力远远大于火车、汽车和飞机,是运输能力最大的运输工具。海运运量大,特别适合大宗货物的运输;由于船型大,石油井台、火车、机车车辆等超重大货物也适于海上运输。

2. 运费低,适合低值大宗货物运输

船舶的航道天然构成,船舶运量大,港口设备一般均为政府修建,船舶经久耐用且节省燃料,所以货物的单位运输成本相对低廉。据统计,海运运费一般约为铁路运费的 1/5,公路汽车运费的 1/10,航空运费的 1/30,这就为低值大宗货物的运输提供了有利的竞争条件。

3. 运输速度慢、风险较大

船舶体积大,水流阻力大,加之装卸时间长,货物的运输速度与其他运输方式相比较慢,如集装箱船的船速大多在 20 节,散货船航速为 15～16 节,油轮航速为 15～17 节。船舶海上航行受自然气候和季节性影响较大,随时都有遭遇狂风、巨浪、暴风、雷电、海啸等不可抗的自然灾害袭击的可能,遇险可能性比陆路运输与沿海运输要大很多。同时海上运输还存在社会风险,如战争、罢工、贸易禁运等。

二、国际海上货物运输船舶运营方式

(一) 班轮运输

1. 班轮运输的概念及特点

班轮运输(liner shipping)又称定期船运输,指船公司将船舶按事先制订的船期表,在特定的航线上,以既定的挂靠港口顺序,为非特定的众多货主提供经常性的货物运输服务,并按照运价本的规定计收运费的营运方式。班轮运输具有如下特点。

(1) 货主分散且不确定,货物一般是件杂货和集装箱,对货量没有要求,货主按需订舱,特别适合小批量货物的运输需要。

(2) 船舶技术性能较好、设备较齐全、船员技术素质较高并且管理制度较完善,既能满足普通件杂货的运输要求,又能满足危险货物、超限货物、鲜活易腐货物等特殊货物的运输需求,并且能较好地保证货运质量。

(3) 承运人和货主之间在货物装船之前通常不书面签订运输合同,而是由货物装船后承运人签发的提单作为两者之间运输合同的证明,即承运人与货主之间的权利、义务和责任豁免通常以提单背面条款为依据并受国际公约制约。

(4) 通常要求托运人送货至承运人指定的码头仓库交货,收货人在承运人指定的码头仓库提货,承运人负责货物装卸作业及理舱作业。

(5) "四固定"。一是固定船期表,即船舶按照预先公布的船期来运营,能够按时将货物从起运港发送并迅速运抵目的港。因此货主则可以在预知船舶离港时间(estimated time of departure,ETD)和抵港时间(estimated time of arrival,ETA)的基础上,组织、安排货源,保障收货人及时收获。二是固定航线,有利于船公司发挥航线优势及稳定货源。三是固定挂靠港口,为多港卸货的货主提供便利。四是固定运费率,且运费率透明,有利于班轮运输市场的良性竞争。

2. 班轮运输的种类

(1) 杂货班轮运输

杂货班轮运输是历史悠久的班轮运输形式。杂货(general cargo)全称件杂货,又称普通货物,是可以以件计量的货物,分为裸装货和包装货。裸装货就是没有包装或者无法包装的货物,如钢材、原木、木材、板材、机械设备、交通工具等;包装货指可以用包、袋、箱等包装起来运输的货物,如钢材制品、铁制品、木材制品、玻璃制品、工艺品、纸类、棉花、天然橡胶、皮革制品、服装制品、塑料制品、袋装水泥、袋装化肥、袋装粮食、文具、日用品等。

目前,裸装货班轮运输形式占杂货班轮运输的主导,而包装货基本全部装入集装箱进行集装箱班轮运输。

(2) 集装箱班轮运输

集装箱班轮运输随着集装箱的发展和应用而逐渐形成,目前已成为班轮运输的主要形式。集装箱货按照交接形式分为整箱货(full container load,FCL)和拼箱货(less than a container load,LCL)。整箱货指一个集装箱中装载的货物只属于一个发货人和一个收货人;拼箱货是指将不同发货人的货物拼装入一个集装箱,并且拆箱后将货物分别交给各自的收货人。

目前,船公司不直接承运拼箱货,而是由无船承运人拼箱后再以整箱向船公司托运。集装箱班轮运输业务是在杂货班轮运输业务基础之上发展起来的,其业务流程及单证流转与杂货班轮运输有相似之处,但较之更为复杂。

(二) 租船运输

1. 租船运输的概念及特点

租船运输(tramp shipping)又称不定期船运输,根据货源情况安排船舶就航的航线,组织货物运输。也就是说,通过出租人和承租人之间签订租船运输合同进行货物运输的基本运营方式。租船运输的特点如下。

(1) 没有既定的船期表,也没有固定的航线,而是按照合同规定组织货运。

(2) 特别适合于大宗散货的整船运输,如粮食、化肥、石油、煤炭、矿砂、钢材、木材等。这类货物的特点是批量大、价格低廉,不需要或只需比较简单的包装。

(3) 运价或租金率完全由出租人、承租人在航运市场价格的基础上协商确定,并规定在租船合同中。

(4) 船舶运营中相关费用及其风险由谁负责和承担,视租船合同类别和条款而定。

(5) 出租人和承租人之间通过签订运输合同或船舶租用合同,来明确双方的权利和义务。

2. 租船运输的种类

(1) 航次租船

航次租船(voyage charter)又称程租船,是出租人负责提供一艘船舶,在约定的港口之间,运送约定的货物,进行一个航次或数个航次的租船方式。其特点是船东占有船舶、经营船舶、运营船舶;承租人支付运费(每吨运费率或者包干费);航次成本中的装卸费用按合同规定,或由船东或由承租人负责;其余成本均由船东负责;合同中规定货物装卸时间(laytime)、装卸时间的计算、滞期(demurrage)和速遣费(despatch)。

(2) 定期租船

定期租船(time charter)又称期租船,是出租人把船舶出租给承租人使用一定期间,并由承租人支付租金的租船方式。其特点是船东占有船舶、经营船舶；承租人运营船舶、支付租金[租金率根据船舶装载能力、租期长短、航运市场而定，租金率以美元/（天·载重吨）或美元/天为单位]；船东负责船舶资本成本和经营成本，承租人负责船舶航次成本。

（3）光船租船

光船租船（demise charter）又称船壳租船或光租，是船舶出租人提供一艘不包括船员在内的空船出租给承租人使用一定时期，并由承租人支付租金的一种租船方式。其特点是船东占有船舶；承租人经营船舶、运营船舶，支付租金；船东只负责提供空船（bare boat），承担资本成本，其他成本均由承租人负责，其中保险费视合同而定。

三、国际海上货运代理的性质

国际海上货运代理分为出口国发货人代理和进口国收货人代理；既可以是班轮运输方式下的货运代理，也可以是航次租船方式下的货运代理；既可以是代理人型货运代理只赚取佣金，也可以是当事人型货运代理签发提单并赚取运费差价。

需要注意以下三点：一是杂货班轮方式下的货运代理与航次租船方式下的货运代理，其业务流程及单证流转基本相似，因为货物属于散杂货，不存在与集装箱相关的业务和单证。因此，本章在介绍杂货班轮货运代理实务时，将航次租船方式下货运代理业务一并介绍。二是集装箱班轮运输方式下的货运代理，分为整箱货货运代理和拼箱货货运代理，其业务基本相似，但因拼箱货有拆拼箱业务而有所差别。三是拼箱货的货运代理一定是能够签发货运代理提单的当事人型货运代理。

第二节 杂货班轮运输货运代理实务

一、杂货班轮运输货运代理业务流程

（一）出口方货运代理业务流程

出口方货运代理业务指货运代理从出口方货主手中揽取货物、接受货物到将货物交付承运人整个过程所需办理的手续。其基本业务流程如下。

1. 揽货

揽货是国际货运代理企业的销售人员通过公关、宣传、协商等手段争取客户或货主，使其将进出口货物运输的相关事宜交由本企业办理的行为。揽货是货运代理企业赖以生存的根本，因此货运代理企业要增强自身的实力并采取一定的营销策略维护稳定老客户、积极开发新客户。

第一，要与船公司保持良好的合作关系，有利于提高办理运输手续的效率，尤其对于

杂货班轮运输有利于争取到优惠的运价；第二，要与海关、商检保持良好的合作关系，有利于货物报关通关、检验检疫业务的顺利进行；第三，掌握专业保险知识并与保险公司保持良好的合作关系，提升单证处理能力，有利于增强服务优势；第四，打造优势航线，提升核心竞争力；第五，持之以恒地关心客户，与其建立长期、稳定的客户关系；第六，投入真诚和热情，打动和开发潜在客户。

2. 接受货主询价并向货主报价

作为货运代理企业，在接受货主询价时需要了解和提供以下信息。首先，向货主了解货物名称、种类、发到港、服务需求等基本信息，以便确定是否有能力接受货主委托。其次，如果是杂货班轮运输，需掌握发货港到各大洲、在各大航线常挂靠的港口的运价信息，主要船公司船期信息、报关费、商检收费标准等信息，并按照本公司对外报价表向货主报出货运代理费用，以便货主决定是否愿意办理委托运输。

如果是散杂货租船运输，运费或租金等信息已事先在租船合同中订立，货运代理需掌握报关、商检费等相关信息并向货主报价。

3. 审核货主单证

当货主愿意办理托运时，便会向货运代理发出"出口货运委托书"及贸易合同副本、商业发票副本、产地证书副本、出口许可证、出口配额证明等随附单证。如果货物属于违禁品、单证不齐或者委托事项超越货运代理人的经营范围，货运代理可以不予受理。

4. 接受货主委托

在接受委托之前要注意，委托书应包括货物名称、数量、目的港、运输船期、运费、托运人名称、收货人名称、通知人名称、装运日期、委托人签章等内容，并且必须注意委托书是否注明货物的运到期限，因为由于海上运输的不确定性很大，除特殊情况外不应对运到期限做出约定。

当货运代理企业接受货主委托时，则双方的货运代理委托合同关系成立。当然对于新货主，建议货运代理企业与货主签订正式的货运代理合同，规定双方的权利和义务，以避免不必要的纠纷。

5. 代理订舱

货运代理接受货主委托后，应尽快与船公司联系订舱。如果是散杂货租船运输，货主已指定船公司，那么货运代理可直接向该船公司或其代理订舱；如果是杂货班轮运输，货主一般不指定船公司，那么货运代理可根据装运期、船公司船期、船公司运价等相关信息向合适的船公司或其代理订舱。若承运人或其代理接受订舱，则托运人和承运人之间就构成了海上货物运输合同关系。

具体做法是：货运代理根据委托书及其他随附单证缮制托运联单(托运单、装货单、收货单)并发给承运人或其代理，若承运人或其代理接受订舱，即在联单上签字盖章并填入船名,然后留存托运单并要求托运人抓紧备货,同时把装货单和收货单退回货运代理。

6. 代理报检

货运代理代表货主填写"出境货物报检单",并提供贸易合同、信用证、发票等相关单证,向检验检疫机构报检。检验检疫机构对货物检验检疫合格后,出具"出境货物通关单",以办理通关手续;如不合格,则签发"出境货物不合格通知单",不准出口。

7. 代理报关

货运代理代表货主填写"出口货物报关单",并持承运人或其代理签字退回的装货单、贸易合同、发票、进出口许可证、原产地证明书等单证到海关办理出口报关手续。海关同意放行后,即在装货单上盖放行章,货运代理凭此单向港口仓库发货或直接装船。

8. 代理保险

货运代理根据货主的要求或者代表货主的利益选择合适的货运保险类别、填写"保险单"并向保险公司投保。保险金额通常以发票 CIF 价加成投保,加成比例根据贸易双方约定;如未约定,则一般加 10% 投保。

9. 将货物集中港区并装船

货运代理将货主备好的货物集中到港区,将收货单和海关盖章的装货单交给代表船公司的理货员,经确认海关放行后即可装船。装船时,理货员负责货物的整理与清点。若装船货物数量、品质与包装等与托运单相符,则理货员在装货单上填入装船日期和时间、装入舱位和实收货物情况,并签字后由大副留存;同时和大副共同在收货单上签字,并经理货员退还给货运代理,货运代理收到的是清洁的收货单。

若货物与托运单不符,则理货员需要在装货单上按照实际收货情况修改,签字后交由大副留存;同时大副需要在收货单上做出相应批注,并和理货员共同签字,并经理货员退还货运代理,此时货运代理收到的是不清洁收货单。但由于带批注的收货单无法获得清洁提单,因此一般货运代理会和货主沟通并由货主出具保函,从而获取清洁收货单。

10. 支付运费并换取提单转交货主

当货物装货完毕,船公司根据收货单上实收货物数量计算运费。在运费预付的情况下,货主需要先支付运费给船公司,待运费到账后货运代理持收货单到船公司换取清洁提单。货运代理也可以替货主垫付运费,当然这种行为风险较大。

货代拿到提单后需确认提单上的日期与收货单相符,并且在信用证规定的装运期之前。货运代理拿到清洁提单后应及时转交给货主,以便货主在信用证规定的有效期前去银行结汇。之所以需要清洁提单,是因为信用证中一般规定只有出具清洁提单才能结汇,这也是为什么要获得清洁收货单的原因。

(二) 出口港船舶代理业务流程

1. 审核托运单证

船舶代理接到托运联单后应认真审核,检查托运单证的填制是否清楚、真实、准确、完全;对单证中存在的问题和疑问应全面、细致地向托运人询问,避免误解;对托运人的不合理要求,可以提出修改意见进行协商;对承运人无法履行的事项,要求托运人取消或改变要求;对于违反法律规定,侵害第三方利益或国家、社会公共利益的要求,有权拒绝承运。

2. 接受托运并签发托运联单

船舶代理接受托运后,则在托运联单中填入船名,并在联单上签字盖章,留存托运单,退回装货单和收货单。若为散杂货租船运输,则将租船合同中确定的船舶名称直接填入即可;若为杂货班轮运输,则根据货量、装运期、到港等托运要求确定合适的船舶后将船名填入。

3. 编制装货清单和积载图

船舶代理根据留底托运单编制装货清单,完成船舶配载;并依据装货清单编制货物积载图,用于货物积载。所谓船舶配载,是指承运人或其代理对于所接受的货物按航线和装运期限进行分类,将相同航线和相同装船期限的货物安排在同一艘船舶运输,并将同船同航次的货物汇合编制成装货清单的过程。

所谓积载,是指为保证船舶稳性及船舶结构安全,在装载货物时按照货物积载图,对货物谨慎而适当堆放的作业行为。装货清单和积载图编制完毕后分别送交装卸公司和理货公司,用于货物装船。

4. 编制载货清单,办理船舶出口报关

货物装船完毕后,船舶代理根据实际装船情况编制载货清单,办理船舶出口报关,海事部门准予开航,得到结关证明书,船舶即可开航。

5. 将相关单证寄往进口港船舶代理

出口港船舶代理将提单副本、载货清单、货物积载图等单据随船或寄往进口港船舶代理,用以卸货港船舶代理安排船舶进口报关和货物卸货事宜。

(三) 进口港船舶代理业务流程

1. 做好卸货准备,办理船舶进口报关

船舶代理接到提单副本、载货清单、货物积载图等相关单证后,编制进口载货清单等卸货单据,并约定联系泊位、约定装卸公司,做好卸货准备。同时凭进口载货清单办理船舶进口报关。

2. 通知收货人船舶到港日期

船舶到港前,船舶代理以邮寄、电报、传真、E-mail 等方式向通知人发出船舶预订到港时间(ETA)的通知,确保收货人及时办理提货;同时作为承运人已将货物运到目的港的证明,并作为承运人处理无人提货起算时间和计收保管费的依据。

3. 组织卸货

船舶代理将进口载货清单、货物积载图、卸货方案等卸货单据交于港口和卸货公司,卸船时代表船方的理货员负责鉴定货物状态和清点数量,若货物溢短或残损,编制货物溢短单或货物残损单,并经大副确认。对于普通货物,一般将货物卸入仓库或堆场,再由收货人到此提货,这种方式称作"集中卸船、仓库提货"。

对于危险品、重大件、贵重货等,货物卸船后直接装上收货人的运输工具,这种方式称为直接提货,在港口称作直取作业。

4. 签发提货单、放货

核实收货人付清费用后,船舶代理收回收货人出具的正本提单,并签发提货单,注意提货单内容与提单内容应相一致。然后收货人凭提货单到仓库、堆场或船边提货,提货单留存港口备查。

(四) 进口方货运代理业务流程

1. 做好提货准备

货运代理应保持与进口港船舶代理的联系,随时查询、及时掌握货物动态和运抵目的港的信息;同时保持与收货人的联系,做好提货准备。

2. 代理报检

收货人向银行付款并得到提单,货运代理填写"入境货物报检单",并提供贸易合同、发票、提单等有关单据向卸货港检验检疫机构报检。检验检疫机构审核单证,若符合要求则计收费用,并签发"入境货物通关单"供报检人在海关办理通关手续。

3. 换取提货单,办理货物进口报关

货运代理凭提单向船舶代理换取提货单,填写"进口货物报关单",并持提货单、贸易合同、发票等相关单据向海关办理货物进口报关。

4. 凭提货单向港口提货

货运代理凭提货单到港口仓库、堆场或船边提货,并支付相关费用。若货物发生残损、溢短情况,则应向船舶代理索要"货物残损单"和"货物溢短单",作为索赔依据。

5. 办理检验检疫事宜

货物通关后,货运代理应及时与检验检疫机构联系检验检疫事宜,并于提货后进行检验检疫。检验合格后检验机构签发"入境货物检验检疫证明",准予销售、使用。

杂货班轮业务流程及单证流转如图 4-1 所示。

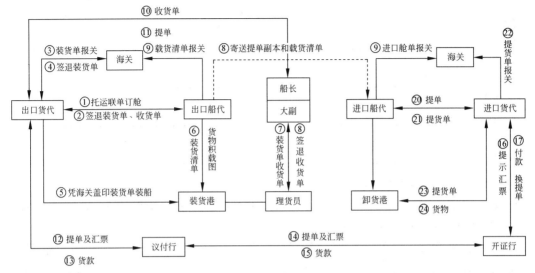

图 4-1　杂货班轮货运代理业务流程及单证流转图

二、杂货班轮运输货运代理业务单证

(一) 出口方货运代理业务单证

托运联单是货运代理向承运人或其代理办理托运手续的单据,包括托运单、装货单和收货单,三单主要内容基本一致。承运人或其代理接受托运后在联单上签字盖章,并留底托运单,退回装货单和收货单。

1. 托运单

托运单(booking note,B/N)是托运人根据贸易合同和信用证的规定向承运人提出运输要求的书面文件。船舶代理接受托运后将托运单留底,以备编制装货清单。

2. 装货单

装货单(shipping order,S/O)是托运人办妥货物托运的证明,是承运人或其代理通知船方接受装运该批货物的指示文件,是托运人凭以向海关办理出口货物申报手续的主要单据之一,因此又被称为"关单"。

装货单经承运人或其代理签字后货物才能报关,由海关签字盖章后货物才能装船,在货物装船时装货单由理货员签注日期、件数及舱位等内容并签字,后转交给大副留底。装货单与托运单内容上的不同之处是有"理货员签字"栏,如图 4-2 所示。

装货单
SHIPPING ORDER   S/O NO

船名   航次   目的港
Vessel Name_____ Voy._____ For_____

托运人
Shipper_____

收货人
Consignee_____

通知人
Notify_____

兹将下列完好状况之货物装船后希签署收货单
Receive on board the under mentioned goods apparent in good order and condition and sign the accompanying receipt for the same

标记及号码 Marks & Nos.	件数 Quantity	货名 Description of Goods	毛重量（公斤） Gross Weight in Kilos	尺码（立方米） Measurement Cu.M.

共计件数（大写）
Total Number of Packages in Writing_____

日期   时间
Date_____Time_____

装入何舱
Stowed_____

实收
Received_____

理货员签名   经办员
Tallied By_____Approved By_____

图 4-2 杂货班轮运输装货单

3. 收货单

收货单（mate's receipt，M/R）又称大副收据，是船舶收到货物的收据及货物已经装船的凭证。

货物装船时收货单同装货单一并由理货员交给大副，货物装船理货后大副核对装货单并在收货单上签字。大副签字后的收货单经理货员退还给货代，以此换取提单。收货单与装货单内容上的不同之处是有"大副签字"栏，如图 4-3 所示。收货单根据是否有大副批注分为清洁收货单和"不清洁收货单"（foul receipt），所谓大副批注即用以说明货物不良情况的记录，如标志不清、破损、锈损、水渍、数量短少等。

（二）出口港船舶代理业务单证

1. 装货清单

装货清单（loading list，L/L）是船公司或代理人根据托运单，将同一船舶、同一航次待装货物按卸货港和货物性质归类，以航次、靠港顺序排列编制的装货汇总单。

装货清单的内容包括托运单编号、货名、件数、包装形式、毛重、估计尺码及特种货物对装运的要求或注意事项的说明等。装货清单是船上大副编制配载计划的主要依据，是港方安排装货、理货员进行理货的业务单据。

2. 货物积载图

货物积载图（cargo plan，C/P）是根据装货清单，用图示形式表示货物在船舱内的装载位置，使每一票货物都能形象具体地显示出其在船上的位置。货物积载图一般由大副或船长编制，若由船代理编制，应有船长审核签认。

3. 出口载货清单

出口载货清单（manifest，M/F）又称出口舱单，是按照卸货港逐票列明全船载运货物的汇总清单。它是在货物装船完毕之后，由船公司或其代理根据收货单或提单编制的，主要内容包括船名、航次、装卸港、提单号、货物详细情况、托运人和收货人姓名、标记号码。载货清单是船舶代理向海关办理船舶出口申报手续的单据之一，是卸货港安排卸货的依据。

4. 载货运费清单

载货运费清单（freight manifest，F/M）是货运代理按卸货港及提单顺序号逐票列明货物应收运费的明细表。载货运费清单的内容除载货清单记载事项外，还包括运费费率、运费、付款方式、提单批注等。

（三）进口港船舶代理业务单证

1. 进口载货清单

进口载货清单又称进口舱单，是卸货港船舶代理根据出口港船舶代理寄交的提单副

收货单
MATE'S RECEIPT

S/O NO

| 船名 Vessel Name _____ | 航次 Voy. _____ | 目的港 For _____ |

托运人
Shipper _____

收货人
Consignee _____

通知人
Notify _____

下列完好状况之货物业已收托无损
Received on board the following goods apparent in good order and condition

标记及号码 Marks & Nos.	件数 Quantity	货名 Description of Goods	毛重量（公斤） Gross Weight in Kilos	尺码（立方米） Measurement Cu.M.

共计件数（大写）
Total Number of Packages in Writing _____

| 日期 Date _____ | 时间 Time _____ |

装入何舱
Stowed _____

实收
Received _____

| 理货员签名 Tallied By _____ | 大副 Chief Officer _____ |

图 4-3 杂货班轮运输收货单

本和出口载货清单编制的卸货港货物汇总单据。进口载货清单是船舶代理向海关办理船舶进口报关的单据之一，是卸货港安排卸货的依据。

2. 提货单

提货单（delivery order，D/O）是收货人或其代理凭正本提单或副本提单随同有效的担保向承运人或其代理人换取、可向港口装卸部门提取货物的凭证。收货单还是货运代理向海关办理货物进口报关手续的单据之一。

3. 货物残损单、溢短单

货物残损单指是指卸货完毕后，理货员根据卸货过程中发现的货物破损、水湿、水渍、渗漏、霉烂、生锈、弯曲变形等情况记录编制的，证明货物残损情况的单据。

货物溢短单是指卸货完毕后，理货员发现卸货数量与载货清单不符而记录编制的，证明货物溢卸或短缺的单据。货物残损单和溢短单由理货员填写后交理货组长和大副签认，作为承运人与货主间索赔与理赔的依据。

(四) 进口方货运代理业务单证

进口方货运代理凭提单向船舶代理换取提货单，据此报关后向港口提货，并填写货物残损、溢短单。因此，进口方货运代理所涉及的主要单证是提货单和货物残损、溢短单。由于在进口港船舶代理业务单证中对此已作介绍，故这里不再赘述。

第三节 集装箱班轮运输货运代理实务

集装箱班轮运输业务是在杂货班轮运输业务基础上发展起来的，因此集装箱班轮运输货运代理业务是杂货班轮运输货运代理业务的继承和发展。两者办理保险、报检和安排检验检疫事宜的流程和手续基本一致，因此保险和报验流程本节不再赘述。

两者差别之处在于集装箱的介入，由此集装箱班轮运输业务中产生了场站收据、设备交接单、集装箱装箱单等单据，并出现了存储集装箱的集装箱堆场主体和拆拼集装箱的集装箱货运站主体，从而增加了集装箱领箱、还箱流程等。

一、整箱货班轮运输货运代理业务流程

(一) 出口方货运代理业务流程

1. 接受委托

托运人委托货运代理办理托运手续，并填制场站收据一式十联。货运代理接单后进行审核，若能接受委托，将第一联退还托运人备查，并留下第二至十联。

2. 代理订舱

货运代理持场站收据剩余九联单到船舶代理处办理订舱手续,船舶代理审核同意接收托运后留存第二至四联,并在第五联(装货单联)上盖签单章,后将第五至十联单退还给货运代理。货运代理留存第八联,将第九、十联退托运人作配舱回执。

3. 领箱、准备装箱

货运代理凭船舶代理签发的场站收据向管箱人领取设备交接单,并据以向码头堆场领取空箱送至托运人处;托运人做好装箱计划,并填写集装箱装箱单。在整箱货运输中,一般由货主负责装箱。

4. 代理报关

货运代理填写"出口货物报关单",持场站收据第五至七联(装货单联、大副收据联和场站收据正本)及装箱单和其他相关单据,向海关办理集装箱货物出口报关手续;海关审核同意出口后,在场站收据第五联(即装货单联)上加盖放行章,并将各联(共 3 联)退还货运代理;货运代理将箱号、铅封号等内容填入场站收据第五至七联中。

5. 集装箱集港装船

货物装箱后集装箱集运至码头堆场准备装船,货运代理向堆场递交场站收据第五至七联,堆场审核场站收据通过后留下第五、六联,并向货运代理签发场站收据第七联(场站收据正本)。集装箱装船后,港口留下场站收据第五联用作结算费用,第六联送交大副。

6. 换取提单

货运代理持场站收据正本到船公司办理换取提单手续,船公司收回场站收据并签发提单。由于场站收据只表明货物已被接收,而不能证明货物已经装船,故此提单是收货待运提单。集装箱装船后,货运代理可凭场站收据第六联向船公司换取已装船提单。

7. 提单转交货主结汇

货运代理应及时将提单转交货主,货主凭提单、装箱单及其他信用证规定的相关单据向银行办理结汇手续。对于收货待运提单是否能被银行接受,取决于信用证的要求。如果信用证允许可凭收货待运提单结汇,那么货主可以较早结汇;如果信用证不允许,则只能凭已装船提单结汇,此时货主需要等到集装箱实际装船完毕才能办理结汇手续。

(二) 出口港船舶代理业务流程

1. 审核单据、接受托运

船舶代理审核托运人货运代理递交的场站收据,如果可以接受托运,则填入船名、航次、提单号,留下第二至四联,在第五联(装货单联)中签字并盖章,后将第五至十联退还货运代理。

2. 缮制集装箱预配清单、装货清单和配载图

船舶代理根据场站收据第二联（订舱单联）编制预配清单，并将其送至码头堆场据以安排堆场作业计划；根据预配清单和装箱单编制装货清单及集装箱配载图，并将其送至码头和船方据以安排装船作业。

3. 编制集装箱载货清单，办理船舶出口报关

货物装船完毕后，船舶代理根据实际装船情况编制集装箱载货清单，办理船舶出口报关，海事部门准予开航，得到结关证明书，船舶即可开航。

4. 将相关单证寄往进口港船舶代理

出口港船舶代理将提单副本、集装箱载货清单、集装箱积载图、装箱单等单据随船或寄往进口港船舶代理，用以卸货港船舶代理安排船舶报关和集装箱卸船事宜。

(三) 进口港船舶代理业务流程

1. 向港方报送船期表

船舶代理根据出口港船舶代理寄送的相关资料编制船舶五日船期表，后送交码头港区以便其掌握船舶动态并根据船舶班期安排船舶靠泊计划。五日船期表内容主要包括船名、船舶长度、船舶吃水、船舶到港预报和确报时间等。

2. 办理船舶进口报关

船舶代理根据出口港船舶代理寄送的出口集装箱载货清单编制进口舱单，并备齐其他相关单据向海关办理船舶进口报关手续。

3. 安排卸船工作

船舶代理将进口集装箱载货清单、集装箱配载图等单证资料送交码头堆场，据以安排进口重箱（空箱）的堆场箱位。船舶靠泊后，船舶代理与码头堆场工作人员洽谈卸船事宜，并进行卸船作业。

4. 制作交货记录、发出到货通知

在船舶抵港前，船舶代理根据载货清单和提单副本制作交货记录一式六联。在集装箱卸船并做好交货准备后，由船舶代理向收货人或其代理人发出到货通知书（交货记录第一联），通知收货人或其代理到码头办理提货手续。

5. 签发提货单（交货记录第二联）

收货人货运代理凭正本提单提货时，船舶代理对照提单副本审查其正本提单，后签发交货记录第二联（提货单联），表明船方同意放货。船舶代理将交货记录第二至六联给货运代理，并收回正本提单。

(四) 进口方货运代理业务流程

1. 凭提单换取交货记录

收货人向银行付款赎单(正本提单),收货人的货运代理在收到到货通知后持提单向船舶代理换取交货记录第二至六联。船舶代理审核正本提单无误后,在交货记录第二联(提货单联)上盖章,表示船公司同意放货。

2. 代理报关

货运代理持上述交货记录五联单随同"进口货物报关单"一起向海关办理货物进口报关手续,海关审核通过后在交货记录第二联上盖放行章,表示海关同意货物放行,并将交货记录五联退还货运代理。

3. 向港口提箱

货运代理持交货记录五联单送港口堆场,支付相关费用后提取集装箱,提箱时检查集装箱数量和表面状态,并在设备交接单上作相关记录,并提箱出场。

4. 拆箱、还箱

货运代理提取集装箱交于收货人,收货人拆箱取货后将集装箱空箱归还,凭设备交接单办理空箱入场作业。

整箱货班轮运输业务流程及单证流转如图 4-4 所示。

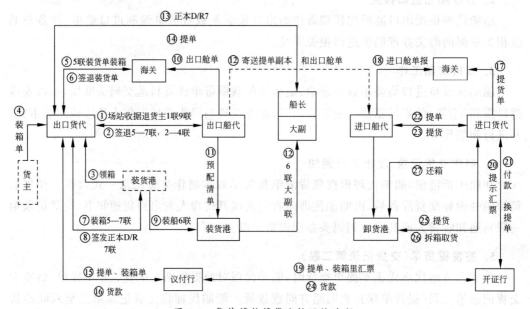

图 4-4 集装箱整箱货班轮运输流程

二、整箱货班轮运输货运代理业务单证

(一) 出口方货运代理业务单证

1. 场站收据

场站收据(dock receipt,D/R)是由托运人或其货运代理填制,由承运人签发的,证明船公司已从托运人处接收了货物,并证明当时货物状态以及船公司对货物开始负有责任的凭证。

场站收据一式十联,具体作用和流转过程是:第一联(白色)用作托运人留底备查;第二联(白色)相当于杂货班轮中的订舱单 B/N,由承运人或其代理留底;第三、四联(白色)是运费通知单联,由承运人或其代理留底;第五联(白色)相当于杂货班轮的装货单 S/O,承运人或其代理签章后退货运代理据以货物出口报关,海关签章后退货运代理据以向堆场交货装船,由堆场留底;第六联相当于杂货班轮的大副收据 M/R(浅红色),当货物装船时与大副交接;第七联是场站收据正本,俗称黄联(黄色),由堆场签发退还货运代理据以换取提单;第八联(白色)由货运代理留底备查;第九、十联(白色)是配舱回单,是由船公司或其代理接受托运并配妥船舶舱位后退回给托运人的单据。

场站收据如图 4-5 所示,主要内容有:场站收据编号(一般与提单号一致);发货人、收货人、通知人名称及地址;前程运输、收货地点、装货港、卸货港、交货地点、目的地;船名及航次号;箱号、铅封号、唛头、箱数、货名、重量、体积、集装箱总数;运杂费、预付地点、预付总额、到付地点;正本提单份数、交接货方式、货物种类、签收地点、订舱确认等。

2. 设备交接单

设备交接单(equipment interchange receipt,EIR)是管箱单位(一般为承运人或其代理)委托集装箱装卸区、中转站或内陆站与用箱人(货主或其代理)之间交接集装箱及设备的凭证。它是由管箱单位签发给用箱人,据以向港区、场站领取或送还重箱或轻箱。

在集装箱出口业务中,设备交接单是货主或其代理领取空箱出场和运送重箱进场装船的交接凭证。设备交接单联一式六联,上面三联用于出场,印有"出场 OUT"字样;下面三联用于进场,印有"进场 IN"字样。

出场三联的流转过程是:管箱单位向用箱人签发设备交接单,在第一联(管箱单位联)盖章,说明管箱单位同意发放集装箱;用箱人据此到码头堆场领取集装箱,码头堆场经办人审核单据合格后,双方检验箱体状况并在设备交接单上签字;堆场经办人留下第一联(管箱单位联)和第二联(码头堆场联),将第三联(用箱人联)退还用箱人,并向其发放空箱;堆场经办人将第一联退还管箱单位,将第二联留底。进场三联的流转过程是:重箱进港时货运代理将第一联(管箱单位联)、第二联(码头对场联)交付港口作业区,港区将第二联留底;港区将第一联转交给承运人或其代理据以掌握集装箱去向;货运代理自留第三联(用箱人联)。

设备交接单如图 4-6 所示,内容主要包括:设备交接单号码;经办日期及经办人、用

Shipper （发货人）				D/R No.（编号）	
Consignee（收货人）				场站收据 DOCK RECEIPT	第 六 联
Notify Party （通知人）				Received by the carrier the total number of containers or other packages or units stated below to be transported subject to the terms and conditions of the carrier's regular form of bill of Lading which shall be deemed to be incorporated herein	
Pre carriage by （前程运输）		Place of Receipt （收货地点）			
Vessel /Voy. No （船名/航次号）		Port of Loading （装货港）		Date（日期）: 场站章	
Port of Discharge （卸货港）		Place of Delivery （交货地点）		Final Destination （目的地）	
Container No（箱号）	Seal No. （铅封号） Mark & Nos. （唛头）	No of Containers or Packages （箱数或件数）	Kind of Packages; Description of goods （包装种类与货名）	Gross Weight 毛重 （公斤）	Measurement 尺码 （立方米）
TOTAL NUMBER OF CONTAINERS OR PACKAGES（IN WORDS）： 集装箱数或件数合计（大写）：					
Freight &Charges	Prepaid at （预付地点）	Payable at （到付地点）		Place of Issue （签收地点）	
	Total Prepaid （预付总额）	No of Original B(s)/L （正本提单份数）		Booling Approved by （订舱确认）	
Service Type on Receiving □-CY, □-CFS, □-DOOR		Service Type on Delivery □-CY, □-CFS, □-DOOR		冷藏温度	F C
Type of Goods	□Ordinary, □Reefer, □Dangerous, □Auto, □Liquid, □Live Animal, □Bulk _____			危 险 品	

图 4-5 集装箱班轮运输场站收据

集装箱发放/设备交接单　　　　　　　OUT 出场
EQUIPMENT INTERCHANGE RECEIPT　　NO.

用箱人/运箱人（Contianer User/Haulier）		提箱地点（Place Of Delivery）	
发往地点（Delivered To）		收箱地点（Place Of Return）	
船名/航次（Vessel / V. No）	集装箱号（Cntr. No）	尺寸/类型（Size/Type）	营运人（Cntr.Optr）
提单号（B/L No）	铅封号（Seal No）	运载工具牌号（Truck, Wagon, Barge No）	
出场目的/状态（PPS Of Gate-Out/Status）		出场日期（Time-Out）　　月　　日　　时	

出场检查记录（Inspection At The Time Of Interchange）

普通集装箱 （GP Continer）	冷藏集装箱 （RF Container）	特种集装箱 （Special Container）	发电机 （Gen Set）
□ 正常（Sound） □ 异常（Defective）	□ 正常（Sound） □ 异常（Defective）	□ 正常（Sound） □ 异常（Defective）	□ 正常（Sound） □ 异常（Defective）

损坏记录及代号(DAMAGE & CODE)　　BR 破损(BROKEN)　　D 凹损(DENT)　　M 丢失(MISSING)　　DR 污箱(DIRTY)　　DL 危标(DG LABEL)

左侧(LEFT SIDE)　　右侧(RIGHT SIDE)　　前部(FRONT)　　集装箱内部(CONTAINER INSIDE)

顶部(TOP)　　底部(FLOOR BASE)　　箱门(REAR)　　如有异状,请注明程度及尺寸(REMARK).

用箱人/运箱人签署 (Container User/Haulier'sSignature)	码头/堆场值班员签署 (Terminal/Depot Clerk's Signature)

图 4-6　集装箱运输设备交接单

箱人、集装箱经营人；船名、航次、提单号（与装货单联相一致）；集装箱尺寸、类型及箱号（提取空箱箱号）；提箱点（空箱存放地点）、用箱点（货主或其代理装箱地点）和收箱点（出口船舶的港口作业区）；运箱工具（集装箱卡车车号）；出场目的（装箱）及状态（空箱）、进场目的（装船）及状态（重箱）、出场日期（空箱提取离场日期）及进场日期（重箱进入港区日期）；出场或进场记录,由用箱人及堆场经办人在交接空箱或重箱时记录箱体情况,用以分清双方责任。

在进口业务中,设备交接单份数、流转及内容基本相似,故后文不再赘述。

3. 集装箱装箱单

集装箱装箱单（container load plan, CLP）详细记载了每一集装箱内所装货物的名称、数量、包装种类、标志等货运资料和积载情况,是集装箱运输中记载箱内货物情况的唯一单证。装箱单以箱为单位制作,由装箱人填制并经装箱人签署后生效。

集装箱装箱单一般需要一式5份,其作用和流转过程是如下：装箱人将货物装箱,缮制装箱单一式五联,并在装箱单上签字；五联装箱单随同货物一起交付给拖车（集装箱卡车）司机,指示司机将集装箱送至集装箱堆场,在司机接箱时应要求司机在装箱单上签字并注明拖车号（与设备交接单中集装箱卡车车号一致）；集装箱送至堆场后,司机应要求堆场收箱人员签字并写明收箱日期,作为集装箱已进港凭证；堆场收箱人在五联单上签章后,留存第一联（码头联）,用以编制装船计划,将第二联（船代联）和第三联（承运人联）分别交给船舶代理和船公司用以缮制积载计划和处理货运事故,并退回第四、五联（装箱人联）给货运代理；货运代理将第四联送交发货人,以便将其寄交收货人,用于办理货物进口报关手续；货运代理凭第五联办理货物出口报关手续。

在整箱货运输中,一般由货主填制集装箱装箱单。集装箱装箱单如图4-7所示。主要内容包括：船名、船次、提单号；装港、卸港、收货地、交货地；集装箱号和规格、铅封号；唛头、货名（按照从集装箱前部到后部的顺序填写）、件数与包装、重量、体积等货物相关信息；装箱人名称和地址、装箱日期及装箱人签名；集装箱驾驶员签名及集装箱车车号；码头收箱人签名及收箱日期等。

（二）出口港船舶代理业务单证

1. 集装箱预配清单

集装箱预配清单（preloading list）是由船公司或其代理根据托运人或其代理的订舱单（即场站收据第二联）,按集装箱堆场场地分类,将装船的各集装箱汇总编制而成的单据。预配清单的主要内容包括船名、航次号、提单号、集装箱号和铅封号、集装箱类型、尺寸及数量、卸货港、目的港、备注（如果场站收据中列名危险品,需要在预配清单的备注中标明,以使危险品集装箱配载在船舶合适的位置）等信息。

预配清单作用有：由船舶代理送交码头堆场据以编制集装箱预配船图；预配清单上

CONTAINER LOAD PLAN 装箱单					SHIPPER'S/PACKER'S DECLARATIONS			×××CONTAINER LINES Terminal's copy 码头联
Ship's Name / V No 船名/航次	Port of Loading 装港	Port of Discharge 卸港	Place of Delivery 交货地					
Container No. 箱号	Bill of loading No. 提单号	Packages & Packing 件数与包装	Gross Weight 毛重		Measurements 尺码	Description of Goods 货名		Mark & No 唛头
Seal No. 封号								
Cont.size 箱型	Cont.type 箱类							
Packer's Name/Address 装箱人名称/地址 Tel NO. 电话号码								
Packing Date. 装箱日期	Received By drayman 驾驶员签收及车号	Total packages 总件数	Total Cargo Wt 总货重		Total Meas 总尺码		Remarks 备注	
Packed By 装箱人签名	Received By Terminals/Date of Receipt 码头收箱签收和收箱日期		Cont.Tare Wt 集装箱皮重		Cgo/Cont Total Wt 货/箱总重量			

图 4-7 集装箱装箱单

集装箱号和铅封号是空的,待货物装箱后由集装箱堆场将箱号和铅封号反馈给船公司或其代理,据以编制装货清单。

2. 集装箱装货清单

集装箱装货清单(loading list,L/L)是船公司或其代理根据预配清单和装箱单,将本航次所有计划装船的集装箱按目的港和货物性质归类汇总编制而成的单据。装货清单的内容主要有箱号、铅封号、提单号、货名、货重、总重及备注等。其作用体现在在集装箱入港和装船时,具体包括:供港方安排港内作业;供船上和港方编制配载计划;供现场理货人员进行装货、理货,装货时主要校对所装集装箱的号码、铅封号、箱型、箱类等信息与装货清单是否一致;供承运人掌握装船货物明细,保证航行的安全性。

3. 集装箱配载图

集装箱配载图(stowage plan)分为预配图和实载图两种。预配图是装货前船、港双方根据航次货载情况和船舶具体情况所制订的积载计划;实载图则是按集装箱实际装船情况编制的舱图。集装箱配载图是船方进行货物运输、保管和卸货工作的参考资料,也是卸货时港方据以理货、安排工班和货物在港内堆放的依据。集装箱配载图是由集装箱船各排每列和分层的横断而构成,其编制主要借助 Power Stow、Smart Stow 等配载工具。

4. 集装箱载货清单和载货运费清单

集装箱载货清单(container manifest)又称集装箱出口舱单,是按卸货港顺序逐票列明全船实际载运集装箱及其货物的汇总清单。它是在集装箱装船完毕后由船公司或其代理编制而成(包括开航日期),并送交船长签字确认。其主要作用是:船舶代理据此办理船舶出口报关手续;寄送卸货港据以安排卸货工作。

集装箱载货运费清单(freight manifest)又称集装箱运费舱单,由船公司或其代理在集装箱装船完毕后编制,其内容在载货清单基础上增加了运费率及运费支付方式等信息,是船舶代理收取运费的证明。

(三) 进口港船舶代理业务单证

1. 集装箱进口舱单

集装箱进口舱单是卸货港船舶代理根据出口港船舶代理寄交的提单副本和出口集装箱载货清单编制的卸货港货物汇总单据。进口舱单是船舶代理向海关办理船舶进口报关的单据之一,是卸货港安排卸货的依据。

2. 交货记录

交货记录(delivery order,D/O)是指在船舶抵港前由进口港船舶代理依据舱单、提单副本等卸船资料预先制作的单据。交货记录一式六联:第一联(白色)是到货通知书;第二联(白色)相当于杂货班轮的提货单,收货人或其代理凭提单办理货物进口报关手续并向堆场提货;第三(蓝色)、四联(红色)是费用账单;第五、六联是交货记录(白色)。

交货记录的流转过程是:交货记录第一联作为到货通知书送交收货人或其代理;收货人或其代理凭提单向船舶代理换取交货记录第二联至第六联;货物进口报关后,港区堆场受理提货业务并留存交货记录第二联作为放货依据;货运代理支付堆场相关费用后,堆场留存第三联并将第四联退给货运代理作为收取费用的凭证;提货后,港区堆场和收货人分别在交货记录第五、六联上盖章、签字,港区堆场收回第五联并退回第六联给货运代理。

(四) 进口方货运代理业务单证

进口方货运代理凭提单领取交货记录,据此第二联和装箱单报关后,向码头堆场提箱,并且需要凭设备交接单实现重箱出场以及还空箱入场。因此进口方货运代理涉及的主要单证包括交货记录、装箱单和设备交接单。由于在出口方货运代理和进口港船舶代理业务中对上述单证已作讲解,这里不再赘述。

三、拼箱货班轮运输货运代理业务流程及单证

在拼箱货班轮运输中,货运代理针对货主相当于承运人,而针对承运人相当于整箱货货主。拼箱货货运代理除了开展代理人型货运代理业务之外,还具有当事人型货运代理的特点,因此拼箱货货运代理业务与整箱货基本相同,但基于其自身特点,其业务也存在一定的差别。因此本节仅介绍拼箱货班轮运输货运代理的特点及其业务流程和单证的差别之处,对于其与整箱货班轮运输业务的相同之处不再赘述。另外,拼箱货班轮运输中的船舶代理的业务与整箱货班轮运输完全一致,这里也不再赘述。

(一) 拼箱货班轮运输货运代理的特点

1. 必须具有无船承运人资格,签发无船承运人提单

由于船公司只能对整箱开出一套提单,因此拼箱货货主无法得到船公司提单(主提单)。拼箱货货主若想向银行办理结汇手续,必须获得货运代理签发的提单,即货运代理提单(分提单、无船承运人提单)。代理人型的货运代理不具备签发提单的资格,因此拼箱货班轮运输的货运代理必须是当事人型,即无船承运人。更具体地说,集装箱货运站(container freight station,CFS)在拼箱货班轮运输中扮演此无船承运人角色。

2. 负责装(拼)箱及拆箱

在出口业务中,整箱货一般由托运人负责装箱并填写集装箱装箱单,拼箱货由集装箱货运站负责拼装入箱并填写集装箱装箱单;进口业务中,整箱货一般由收货人负责拆箱

取货,拼箱货由集装箱货运站拆箱并向收货人放货。

3. 负责集中订舱、报关、报检

在拼箱货班轮运输中,货运代理无法针对不同拼箱货货主的货物分别订舱、报关、报检,而是将拼入一个整箱的货物进行集中订舱、报关、报检。

(二) 拼箱货班轮运输货运代理业务流程

1. 出口方货运代理业务流程

拼箱货发货人将货物运至集装箱货运站,集装箱货运站审核发货人相关单证,如果接受托运,则向发货人签发无船承运人提单据以结汇;集装箱货运站作为整箱货托运人向船公司或船舶代理集中订舱,领取设备交接单后向集装箱堆场领取空箱,负责将拼箱货物装入集装箱并填写集装箱装箱单;集装箱货运站作为整箱货托运人向检验检疫机构进行集中报检,并向海关集中报关。

集装箱货运站将整箱送至堆场,并接受堆场签发的场站收据正本;集装箱货运站持场站收据正本向船公司换取主提单,并将主提单寄送进口国货运代理(进口国集装箱货运站)。

2. 进口方货运代理业务流程

货运代理作为整箱货收货人凭寄来的主提单向船公司或船舶代理换取交货记录提货单联;货运代理集中办理集装箱进口报检、报关手续;货运代理凭船舶代理和海关盖章的提货单向堆场提箱;在集装箱货运站拆箱,收货人凭分提单换单取货;将集装箱空箱归还堆场。

(三) 拼箱货班轮运输货运代理业务单证

在出口业务中,拼箱货货运代理针对船公司或船舶代理作为整箱货托运人涉及的主要单证包括场站收据、设备交接单、集装箱装箱单;在进口业务中,作为整箱货收货人涉及的单证是交货记录。这是与整箱货班轮运输货运代理业务单证相同之处。

不同之处在于拼箱货货运代理作为无船承运人必须签发无船承运人提单(分提单 H B/L)作为实际发货人结汇以及实际收货人提货的凭证,而船公司提单(主提单 M B/L)作为拼箱货货运代理在进口港提箱的凭证。主提单和分提单的流转如图4-8所示。

出口国集装箱货运站向发货人签发分提单;船公司向集装箱货运站签发主提单;发货人通过结汇将分提单流转至收货人;出口国集装箱货运站将主提单寄交进口国集装箱货运站;进口国集装箱货运站凭主提单向船公司提取整箱;收货人凭分提单向集装箱货运站提货。有关无船承运人提单和船公司提单的性质及内容将在本章第五节详细阐述。

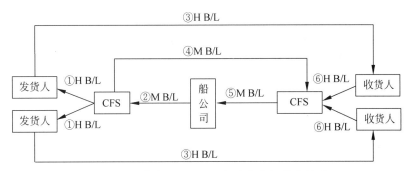

图 4-8 拼箱货班轮运输主提单与分提单流转图

第四节 班轮运输的运价与运费

一、班轮运价概述

班轮运价也称班轮运费率,是运输单位货物的价格,是在班轮运价表中事先制定的固定运价,是计收班轮运费的依据。

(一) 班轮运价形成的因素

1. 以班轮运输成本为基础

成本定价是确定运价的基本方法,因此班轮运输成本是班轮运价形成的主要影响因素。班轮运输成本由三部分构成:一是船舶资本成本;二是包括船员工资、保险费、保赔费、船舶维修费、物料费、润料费、供应费、管理费在内的管理成本;三是包括燃料费、港口费、运河费、装卸费在内的航次成本。其中,任何费用的变化都会影响班轮运价,因此班轮运价的合理制定以班轮运输成本为基础。

2. 反映运输市场供求关系

运价还须反映运输市场供求关系。当运输市场供过于求,即船舶运力供给大于运输服务需求时,运价较低;当运输市场供不应求,即船舶运力供给小于运输服务需求时,则运价较高。比如某航线班轮公司较少或时值运输旺季,则运价会相对较高;相反,某航线班轮公司较密集或时值运输淡季,则运价会相对较低。

3. 考虑货物性质和运输要求

运输货物的价格、包装、体积、重量、形状等性质不同或者对运输的要求不同,会影响班轮运价。比如对于贵重货物、超重超长货物、鲜活易腐货物,班轮运价相对较高;若托运人要求转船运输或选择卸货港,班轮运价也会增加。

4. 其他外在因素

其他外在因素包括经济、政策、意外事件等因素。比如货币贬值、燃油涨价，则班轮运价会增加；若港口拥挤、正常航线受阻需绕航等情况，也会使班轮运价增加。

(二) 班轮运价的特点

1. 运价水平较高

与租船运输相比，班轮船舶性能较好，管理人员素质较高，管理制度比较完善，因此船舶资本成本和管理成本相对较高，会导致运输总成本较高；而班轮按照固定船期和固定航线运营，很难每航次都保证满载，因此需要制定较高运价水平。

2. 货物对运价负担能力较强

班轮运输的货物以工业品为主，具有较高的商品价值，运价在货价中所占的比例较小，班轮货物对运价的负担能力较强。

3. 班轮运价相对稳定

班轮运输面向众多发货人，不可能逐个议价，因此班轮运价一般以事先制定的运价表为依据并且运价相对稳定，如需调整运价，需要向价格主管部门、交通管理部门或其委托机构（航运交易所）报交备案。

4. 班轮运价是一种垄断价格

理论上，班轮运价一般由班轮公会、班轮公司制定，或由班轮公司和托运人双边制定，或由货方制定。对于双边定价要求货运代理公司具有足够的能力，对于货方定价要求货主具有极大规模、能提供大量货载，因此后两者定价方式在班轮运输市场所占比例较小。而班轮运输市场大多数是由巨型班轮公司和班轮公会定价，其他中小班轮公司采用追随价格，因此班轮运价可以说是一种垄断价格。

二、班轮运价表

班轮运价表(liner's freight tariff)是计收班轮运费的依据。目前各国船公司所制定的运价表，格式不完全一样，但内容基本相同，主要包括货物分级及计费标准、基本运价、附加运价等。其中货物分级及计费标准体现在货物分级表中，基本运价和附加运价体现在航线基本运价表和附加运价表中。

(一) 货物分级及计费标准

杂货种类繁多，如果对每一种货物都规定一个运价，则是不可能的，也没有必要，因此首先要对货物进行分级。

1. 货物分级

所谓货物分级就是按照货物的自然属性、经济属性和运输属性将货物划分成若干类别，然后对每一类货物制定运价。货物应该划分为多少等级取决于能否合理体现等级间的运价差别和是否便于运费核收，若分级过少则不能体现差别，若分级过细则不便运价的实行，实际业务中一般将货物分为 20 级。

2. 计费标准

计费标准又称计费吨(freight ton，F/T)，即说明货物按照什么标准计费。计费标准主要有如下七种。

(1) 重量吨(weight ton，W/T)，适用于重货，我国以 1 000kg 为 1 重量吨，欧洲与美洲分别以 1 016kg(1 长吨)和 909.2(1 短吨)为 1 重量吨，运价表中用"W"表示。

(2) 体积吨(measurement ton，M/T)，适用于轻泡货，1 立方米为 1 体积吨，运价表中用"M"表示。

(3) 重量体积择大计费，简称"择大计费"，即承运人选择重量吨和体积吨较高的作为计费吨，运价表中用"W/M"表示。

(4) "从价运费"，即按货物 FOB 价值的百分比计收运费，适用于高价值货物，运价表中用"A.V."或"Ad Val."表示。

(5) 重量、体积、价值三者从大计费，即按重量吨、体积吨和从价运费计费后选择最大者，运价表内用"W/M，or A.V."表示。

(6) 按重量或体积计算运费，选择其高者，再加一定比率的从价运费，运价表中用"W/M plus A.V."表示。

(7) 按货物件数计收运费，如集装箱按每 20ft 箱或 40ft 箱，车辆按每辆车(Per Unit)，牲畜按每头(per head)计收。

(二) 基本运价

基本运价是根据航线不同、货物种类不同而确定的运价。

1. 杂货班轮的基本运价

杂货班轮的基本运价包括协议运价、从价运价、商品运价和等级运价，其中等级运价在杂货班轮运输中应用最广泛。

(1) 协议运价是承运人和托运人协商后的较低运价，适用于低价货物。

(2) 从价运价是按照商品 FOB 价格计费的百分比，适用于高价货物。

(3) 商品运价是对货物种类较少或者特殊货物定价，比如车辆、冷藏货或活牲畜运价。

(4) 等级运价是针对不符合上述运价的货物，在确定运价之前先将其分为若干等级，然后对不同等级的货物进行定价。

2. 集装箱班轮的基本运价

对于集装箱整箱货物,基本运价包括均一运价、包箱运价和运量折扣运价。

(1) 均一运价

均一运价(freight for all kinds rates,FAK)指不管集装箱内装运什么货物,相同航程的货物征收相同运价,实际上是承运人将预计总成本分摊到每个集装箱所得出的平均运价。这种运价形式理论上合乎逻辑,但实际上对低价值商品运输会产生负面影响。比如对托运瓶装水和瓶装酒货主统一收取均一运价,尽管瓶装酒货主对此并不在意,但瓶装水货主则会难以接受。

(2) 包箱运价

包箱运价(commodity box rates,CBR)指针对不同货物和不同箱型而制定的运价。集装箱货物等级的划分与件杂货等级分类相同,但运费级差远远小于杂货费率级差。

(3) 运量折扣运价

运量折扣运价(time-volume rates,time-volume contracts,TVC)是根据托运货物的数量给予托运人一定的运价折扣,即托运货物数量越大,支付的运价就越低。"按比例增减制"在折扣运价实践中较为普遍,即对于拥有500TEU集装箱货物的货主,当他托运第一个100TEU集装箱时支付的是某一种运价,当托运第二个100TEU集装箱时支付的是比第一次低的运价,托运第三个100TEU集装箱时支付的是一个更低的运价,以此类推。

(三) 附加运价

附加运价是针对一些特殊货物如超重货物,或应对突然事件如港口拥挤,或由于经济变化如燃油涨价等情况而另外规定的运价,一般以基本运价的百分比表示,也有的以每计费吨若干金额表示。比如附加运价是基本运价的2%,或者是每计费吨10元。

附加运费是以附加运价为依据计收的运费,附加运费名目很多,主要有如下几种。

1. 超重、超长附加费

货物单件重量超过5t或长度超过9m的货物分别收取超重(heavy lift additional)或超长附加费(long length additional),同时超长和超重的货物按收费高的一项收取。

2. 直航、转船附加费

直航附加费(direct additional)是指船公司应托运人的要求,将一批货物不经过转船而直接从装运港运抵该航线上的某一非基本港口时所加收的附加运费。转船附加费(transhipment surcharge)指凡运往非基本港的货物,需转船运往目的港,船方收取的附加费,包括转船费和二程运费。

3. 选卸附加费

托运人在托运时未确定确切的卸货港,只提供可供选择的目的港,而在船舶即将抵达目的地时,托运人选择卸货港,此时承运人将收取选卸附加费(optional additional)。

4. 港口附加费

港口附加费(port additional)是因港口效率低或使用费高、有特殊收费项目、需要长时间等待而收取的附加费。

5. 绕航附加费

绕航附加费(deviation additional)是指由于运输航线上发生了战争、运河关闭或航道阻塞等意外情况,为了船、货安全,船舶绕取其他航道/线航行,延长了运输距离,船公司开支增大,为此船公司向托运人加收的临时性附加费用。

6. 燃油附加费、货币贬值附加费

燃油附加费(bunker adjustment factor,BAF)是反映燃料价格变化的附加费。货币贬值附加费(currency adjustment factor,CAF)是应对货币贬值而加收的费用。

7. 旺季附加费

旺季附加费(peak season surcharge,PSS)是对运输旺季的航线上加收的费用。

三、班轮运费的计算

(一) 班轮运费的构成

班轮运费是承运人为承运货物而收取的报酬,按照班轮运价表的规定计算,由基本运费和附加运费两部分构成。基本运费(basic freight)依据基本运价计收,是对所有承运货物都要收取的运费,是构成运费的基础。附加运费是根据实际情况对货物额外收取的费用,可以依据附加运价计收,也可以按基本运费的百分比计收。

(二) 班轮运费的计算方法

第一步:在货物分级表中查找货物等级和计费标准 Q。
第二步:在航线基本运价表中查找货物基本运价 f_b。
第三步:在附加运价表中查找货物附加运价 f_s。
第四步:计算基本运费 F_b 和附加运费 F_s。

$$F_b = \begin{cases} f_b \cdot Q \\ \text{FOB} \cdot f_b \text{(从价运费)} \end{cases} \qquad F_s = \begin{cases} \sum_{s=1}^{n} f_s \cdot Q \text{(n 表示附加费项数)} \\ F_b \cdot f_s \end{cases}$$

第五步：计算总运费 F，$F = F_b + F_s$。

例4.1

某班轮从广州向伦敦出口茶叶，重量为10吨，体积为18立方米。求总运费。

货物名称	等级	计费标准	航线等级运价	黄埔港口附加费	燃油附加费
Tea	8	W/M	105美元/吨	8美元/FT	20%

解：基本运费 $F_b = f_b \cdot Q = 105 \times 18 = 1\,890$（美元）

附加运费 $F_s = f_{s_1} \cdot Q + F_b f_{s_2} = 8 \times 18 + 1\,890 \times 20\% = 522$（美元）

总运费 $F = F_b + F_s = 1\,890 + 522 = 2\,412$（美元）

例4.2

上海某公司出口一批全棉坯布，货物总毛重为43.05吨，尺码为93.035立方米，进口商要求通过杂货班轮运往日本大阪港。试计算出口运费总额。

货物名称	等级	计费标准	航线等级运价	旺季附加费	燃油附加费
全棉坯布	10	W/M	52美元/吨	5%	15%

解：基本运费 $F_b = f_b \cdot Q = 52 \times 93.035 = 4\,837.82$（美元）

附加运费 $F_s = \sum F_b f_s = 4\,837.82 \times (5\% + 15\%) = 967.564$（美元）

总运费 $F = F_b + F_s = 4\,837.82 + 967.564 = 5\,805.384$（美元）

例4.3

某货物经班轮从大连港运到安特卫普港，货物CIF价格为50 000美元，运价为2%，保险费率为5%。试求从价运费。

解：先将CIF价格转化为FOB价格

CIF = FOB + I + F

CIF = FOB + CIF × 110% × 5% + FOB × 2%

FOB = 46 323.5

从价运费 $F = $ FOB $\cdot 2\% = 46\,323.5 \times 2\% = 926.47$（美元）

 例 4.4

现有 3 个 20'FCL 从上海运到非洲某港,经查基本运价为 2 000 美元/20',另有燃油附加费 10%,货币贬值附加费 10%,转船附加费 10%。求总运费。

解:基本运费 $F_b = f_b \cdot Q = 2\,000 \times 3 = 6\,000$(美元)

附加运费 $F_s = \sum F_b f_s = 6\,000 \times (10\% + 10\% + 10\%) = 1\,800$(美元)

总运费 $F = F_b + F_s = 6\,000 + 1\,800 = 7\,800$(美元)

第五节 提单和无船承运人提单

在现代国际贸易和国际海上货物运输中,提单处于中枢地位,贯穿从贸易合同签订到贸易货款支付,从货物运输到货物交付的整个过程。提单具有悠久的历史,伴随着欧洲早期的航海贸易而产生。在 13 世纪,由船东或船长签发的称为"马赛文书"的单证证明船东已从货主处接管货物并约定在目的港交货。此时期,提单只是表明货物已经装船的收据,并没有其法律效力的规定。

到 17 世纪,为了便于商人处理在途货物,提单在贸易领域中被认可能够直接代表货物,并且转让提单被认可具有转让货物一样的效力。18 世纪末至今,流通提单被普遍使用。我们通常提到的提单即船公司提单,是由船公司或其授权代理人或船长签发的。随着货运代理业务范围的拓展,具有无船承运人资格的货运代理也可以签发自己的提单,称作无船承运人提单。无船承运人提单具有提单的基本特征,但与船公司提单之间存在一定的差别,本节将在介绍提单基本理论之余单独讲解无船承运人提单。

一、提单的定义和性质

提单的定义最早出现在 1978 年的《汉堡规则》中,《中华人民共和国海商法》对提单的定义以《汉堡规则》为基础。《中华人民共和国海商法》第 71 条规定:提单是用以证明海上运输合同和货物已经由承运人接收或者装船,以及承运人保证据以交付货物的单证。从提单的定义可知,提单具有三方面法律性质。

(一) 提单是海上货物运输合同的证明

1. 提单证明承运人和托运人之间存在海上货物运输合同,但其本身不是合同

在班轮运输中,构成运输合同的主要项目如船名、开航日期、航线、挂靠港口、运价及其他运输条件事先公布,在托运人向承运人订舱、办理托运手续时,确切地说是承运人在托运人填制的托运单上盖章时,双方的运输合同已成立。

提单是托运单经承运人盖章后,又经货物报关、集港运输、装船完毕后,由承运人或船长签发的单证,因此在提单签发之前,承运人和托运人之间的运输合同已经存在。同样在租船运输中,租船运输合同已事先订立,然后才有货物报关、装船、签发提单等一系列作业。

另外,提单只有一方签字,而不是双方当事人签字,因而提单不具备合同要求。

2. 提单能一定程度上作为承运人与托运人之间运输合同的条款的证明

如果在签发提单之前,承运人和托运人之间并无其他约定,且托运人在接受提单时又未提出任何异议,这时可将提单条款推定为合同条款的内容。但如果在签发提单之前,承、托双方另有约定,且该约定又不同于提单条款的内容,则以该约定为准。换言之,如果承运人和托运人双方另有租船协议、订舱协议或其他协议,提单条款不能全部覆盖其内容,则提单不能证明运输合同的全部内容。

3. 提单是承运人与善意的第三人之间的运输合同

当提单转让给善意的第三人(收货人或提单受让人)后,则根据提单作为承运人与第三人之间的运输合同,承运人与托运人之间其他的约定后对第三人不具约束力。比如,托运人为获得清洁的提单而向承运人出具的保函对善意的第三人不具法律效力。

(二) 提单是表明货物已由承运人接管或装船的收据

承运人签发提单意味着承运人已经接收了提单项下的货物或者提单项下的货物已经装船。提单中对于货物的记载具有证据效力,但其效力在托运人、善意的收货人或提单持有人手中有所不同。

(1) 当提单在托运人手中,它只是承运人已按提单所记载的情况收到货物的初步证据。也就是说,如果承运人有其他证据如报关委托书、托运委托书、保函等证明其接收的货物与提单相关记载不符,则可能否定提单表面的证据效力。

(2) 当提单在善意的收货人或提单持有人手中时,提单上的货物记载具有绝对效力,即承运人提出的与提单记载内容不同的证据不被承认。

(三) 提单是保证据以交付货物的物权凭证

1. 提单是物权凭证

提单代表提单项下货物的物权,谁合法持有提单,谁就拥有提单项下货物的物权,转让、交付提单就相当于转让、交付货物。正因如此,才使提单可以在国际贸易活动中进行流转或抵押。在理论界和司法界,对于提单具有物权凭证的功能的认识是统一的。

2. 提单保证据以交付货物

承运人在目的港交付货物时,必须向提单持有人放货,即收货人必须凭正本提单才能提货。否则即使是真正的收货人,若不能递交正本提单,承运人也可以拒绝放货。这一结论基于提单作为物权凭证流转时的特征,即提单虽然可以通过背书转让发挥其流通功能,但后手没有优于前手的权利。

3. 提单作为物权凭证有条件限制

一是提单在交付之前有效,即一份提单交付提货后,其余无效;二是若目的港货物逾期不提,承运人可依法对提单项下的货物行使处分权。

4. 实践中有"电放提单"

一般电放指托运人因某些原因要求承运人在目的港无须凭正本提单放货,而直接将货物交给指定收货人。在实际业务中电放具有一定的优势和便利性,但也隐藏着很大的风险,因此应谨慎使用。

二、提单的种类

(一) 按签发提单时货物是否已装船分类

1. 已装船提单

已装船提单(on board B/L; shipped B/L)是指承运人或其代理项托运人签发的货物已经装船的提单。提单除了载明通常事项外,还须注明装运船舶的名称和货物实际装船完毕的日期,即提单的签发日期。我们通常所说的提单指的就是这种提单。

2. 备运提单

备运提单(received for shipment B/L)又称待运提单,指承运人虽已收到货物但尚未装船,应托运人要求向其签发的提单。备运提单没有载明装运船舶的名称和装船日期,在跟单信用证支付方式下,银行和进口商一般不接受这种提单。

(二) 按对货物外表状态有无批注分类

1. 清洁提单

清洁提单(clean B/L)指没有任何关于货物受损、包装不良等批注的提单。承运人签发清洁提单即证明承运人已完好无损地接收了提单项下的货物,故在目的港也必须将完好无损的货物交付收货人。正常情况下,向银行办理结汇时必须提交清洁提单。

2. 不清洁提单

不清洁提单(claused B/L; foul B/L)指标有货物表面状况受损或包装不良批注的提单。承运人通过批注声明货物装船的实际情况,在目的港交货时若发现货物损坏可归咎于批注的范围,则可减轻或免除赔偿责任。但是在正常情况下,银行会拒绝以这种提单办理结汇。因此在实践中,托运人为了顺利结汇,向承运人出具保函,并要求承运人签发清洁提单。

当然承运人凭托运人保函签发清洁提单存在一定的风险,因为承运人不能以保函对抗善意的第三方,如果发生货损或货差,则承运人需要先赔偿收货人的损失,再根据保函向托运人追偿赔款。而承运人向托运人追偿也存在困难,因为托运人经常会抗辩称货损货差是承运人在运输中没有履行适当、谨慎的保管和照料货物的义务所致。不过尽管如此,实践中承运人接受保函的情况时有发生,前提是当事人拥有较高的商业信誉。

(三) 按提单的收货人抬头分类

1. 记名提单

记名提单(straight B/L)又称收货人抬头提单,是指在"收货人"栏内已具体填写"收货人名称"(to sb)的提单。记名提单所记载的货物只能由提单上特定的收货人提取,即承运人在目的港只能把货物交给提单上所指定的收货人。记名提单不得转让,可以避免因转让而带来的风险,但同时也丧失了其代表货物可转让流通的便利性,并且在实践中发生的无单放货现象,有许多是在记名提单的情况下产生的。

2. 指示提单

指示提单(order B/L)是指在"收货人"栏内填写"凭指示"(to order)或"凭某人指示"(to the order of sb)字样的提单。指示提单按照指示人的表示方法不同,又分为托运人指示提单和记名指示提单。

托运人指示提单(to order 或 to the order of shipper)是指受托运人指示的提单,记名指示提单(to the order of sb)是指受记名指示人指示的提单。指示提单可以通过背书进行转让,具有较强的灵活性和流通性,在国际物流业务中被广泛使用。

在实践中,背书有记名背书、指示背书和不记名背书等几种方式。记名背书也称完全背书,指背书人在提单背面写明被背书人(受让人)名称并签名;指示背书是指背书人在提单背面写明"凭某人指示"字样并签名;不记名背书也称空白背书,是指背书人在提单背面签名,但不记载任何受让人。

3. 不记名提单

不记名提单(bearer B/L; open B/L; blank B/L)也称空白提单,是指在"收货人"栏注明"提单持有人"(to bearer)字样,或空白不填写任何人名称的提单。不记名提单无须背书即可转让,也就是说不记名提单由出让人交付受让人即完成转让,谁持有提单谁就有权提货。不记名提单流转简便,流通性极强。

但是如果提单遗失或被窃,以不正当方式落入第三人之手,则会造成货物冒领的风险。鉴于不记名提单的高风险性，在国际物流业务中极少应用。

(四) 按运输方式分类

1. 直运提单

直运提单(direct B/L)又称直达提单或单程提单，指中途不经换船而直接运达指定目的港的提单。直运提单上仅列有装运港和目的港的港口名称，不得有"转船"或"在某某港转船"等批注。在国际贸易中如信用证规定货物不准转船，卖方就必须取得承运人签发的直运提单后才能向银行办理议付货款。

2. 转船提单

转船提单(transhipment B/L)是指货物从起运港装载的船舶不直接驶往目的港，而需要在中途港换船转运至目的港卸货的提单。转船提单往往由第一程船的承运人签发，并在提单上注明"转运"或"在某某港转船"字样。由于货物中途转船增加了转船费用和风险(整箱货被甩箱或拼箱货丢失等)，并且影响到货时间，故一般信用证内均规定不允许转船。但对于直达船少或者没有直达船的港口，买方也只能同意可以转船。

3. 多式联运提单

多式联运提单(multimodal transport B/L)指货物由海上、内河、铁路、公路、航空等两种或多种运输方式进行联合运输而签的适用于全程运输的提单。多式联运提单由第一程承运人或多式联运经营人签发。

(五) 按提单背面条款不同分类

1. 全式提单

全式提单(long form B/L)又称"繁式提单"，是指除正面条款外，背面列有关于承运人、托运人及收货人权利、义务等详细条款的提单。

2. 简式提单

简式提单(short form B/L；simple B/L)又称短式提单或略式提单，是相对于全式提单而言，指背面没有关于承运人、托运人及收货人的权利、义务等详细条款的提单。简式提单一般在正面印有"简式"(short form)字样以示区别，通常包括租船合同项下的提单和非租船合同项下的提单。

在租船运输中，船货双方已在租船运输合同中明确了双方的权利和义务，提单中注有"所有条件均根据某年某月某日签订的租船合同"或者"根据……租船合同开立"字样即可，它要受租船合同的约束。当出口商以这种提单交银行议付时，银行一般不愿接受；只有在开证行授权可接受租船合同项下的提单时，议付银行才会同意，但往往同时要求出口商提供租船合同副本。

非租船合同项下的简式提单的存在,是由于有些船公司为了简化提单备制工作,只签发给托运人一种简式提单,而将全式提单留存以备托运人查阅。这种简式提单通常列有如下条款:"本提单货物的收受、保管、运输和运费等事项,均按本提单全式提单的正面、背面的铅印、手写、印章和打字等书面条款和例外条款办理"。

(六) 按商业惯例划分

1. 预借提单

预借提单(advanced B/L)指由于信用证规定的装运期和交单结汇期已到,但货主因故未能及时备妥货物或尚未装船完毕,或由于船公司原因船舶未能在装运期内到港装船,为了托运人能顺利结汇,应托运人要求而由承运人或其代理人提前签发的已装船提单。预借提单签发时货物并未装船完毕,因此这种提单掩盖了真实的装船情况,属于违规提单。

2. 倒签提单

倒签提单(anti-dated B/L)指由于货物装船完毕日期晚于信用证规定的装运期,为了托运人能顺利结汇,承运人应托运人的要求,在货物装船后签发的早于实际装船完毕日期的提单。倒签提单签发时货物已装船完毕,但提单注明的装船日期早于实际装船日期,因此这种提单也掩盖了真实的装船情况,属于违规提单。

3. 顺签提单

顺签提单(post-date B/L)是指为了符合信用证装运期的规定,在货物装船完毕后,承运人应托运人的要求,以晚于货物实际装船完毕的日期作为提单签发日期的提单。承运人签发顺签提单同样掩盖了真实的装船情况,属于违规提单。

(七) 其他特殊提单

1. 过期提单

过期提单(stale B/L)分两种情况。

一是指出口商收到提单后未能及时到银行议付,超过信用证规定期限才交到银行的提单。银行交单时间一般在提单签发日期之后 15～21 天,提单过期提交,银行将拒绝接受。但过期提单并非违规提单,提单持有人仍可凭此提货。

二是银行按正常邮程寄单,收货人不能在船到目的港之前收到的提单。这种情况尤其常见于近邻国家之间的贸易,因运输路线短,提单传递的时间往往超过货物运输的时间,这就可能造成买方不能如期提货,从而造成不必要的损失,如仓储费、市场行情变化等。如果提单过期难以避免,则通常通过担保提货、电放提货、在信用证中附加保护性条款等办法解决。

2. 舱面货提单

舱面货提单(on deck B/L)又称甲板货提单，指货物装于露天甲板上时，承运人签发的注明"装于舱面"字样的提单。

货物积载于甲板承运时遭受灭失或损坏的可能性很大，除商业习惯允许装于舱面的货物如木材，法律或有关法规规定必须装于舱面的货物（如易燃、易爆、剧毒、体积大的货物和活牲畜），承运人和托运人之间协商同意装于舱面的货物（如舱位不够，但托运人执意托运）外，承运人或船长不得随意将其他任何货物积载于舱面承运。否则货物一旦灭失或损坏，承运人不但要承担赔偿责任，而且还将失去享受的赔偿责任限制的权利。

但如果签发的是舱面提单，那么只要货物的灭失或损坏不是承运人故意行为造成，则承运人可以免责，因此买方和银行一般都不愿意接受舱面提单。值得注意的是，对于集装箱运输，装于舱面的集装箱是"船舱的延伸"，与舱内货物处于同等地位，即不论集装箱是否装于舱面，提单都不记载"on deck"或"under deck"字样。

三、提单的内容

(一) 提单正面记载内容

提单正面记载内容如图 4-9 所示。

1. 托运人

"托运人"(shipper)栏一般要求填写托运人完整的姓名和地址，如"shipper, full style and address"或"shipper, complete name and address"。托运人是运输合同的当事人，记载这一项是不言而喻的。

2. 收货人

如是记名提单，则在"收货人"(consignee)栏填上具体的收货公司或收货人名称及地址；如是指示提单，则填为"指示"(order)或"凭指示"(to order)或"凭托运人指示"(to order of shipper)或"凭其他人指示"(to order of sb.)；不记名提单在"收货人"栏标注"提单持有人"(to bearer)或空白不填写。

3. 通知人

通知人(notify party)是船公司在货物到达目的港时发送到货通知的收件人。在信用证项下的提单，如信用证上对提单被通知人有具体规定时，则必须严格按信用证要求填写，包括其完整名称和地址。如果是记名提单或收货人指示提单，且收货人又有详细地址的，则此栏可以不填或填写"same as consignee"。

如果是空白指示提单或托运人指示提单或不记名提单，则此栏必须填列通知人名称及详细地址，否则船方就无法与收货人联系，从而收货人无法及时报关提货。

Shipper		**BILL OF LADING**	B/L No.
			Nationality of Ocean vessel:
Consignee			
		Shipped on board the vessel named herein in apparent go and Condition the goods or packages specified herein and to be discharged at the above mentioned port of discharge or as near thereto as the vessel may safely get and be always afloat. The weight, measure, marks, numbers, quality, conten and value, being particulars furnished by the Shipper, are not checked by the Carrier on loading. The shipper. Consignee and the Holder of this ll of Lading hereby expressly accept and agree to all printed, written or stamped provisions, exceptions and conditions of this Bill of Lading, including those on the back hereof. One of the Bill of lading duly endorsed must be surrendered in exchange for the Goods or delivery order.	
Notify Address			
Pre – carriage by	Place of Receipt by Pre - carrier		
Ocean Vessel	Port of Loading	**Original**	
Port of Discharge	Final destination	Freight payable at	Number of original B(s)/L

THREE

	Marks & Nos/ Container Nos	Number and kind of packages; description of goods	gross weight kgs	Measurement m³
Particulars Furnished by Merchant	N/M	CLEAN ON BOARD		
		TOTAL:		
	TOTAL PACKAGES (IN WORDS)			
	Freight and charges FREIGHT PREPAID	Place of B(s)/L Issue Dated		
		Signed for the Carrier		

图 4-9 班轮运输提单

4. 装货港、卸货港

如是直达运输,则在"装货港"(port of loading)栏和"卸货港"(port of discharge)栏直接填写实际装船港口和实际卸船港口的具体名称。如是转船运输,则第一程提单上的卸货港填转船港,收货人填二程船公司;第二程提单装货港填上述转船港,卸货港填最后目的港。如是联运,则在联运提单上"卸货港"栏填写最终目的港,并列明第一和第二程船名及转运港。

5. 提单号

提单号(B/L No)一般列在提单右上角,以便于工作联系和查核。发货人向收货人发送装船通知时,要列明船名和提单号码。

6. 船名

"船名"(vessel)栏不仅需要填写船舶名称还必须注明航次,如"eemsg v. a209"。如果是已装船提单,在签发时就必须填写这一项;如果是备运提单,则在货物实际装船完毕后补填。

7. 承运人

承运人(carrier)是运输合同的当事人,填写该项可方便收货人通过提单知道谁是承运人。在"承运人"栏填写承运人完整名称及其地址。尽管一般提单已印有船公司名称及地址,但这一项一定要填写。

8. 唛头

唛头(mark and number)又称运输标志,它通常是由一个简单的几何图形和一些字母、数字及简单的文字组成,其作用在于使货物在装卸、运输、保管过程中容易被有关人员识别,以防错发、错运。其主要内容包括收货人代号、发货人代号、目的港(地)名称等。有的运输标志还包括原产地、合同号、许可证号和体积与重量等内容。运输标志的内容繁简不一,由买卖双方根据商品特点和具体要求商定。信用证有规定的必须按规定填列,否则可按发票上的唛头填列。

9. 货物包装种类及件数

包装种类及件数(number & kind of packages),如 70 木箱、200 集装箱、10 纸箱、20袋等。在信用证项下,货物运输包装的种类及件数的填写必须与信用证上规定的一致。

10. 货物名称、毛重、尺码

在信用证项下货名必须与信用证上规定的一致。除信用证另有规定者外,一般以公斤为单位列出货物的毛重(gross weight),一般以立方米为单位列出货物体积。

11. 运费和费用

运费支付方式一般分为预付(freight prepaid)或到付(freight collect)。CIF 或 CFR

出口时,由卖方租船订舱并支付运费,需填上"运费预付"字样,千万不可漏列,否则收货人会因运费问题提不到货。FOB出口时,买方租船订舱并支付运费,需填写"运费到付"字样,除非收货人委托发货人垫付运费。

12. 提单的签发日期和地点、份数

提单的签发日期(place and date of issue)是全部货物实际装船完毕的日期,不能早也不能晚,否则变成顺签提单或倒签提单。提单签发地点是货物装船地点,一般为装货港。提单分为正本提单和副本提单。正本提单一般有三份,应注明"original"字样,收货人提交一份正本提单提货,其他两份即失效。副本提单应注明"copy"字样,用于日常业务,不具有法律效力。

13. 提单签发人签字或盖章

提单必须由承运人或船长或其代理签发,并应明确表明签发人身份。一般表示方法有"carrier"或"captain"或"as agent for the carrier"或"signed for and on behalf of carrier"。

(二) 提单正面印刷条款

1. 确认条款

确认条款是承运人表示在货物或集装箱外表状况良好的条件下,接受货物或集装箱,并同意承担按照提单所列条款将货物或集装箱从装货港运往卸货港、把货物交付给收货人的责任的条款。

2. 不知条款

不知条款是承运人表示没有适当的方法对所接受的货物或集装箱进行检查,所有货物的重量、尺码、标志、品质等都由托运人提供,并不承担责任的条款。但是"不知条款"并不一定有效。

3. 承诺条款

承诺条款是承运人表示承认提单是运输合同成立的证明,承诺按照提单条款的规定承担义务和享受权利,而且也要求货主承诺接受提单条款制约的条款。由于提单条款是承运人单方拟定的,所以该条款也称代拟条款。

4. 签署条款

签署条款是承运人表明签发提单(正本)的份数,各份提单具有相同效力,其中一份完成提货后其余各份自行失效,提取货物必须交出经背书的一份提单以换取货物或提货单的条款。

(三) 提单背面印刷条款

提单背面条款可以分为两类。一类是强制性条款，即条款内容不能违反有关国际公约、国内法律或港口的规定，违反或不符合这些规定的条款无效；另一类是任意性条款，即国际公约、国内法律或港口规定中没有明确规定，允许承运人自行拟定的条款。

所有这些条款规定了承运人与货方之间的权利、义务和责任豁免，是双方当事人处理争议时的主要法律依据。各船公司的提单背面条款繁简不一、数目不同，但主要条款大同小异。

1. 首要条款

首要条款（paramount clause）是用以明确提单所适用法律的条款，即明确如果发生纠纷时应按哪一法律法规进行裁决。这一条款印在提单条款的上方，通常为第一条。

2. 定义条款

定义条款（definition clause）是对提单有关用语的含义和范围做出明确规定的条款，主要是对承运人、托运人等关系人加以限定。

3. 承运人责任条款

承运人责任条款（carrier's responsibility clause）是用以明确承运人承运货物过程中应当承担的责任和义务。由于首要条款已规定了提单所使用的法律法规（如《海牙规则》），而法律法规中也已明确承运人的责任和义务，因此凡有首要条款的提单都不在此条款中明示承运人责任。

4. 承运人责任期限条款

承运人责任期限条款（duration of liability）规定承运人对货物灭失或损害承担赔偿责任的期间。《海牙规则》规定承运人负责货物从装上船舶起至卸离船舶为止的责任，即"钩至钩"责任。

但是随着集装箱运输的开展、门到门服务的拓展，上述规定很显然与实际做法不相适应。并且在实际业务中，一些船公司为了争揽货源也会将责任期间向两端延伸，并将延伸的责任期间列到提单条款中。为此，《汉堡规则》将承运人责任期间扩大为"包括在装货港、运输途中、卸货港，货物在承运人掌管下的全部时间"。

5. 索赔条款

索赔条款（claim clause）包括损失赔偿责任限制、索赔通知期限及诉讼时效。损失赔偿责任限制指已明确承运人对货物的灭失和损坏负有赔偿责任应支付赔偿金时，承运人对每单位货物支付的最高赔偿金额。索赔通知期限指发出货物灭失或损坏通知的期限。

诉讼时效指索赔事件提起诉讼的最终期限。

6. 运费和其他费用

运费规定为预付的应在装船时一并支付,到付的应在交货时一并支付。当船舶和货物遭受任何灭失或损失时运费仍应照付,否则承运人可对货物及单证行使留置权。

7. 其他条款

提单背面条款还包括转船条款、留置权条款、动植物和舱面货条款、危险品条款、卸货与交货条款、共同海损与救助、管辖权、新杰森条款等。

四、无船承运人提单

1. 无船承运人提单的概念及适用范围

无船承运人提单(house B/L)又称货运代理提单或分提单,是相对于船公司提单即主提单(master B/L)而言,是指具有无船承运人资格的货运代理企业向其客户签发的依法在我国交通运输部登记的提单。

无船承运人提单可以应用在散杂货班轮和整箱货班轮运输中。为了节省运费,简化手续,无船承运人将不同托运人发到同一目的港的零星货物或少量集装箱集中在一套提单上托运,由于船公司只能签发给无船承运人一套船公司提单,故托运人不能分别取得提单,只能由无船承运人向各托运人签发无船承运人提单。

当然,如果不集中托运,无船承运人也可以签发无船承运人提单,然后再将船公司提单转交给托运人,只不过这种情况下无船承运人提单可能不被银行接受。

无船承运人提单在拼箱货班轮运输业务中应用最为广泛。由于船公司只能给无船承运人签发一套整箱货提单,因此各拼箱货托运人无法得到船公司提单,必须由无船承运人向各托运人签发无船承运人提单。无船承运人提单格式如图 4-10 所示。

2. 无船承运人提单和船公司提单的关系

无船承运人向托运人签发无船承运人提单,船公司向无船承运人签发船公司提单。无船承运人将船公司提单寄交目的港无船承运人代理,目的港无船承运人代理凭船公司提单向船公司提货。托运人持无船承运人提单向银行结汇,再由收货人向银行付款赎单,并凭无船承运人提单向无船承运人目的港代理提取货物。

船公司提单在无船承运人和无船承运人目的港代理人之间流转,作为无船承运人目的港代理人向船公司提货的物权凭证。无船承运人提单在托运人和收货人之间流转,作为收货人向无船承运人提货的物权凭证。

无船承运人提单和船公司提单样式和内容基本相同,但在提单上方标有提单注册号"MOC-NVXXX",这是无船承运人在交通运输部办理提单登记时的注册号。另外,银行有条件地接受无船承运人提单,即如果信用证规定不接受无船承运人提单,则只能用船公

This B/L for NVOCC carriage has registered with the M.O.C. of the P.R.C., and published on websites: www.moc.gov.cn and www.chineseshipping.com.cn.
Registry NO.

B/L NO.

Shipper		(公司中英文名称)	
Consignee		PORT-TO-PORT OR COMBINED TRANSPORT **BILL OF LADING** (ONLY FOR CONTAINER TRANSORTATION)	
Notify Party		Received in external apparent good order and condition except as otherwise noted. The total number of packages or units stuffed in the container, the description of the goods and the weights shown in this Bill of Lading and furnished by the shipper, and which the container has no reasonable means of checking and is not part of this Bill of Lading The shipper and the consignee and other merchants agree to be bound by the terms and conditions of this Bill of Lading as if each had personally signed this Bill of Lading.	
Pre-carriage by	Place of Receipt		
Ocean Vessel	Port of Loading	Port of Discharge	Place of Delivery

PARTICULARS FURNISHED BY SHIPPER

Marks & Nos. Container seal No.	Number & kind of P'kgs	Description of P'kgs & goods	Gross weight (kgs)	Measurment

FREIGHT AND CHARGES			Place and date of issue
RATE			IN WITNESS whereof the number of original Bills of Lading stated above have been signed, one of which being accomplished, the other(s) to be void.
TOTAL	Prepaid	Collect	1 signed by ________________ as the carrier
Declared value			2 signed by ________________for and on behalf of the carrier
Number of original B/L			**(Note: 1, 2 are alternative, 1 shall apply unless 1 has been expressly abandoned.)**
For cargo Delivery, Please Contact:			

SSE Shanghai Shipping Exchange Form

图 4-10　无船承运人提单

司提单结汇，此时无船承运人提单只作为无船承运人已接收托运人货物的收据。

3. 无船承运人提单登记制度

为了防止无船承运人滥用、冒用他人提单，避免无船承运人的欺诈行为，保护托运人和收货人的利益，《中华人民共和国国际海运条例》第7条规定：经营无船承运业务，应当向国务院交通主管部门办理提单登记，并交纳保证金。

《中华人民共和国国际海运条例实施细则》进一步明确：无船承运业务经营者申请提单登记时，提单抬头名称应当与申请人名称一致。提单抬头名称与申请人名称不一致的，申请人应当提供说明该提单确实为申请人制作、使用的相关材料，并附送申请人对申请登记提单承担承运人责任的书面声明。登记提单发生变更的，应当在新的提单使用之日起15日前将新的提单样本格式向交通部备案。提单登记已成为货运代理申请无船承运人资格的必要条件。

本章小结

本章以国际海上运输基本理论为基础，分别介绍了在国际杂货班轮运输和集装箱班轮运输中，出口方货运代理和进口方货运代理各自的业务流程和业务单证；讲解了国际班轮运价的特点以及运费的构成和计算方法；阐述了船公司提单和无船承运人提单的性质以及两者的差别。

本章练习题

一、单选题

1. "离岸重量，离岸品质"指的是哪种检验地点的约定方法（   ）。
   A. 在出口国检验　　　　　　　　　B. 进口国进行检验
   C. 第三国检验　　　　　　　　　　D. 出口国检验，进口国复验
2. 采用FOB条件成交时，卖方欲不负担装船费用，可采用（   ）。
   A. FOB Liner Terms　　　　　　　B. FOB Stowed
   C. FOB Trimmed　　　　　　　　　D. FOBST
3. CPT术语的合同，卖方转移给买方货物风险的时间为（   ）。
   A. 合同货物划拨到合同项下
   B. 卖方将货物交给买方指定的承运人
   C. 卖方将货物交到合同指定地点时
   D. 卖方将货物交给第一承运人

4. 下列风险属一般外来风险的有（　　）。
   A. 地震、偷窃、战争　　　　　　　　B. 偷窃、串味、短量
   C. 洪水、海啸、雨淋　　　　　　　　D. 受潮、雨淋、海啸
5. 班轮条件是指货物装卸费由（　　）。
   A. 买方负担　　　　　　　　　　　　B. 卖方负担
   C. 承运方负担　　　　　　　　　　　D. 买方卖方各负担一半

二、多选题

1. 以下哪些属于国际海上运输的优点（　　）。
   A. 运量大　　　　B. 价格便宜　　　C. 不受气候影响　　　D. 环保
2. 海运提单的作用体现在（　　）。
   A. 可作为货物收据
   B. 可作为运输合同具备的许多重要条款和条件，当承托双方发生纠纷时，就可以提单上载明的条款为依据
   C. 可作为物权凭证
   D. 是唯一作为向承运人索赔的凭证
3. 选择海上货物承运人时，主要考虑的因素包括（　　）。
   A. 运输服务的定期性　　　　　　　　B. 运输速度
   C. 运输费用　　　　　　　　　　　　D. 运输的可靠性
   E. 承运人的经营状况和承担责任的能力
4. 以下哪些是班轮船期表的内容（　　）。
   A. 航线和船名　　　　　　　　　　　B. 船舶总吨和净吨
   C. 船舶载箱能力　　　　　　　　　　D. 始发港、中途港、终点港
   E. 预计抵港和离港时间
5. 在定期租船合同中以下是由租船人负担的费用是（　　）。
   A. 货物装卸费　　　　　　　　　　　B. 垫仓物料费
   C. 承运货物产生的经纪费和代理费　　D. 船员伙食

三、简答题

1. 简述 CIF 贸易术语下，在杂货班轮运输中货运代理的业务流程。
2. 简述整箱货班轮运输中场站收据的作用及其流转。
3. 简述整箱货班轮运输中集装箱装箱单的作用及其流转。
4. 简述无船承运人提单和船公司提单的关系。

四、计算题

1. 某公司出口一批商品从青岛港至韩国釜山港，货物总毛重为 16 吨，体积为 20 立

方米。试计算出口运费总额。

货物等级	计费标准	航线等级运价	港口附加费	直航附加费
5	W/M	80美元/吨	8美元/吨	15%

2. 现有5个20'FCL从大连港运到欧洲某港,经查基本运价为1 600美元/20',另有燃油附加费5%,货币贬值附加费10%,旺季附加费5%。求总运费。

五、案例题

我国某进出口贸易有限公司A与荷兰某贸易公司B签订出售农产品合同,货物共计3 500万吨,价值8万英镑。信用证规定装运期为2009年12月至2015年1月。但由于原定装货船出现故障,只能改装另一艘外轮,致使货物到2010年2月11日才装船完毕。在卖方A公司的请求下,承运人将提单日期改为2015年1月31日。货物到达鹿特丹港后,买方B公司对装货日期提出异议,要求A公司提供1月装船证明。

A公司坚持提单是正常的,无须提供证明。结果B公司聘请律师上船查阅船长的船行日志,证明提单日期是伪造的,立即凭律师拍摄的证据向当地法院起诉,要求A公司赔偿因延迟交货损失的2万英镑。

1. 本案例提及的提单属于什么性质的提单?
2. A公司是否应该赔偿相关损失?为什么?

六、实训题

如果你是卖方委托的一名货运代理,你在接收承运人签发的提单时,应主要检查哪几方面的内容?

第五章

国际陆空货运代理实务

【知识目标】

1. 掌握国际航空货运代理、国际铁路货运代理、国际公路货运代理的性质。

2. 掌握国际航空货物运价的种类及运输费用的计算。

3. 掌握国际铁路货物联运费用和国际公路货物运输费用的构成与计算。

【技能目标】

1. 能够进行国际航空货物运输费用的计算。

2. 能够进行国际铁路货物联运费用和国际公路货物运输费用的计算。

引导案例

卢森堡国际货运航空

卢森堡国际货运航空(Cargolux Airlines International)是欧洲最大的定期全货运航空公司,利用现代化的波音747-400和波音747-8货机组成的机队和货运承包商建立了全球航空货运网络,覆盖90个目的地,在50个国家拥有超过85个办事处,并从活体动物、敏感商品以及易腐烂货物获利。同时,卢森堡货运公司是欧洲航空公司协会(AEA)和国际航空运输协会(IATA)的成员。

卢森堡货运于1970年3月由Luxair、Salen航运集团和Loftleidir Icelandic公司成立,1983年中华航空成为第一家与卢森堡货运航线签署联盟的航空公司。2014年1月,河南航投(河南民航发展投资有限公司)收购了卢森堡货运航空35%的股权,并构建起以郑州为亚太物流中心、以卢森堡为欧美物流中心,覆盖全球的航空货运网络。2017年6月12日,卢森堡国际货运航空公司和河南航投等在北京正式签署《合资合同》,合资成立以郑州为基地的本土货运航空公司。通过与卢森堡货航共享技术、管理和网络资源,打造根植郑州机场、面向全球市场的航空物流运营高地和连接世界的航空骨干运力。

案例分析:

卢森堡国际货运航空从事的国际航空货物运输,涉及航空货物、国际航空货运代理、航空运费以及航空货运单四方面的问题。对于航空货物,需要判断属于普通货物、指定货物还是等级货物;对于国际航空货运代理,需要了解其性质及其业务流程,与国际海上货运代理的差别;对于航空运费,需要了解运费如何计算,普通货物运价、指定商品运价和起码运价的含义是什么,计费重量如何计算,与海上货物计费重量的计算有何区别;对于航空货运单,需要了解其性质和内容,以及与海运提单有何不同。

以上四大重要问题将在本章第一节予以介绍和讲解。另外有关国际陆上货运代理的相关业务在本章第二、三节讲解。

第一节 国际航空货运代理实务

一、国际航空货物运输概述

(一) 国际航空货物运输的特点

航空货物运输是指使用飞机、直升机及其他航空器经规定航线将货物、邮件运送到指定航空港的运输方式,它凭借自身的优势已成为国际物流中重要的运输方式,并且是贵重物品、鲜活货物和精密仪器国际运输中不可或缺的运输方式。国际航空货物运输适用于高附加值、低重量、小体积的物品运输;紧急情况下商品的运输,如圣诞节商品、鲜活易腐食品、高级时装等;以及邮政运输。其特点体现在如下五大方面。

1. 速度快

长距离的国际运输,运送速度快是最具竞争力的特点。尤其是鲜活易腐货物或急救货物,对于运输时间的要求非常高,只有采用高速的运输方式才能保证货物的质量和满足客户的要求。航空运输的速度平均每小时 600 千米以上,与铁路运输(平均每小时 100 千米到 140 千米)、公路运输(每小时 120 千米到 140 千米)及海上运输(平均 14 节)相比具有明显的速度优势。此外,航空运输的快速性可以加快生产企业的商品流通,从而节省产品的储存费,提高资金周转率和增加资金利用率。

2. 破损率低、安全性好

航空货物对装运之前的包装环节要求非常高,因此在运输环节货物破损率较低,安全性较好。尤其是对于易碎易损的货物或者价值较高的货物,如玻璃制品、精密仪器等,安全性好的特点使其极具吸引力。

3. 运载量小、运价较高

航空运输的运载量是百吨级,而铁路运输和海上运输的运载量是千吨级或万吨级,因此航空运输相对铁路运输和海上运输运载量很小,适合小体积、低重量的货物运输。

基于航空运输速度快、安全性好的优点以及运载量小和运输技术要求较高的特点,航空运输的单位货物运输成本较高,从而运价较高。因此航空运输适合高附加值货物的运输,而对于低值货物则不宜选择。

4. 受自然环境约束

与铁路运输相比,航空运输受天气影响非常大,如遇到大雨、大风、雾等恶劣天气,飞机则不能准时起飞或者在目的地降落,这将在很大程度上延长货物的送达时间,从而对紧急情况下商品的运输是不利的。

5. 集装器有特殊要求

航空运输中的集装器是指为提高运输效率而采用的托盘、集装箱等组成装载设备,它们在外形构造和技术性能上具有自身的特点,而不同于海运和陆运集装设备。注册的飞机集装器是国家政府有关部门授权集装器生产厂家按照不同飞机机身的规格制作,适合不同规格的货舱。而非注册的飞机集装器因其与飞机不匹配一般不允许装入飞机的主货舱。因此在海空联运或陆空联运时,货物需要换装。

(二) 国际航空货物运输形式

1. 班机运输

班机运输(scheduled airline)指具有固定开航时间、固定航线和固定停靠站的航空运输形式。班级运输能够安全、迅速、准确地送达货物,能够使收、发货人比较准确地掌握货物的到达和起运时间和地点。但由于班机运输一般使用客货混合型飞机(有些航线使用全货机),载货量有限,因此不能满足数量多的货物及时出运并且运价较高。

2. 包机运输

包机运输(chartered carriage)分为整架包机运输和部分包机运输。整架包机运输是指航空公司将整架飞机租给包机人(发货人或航空货运代理公司),从一个或几个航空站装运货物运至指定目的地的运输形式。部分包机运输是指航空公司把整架飞机分租给货运量不足整机的几家包机人,从一个或几个航空站装运货物运至指定目的地的运输形式。包机运输适合于大宗货物运输,运费率低于班机运输。

3. 包舱(板)运输

包舱(板)运输是指托运人在一定时间内向承运人租用飞机的部分或全部货舱、集装箱、集装板的运输形式。包舱(板)运输分为固定包舱和非固定包舱。固定包舱指托运人无论是否向承运人交付货物都必须支付运费；非固定包舱指托运人在航班起飞前72小时如果没有确定舱位，承运人可以自行销售舱位。

4. 集中托运

集中托运(consolidation)是指航空货运代理公司将若干批单独发运的货物集中成一整批向航空公司办理托运，填写一份总运单送至同一目的地，然后由其当地代理人负责收货并分发给各实际收货人的运输形式。集中托运可以为零散的货主争取较低的运费，已在世界范围内普遍开展，并形成较完善、有效的服务系统，是目前航空货运代理的主要业务之一。

5. 航空快递

航空快递(air courier)是指具有独立法人资格的企业将进出境货物或物品从发件人所在地通过自身或代理网络运达收件人的一种快速运输方式。此货物或物品称为快件，包括快件文件(如商务文件、资料、单证、合同、照片、机票等)和快件包裹(如小型样品、零配件等)。根据运送范围不同，航空快递分为国际快递、国内快递和同城快递，其中国际快递提供门到门、门到机场和专人派送三种服务方式。

航空快递与普通货物运输流程及运输单证基本相同，但具有自身的特点，体现在四大方面。第一，运送速度快；第二，货物重量和体积较小，大宗货物(普通航空运输)和私人信函(邮政业务)不在快递业务范围之内；第三，收货人的收货信息能够迅速反馈至发货人。

(三) 国际航空货运代理的性质

国际航空货物运输当事人主要有发货人、收货人、航空公司和航空货运公司，其中国际航空货运公司分为两类，一类是国际航空货运代理，一类是国际航空运输销售代理。国际航空货运代理仅作为进出口发货人、收货人的代理，而不作为航空公司的代理，严禁从航空公司收取代理佣金。国际航空运输销售代理作为航空公司的代理，代为处理国际航空客货运输销售及其相关业务。

在我国，申请设立国际航空货物销售代理的前提之一是必须首先成为国际航空货运代理，既作为货主(发货人或收货人)代理收取代理费用，又作为承运方(航空公司)代理收取代理佣金。由此可见，我国国际航空货运代理有的仅作为货主代理，有的作为货主和航空公司的双方代理。除了在与航空公司费用结算方面以及处理航空公司相关业务方面有所差异外，两者在主体业务流程及主要业务单证方面基本相同。

本节所界定的国际航空货运代理指作为货主和航空公司双方代理的货运代理，它在办理航空托运方面具有无可比拟的优势，不仅可以代航空公司处理航空运输前、后繁杂的服务项目，而且可以代货主处理繁杂的空运操作流程。

根据业务范围以及是否签发运单，可将航空货运代理分为代理人型的货运代理和当事人型的货运代理。在集中托运业务中,对于实际托运人来说,货运代理作为承运人,能够签发自己的运单(即分运单);对于航空公司来说,货运代理作为托运人,接受航空公司签发的主运单。此时航空货运代理属于当事人型的货运代理。另外,国际航空货运代理分为出口国货运代理和进口国货运代理,一般情况下,两者为同一代理企业的分支机构或分公司或两者互为代理关系。

二、国际航空货运代理业务流程

(一) 出口国货运代理业务流程

1. 揽货

揽货是指航空货运代理为争取更多货源,向进出口公司或有出口经营权的企业进行营销的过程。揽货是出口国货运代理业务的核心和其他各项业务开展的前提,货源是否充足、客户是否长期稳定直接影响着货运代理企业的经营效益和长期发展。因此揽货人员需要及时向客户介绍本企业的业务范围、服务项目、各项收费标准,尤其是其服务优势和优惠运价;积极开展增值服务,为客户制定个性化的物流方案,提升竞争优势;同时货运代理企业应举全公司之力创造并维持良好的客户关系。

2. 接受发货人委托并审核单证

航空货运代理公司与发货人就出口货物运输事宜达成意向后,向发货人提供其所代理的航空公司的"国际货物托运书"。发货人根据发货情况填写国际货物托运书,并加盖公章,作为发货人委托货运代理承办航空货物出口运输的依据。发货人填妥国际货物托运书后,连同合同副本、发票、装箱单以及海关、商检所需要的单证一并交给货运代理,货运代理审核相关单证无误后,据以办理货物出口运输相关手续。如果相关单证内容有误,则可以拒绝接受托运。

3. 预配舱、预订舱

货运代理汇总客户委托(预报),根据航空公司不同箱板的重量和高度要求,计算各航线货物的件数、重量和体积,并制定预配舱方案。之后,货运代理根据预配舱方案,按照航班班期向航空公司预订舱位。由于此时货物还未进入货运代理仓库,而实际货物的件数、重量和体积可能和预报有所差别,因此需要在接受货物后对配舱再作调整。

4. 填写航空货运单

货运代理根据国际货物托运书填写航空货运单。航空货运单分为航空主运单和航空分运单。航空主运单由航空运输公司签发,是航空运输公司据以办理货物运输和交付的依据,每一批货物都有对应的航空主运单。在集中托运的情况下,除了航空运输公司签发主运单外,货运代理(集中托运人)还要签发航空分运单。航空分运单是指货运代理在办理集中托运业务时签发给发货人的航空运单。

5. 接收货物

接收货物是指航空货运代理从发货人手中把即将发运的货物接过来并将其运送至自己仓库。对于通过空运、铁路或公路运输从内地运来的货物,货运代理按照发货人提供的航空(铁路或公路)运单、接货地点和接货日期,代表发货人提取货物;如果货物在始发地已办理了出口海关手续,发货人应该同时提供始发地海关的关封。接收货物时,根据发票、装箱单清点货物,核对货物品名、数量及唛头是否与航空货运单一致,并对货物进行过磅和丈量。

6. 作标记和贴标签

标记是指在货物包装上填写的有关事项与记号,包括托运人和收货人姓名、地址和联系电话,合同号以及操作注意事项(如小心轻放、防止暴晒、易碎、防潮等)。标记一般由托运人书写,以发货人为托运人时由发货人书写;集中托运时由作为集中托运人的货运代理来书写。

标签是说明航空运单号码、件数、重量、始发站、目的站、中转站的运输标志。标签分为航空公司标签和分标签。航空公司标签上三位数字代表航空公司代号(如国航 999、南航 784),后八位数字是总运单号码。分标签是货运代理对有分运单的货物出具的标签,上面有分运单号码和货物到达城市或机场的三字代码。需要注意的是:一件货物贴一张航空公司标签,有分运单的货物再贴一张分标签。

7. 配舱、订舱

货物入库后,货运代理核对货物的实际件数、重量、体积和托运书上预报数量的差别,按照各航班的机型、箱板型号、高度、数量重新配载,制定订配舱方案。对于货物晚到、未到或者未能顺利通关放行的货物作相应调整,这一过程一直延续到货物交付航空公司为止。

订舱指货运代理将所接收的货物向航空公司正式提出申请并订妥舱位。订舱时,货运代理按照发货人要求选择最佳航线并争取优惠运价。订舱后,航空公司签发舱位确认书并出具集装器领取凭证,表示舱位订妥。

8. 代理报检、代理出口报关

货运代理填写"中华人民共和国出入境检验检疫出境货物报验单",到当地的出入境检验检疫局进行报检报验。订舱与报验结束后,货运代理填写"货物出口报关单"并随附航空货运单等相关运输单证和检验检疫单证向出境地海关办理货物出口手续。

9. 提板(箱)、货物装箱(板)

一般情况下,航空货物运输均以"集装箱""集装板"形式装运,除了体积为 2 立方米以下的小件货物交由航空公司拼装外,体积大于 2 立方米的大宗货或集中托运拼装货均由货运代理装板装箱。因此货运代理在订舱取得航空公司出具的集装器领取凭证后,向航空公司提取集装板(箱),并领取相应的塑料薄膜和网。领取集装板(箱)后,货运代理可以在自己的仓库、场地装板(箱),也可以在航空公司指定的场地装板(箱)。

10. 签单并交接单、货

航空货运单在盖好海关放行章后,需到航空公司签单,其目的主要是审核运价是否正确,货物性质是否适合空运,危险品等是否办妥了相应证明和手续。航空公司签单确认后,货运代理向航空公司办理交接手续,即向航空公司交单、交货,并由航空公司安排运输。

交单是指将随机单据(航空运单正本第二联、发票、装箱单、产地证明、品质鉴定书等)和承运人留存的单据(航空运单正本第一联)交给航空公司。交货是把与单据相符的货物交给航空公司,大宗货、集中托运货以整板(箱)称重交接,零散小货按票称重计件交接。航空公司审单验货后,将货物存入出口仓库。

11. 航班跟踪、信息服务

货运代理将单、货交给航空公司后,货物很可能因为航班取消、延误、故障、改机型、错运、倒垛或装板不符合规定等原因不能按预定时间运出,因此货运代理从单、货交给航空公司开始就需要对航班、货物进行跟踪。

货物出运后,货运代理需及时向发货人传递运单号、航班号、出运日期等发运信息,并随时提供货物在运输过程中的相关信息。同时,货运代理将发货人留存的单据(如航空运单正本第三联、加盖海关放行章和验讫章的出口货物报关单、出口收汇核销单等)交于发货人。并且,货运代理需要将航空运单副本、航班、件数、重量、品名、实际收货人及其地址、联系电话等内容通过传真或 E-mail 形式传递给进口国货运代理,这一过程称为预报。

12. 费用结算

费用结算主要涉及货运代理与发货人、承运人和进口国货运代理三方面的结算。货运代理向发货人收取航空运费、地面运费、各种服务费及手续费(代理报关、报检等费用)以及代理费用。货运代理向航空公司支付航空运费,并向其收取代理费用(作为航空公司代理的情况)。

出口国货运代理与进口国货运代理结算涉及付运费和利润分成,在到付运费情况下,出口国的货运代理为(进口方)收货人垫付运费,因此进口方货运代理在将货物移交收货人时应收回到付运费并将有关款项退还出口国货运代理;同时,出口国货运代理将利润一部分(代理费用)分给其进口国货运代理。由于航空货运代理之间存在长期互为代理协议,因此他们之间的结算一般不采取一票一结,而采取应收应付相互抵消,在一定期限内以清单冲账的结算方式。

(二) 进口国货运代理业务流程

1. 接受预报、做好接货准备

进口国货运代理接受出口国货运代理的预报，即接收航空运单副本、航班、件数、重量、品名、实际收货人及其地址、联系电话等信息，并做好接货准备。

2. 交接单、货

航空货物入境时，运输工具及货物处于海关监管之下。货物卸下后，货物存入航空公司或机场的监管仓库。航空公司向货运代理交单（航空运单正本第二联、发票、装箱单、产地证明、品质鉴定书等）、交货。单货交接手续办理完毕后，货运代理根据货量安排地面运输，将货物运至货运代理企业自行使用的海关监管仓库内。

3. 理单

货运代理在取得航空运单后，对每一票货物运单进行整理分类。在集中托运情况下，先将总运单下的分运单拆开后再整理分类。对运单整理分类的方法很多，按照航班号分类，便于区分进口方向；按照运费到付、预付整理分类，便于安全收费；按照区域整理分类，便于集中转运或送货等。货运代理根据企业的业务目的进行理单。

4. 发出提货通知单

货物到达目的地后，货运代理要尽早、尽快、尽妥地向收货人发出提货通知。其目的是减少货物的仓储费用，并提请货主配齐单证尽快报关，以免滞报。尽早指一个工作日内。尽快指利用传真、电话预先通知客户，提货通知单利用特快专递寄发。尽妥指利用电函、信函在一个星期内第三次通知货主，对于收货人尚未提货的情况告知出口国货运代理；两个月内第四次通知货主；三个月时，货物须交海关处理，再第五次通知货主。

5. 代理报检、代理报关

出于多种因素，许多收货人或发货人委托货运代理办理报验、报关手续。货运代理填写"中华人民共和国出入境检验检疫入境货物报验单"，到当地出入境检验检疫局进行货物报检报验。货运代理依据航空货运单、发票、装箱单及证明货物合法进口的有关批准文件，制作"进口货物报关单"，并向海关递交相关单证（航空货运单等）进行货物进口报关。之后，货运代理必须协助海关对进口货物实施开箱检验。当然，收货人可自行或委托其他代理办理报验、报关手续。

6. 提货或送货

收货人凭提货通知单向航空货运代理提货。如果是收货人委托货运代理送货，则货运代理负责配送运输将货物交付收货人。双方交接货物时，货运代理应将随机单据（航空运单正本第二联、发票、装箱单、产地证明、品质鉴定书等）交给收货人。

7. 费用结算

在货运代理与收货人交接货物时,需要结清相关费用。收费内容包括到付运费、仓储费用、垫付报检报验等各种费用、地面运输费(送货上门情况)以及代理佣金等。对于与货运代理签订财务服务协议的长期货主,实行按月结账的结算方式。

三、国际航空货运代理业务单证

(一) 国际货物托运书

1. 国际货物托运书的含义及作用

国际货物托运书(shipper's letter of instruction)是托运人委托承运人或其代理人(航空货运代理)填开航空货运单的一种表单。表单上列有填制航空货运单所需的各项内容,因此国际货物托运书填写的正确与否,将直接影响航空运单的填写是否正确。

国际货物托运书由托运人填写并加盖公章,并应印有授权于承运人或其代理人代其在航空货运单上签字的文字说明。国际货物托运书是托运人委托航空货运代理承办航空货运的依据,是货运代理填制航空货运单的依据,是货运代理与托运人结算费用的依据。国际货物托运书是一份非常重要的法律文件。

2. 国际货物托运书的内容

国际货物托运书的格式与内容如图 5-1 所示。

(1) 托运人账号(shipper's account no.):本栏填写托运人的银行账号,用于结算费用。

(2) 托运人姓名及地址(shipper's name and address):本栏填写托运人姓名和详细地址(街名、城市名称、国名),以及便于联系的电话号码、电传号或传真号。

(3) 收货人账号(shipper's account no.):本栏填写收货人的银行账号,用于结算费用。

(4) 收货人姓名及地址(consignee's name and address):本栏填写收货人姓名和详细地址(街名、城市名称、国名),以及便于联系电话号码、电传号或传真号。由于航空货运单不能转让,因此本栏内不得填写"order"(凭指示)或"to order of the shipper"(凭托运人指示)等字样,也不能空白不填。

(5) 另请通知(also notify):除填收货人之外,如托运人还希望在货物到达的同时通知其他人,请另填写通知人的全名和地址。

(6) 代理人的名称和城市(issuing carrier's agent name and city):本栏填写航空货运代理的名称和地址。

(7) 始发站(airport of departure):本栏填写始发站机场的全称。

(8) 到达站(airport of destination):本栏填写始到达站机场的全称。

国际货物托运书
SHIPPER'S LETTER OF INSTRUCTION

货运单号码：
NO. OF AIR WAYBILL：

托运人账号 SHIPPER'S ACCOUNT NO	托运人姓名及地址 SHIPPER'S NAME, ADDRESS	供承运人用 FOR CARRIER USE ONLY	
		航班日期 FRIGHT / DAY	航班日期 FRIGHT / DAY
收货人账号 CONSIGNEE'S ACCOUNT NO	收货人姓名及地址 CONSIGNEE'S NAME, ADDRESS	已预留吨位 BOOKED	

另请通知 ALSO NOTIFY	运费 CHARGE
代理人的名称和城市 ISSUING CARRIER'S AGENT NAME AND CITY	
始发站 AIRPORT OF DEPARTURE	
到达港 AIRPORT OF DESTINATION	
要求的路线／申请定舱 REQUESTED ROUTING / REQUESTING BOOKING	

托运人声明 SHIPPER'S DECLAIRED VALUE		保险金额 AMOUNT OF INSURANCE	所附文件 DOCUMENT TO ACCOMPANY AIR WAYBILL
供运输用 FOR CARRIAGE	供海关用 FOR CUSTOMS		
件数和包装方式（NUMBER AND KIND OF PACKAGES）	实际毛重 ACTUAL G.W （KG）	运价类别 RATE CLASS	计费重量 CHARGEABLE WEIGHT	货物品名及数量 NATURE AND QUANTITY OF GOODS

货物不能交与收货人时，托运人指示的处理方法
SHIPPER'S INSTRUCTIONS IN CASE OF INABILITY TO DEIVER SHIPMENT AS CONSIGNED

处理事项（包括包装方式、货物标志及号码）
HANDLING INFORMATION (INCLUDING METHOD OF PACKING IDENTIFYING MARKS AND NUMBERS ETC)

托运人证实以上所填全部属实并遵守承运人的一切运载章程
SHIPPER CERTIFIES THAT THE PARTICUL ABS ON THE FACE HEREOF IS CORRECT AND AGREES TO THE CONDITIONS OF CARRIAGE OF THE CARRIER.

托运人签字： SHIPPER'S SIGNATURE:	日期： DATE:	经手人： AGENT:

图 5-1 国际货物托运书

（9）要求的路线/申请定舱（requested routing/requesting booking）：本栏用于航空公司安排运输路线时使用，但如果托运人有特别要求，也可填入本栏。

（10）托运人的声明价值（shipper's declared value）：指对每批货物在交货时特别声明的价值。供运输用的声明价值：《华沙公约》对由于承运人自身疏忽或故意造成的货物损坏、残缺或延误规定了最高赔偿责任限额，为货物毛重每公斤不超过20美元或其等值货币。

如果货物价值超出了上述价值，托运人就需要向承运人声明货物的价值，并支付声明价值附加费；否则不需要声明价值。若无须声明价值，则本栏空着不填或填写NVD（no value declared）字样。供海关用的声明价值：用于海关征税，即海关根据此栏所填数额征税。若未办理此声明价值，则填写NCV（no commercial value）字样。

（11）保险金额（insurance amount requested）：本栏填写国际航空货物保险金额。中国民航各空运企业暂未开展国际航空货物运输代理保险业务，本栏可空着不填。

（12）所附文件（document to accompany air waybill）：本栏填写随附航空货运单运往目的地的文件名称，如发票、装箱单、托运人的动物证明等。

（13）处理事项（handing information）：本栏填写货物外包装上标记或操作要求等。

（14）件数和包装方式（number and kind of packages）：本栏填写该批货物的总件数并注明包装方式，如包裹（package）、纸板盒（carton）、盒（case）、板条箱（crate）、袋（bag）、卷（roll）等。如货物没有包装，则填写散装（loose）。

（15）实际毛重（actual gross weight）：本栏应由承运人或航空货运代理称重后填入。如托运人已填写，则承运人或航空货运代理必须复核。

（16）计费重量（chargeable weight）：本栏应由承运人或航空货运代理量出货物尺寸、计算出计费重量后填入。如托运人已填写，则承运人或航空货运代理必须复核。

（17）货物品名及数量（包括体积及尺寸）[nature and quantity of goods（Incl. dimensions or volume）]：本栏详细填写货物的品名、数量和尺寸。若一批货物中有多种货物，则分别填写。危险品应填写适用的准确名称及标贴的级别。

（18）托运人签字（signature of shipper）：托运人必须在本栏内签字。

（19）日期（date）：填写托运人交货的日期。

（20）其他所有项目均由承运人或航空货运代理确定相关事宜后填入。

(二) 航空货运单

1. 航空货运单的定义

航空货运单（air waybill）是由托运人或者以托运人名义填制，承运人或其代理在收到货物、接受托运后签发给托运人的货物收据，是托运人与承运人之间所订立的航空运输合同的证明。根据《统一国际航空运输某些规则的公约》（简称《华沙公约》）的规定：航空货运单应当由托运人填写。由于填写航空货运单必须具有一定的专业知识,因此在航空货运业务操作中托运人通常以国际货物托运书的形式授权航空公司或航空货运代理代为填写。航空货运单必须由承运人签字方能生效,承运人责任也从此时开始,直到在目的站向收货人交付货物时为止。

2. 航空运单的分类

根据航空货运单的签发人不同,分为航空主运单和航空分运单;根据航空货运单样式不同,分为有出票航空公司标志的货运单和无承运人任何标志的中性货运单;根据承运货物种类不同,航空货运单可用于单一种类货物运输和不同种类货物的集中运输;根据运输行程不同,航空货运单可用于单程货物运输和联程货物运输。

(1) 航空主运单

凡由航空运输公司签发的航空货运单称为航空主运单(master air waybill,MAWB),它是航空运输公司据以办理货物运输和交付的依据。每一批航空运输的货物都有自己相对应的航空主运单。

(2) 航空分运单

在办理集中托运业务时,由航空货运代理签发的航空运单称为航空分运单(house air waybill,HAWB)。

由此可见在集中托运业务中,既有航空公司签发的以货运代理为托运人的航空主运单,又有货运代理签发给实际托运人的航空分运单。

3. 航空货运单的性质及作用

(1) 是运输合同的证明

与海运提单相同,航空货运单是航空货物运输合同订立的初步证据,即航空货运单本身并不是运输合同,而是运输合同的证明。具体来说,航空货运单与其他证据(装箱单、报关单、发票等)一起构成航空运输合同体系。如果在履行合同时其他证据与航空货运单的证明方向不一致,但证明效力高于航空货运单,则航空运输合同的认定以其他证据为主。

(2) 是接收货物的收据

与海运提单相同,航空货运单是承运人签发的已接收货物的证明,也是货物收据。在发货人将货物发运后,承运人或货运代理就会将一联航空货运单交给发货人,作为已经接收货物的证明。除非另外注明,它是承运人收到货物并在良好条件下装运的证明。

(3) 不具有物权凭证的性质

与海运提单不同,航空货运单不是物权凭证,即持有航空货运单并不能说明拥有货物所有权。因此收货人在目的站提货不是凭航空货运单,而是凭航空公司发出的提货通知单。也正因如此,航空货运单是一种不可议付的单据,不可转让、流通或抵押。

(4) 是运费结算凭证

航空货运单记载了费用类别、运费支付方式和运费金额,因此是承运人据以核收运费的账单。对于预付运费,航空货运单是在发货人缴纳运费的前提下签发的;对于到付运费,航空货运单是在收货人缴纳运费的前提下交付给收货人的。因此航空货运单是运费结算的凭证。

(5) 是报关单证之一

无论是货物出口报关还是进口报关,航空货运单都作为向海关报关的单据之一,其他单据包括发票、装箱单、报关单等。如果是集中托运货物,一般用航空主运单进行集中报关。

4. 航空货运单的组成

航空货运单每套有三份正本和至少六份副本。如不敷用,可再增加副本。

航空货运单正本第一联由承运人留底;

正本第二联随货同行在目的地交与收货人;

正本第三联交与托运人;

副本第四联是收货人提取货物的收据,用于提货时收货人签收;

副本第五联交与目的地机场;

副本第六至八联分别交与第三承运人、第二承运人和第一承运人;

副本第九联交与航空货运代理。

航空货运单各联作用以及颜色如表 5-1 所示。

表 5-1 航空货运单各联作用及颜色

正本	第一联	承运人留存	浅绿色
	第二联	收货人留存	浅粉色
	第三联	托运人留存	浅蓝色
副本	第四联	收货人提取货物的收据	浅黄色
	第五联	目的站机场留存	白色
	第六联	第三承运人	
	第七联	第二承运人	
	第八联	第一承运人	
	第九联	航空货运代理留存	
额外副本	若干	供承运人使用	

5. 航空货运单的内容

航空货运单的格式及内容如图 5-2 所示。航空运单后上方有"不可议付"(not negotiable)字样,并有签单人名称。如果是有出票航空公司标志的货运单,则航空公司名称或标志直接印在上面;如果是中性货运单,则将航空公司名称写在上面。

XXX

Shipper's Name and Address	Shipper's Account Number	Not Negotiable **Air Waybill** issued by
		Copies 1, 2 and 3 of this AW are originals and have the same validity.
Consignee's Name and Addr	Consignee's Account Number	It is agreed that the goods declared herein are accepted in apparent good order and condition (except as noted) for carriage subject to the conditions of contract on the reverse hereof.
Issuing Carrier's Agent Name and City		Accounting Information
Agent's IATA Code	Account No.	
Airport of Departure (Addr. of First Carrier) and Requested Routing		

To	By First Carrier (Routing and Destination)	to	by	to	by	Currency	CHGS	WT/VAL PPD	WT/VAL COLL	Other PPD	Other COLL	Declared Value for Carriage	Declared Value for Customs

Airport of Destination	Requested Flight/Date	Amount of Insurance	INSURANCE - If carrier offers insurance, and such insurance is requested in accordance with the conditions thereo.....

Handling Information

SCI

No. of Pieces RCP	Gross Weight	kg lb	Rate Class Commodity Item No.	Chargeable Weight	Rate / Charge	Total	Nature and Quantity of Goods (incl. Dimensions or Volume)

Prepaid	Weight Charge	Collect	Other Charges
	Valuation Charge		
	Tax		
	Total Other Charges Due Agent		
	Total Other Charges Due Carrier		I hereby certify that the particulars on the face hereof are correct and that insofar as any part of the consignment contains dangerous goods. I hereby certify that the contents of this consignment are fully and accurately described above by proper shipping name and are classified, packaged…… Signature of Shipper or his Agent
Total Prepaid		Total Collect	
Currency Conversion Rates		CC Charges in Dest. Currency	Executed on (date) at (place) Signature of Issuing Carrier or its Agent
For Carrier's Use only at Destination		Charges at Destination	Total Collect Charges

XXX-

图 5-2 国际航空货运单

(1) 货运单号码

航空货运单号码(the air waybill no.)由两部分组成。前3个数字是航空公司代码(中国国际航空公司代码为999,加拿大航空公司代码为018等);后8个数字是货运单序号及检验号(最后一位)。航空公司代码与货运单序号之间用"-"隔开,序号第四位与第五位之间空一格,如"99-1234 5672"。货运单号码出现在货运单左右上角以及右下角,如果是有出票航空公司标志的货运单,货运单号码直接印上;如果是中性货运单,则需要自行填写。

(2) 托运人栏

托运人姓名及地址(shipper's name and address):详细填写托运人姓名、地址以及联系方式。托运人账号(shipper's account number):准确填写托运人银行账号。

(3) 收货人栏

收货人姓名及地址(consignee's name and address):详细填写收货人姓名、地址、联系方式。因为航空货运单不可转让,所以"凭指示"之类的字样不得出现。收货人账号(consignee's account number):准确填写收货人银行账号。

(4) 航空货运代理栏

航空货运代理名称和城市(issuing carrier's agent name and city):填写航空货运代理姓名及所在城市。航空货运代理代码(agent's IATA code):填写货运代理的国际航协代码(7位数字)如"32-19743",实务中本栏一般不填。货运代理账号(account no.):填写供与承运人结算的货运代理银行账号,实际业务中一般不填。

(5) 机场及航线栏

始发站机场及所要求的航线(airport of departure and requested routing):实务中一般仅填写始发站机场的名称或其IATA三字代号。

目的站机场(airport of departure):填写目的站机场的名称或其IATA三字代号。如果是联程运输,则"to"栏中分别填写第一、二、三中转机场名称或其IATA三字代号,"by"栏填写第一、二、三承运人名称或其IATA两字代号。

航班及日期(flight/date):填入货物所搭乘航班号及日期。

(6) 财务说明

财务说明(accounting information)栏填写主要内容包括付款方式,如现金或支票等;支付方式,如预付或到付;货到目的地无法交付而被退运时,将原运单号填在新运单的本栏中。

(7) 货币与费用栏

货币(currency)指始发国的货币代号,如CNY-人民币、USD-美元、HKD-港元。

运费代码(CHGS code):本栏一般不需要填写。

运费及声明价值附加费(WT/VAL):WT(weight charge)指计费重量乘以适用运价

计算出的运费,VAL(valuation charge)指声明价值附加费。

杂费(other)指在始发站的其他费用。

PPD(prepaid)表示预付,在"PPD"栏用"X"表示;COLL(collect)表示到付,在"COLL"栏用"X"表示。需要注意的是,运费与声明价值费的支付方式必须一致。

(8) 声明价值、保险金额与处理事项栏

供运输用声明价值(declared value for carriage):与国际货物托运书一致。

供海关用声明价值(declared value for customs):与国际货物托运书一致。保险金额(amount of insurance):与国际货物托运书一致。

处理事项(handling information):与国际货物托运书一致。

(9) 货物描述栏

货物件数和运价组合点(no. of pieces RCP):填入货物总包装件数。

RCP(rate combination point)指运价组合点,当需要组成比例运价或分段相加运价时,此栏填入运价组合点机场的IATA代码。

毛重(gross weight):承运人或货运代理对实际货物过磅后填入货物总毛重。

重量单位为公斤(代号为K)或磅(代号为L)。

计费重量(chargeable weight):本栏由承运人或航空货运代理量出货物尺寸、计算出计费重量后填入。

(10) 运价等级

运价等级(rate class)此栏填入运价等级代码:M(minimum)表示起码运费,C(specific commodity rates)表示指定商品运价,S(class rate surcharge)表示等级货物附加运价,R(class rate reduction)表示等级货物附减运价,N(normal rate)表示45公斤以下普通货物运价,Q(quantity rate)表示45公斤及以上普通货物运价。

(11) 商品代码

使用指定商品运价时,需要在此栏填写商品代码(commodity item no.);使用等级货物运价时,此栏填写附加或附减运价的百分比。

(12) 运价/运费

运价/运费(rate/charge)栏:如果运价等级是M,则本栏填写起码运费值;如果运价等级是C、N、Q,本栏填写实际计费的运价;如果运价等级是S、R,本栏填写附加或附减后的运价。

(13) 运费总额

运费总额(total)栏:如果运价等级是M,则此栏数值应为起码运费值;如果运价等级是其余几种,则本栏填写实际运费值,即运价与计费重量数值的乘积。

(14) 货物的品名、数量

货物的品名、数量(nature and quantity of goods incl. dimensions or volume)栏:货

物的尺码应以厘米或英寸为单位,尺寸分别以货物最长、最宽、最高边为基础。体积则是上述三边的乘积,单位为立方厘米或立方英寸。

(15) 到付与预付费用值栏

运费(weight charge)、声明价值附加费(valuation charge)、税款(tax)、支付给货运代理的其他费用(total other charges due agent)、支付给承运人的其他费用(total other charges due carrier)分别写到对应的预付(prepaid)和到付(collect)栏中。最后汇总所有预付费用之和(total prepaid)和所有到付费用之和(total collect)。

(16) 其他费用

其他费用(other charges)本栏列明除运费和声明价值附加费以外的其他费用。各项费用分别用三个英文字母表示如"AWC"。前两个字母是某项费用的代码,如 AW(air waybill fee)表示货运单费;第三个字母是"C"或"A",分别表示费用应支付给承运人(carrier)或货运代理人(agent)。

(17) 用目的国家货币付费栏

货币兑换比价(currency conversion rate):填写目的站国家货币代号以及兑换比率。

目的站国家货币到付费用(CC charges in destination currency)是按照货币兑换比率,把所有到付费用之和(total collect)换算成目的站国家货币到付运费。

目的站费用(charges at destination)指最后承运人在目的站发生的费用。

到付费用总和(total collect charges)是将 CC charges in destination currency 栏值与 charges at destination 栏值相加。

(18) 托运人签字栏

托运人签字(signature of shipper or his agent),说明托运人已接受航空货运单上的背面的承运条款。

(19) 承运人签单栏

executed on(date)表示签单时间(日期):本批货物的实际装运日期,按照日月年顺序填写,如"01JAN 2011";executed at(place)表示签单地点,填写装运机场或城市的全称或缩写;承运人或其代理人的签字(signature of issuing carrier or its agent):航空公司或货运代理在此签字并说明其身份。

四、国际航空货运费用

国际航空货物运输费用包括航空运费(weight charge)、声明价值附加费(valuation charge)以及其他费用(other charges)。

(一) 航空运费

航空运费指航空公司将一票(一票指一份航空运单)货物从始发站机场运至目的站机

场应收取的航空运输费用。航空运费取决于航空运价(rate)和计费重量(chargeable weight)。

1. 航空运价

航空运价指承运人对所承运的每一重量单位的货物所收取的航空运费。航空运价按制定途径不同,分为协议运价和国际航协(IATA)运价。

(1) 协议运价

协议运价是航空公司与托运人签订协议,托运人保证每年向航空公司交运一定数量的货物,航空公司向托运人提供一定数量的运价折扣。其分类如表5-2所示。

表 5-2 航空货物协议运价分类

协议运价	长期协议运价	签订一年期限协议的运价
	短期协议运价	签订半年或半年以下期限的运价
	包板(舱)运价	对租用的全部或部分舱位或集装器签订的运价
	销售返还	对已完成的销售量(额)给予一定比例的运费返还
	自由销售	除订过协议的货物外,采取一票货物商议一个定价

(2) 国际航协运价

国际航协运价是指 IATA 在 TACT(the air cargo tariff)运价资料上公布的运价。它主要依据 IATA 运价手册(tact rate book),并结合国际货物运输规则(tact rules)共同使用。按照运价公布形式不同分为公布直达运价和非公布直达运价。公布直达运价指航空公司在运价本上直接注明从始发站到目的站的货物运价;若没有适用的公布直达运价,则采用比例运价或分段相加运价。具体分类如表5-3所示。

表 5-3 航空货物 IATA 运价分类

IATA 运价	公布直达运价	① 指定商品运价 C	
		② 等级货物运价	等级货物附加运价 S
			等级货物附减运价 R
		③ 普通货物运价	45公斤以下普通货物运价 N
			45公斤及以上普通货物运价 Q
		④ 起码运费 M	
	非公布直达运价	比例运价	
		分段相加运价	

① 指定商品运价

指定商品运价(specific commodity rate, SCR)是指承运人根据某一航线上经常运输某一种货物的托运人的请求,或为促进某地区间某一种货物的运输,所提供的低于普通货物运价的优惠运价。指定商品运价的运价等级代码为"C"。

使用指定商品运价必须满足三个条件：一是在始发站与目的站之间有公布的指定商品运价，二是货物品名与指定商品的品名相吻合，三是货物计费重量满足最低重量要求。

航空货物运价手册(TACT rate book)第二部分列明了指定商品，并将其分为10组，其品名用四位阿拉伯数字编号，即商品代码(commodity item no.)。从整个国际航协来看，指定商品代码非常繁多。商品分组如表5-4所示。

表5-4 指定商品分组及编码

0001～0999	食用动物和蔬菜产品
1000～1999	活动物、非食用动物和蔬菜产品
2000～2999	纺织品、纤维及其制品
3000～3999	金属及其制品，不包括机械、车辆和电气设备
4000～4999	机械、车辆和电气设备
5000～5999	非金属矿产品及其制品
6000～6999	化工品及其制品
7000～7999	纸、芦苇、橡胶和木材及其制品
8000～8999	科学仪器、专业仪器、精密仪器、器械及零配件
9000～9999	其他货物

② 等级货物运价

等级货物运价(commodity class rate)是指在指定地区内部或地区之间对少数货物航空运输提供的运价，通常是在普通货物运价的基础上增加(或不变)或减少一定的百分比。

在普通货物运价基础上增加一定百分比(或不变)称为等级货物附加运价，其运价等级代码为"S"(surcharged class rate)；在普通货物运价基础上减少一定百分比称为等级货物附减运价，其运价等级代码为"R"(reduced classrate)。等级运价附加或附减百分比根据地区不同和等级货物种类不同而不同，其规则在 TACT RULES 中公布。IATA 规定的等级货物种类及运价等级代码如表5-5所示。

表5-5 等级货物种类

活动物	S	150％N 或 175％N
贵重物品	S	200％N
尸体和骨灰	S	100％N 或 200％ 或 300％ 或 100％Q
报纸、杂志、期刊、盲人和聋哑人专用设备和书籍	R	50％N 或 67％N
货物托运人行李	R	50％N

③ 普通货物运价

普通货物运价(general cargo rate)是指对于不适用指定商品运价和等级货物运价的普通货物所提供的运价。普通货物运价在航空货物运价手册(TACT rate book)第四部分中公布,是最为广泛采用的运价。普通货物运价根据货物重量不同,分为若干个重量等级分界点运价。不同重量等级分界点的运价表示及运价等级代码如表5-6所示。

表5-6 普通货物运价分类

45 公斤以下的普通货物运价	N
Q45 表示 45 公斤及以上的普通货物运价	Q
Q100 表示 100 公斤及以上的普通货物运价	
Q300 表示 300 公斤及以上的普通货物运价	

④ 起码运费

起码运费(minimum charge)又称最低运费,是指航空公司规定的办理一批货物所能接受的最低运费。无论货物用哪种运价,所计算出来的运费总额不能低于此起码运费。起码运费的运价等级代码为"M"。

2. 计费重量

计费重量是据以计收运费的重量。航空公司规定的计费重量按实际毛量和体积重量较高者为准。实际毛量指一批货物包括包装在内的实际总重。体积重量按每 6 000 立方厘米为 1 千克换算。计费重量的最小单位是 0.5 千克。当重量不足 0.5 千克时,按 0.5 千克计算;超过 0.5 千克不足 1 千克时,按 1 千克计算。

某货物的毛重为 120.4 千克,体积为 540 000 立方厘米。求计费重量。

解:实际重量:120.4 千克

体积重量:540 000/6 000=90 千克

计费重量:120.4 千克

3. 运费计算

航空运价的使用原则:①如果有协议运价,优先使用协议运价;如果没有协议运价,则采用 IATA 运价。②对于 IATA 运价,首先采用公布直达运价;如果没有公布直达运价,则采用比例运价或分段相加运价。③对于公布直达运价,优先使用指定商品运价;如果不是指定商品,优先使用等级运价;如果即非指定商品,也非等级货物,则使用普通货物运价。

（1）普通货物运费计算

普通货物运费的计算步骤：①确认货物不属于指定商品或等级货物，而只是普通货物；②计算货物体积重量，并与实际毛量比较，取高者作为计费重量Ⅰ；③查找计费重量Ⅰ对应的运价，并求得运费Ⅰ；④按照计费重量Ⅰ的较高临界点重量Ⅱ，计算此临界点重量下的运费Ⅱ；⑤运费Ⅰ与运费Ⅱ比较，取两者较低者；⑥再与起码运费比较，取较高者。

例5.2

Routing：SHANGHAI,CHINA(SHA) to PAIRS,FRANCE(PAR)
Commodity：Tools
Gross Weight：59.7kgs
Dimensions：6boxes×23cm×28cm×84cm each

运价公布如下：

KGS	CNY
M	320
N	50.7
45	41.43
300	37.90

求：计算应收运费，并填写航空货运单运费计算栏。

解：① 工具属于普通货物

② 货物体积为：$6×23cm×28cm×84cm = 324\ 576cm^3$

体积重量为：$324\ 576cm^3 ÷ 6\ 000m^3/kg = 54.096kg$

实际毛量为：59.7kg

计费重量Ⅰ为：60kg

③ 适用运价：41.43CNY/kg

运费Ⅰ：$60kg × 41.43CNY/kg = CNY2\ 485.8$

④ 较高临界点运价：37.9CNY/kg

较高临界点运费Ⅱ：$300kg × 37.9CNY/kg = CNY11\ 370$

⑤ 运费Ⅰ与运费Ⅱ两者取小，即CNY2 485.8

⑥ 与起码运费比较，取大，即CNY2 485.8

注意：这里航空运价是 Q45，故航空货运单 Rate Class 为 Q，而不是 N

No. of Pieces RCP	Gross Weight	kg lb	Rate Class		Chargeable Weight	Rate/ Charge	Total	Nature and Quantity of Goods(incl. Dimensions or Volume)
			Commodity Item No					
6	59.7	K	Q		60	41.43	2485.8	Tools 6×23cm×28cm×84cm

 例 5.3

Routing：SHANGHAI, CHINA(SHA) to PAIRS, FRANCE(PAR)
Commodity：Tools
Gross Weight：259.7kgs
Dimensions：5 boxes×48cm×56cm×126cm each
运价公布如下：

KGS	CNY
M	320
N	50.7
45	41.43
300	37.90

求：计算应收运费，并填写航空货运单运费计算栏。

解：① 工具属于普通货物

② 货物体积为：5×48cm×56cm×126cm＝1 693 440cm³

　　体积重量为：1 693 440cm³÷6 000cm³/kg＝282.24kg

　　实际毛量为：259.7kg

　　计费重量Ⅰ为：282.5kg

③ 适用运价：41.43CNY/kg

　　运费Ⅰ：282.5kg×41.43CNY/kg＝CNY11 703.975

④ 较高临界点运价：37.9CNY/kg

　　较高临界点运费Ⅱ：300kg×37.9CNY/kg＝CNY11 370

⑤ 运费Ⅰ与运费Ⅱ两者取小，即CNY11 370

⑥ 与起码运费比较，取大，即CNY11 370

注意：航空运单中 Chargeable Weight 指用以计收运费的重量，因此这里取 300。

No.of Pieces RCP	Gross Weight	kg lb	Rate Class / Commodity Item No	Chargeable Weight	Rate/ Charge	Total	Nature and Quantity of Goods (incl.Dimensions or Volume)
5	259.7	K	Q	300	37.9	11 370	Tools 5×48cm×56cm×126cm

（2）指定商品运费计算

指定商品运费的计算步骤：①首先确认货物属于指定商品；②计算货物体积重量，并与实际毛量比较，取高者作为计费重量Ⅰ；③分两种情况。

第一种情况：如果计费重量Ⅰ符合指定商品运价的最低运量要求，则利用计费重量Ⅰ乘以指定商品运价，求得指定商品运费Ⅰ；再与起码运费比较取大。

第二种情况：如果计费重量Ⅰ不符合指定商品运价的最低运量要求，则需要把指定商品按普通货物计算运费Ⅱ；再利用指定商品最低运量乘以对应的指定商品运价计算指定商品运费Ⅲ；运费Ⅱ与运费Ⅲ比较，取两者较低者；再与起码运费比较，取较高者。

例 5.4

Routing：BEIJING,CHINA(BJS) to OSAKA,JAPAN(OSA)
Commodity：Fresh Oranges
Gross Weight：each 72.6kg   total 5 pieces
Dimensions：5 pieces×130cm×60cm×55cm
公布运价如下：

		KGS	CNY
		M	230
		N	37.51
		45	28.13
0008		300	18.80

求：计算应收运费，并填写航空货运单运费计算栏。

解：① 货物 Fresh Oranges 属于指定商品，商品代码为 0008
② 实际毛重：72.6×5＝363kg
    货物体积：5×130cm×60cm×55cm＝2 145 000cm³
    体积重量：2 145 000cm³÷6 000cm³/kg＝357.5kg

计费重量Ⅰ：363kg

③ 计费重量Ⅰ满足指定商品最低重量要求300kg

指定商品运费Ⅰ：363kg×18.80CNY/kg＝CNY6 824.4

起码运费：CNY230；两者取大：CNY6 824.4

注意：由于按指定商品运价计费，因此航空货运单中要填入商品代码0008。

No.of Pieces RCP	Gross Weight	kg lb	Rate Class Commodity Item No	Chargeable Weight	Rate/ Charge	Total	Nature and Quantity of Goods (incl.Dimensions or Volume)
5	363	K	C 0008	363	18.8	6824.4	Fresh Oranges 5×130cm×60cm×55cm

 例5.5

Routing：BEIJING,CHINA(BJS) to OSAKA,JAPAN(OSA)

Commodity：Fresh Oranges

Gross Weight：each 72.6kg total 4 pieces

Dimensions：4 pieces×130cm×60cm×55cm

公布运价如下：

	KGS	CNY
	M	230
	N	37.51
	45	28.13
0008	300	18.80

求：计算应收运费，并填写航空货运单运费计算栏。

解：① 货物Fresh Oranges属于指定商品，商品代码为0008

② 实际毛重：72.6×4＝290.4kg

货物体积：4×130cm×60cm×55cm＝1 716 000cm^3

体积重量：1 716 000cm^3÷6 000cm^3/kg＝286kg

计费重量Ⅰ：290.5kg

③ 计费重量Ⅰ不满足指定商品最低重量要求300kg

按普通货物运价求得运费Ⅱ：290.5kg×28.13CNY/kg＝CNY8 171.765

按指定商品最低重量求得运费Ⅲ：300kg×18.8CNY/kg＝CNY5 640

两者取小：CNY5 640

起码运费：CNY230

两者取大：CNY5 640

注意：由于运费以指定商品最低重量300kg为准计收，故计费重量是300kg。

No.of Pieces RCP	Gross Weight	kg lb	Rate Class	Chargeable Weight	Rate/ Charge	Total	Nature and Quantity of Goods (incl.Dimensions or Volume)
			Commodity Item No				
4	290.4	K	C 0008	300	18.8	5 640	Fresh Oranges 4×130cm×60cm×55cm

(3) 等级货物运费计算

等级货物运费的计算步骤：①首先确认货物不是指定商品，而是等级货物；②计算货物体积重量，并与实际毛量比较，取高者作为计费重量Ⅰ；③分两种情况。第一种情况：如果是附加的等级货物，则利用计费重量Ⅰ乘以等级货物附加运价，求得等级货物运费Ⅰ；再与规定的最低运费比较取大。第二种情况：如果是附减的等级货物，则首先需要利用计费重量Ⅰ乘以等级货物附减运价，求得等级货物运费Ⅰ；再按照普通货物运价计算运费Ⅱ，两者取小；再与规定的最低运费做比较，取较高者。

例5.6

Routing：Brussels，Belgium(BRU) to Sharjah，United Arab Emirates(SHJ)

Commodity：coffin

Gross Weight：210kg

Dimensions：1 pieces×230cm×65cm×60cm

公布的运价如下：

KGS	CNY
M	62
N	11.58
45	8.75
100	3.92
300	2.88

尸体在该区内的等级运价为200％of Normal GCR；规定最低运费为200％M

求：计算应收运费，并填写航空货运单运费计算栏。

解：① 棺材(尸体)不是指定商品,而是等级货物。

② 实际毛重：210.4kg

货物体积：230cm×65cm×60cm＝897 000cm^3

体积重量：897 000cm^3÷6 000cm^3/kg＝149.5kg

计费重量Ⅰ：210.5kg

③ 尸体是附加的等级货物。

等级货物运价：200％×11.58CNY/kg＝23.16CNY/kg

等级货物运费Ⅰ：23.16CNY/kg×210.5kg＝CNY4 875.18

规定的最低运费：200％×CNY62＝CNY124

两者取大：CNY4 875.18

注意：附加的等级货物商品代码为"N200"，运价是附加等级运价即23.16。

No.of Pieces RCP	Gross Weight	kg lb	Rate Class Commodity Item No	Chargeable Weight	Rate/ Charge	Total	Nature and Quantity of Goods (incl.Dimensions or Volume)
1	210.4	K	S N200	210.5	23.16	4 875.18	coffin 1×230 cm×65 cm×60cm

例5.7

Routing：Beijing, China(BJS) to London, United Kingdom(LON)

Commodity：Newspaper

Gross Weight：970.6kg

Dimensions：30 pieces×80cm×60cm×40cm

公布的运价如下：

KGS	CNY
M	320
N	63.18
45	45.22
100	41.22
500	33.42
1 000	30.61

报纸在该区的等级运价为 50% of Normal GCR；规定最低运费为 M。

求： 计算应收运费，并填写航空货运单运费计算栏。

解： ① 报纸不是指定商品，而是等级货物。

② 实际毛重：969.6kg

货物体积：$30 \times 80cm \times 60cm \times 40cm = 5\ 760\ 000cm^3$

体积重量：$5\ 760\ 000cm^3 \div 6\ 000cm^3/kg = 960kg$

计费重量 I：970kg

③ 报纸是附减的等级货物。

等级货物运价：$50\% \times 63.18CNY/kg = 31.59CNY/kg$

等级货物运费 I：$31.59CNY/kg \times 970kg = CNY30\ 642.3$

按普通货物运价计算运费 II 为 30 610：

$33.42CNY/kg \times 970kg = CNY32\ 417.4$

$30.61CNY/kg \times 1\ 000kg = CNY30\ 610$

运费 I 与运费 II 比较，两者取小：CNY30 610

规定的最低运费：CNY320

两者取大：CNY30 610

注意： 尽管报纸是等级货物，但是这里按普通货物计费，故运价等级为"Q"，计费重量为普通货物临界点重量 1 000kg。

No.of Pieces RCP	Gross Weight	kg lb	Rate Class		Chargeable Weight	Rate/ Charge	Total	Nature and Quantity of Goods (incl.Dimensions or Volume)
			Commodity Item No					
30	969.6	K	Q		1 000	30.61	30 610	Newspaper $30 \times 80\ cm \times 60\ cm \times 40cm$

(4) 既是指定商品又是等级货物的运费计算

运费的计算步骤：①首先确认货物既是指定商品，又是等级货物；②计算货物体积重量，并与实际毛量比较，取高者作为计费重量 I；③按照指定商品运价计算运费 I；④按照等级货物运价计算运费 II；⑤运费 I 与运费 II 比较，取小；⑥与规定的最低运费比较，取大。注意：这种货物不允许使用普通货物运价计算运费并进行比较。

例5.8

Routing：Beijing，China(BJS) to Osaka，JAPAN(OSA)

Commodity：Live Worms

Gross Weight：50kg

Dimensions：1 pieces×80cm×60cm×50cm

公布的运价如下：

	KGS	CNY
	M	230
	N	37.51
	45	28.13
1 093	100	18.43

沙蚕在该区的等级运价为 100 of Normal GCR，规定的最低运费为 200%M。

求：计算应收运费，并填写航空货运单运费计算栏。

解：① 沙蚕是活体动物，既属于指定商品，又是等级货物。

② 实际毛重：50kg

货物体积：$80cm×60cm×50cm = 240\,000cm^3$

体积重量：$240\,000cm^3 ÷ 6\,000cm^3/kg = 40kg$

计费重量Ⅰ：50kg

③ 按指定商品运价计算运费Ⅰ：$100kg×18.43CNY/kg = CNY1\,843$

④ 等级货物运价：$100\% × 37.51CNY/kg = 37.51CNY/kg$

按等级货物运价计算运费Ⅱ：$50kg×37.51CNY/kg = CNY1\,875.5$

⑤ 两者比较取小，即 CNY1 843

⑥ 规定的最低运费：$200\%×CNY230 = CNY460$

比较取大，即 CNY1 843

注意：在货物品名和数量栏要求填写"LIVE ANIMALS"字样。

No.of Pieces RCP	Gross Weight	kg lb	Rate Class	Commodity Item No	Chargeable Weight	Rate/ Charge	Total	Nature and Quantity of Goods (incl.Dimensions or Volume)
1	50	K	S	N100	100	18.43	1 843	Live Worms 1×80 cm×60 cm×50 cm LIVE ANIMALS

（5）集中托运货物运费计算

集中托运不得包括的货物有：活动物、尸体或骨灰、外交信袋、行李、机动车辆（除电力自动车）。集中托运货物运费的计算步骤：①按整票普通货物计算运费；②按分别申报计算运费相加；③两者比较取小。

 例5.9

Routing：BEIJING,CHINA(BJS)TO OSACA,JAPAN(OSA)
Commodity：Fresh Oranges and Books
Gross Weight：70kg and 90kg
Dimensions：1 Pieces×60cm×70cm×70cm and 1 Pieces×60cm×80cm×50cm

公布的运价如下：

	KGS	CNY
	M	230
	N	37.51
	45	28.13
0008	300	18.80

书籍在该区的等级货物运价为 50% of Normal GCR，规定的最低运费为 M。

求：计算应收运费，并填写航空货运单运费计算栏。

解：这是新鲜橘子和书籍的混运货物。

① 按整票计算运费：

实际毛重：70kg+90kg=160kg

体积重量：(60cm×70cm×70cm+60cm×80cm×50cm)÷6 000cm³/kg=89kg

计费重量：160kg

普通货物运费：160kg×28.13CNY/kg=CNY4 500.8

② 按分别申报计算运费：

橘子实际毛重：70kg

体积重量：60cm×70cm×70cm÷6 000cm³/kg=49kg

计费重量：70kg

按普通货物运价计费：70kg×28.13CNY/kg=CNY1 969.1

按指定商品运价计费：300kg×18.8CNY/kg=CNY5 640

两者取小，即 CNY1 969.1；与起码运费相比取大，即 CNY1 969.1

书籍实际毛重：90kg
体积重量：60cm×80cm×50cm ÷ 6 000cm³/kg＝40kg
计费重量：90kg
按普通货物运价计费：90kg×28.13CNY/kg＝CNY2 531.7
按等级货物运价计费：90kg×50％×37.51CNY/kg＝CNY1 687.95
两者取小：即CNY1 687.95；与起码运费相比取大：即CNY1 687.95
橘子运费与书籍运费之和：CNY1 969.1＋CNY1 687.95＝CNY3 657.05

③ 整批申报运费与分别申报运费相比取小，即CNY3 657.05

注意：按分别申报计收运费，航空运单中就分别填写货物相关信息。

No.of Pieces RCP	Gross Weight	kg lb	Rate Class	Chargeable Weight	Rate/ Charge	Total	Nature and Quantity of Goods (incl.Dimensions or Volume)
			Commodity Item No				
1	70	K	Q	70	28.13	1 969.1	Fresh Oranges 1Pieces×60 cm×70 cm ×70 cm
1	90	K	R N50	90	18.755	1 687.95	Books 1Pieces×60 cm×80 cm ×50 cm

（二）声明价值附加费及其他费用

1. 声明价值附加费

《华沙公约》对由承运人自身疏忽或故意造成的货物损坏、残缺或延误规定了最高赔偿责任限额为货物毛重每公斤不超过20美元或其等值货币。如果货物价值超出了上述价值，托运人就需要向承运人声明货物的价值，并支付声明价值附加费（valuation charge），费率通常为5％。如果没有超出，则不需要声明。声明价值是货物总价值，集中托运货物按整批货物价值声明。声明价值附加费计算公式是：（整批货物声明价值－货物毛重×20美元）×0.5％。

2. 其他费用

在航空运输中，货主还需要根据航空公司或航空货运代理提供的服务内容向其缴纳相应的其他费用（other charges）。费用用三个英文字母表示，前两个字母是费用代码，第三个字母是C或A，分别表示费用应支付给航空公司（carrier）或航空货运代理（agent）。

(1) 货运单费

货运单费(air waybill fee,AW)又称为航空货运单工本费,是为填制航空货运单而产生的费用。按国际航空协会规定:由航空公司销售或填制航空货运单,运单费归航空公司所有;由航空货运代理销售或填制航空货运单,运单费归货运代理所有。因此货运单费的表示方法为 AWC 或 AWA。

(2) 地面运输费

地面运输费(surface charge,SU)指托运人处收货运至始发站机场的运输费用。

目的站运输费(surface charge destination,SD)指从目的站机场将货物送至收货人的陆路运输费用。

(3) 保管费及停运费

始发站保管费(storage origin,SO)指货物在始发站机场产生的保管费。

目的站保管费(storage destination,SR)指货物在目的站机场产生的保管费。

中途停运费(stop in transit,SI)指在中途停运产生的相关费用。

(4) 报关费

始发站报关费(clearance and handling-origin,CH)指始发站清关处理费。

目的站报关费(clearance and handling-destination,CD)指目的站清关处理费。

(5) 服务费

集中货物服务费(assembly service fee,AS)指始发站集中货物产生的费用。

押运服务费(attendant,AT)指派人押运产生的费用。

分发服务费(distribution service fee,DF)指目的站分发货、配货产生的费用。

代保险服务费(insurance premium,IN)指货运代理代办保险业务的服务费。

包装服务费(packaging,PK)指包装货物产生的费用。

代签字服务费(signature service,SS)指代表货主签字的服务费。

(6) 手续费

运费到付手续费(charge collect Fee,CC)指运费到付情况下支付的手续费。运费到付手续费在各国的计收标准,对于运至中国的运费到付货物,其计算公式为:到付运费手续费=(货物航空运费+声明价值附加费)×2%,并且最低收费标准为 100 元人民币。

垫付款手续费(disbursement fee,DB)指为垫付款支付的手续费。垫付款指始发站机场运输一票货物时发生的部分其他费用,包括货运单费、地面运输费和始发站报关费。垫付款数额不能超过货运单上全部航空运费总额(总额低于 100USD,可允许达到 100USD)。垫付款手续费是由垫付款的数额而确定的费用,其计算公式为:垫付款手续费=垫付款×10%。每票货物的垫付费不得低于 20USD 或其等值货币。

(7) 特殊货物费用

包括尸体、骨灰附加费(human remains, HR)、危险品处理费(dangerous goods fee, RA)、动物处理费(live animals, LA)、动物容器租费(animal container, AC)、集装设备操作费(ULD handling, TH)等。

(8) 税费

主要包括政府捐税(government tax, GT)和地区销售税(state sales tax, ST)税(taxes, TX)。

(9) 杂项费用

包括未确定由谁收取的杂项费用(miscellaneous charge-unassigned, MB)、代理人收取的杂项费用(如无其他代号可用)(miscellaneous charge-due agent, MA)、承运人收取的杂项费用(如无其他代号可用)(miscellaneous charge-due carrier, MC)、最后一个承运人收取的杂项费用(miscellaneous charge-due last carrier, MD-MN)等。

第二节　国际铁路货运代理实务

一、国际铁路货物运输概述

国际铁路货物运输是在两个或两个以上国家铁路进行货物运输的运输方式。由于不同国家之间的铁轨距离没有统一,因此火车直运(原车过轨直通)的情况很少。目前国际铁路货物运输的主要形式是国际铁路货物联运。

(一) 国际铁路货物联运的含义及特点

《国际铁路货物联运协定》(简称《国际货协》)指出：在两个或两个以上国家铁路全程货物运输中,使用一份运输单据,使用铁路运输一种运输方式,并以参加国铁路承担连带责任的形式办理的运输方式,称为国际铁路货物联运。

国际铁路货物联运是涉及多个国家铁路运输的一种国际联合运输形式,除具有铁路运输的优缺点外,还因是国际运输和联合运输而具有自身特点。

1. 速度较快、运量较大、成本较低、安全可靠

铁路货运速度每昼夜可达几百千米,远远高于海上运输速度。铁路一列货物列车一般能运送 3 000~5 000 吨货物,远远高于航空运输和汽车运输运量。铁路运输费用较低,远远小于公路运输和航空运输费用。铁路运输几乎不受天气影响,可以不分昼夜地进行定期、有规律、准确的运输。

2. 两个或以上国家、一份运单

如果国际铁路货物联运在两个国家之间,则一国是货物始发国,一国是货物到达国。

如果国际铁路货物联运在两个以上国家之间,则涉及在第三国的过境运输。但无论铁路联运涉及几个国家,均只适用一份运输单据,即国际货协运单,该运单负责货物联运的全程运输。

3. 业务复杂性

国际铁路货物联运的规章条款繁多而复杂,在办理国际铁路货物联运时,货物、车辆、运输单据及相关单证都必须符合国际铁路联运规定,同时还需顾及各参加国铁路的设备条件、运输组织方式和相关法规制度,这就决定了国际铁路货物联运业务的复杂性。铁路联运业务的复杂性对铁路货运代理提出了更高的要求。

4. 参加国铁路承担连带责任

参加国铁路承担连带责任,指由《国际货协》的参加国铁路按国际铁路联运运单的要求承运铁路货物,负责完成货物和随货单据的全程运输,直到在到达站交付货物为止。

参加国铁路既作为铁路货物实际承运人,又行使国际铁路货运代理的部分职能,如内陆运输工具的海关监管职能、边境口岸的货物交接职能、铁路车辆在不同轨距间的换装职能、货物单证的递送职能、到达站通知收货人提取货物和交付职能、到达站将货物转发到未参加《国际货协》国家的转运职能。每一继续运送的铁路,自接受附有运单的货物时起即认为参加了铁路联运,并承担由此产生的责任。

(二) 国际铁路货物联运的承运范围

1. 参加《国际货协》的各国铁路间的货物运输

1951年11月1日,原苏联等社会主义国家起草通过了《国际铁路货物联运协定》,它是欧洲和亚洲一些国家办理国际铁路货物联运的主要协定之一,对铁路和托运人、收货人均具有约束力。1954年1月1日,我国正式参加《国际货协》。

目前《国际货协》共有23个参与签字的国家铁路(称"参加路")和3个未签字但适用《国际货协》联运条款的国家铁路(称"适用路")。参加路包括阿塞拜疆、阿尔巴尼亚、白俄罗斯、保加利亚、匈牙利、越南、格鲁吉亚、伊朗、哈萨克斯坦、中国、吉尔吉斯斯坦、朝鲜、拉脱维亚、立陶宛、摩尔多瓦、蒙古、波兰、俄罗斯、塔吉克斯坦、乌兹别克斯坦、乌克兰、爱沙尼亚和土库曼斯坦铁路;适用路包括斯洛伐克、罗马尼亚和捷克铁路。

(1) 轨距相同的各国铁路之间

在轨距相同的各国铁路之间,可用发送国车辆直接过轨,不必在国境站换装而直通运送。原苏联等国家铁路轨距都是1 524毫米,这些国家之间的铁路联运可以原车直接过轨直通运送。中国铁路轨距是1 435毫米,越南安员站铁路轨距是1 435毫米,我国与越南之间铁路通过越南安员站可以原车过轨直通运输。

(2) 轨距不同的各国铁路之间

在轨距不同的各国铁路之间,由接收路准备适当的车辆,货物在国境站换装或更换货车轮对后继续运送。如中国铁路轨距为 1 435 毫米,蒙古、哈萨克斯坦、原苏联等国家铁路轨距是 1 524 毫米,中蒙、中哈、中俄国家之间铁路联运必须换装。需要注意的是,尽管朝鲜铁路轨距也是 1 435 毫米,但自 2008 年 6 月 20 日起,中朝间货物运输均采用换装过轨运输方式,特种车和不易换装货物可直接过轨运输。

(3) 在铁路不连接的《国际货协》参加国铁路之间

在铁路不连接的《国际货协》参加国之间,如中国至阿尔巴尼亚,货物可以通过参加国铁路某一车站办理转运业务,最后运抵到达国车站。

2. 参加与未参加《国际货协》的国家铁路间的货物运送

向未参加《国际货协》国家铁路运送货物时,托运人在发送路用《国际货协》票据办理至参加《国际货协》的最后一个过境铁路的出口国境站,由国境站站长或发、收货人委托的代理人办理转送至最终到站。由未参加《国际货协》的国家铁路向参加《国际货协》的国家铁路发运货物时,与上述办理程序相反。

(三) 国际铁路货物联运分类

使用一份运单,从一个发站发往一个到站,从一个发货人处发往一个收货人的货物,称为一批货物。

1. 国际铁路整车货物运输

一批货物的重量、体积、性质或形状需要一辆或一辆以上铁路货车装运,称为整车运输。整车运输货物重量一般在 50 吨以上,体积在 100 立方米以上,适合于大宗货物运输。目前,我国用于国际铁路货物联运的车辆主要是不超过 70 吨载重的通用货车(敞车 C、棚车 P、平车 N)和专用货车(长大货车 D、保温车 B),并且原车出境车辆必须带有 MC 标记。

2. 国际铁路零担货物运输

一批货物的重量、体积、性质或形状不足一辆铁路货车装运时,则采用零担货物运输。零担货运输批次较多,货物品种繁杂,不利于整理,并且组织工作复杂,单位成本较高。目前我国已不办理国际铁路零担货运输。

3. 国际铁路集装箱货物运输

集装箱运输是使用集装箱装运货物或运输空集装箱,主要适用于精密、贵重易损的货物。在开办集装箱国际运输早期,曾使用过 5 吨和 10 吨集装箱,但随着国际集装箱运输的标准化,这类非国际标准的小箱已停止使用。目前我国铁路只允许使用 20 英尺及 40 英尺通用干货集装箱、20 英尺通用干散货集装箱和 20 英尺折叠式台架集装箱。

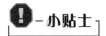

一个20英尺的国际标准集装箱换算为一个TEU,一个40英尺的集装箱,简称FEU(forty-feet equivalent units),1FEU=2TEU。

(四) 国际铁路货运代理性质

按照中国铁路规定,国际铁路货物联运的发货人只能是商务部备案的国际货物运输代理企业和有外贸进出口经营权的企业。由此可见,国际铁路货运代理是货主的代理人,并以自己的身份作为发货人向实际铁路承运人托运货物。也就是说,货运代理对于货主是代理人,对于铁路承运人是发货人。

与国际航空货运代理不同,国际铁路货运代理只作为货主的代理人,而不作为承运人的代理人。并且,铁路联运运单由铁路承运人签发,而不是由货运代理签发,因此国际铁路货运代理只属于代理人型的货运代理,而非当事人型的货运代理。

国际铁路货运代理包括发运站货运代理、国境站货运代理和到达站货运代理,分别负责货物在各站的相关业务。如果涉及第三国过境运输,发货人或收货人必须在过境国指定货运代理办理相关进出境手续并支付过境国运费。如果不指定货运代理,过境国可以拒绝承运。

二、国际铁路货运代理业务流程

(一) 发运站货运代理业务流程

1. 货物托运

货物托运指发货人(货主或货运代理)填写国际货协运单,并以此作为货物托运的书面申请向铁路委托运输的行为。发运车站接到运单后,对于整车货物检查是否有月度和日要车计划,检查货物运单内容是否正确,如审查通过,则在运单上登记货物应进入车站的日期或装车日期,表示受理托运。对于零担货物,不要求编制月度要车计划,发运站检查运单无误后,直接受理托运。

2. 货物进站

车站受理托运后,发货人按指定日期将货物运送进入发运站,铁路根据运单检查货物是否符合《国际货协》的规定,并检查是否单货相符。整车货物一般在装车完毕后,发运站在运单上加盖承运章,表示货物已承运。零担货进站后,发运站审查、过磅,审查通过后在运单上盖章,表示接受承运。发运站在盖章承运之前,发货人须缴清运杂费。

3. 货物报检报验

需要办理商品检验的货物,发货人填写"出境货物报检单"向当地商品检验局办理商品检验手续,并取得商品检验证书;需要办理卫生检疫的货物,向兽医、卫生检验机构办理检疫手续,取得检疫证书。

4. 货物出口报关

在国际铁路联运中,货物可以在国内发运车站报关,也可以在边境口岸报关。在发运站报关时,发货人填写"出口货物报关单",并附铁路盖章的国际货协运单以及商品检验证书,以每一铁路车辆为一票货物报关。通关后,海关在国际货协运单上加盖海关章。

货物在发运站报关后海关准予放行,但此时货物仍在运至国境站的途中,并未出境,所以发运站海关需要得到国境站海关货物已出境的回执,才能退还发货人外汇核销单、出口退税单及收汇核销单等。

5. 货物装车

货物装车可由发货人负责,也可由铁路负责。由发货人装车时,发货人应在现场监装;由铁路装车时,一般由铁路监装,必要时要求发货人到场。货物装车时须具备三个条件:一是货物包装完整、牢固,货物标志清晰;二是车体完整、技术状态良好;三是随附单证内容准确、齐全,主要包括出口货物明细单、出口货物报关单和出口许可证(国家规定的指定商品)、品质证明书、检验检疫证书和装箱单等。

6. 货物加固

对于敞车、平车及其他特种车装运超限货物、机械设备和车辆,应在装车时对货物进行加固。货物加固工作一般由铁路负责,并由发货人检查加固情况,不符合要求时提醒铁路重新加固;利用自装车和专用线装车时,由发货人负责加固。

7. 货车施封

货物装车、加固后,需要对货车施封,以分清铁路与发货人、铁路内部有关单位之间的责任。我国装运国际联运出口货物的棚车、冷藏车、罐车必须施封。施封工作可以由铁路负责,也可以由发货人负责,或委托铁路以发货人名义施封。当发货人委托铁路施封时,需要在运单上注明"委托铁路施封"字样。

8. 支付国内段运杂费

发货人支付国内段铁路运杂费后,发运站将由其盖章的国际货协运单第三联(运单副本)交给发货人,作为承运凭证和运费结清的凭证。整车货物在装车后,支付运费,换取运单;零担货物在货物进站交付时即结清费用,换取运单。

(二) 国境站货运代理业务流程

国境站分为出口国国境站和进口国国境站，如果涉及过境运输，还包括过境国国境站。国境站货运代理的主要功能是单证审核、货物报关、货物与车辆交接、货运事故处理以及支付费用，其中货物与车辆交接一般在接方国境站办理，也可在发方国境站办理。本节按照一个过境国，货物换装分别在出口国（发方）国境站和进口国（接方）国境站办理讲解。

1. 出口国国境站货运代理业务流程

（1）审核单证

依据国际货协运单，审核出口货物报关单、装箱单、商品检验证书等随附单证是否齐全、内容是否正确。如运单内容中发货人填写项目有差错，则联系发货人并按其通知予以修改更正；若运单内容中发运站或铁路填写内容需要修改，则由国境站联系发运站并按发运站通知办理；若出口货物报关单内容有差错，则按运单内容予以订正；若商品检验证书需要修改，则由出证单位（发运站商品检验局）通知国境站商品检验或检疫总站办理。单证审核通过后，方可放货。

（2）货物出口报关

有些内地海关往往不准予货物在发运站报关，其理由是有些货物无法装载在具备密封条件的棚车或集装箱中，此时货物在国境站出口报关。国境站货物出口报关，以由发货人填制的随车运来的出口报关单为报关依据，并以随车运来的国际货协运单和商品检验证书等作为报关随附单据。

（3）货物交接、支付换装费

货物交接指两国铁路凭交付方填制的货物交接单办理货物交接手续。货物交接包括凭铅封交接和凭实物交接两种方式。凭铅封交接指根据铅封的站名、号码或发货人进行交接，主要针对有铅封的棚车、冷藏车、罐车货物。按实物交接分为按货物重量、件数和现状三种交接方式。按货物重量交接主要针对敞车、平车所装运的散装货物；按货物件数交接主要针对不超过100件的整车货物；按货物现状交接主要针对难以查点件数的货物。

原车过轨的货物不需要安排货物换装或更换轮对。对于需要换装的货物，则需要安排在国境站换装场的货物换装作业。两国铁路凭货物交付方填制的车辆交接单办理换装手续，货运代理向国境站支付换装费。

（4）处理货运事故

货物换装交接时，如发现货物短少、残损、污染、湿损、被盗等事故，货运代理会同铁路方查明原因，分清责任，分别加以处理。属于铁路方责任时，提请铁路方编制商务记录，并由铁路方负责整修，货运代理协助解决。属于发货人责任时，货运代理负责整修，但由发货人负责相关费用；货运代理无法整修的，由发货人到国境站指导或运回发货人处整修。商务记录是国际铁路联运事故处理和保险索赔的法律文件。

2. 过境国国境站货运代理业务流程

过境国国境站分为办理进境的国境站和办理出境的国境站，分别按照单证审核、货物报关（进口/出口）、货运事故处理以及支付过境运输费用的流程办理业务，其办理方法与出口国国境站货运代理业务基本相同。

3. 进口国国境站货运代理业务流程

进口国国境站货运代理按照审核单证、货物进口报关、货物与车辆交接、货运事故处理、支付费用以及货物分拨分运的流程办理相关业务。其中前五项同出口国国境站货运代理业务基本相同，不同之处在于需要办理进口货物分拨分运业务。

（三）到达站货运代理业务流程

1. 寄送国境站相关资料

除非个别单位在国境站设有分支机构，否则不得以我国国境站作为到达站，也不得以对方国境站作为到达站。作为到达站货运代理，需要将合同副本、交货清单、补充协议书、变更申请书、确认函电等寄送进口国国境站，以便其办理交接业务。

2. 支付运费、提货

铁路到站向收货人或其货运代理发出到货通知，收货人或其货运代理支付国内段运杂费，铁路方将货物及国际货协运单第一联（运单正本）和第五联（货物到达通知单）一同交给收货人或其代理，收货人或其代理在国际货协运单第二联（运行报单）上加盖收货戳记。

三、国际铁路货运代理业务单证

（一）国际货协运单的性质及作用

国际货协运单即国际铁路货物联运运单，由《国际货协》参加国铁路统一制定使用，是国际铁路货物联运最重要的文件。国际货协运单是发运国铁路代表所有参加运送货物的各国铁路同发货人缔结的运送合同，它对铁路方、发收货人都具有法律效力。

国际货协运单是铁路方与货主之间的运送契约，是国际联运铁路连带责任的确认，是发货人用以银行议付货款、信用证核销的法律文件，是发货人支付铁路运费的证明文件，是进出口报关、报验、保险等手续的法律文件。

（二）国际货协运单的构成及流转

国际货协运单由5联构成：第一联是运单正本，随同货物至到达站，同第五联和货物一起交给收货人；第二联是运行报单，随货物至到达站，留存在到达路；第三联是运单副本，在发运站加盖发运章后交给发货人；第四联是货物交付单，随同货物至到达站，并留存在到达站；第五联是货物到达通知单，随同货物至到达站，并同第一联和货物一起交给收货人。另外，每一过境铁路需加制一份不带编码（运单号）的补充运行报单，由过境铁路留存。

(三) 国际货协运单的内容及填写

国际货协运单由发货人、发站、海关和铁路（发运路、过境路、到达路）负责填写。国际货协运单的工作语是中文和俄文，运单必须用工作语的一种和本国语同时填写。

1. 由发货人填写的内容

(1) 发货人：填写发货人名称或单位名称及其详细地址。

(2) 合同号：填写贸易合同号。

(3) 发站：填写发站全称，如是专用线或专用铁道，则在发站名称后加括号注明专用线和专用铁道名称。

(4) 发货人特别声明：填写到达国和通过国货运代理名称；边境口岸代理名称；如果是参加路向未参加路发货，填写国境站办理转运的代理、中途转运站收转代理以及到达站实际收货人的名称和详细地址；如修改运单，注明修改内容并签字；如运送家庭用品而不声明价格，则填写"不声明价格"并亲笔签字；如绕路运送超限货物，要填写绕行路径等。

(5) 收货人：填写收货人名称或单位名称及其详细地址。

(6) 对铁路方无约束效力的记载：发货人在本栏填写货物的相关记载，仅供收货人参考，铁路方对此不承担任何义务和责任。

(7) 通过国境站：填写发送国的出口国境站、进口国的进口国境站，如货物从中国阿拉山口口岸出境，从哈萨克斯坦多斯特科口岸进境，则填写"阿拉山口—多斯特科"。如果涉及过境国，还应填写过境国的进出口国境站，如货物从中国（二连浩特口岸）过境蒙古（扎门乌德口岸），再从蒙古（苏赫巴托口岸）出境运至俄罗斯（纳乌什基），则填写"二连浩特—扎门乌德"以及"苏赫巴托—纳乌什基"。

(8) 到达路和到站：斜线之前填写到达路简称，斜线之后填写到达站全称及代号，如"俄铁/新西伯利亚 850609"。

(9) 记号、标记、号码：填写每件货物上的标记号和集装箱上的箱标记号。

(10) 包装种类：填写货物的包装种类；集装箱货注明"集装箱"字样，并在下方以括号形式注明箱内货物包装种类。

(11) 货物名称：填写货物的名称必须符合《国际货协》的规定。

(12) 件数：填写一批货物的数量。如果是集装箱货物，注明集装箱数，并在下方以括号形式注明所有集装箱内货批总件数;如果是敞车类货车运送不盖篷布而未加封的整车货物,总件数超过100件时,不注明货物件数,只注明"堆装"字样即可;如果是整车运送小型无包装制品,也不注明货物件数,只注明"堆装"字样。

(13) 发货人确定的货物重量:填写货物的总重。集装箱货物或托盘货物,须分别填写货物重量、集装箱或托盘自重以及总重。

(14) 共计件数:大写填写货物件数或"堆装字样",集装箱货物只填写所有集装箱内货批总件数。

(15) 共计重量:大写填写货物总重量。

(16) 发货人签字:签字并加盖发货人章。

(17) 互换托盘:我国暂不办理托盘运输,本栏可不填。

(18) 种类、类型:运送集装箱货物时使用,填写集装箱种类(大吨位)及类型(20英尺或40英尺)。

(19) 所属者及号码:运送集装箱货物时使用,填写集装箱所属者(中铁箱、俄铁箱、货主自备箱)和号码(SZDU291029-8)。

(20) 发货人负责下列过境铁路费用:填写由发货人负担过境路费用的过境路简称(如俄铁),并填写由发货人委托的支付过境路费用的货运代理名称、付费编码和本车货物付费码。如发货人不负担过境路费用,则填写"无"字样。

(21) 办理种别:指整车、零担、大吨位集装箱,填写方法是划掉不属于的种别。

(22) 由何方装车:由发货人或铁路装车,不需要者划掉;如无划掉标记,视为发货人装车。

(23) 发货人添附文件:注明发货人在运单上添附的所有文件。我国外贸出口货物必须添附出口货物明细单、出口货物报关单和出口许可证(国家规定的指定商品)。如发货人未在运单上添附上述文件,则需在本栏中注明"无须添附各上述文件"。发货人还可根据货物性质及合同要求添附品质证明书、检验检疫证书、装箱单等文件。

(24) 货物的声明价格:大写,填写以瑞士法郎(1瑞士法郎=5.2元人民币)表示的货物价格。需要填写声明价格的货物有金、银、白金及其制品、宝石、贵重毛皮及其制品、摄制的电影片、画、雕像、艺术制品、古董、家庭用品。家庭用品也可以不声明价格,但必须在"发货人特别声明"栏注明"不声明价格"并签字证明。如果托运人愿意,其他货物也可声明价格。声明价格即被认为参加国际货物保价运输,需要交纳保价费用。

(25) 批号:国际货协运单号,中国铁路不采用。

2. 由海关填写的内容

(26) 海关记载:由海关记载相关事宜,并在货物报关后加盖海关监管章。

3. 由发货人或发站填写的内容

根据装车人和车辆施封人是发货人或发站,由装车人和车辆施封人填写。

(27) 车辆：填写车种、车号和车辆所属铁路简称。

(28) 标记载重：填写车辆上记载的标记载重量。

(29) 轴数：填写车辆的轴数。

(30) 自重：填写车辆上记载的自重。

(31) 封印个数与记号：封闭型货车装运后，在车门上施封。填写封印个数及记号，记号即封印印文，包括车站名称、封印号码（施封年月日）、铁路局简称（或发货人简称）。发货人委托铁路代封时，应注明"委托铁路施封字样"。

(32) 确定重量方法：注明确定货物重量的方法，如"丈量法""按标准重量""用轨道衡""用 1/10 均衡器"和"用 1/100 均衡器"等。

4. 由铁路方填写的内容

其余各栏根据填写内容由发运路、过境路和到达路填写。

四、国际铁路货物运输费用

(一) 国际铁路货物运输费用构成

国际铁路货物运输费用由发运国国内段和国外段费用构成，而国外段费用由过境国费用和到达国费用构成。表 5-7 为国际铁路货物联运费用构成图（换装作业在接方国境站进行）。

表 5-7 国际铁路货物联运费用构成图

费用构成			依照计费标准	由谁支付
发运国费用	发运国运费		按发运国铁路收费标准计收	发货人托运时支付给发运路
	发运国杂费			
过境国费用	过境国运费		按《国际铁路货物联运统一过境运价规则》计收	发货人或收货人在过境国由货运代理支付给过境路
	过境国杂费	进境换装费		
		其他杂费		
到达国费用	到达国运费		按到达国铁路收费标准计收	收货人提货时支付给到达路
	到达国杂费	进境换装费		
		其他杂费		

(二) 我国境内铁路货物运输费用计算

我国境内铁路货物运输费用计算主要依据《铁路货物运价规则》（简称《价规》）。

1. 总运费

(1) 基本运费

基本运费的计算步骤如下。

① 根据《铁路货物运输品名分类与代码表》(《价规》附件一)查找确定货物运价号。

② 根据《铁路货物运价率表》(《价规》附件二)确定货物运价率,由发到基价和运行基价构成,其中发到基价是始发站和终到站作业费率,运行基价是铁路运行中的作业费率。

③ 根据《货物运价里程表》(《价规》附件四)确定运价里程,国际铁路联运运价里程包括发站到国境站的运价里程以及国境站到国境线的里程。

④ 求计费重量:按按运车辆标记重量计算,集装箱货为箱数。

⑤ 根据运价率、运价里程和计费重量确定运费。

(2) 特殊路段运费

对于一些地方铁路、外商投资铁路、临时营业线和特殊线路,在加入国家铁路网运输后,国家和铁道部制定了特殊运价。

小提示

基本运费=(发到基价+运行基价×运价里程)×计费重量

运价里程=发站至国境站运价里程+国境站至国境线(零千米)里程

特殊路段运费=特殊路段运价×计费重量×特殊路段区段里程

总运费=基本运费+特殊路段运费

2. 杂费

杂费尾数不足 1 角时,按四舍五入处理。各项杂费凡不满一个计费单位,按一个单位处理。

(1) 铁路建设基金

凡经过国家铁路正式营业线和铁路局管辖的按《铁路货物运价规则》计费的运营临管线(不包括地方铁路和按特殊运价计费的)运输货物,均按经过的运价里程核收铁路建设基金(但免收运费的货物以及化肥、黄磷、棉花和粮食免收此费)。

(2) 电气化附加费

凡经过电气化铁路区段运输货物,均按铁路电气化区段里程征收铁路电气化附加费。

(3) 印花税

以每张货票运费的 $0.5‰$ 计算,不足一角免收,超过一角实收。

(4) 其他杂费

铁路营运杂费包括运单表格费、冷却费、长大货车使用费、集装箱使用费、取送车费、篷布使用费、机车作业费、押运人乘车费和保价费用等。

其中,保价费用是托运人办理保价运输时支付的费用。我国铁道部于 1993 年 10 月 1 日开办了国际铁路联运货物保价运输,颁布了《铁路国际联运货物保价运输办法》,规定了货物的保价范围,即出口货物从国内发站到出口国境站的运输以及进口货物从进口国境站到国内到达站的运输。

所谓保价运输,是指当货物价格高于承运人赔偿限额时,托运人在托运货物时向承运人声明货物的实际价值,并缴纳相应费用,当货物在运输过程中发生损坏时,承运人按照托运人的声明价格赔偿损失。保价费用一般按照保价金额(货物的声明价格)的3‰计算。《铁路货物运输规程》规定的铁路对承运货物的赔偿限额是:不按件数只按重量承运的货物,每吨最高赔偿100元;按件数和重量承运的货物,每吨最高赔偿2 000元;个人托运的搬家物品和行李,每10公斤最高赔偿30元。

小提示

铁路建设基金=铁路建设基金费率×计费重量×运价里程
电气化附加费=电气化附加费率×计费重量×通过电气化区段里程
印花税=运费×5‰
其他杂费=其他杂费率×计费单位
保价费用=保价金额×3‰

例5.10

上海某进出口贸易公司向俄罗斯整车出口一批货物,装运在一辆P62型铁路棚车(标记载重是60吨)中,从上海杨浦站发运,在内蒙古满洲里站换装出境。已知杨浦至满洲里的运价里程是3 343千米,其中铁路电气化区段共1 420千米,无特殊运价区段,满洲里站至国境线里程是10千米。货物声明价格为20 000元,除保价费用之外其他杂费合计900元。

经查表:货物运价号是5,发到基价和运行基价分别为11.4元/吨和0.061 2元/(吨·千米),整车货物电气化附加费率为0.012元/(吨·千米),铁路建设基金费率为0.033元/(吨·千米)。

求:我国境内铁路货物运输费用。

解:运价里程=3 343+10=3 353(千米)

计费重量=60吨

基本运费=(发到基价+运行基价×运价里程)×计费重量
　　　　=(11.4+0.061 2×3 353)×60
　　　　=12 996.2(元)

铁路建设基金=0.033×60×3 353=6 638.9(元)

电气化附加费=0.012×60×1 420=1 022.4(元)

印花税＝12 996.2×0.000 5＝6.5(元)

保价费用＝20 000×0.003＝60(元)

除报价费用之外其他杂费＝900元

杂费合计＝6 638.9＋1 022.4＋6.5＋60＋900＝8 627.8(元)

运输费用合计＝12 996.2＋8 627＝21 624(元)

例5.11

上海某进出口贸易公司向俄罗斯出口5箱20英尺集装箱货物，从上海杨浦站发运，在内蒙古满洲里站换装出境。已知杨浦至满洲里的运价里程是3 343千米，其中铁路电气化区段共1 420千米，无特殊运价区段，满洲里站至国境线里程是10千米。货物声明价格为20 000元，除保价费用之外其他杂费合计900元。

经查表：20英尺集装箱发到基价和运行基价分别为249.20元/箱和1.173 0元/(箱·千米)，整车货物电气化附加费率为0.192元/(箱·千米)，铁路建设基金费率为0.528元/(箱·千米)。

求：我国境内铁路集装箱货物运输费用。

解：运价里程＝3 343＋10＝3 353(千米)

计费重量＝5箱

基本运费＝(发到基价＋运行基价×运价里程)×计费重量

＝(249.20＋1.173 0×3 353)×5

＝20 911.3(元)

铁路建设基金＝0.528×5×3 353＝8 851.9(元)

电气化附加费＝0.192×5×1 420＝1 363.2(元)

印花税＝20 911.3×0.000 5＝10.5(元)

保价费用＝20 000×0.003＝60(元)

除报价费用之外其他杂费＝900(元)

杂费合计＝8 851.9＋1 363.2＋10.5＋60＋900＝11 185.6(元)

运输费用合计＝11 185.6＋20 911.3＝32 096.9(元)

(三) 过境国的铁路货物运输费用计算

过境国铁路货物运输费用由过境国铁路运费、换装费及其他杂费构成，其费用在接入国境站向发货人指定的过境国货运代理核收。

1. 运费计算

国际铁路联运货物过境运费计算主要依照《国际铁路货物联运统一过境运价规则》

(简称《统一货价》)。其具体计算步骤如下。

(1) 确定过境里程

在《统一货价》第 8 条"过境里程表"中分别查找货物所通过各个国家的过境里程。过境里程指从进口的国境站(国境线)到出口的国境站(国境线)或以港口站为起讫的里程。

(2) 确定运价等级和计费重量标准

通过《国际铁路货物联运通用货物品名表》(《统一货价》附件)中确定货物适用的运价等级和计费重量标准。运价等级根据货物名称及其顺序号或所属类、项确定。计费重量的确定如下:整车货物按照货物实际重量计算,但不得低于车辆装载最低计费重量标准(四轴车装载最低计费重量标准为:1 等货物 20t,2 等货物 30t)。

(3) 查找相应运价率

在《统一货价》第 9 条"过境统一货价参加路慢运货物运费计算表"中,根据运价等级和各过境运送里程,找出相应的运价率。

(4) 基本运费计算

《统一货价》对过境货物运费的计算,以整车慢运货物为基础。货物计费重量除以 100 后,再乘以其适用的运价率,即得该批货物的基本运费。

(5) 其他种别运费计算

根据货物运送的办理种别,确定其适用的加成率,并在基本运费的基础上,再加上基本运费与其适用的加成率的乘积,求得货物运费。

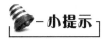

慢运整车货物运费＝货物运价率×计费重量/100

快运整车货物运费＝慢运整车货物运费×(1+100%)

随旅客列车挂运整车货物运费＝慢运整车货物运费×(1+200%)

慢运零担货物运费＝慢运整车货物运费×(1+50%)

快运零担货物运费＝慢运零担货物运费×(1+100%)

(6) 集装箱货物运费计算

慢运 20 英尺重集装箱的运费,按 1 等货物 15 吨核收,不按箱内货物的实际重量计算;30 英尺和 40 英尺集装箱运费,按 20 英尺集装箱的费率计算后,再分别加收 50% 和 100%;空集装箱运费,按相应种类重集装箱运费的 50% 核收。快运大吨位集装箱的运费,按慢运费率计算后,再加收 50%;若随旅客列车运送时,则加收 100%。

> **小提示**
>
> 慢运 20 英尺中集装箱运费＝货物运价率×15 000÷100
> 慢运 30 英尺中集装箱运费＝慢运 20 英尺中集装箱运费×(1＋50%)
> 慢运 40 英尺中集装箱运费＝慢运 20 英尺中集装箱运费×(1＋100%)
> 空集装箱运费＝重集装箱运费×50%
> 快运集装箱运费＝慢运集装箱运费×(1＋50%)
> 随旅客列车运送＝慢运集装箱运费×(1＋100%)

2. 换装费及其他杂费计算

(1) 换装费

包装货物和成件货物，每 100kg 按 1.2 瑞士法郎核收；散装和堆装货物，每 100kg 按 1.0 瑞士法郎核收；罐装货物(包括冬季加温)，每 100kg 按 0.8 瑞士法郎核收；大吨位重集装箱换装费按 68.0 瑞士法郎/箱；空集装箱按 34.0 瑞士法郎/箱核收。

(2) 更换轮对费

每轴核收 70.0 瑞士法郎。

(3) 验关费

整车货物按每批 4.0 瑞士法郎核收；大吨位集装箱货物按每箱 4.0 瑞士法郎；零担货物按每批 2.2 瑞士法郎。

(4) 固定材料费

在国境站换装货物时，由铁路供给的设备、用具和装载用的加固材料，不论车辆载重量如何，每车核收 35.1 瑞士法郎。

(5) 声明价格费

不论快运或慢运，每一过境路的声明价格费，按每 150 瑞士法郎核收 2 瑞士法郎，不满 150 瑞士法郎的按 150 瑞士法郎计算。

例 5.12

有一批 60 吨的铁管从我国天津新港进境，过境我国铁路，从二连浩特站出境运至蒙古，该批货物为慢运整车货物。经查表：天津新港至二连浩特站的过境运价里程为 993 千米，铁管为 37 类 1 级货物，运价率为 4.58 瑞士法郎/100kg。杂费包括换装费和验关费。计算该批货物通过我国铁路的过境运输费用。

解: 慢运整车货物运费＝4.58×60 000÷100＝2 748(瑞士法郎)

　　换装费＝1.2×60 000÷100＝720(瑞士法郎)

　　关费＝4.0 瑞士法郎

　　过境运输费用＝2 748＋720＋4＝3 472(瑞士法郎)

第三节　国际公路货运代理实务

一、国际公路货物运输概述

(一) 国际公路货物运输的含义及特点

1. 国际公路货物运输的含义

国际公路货物运输是指根据相关国家政府间有关协议,经过批准,通过国家开放的边境口岸和公路进行出入境的汽车运输。由于国际公路货物运输一般以汽车作为运输工具,因此国际公路货物运输也可称为国际汽车货物运输。

国际公路货物运输的起运地、目的地或约定经停地位于不同国家或地区。根据途经国家多少,分为双边汽车运输和多边汽车运输。双边汽车运输是指根据两个国家政府之间签订的汽车运输协定而进行的汽车出入境运输。多边汽车运输是指根据两个以上国家政府之间签订的汽车运输协定而进行的汽车过境运输。

2. 国际公路货物运输的特点

(1) 公路运输的一般特点

国际公路运输在运输批量、运输条件、运输时间和服务上具有较强的灵活性;运送速度较快,直达性能好,可以实现门到门运输;运输成本较高,受天气影响较大,对环境污染较大。

(2) 风险大、运作复杂

国际公路运输距离长,具有较高的风险性。由于涉及不同国家的跨境运输,对货物包装要求较高,对运输企业、运输车辆和货运代理的管理较严,并且存在出入境海关监管问题,因此整个运输的运作环节更为复杂。

(二) 国际公路货物运输的形式

1. 国际公路整车货物运输

整车货物运输指托运人一次托运货物重量在3吨或3吨以上,或虽不足3吨但其性质、体积、形状需要一辆3吨级以上货车进行运输。对于整车运输,承运人的责任期间是货物装车至货物卸车;货物品种单一、数量大、货价较低;一般采用直达的不定期运输,运输组织相对简单，运输时间相对较短；运价相对较低；通常预先签订书面运输合同。

2. 国际公路零担货物运输

零担货物运输指托运人一次托运货物重量不足3吨，需要和其他托运人货物混装运输的形式。对于零担货物运输，承运人的责任期间是发运国货运站至到达国货运站；货源不确定、货物批量小、品种繁多、质高价贵；定线、定班期发运，运输组织相对复杂，站点分散、运输时间相对较长；运价相对较低；通常以托运单或运单作为合同的证明。

3. 国际公路集装箱货物运输

公路集装箱货物运输也称集装箱汽车运输或集装箱拖车运输。集装箱拖车由牵引车和挂车两部分组成，称为集装箱牵引列车。集装箱牵引列车分为定挂运输和甩挂运输。定挂运输指牵引车和挂车不予分离的运输形式；甩挂运输指牵引车与挂车分离，并与指定的挂车结合后继续运行的运输形式。目前国际公路集装箱货物运输主要采用定挂运输，甩挂运输在欧美地区和日本等发达国家已成为主流运输方式。

(三) 国际公路货物运输许可条件

1. 国际公路运输企业的经营许可

根据我国《国际道路运输管理规定》的有关规定，省级道路运输管理机构负责实施国际公路运输经营许可。国际公路运输企业应具备下列条件：是取得"道路运输经营许可证"的企业法人；从事国内道路运输经营满三年，且近三年内未发生重大以上道路交通责任事故；驾驶人员、装卸管理人员、押运人员取得相应的从业资格；具有与其经营业务相适应并经检测合格的运输车辆；有健全的运输安全生产管理制度。

2. 国际公路运输车辆的行车许可

我国与有关国家签署的双边和多边汽车运输协定都确定了国际公路货物运输实行许可证制度。行车许可证由省级国际道路运输管理机构或授权的口岸国际道路运输机构发放和填写。行车许可证分为A、B、C及特别行车许可证，其中A、B种行车许可证用于旅客运输，C种行车许可证用于货物(含行李包裹)运输，特别行车许可证用于大型物件运输或危险货物运输。行车许可证一车一证，在规定期限内往返一次有效，车辆回国后，由口岸国际道路运输管理机构收回。

3. 国际道路货运的海关监管

从事国际公路运输经营的申请人取得"道路运输经营许可证"及许可文件后，还需要到外事、海关、检验检疫、边防检查等部门办理有关运输车辆、人员的出入境手续。根据《中华人民共和国海关关于境内道路承运海关监管货物的运输企业及其车辆、驾驶员的管理办法》以及《中华人民共和国海关修改〈关于境内道路承运海关监管货物的运输企业及其车辆、驾驶员的管理办法〉的决定》规定，从事国际公路运输经营的企业必须办理运输企业、车辆与驾驶员在海关的备案登记与年审,并且依据载货清单办理车辆出入境报关手续。

(四) 国际公路货物运输制度

目前,国际上比较通用的国际公路运输制度是《国际道路运输公约》,简称《TIR 公约》(Transport International Route)。该公约于 1959 年由联合国欧洲经济委员会(UNECE)牵头制定,其目的是为了简化和协调国际货物公路运输的海关手续,降低承运人的运输成本,有效保护货物过境国的海关税费利益。TIR 制度的基本思想是:经授权的公路运输承运人可以凭 TIR 单证在《TIR 公约》缔约方的境内内陆海关接受查验并施加关封后,在过境国和目的国边境海关无须进行开封检查,直接运往目的国内陆海关。

1. 《TIR 公约》缔约方

TIR 制度作为一种国际化公路运输制度,目前已覆盖整个欧洲、大部分美洲、中东、北非地区,缔约方达到 64 个,可以实施 TIR 制度的国家达到 54 个。与我国接壤或邻近的国家中,蒙古、韩国、日本、俄罗斯、哈萨克斯坦、塔吉克斯坦、乌兹别克斯坦、吉尔吉斯斯坦、土库曼斯坦、阿富汗都已成为缔约国,并已开展 TIR 单证运输。印度、巴基斯坦也已申请成为缔约国。我国对此正在积极的、全面的研究当中。

2. 国际担保制度

TIR 公约建立了国际担保制度,由总部设在瑞士日内瓦的国际道路运输联盟(IRU)管理,其目的是保护海关的税费利益。TIR 公约要求每一个缔约国都特许一个国家担保协会,在 TIR 证运输出现意外、产生海关税费风险并无法追究 TIR 证运输承运人责任的情况下,不论违法者是本国或外国承运人,海关都可以向本国的国家担保协会要求偿付海关税费,由国家担保协会保证先期支付海关关税及其他有关税收。国际道路运输联盟担保的最大限额是每张 TIR 单证 5 万美元,运输酒精和烟草的最大担保额度为每张 TIR 单证 20 万美元。

3. TIR 单证

作为国际海关文件,TIR 单证是 TIR 制度的执行支柱,是起运国、过境国和目的国海关监管的依据,是国际担保的法律证明文件。TIR 单证由国际道路运输联盟(IRU)根据 TIR 行政委员会的批准,向各缔约国的国家担保协会集中发放,再由国家担保协会根据其与本国承运人签署的承诺声明,向本国承运人发放。TIR 单证由承运人填写,在协会批准的时间内,自起运国海关启用,直至货物运至目的地国海关完成 TIR 证运输,TIR 单证一直有效。

4. 运输车辆及集装箱要求

为确保货物在装进车辆或集装箱并由海关加封后,在不留明显痕迹的情况下无法触及车内货物及将货物取走或更换,TIR证运输的车辆或集装箱必须符合海关监管要求和具有海关监管设置。对于不能装载在普通车辆或集装箱内的重型或大型货物,在起运地海关认为所承运货物可以很容易辨认,或可以加上海关封志和辨认标志,使之能够防止任何不露明显痕迹地替换或卸下货物的条件下,可以使用不加封的车辆或集装箱装运。

(五) 国际公路货运代理的性质

国际公路货运代理指接受发货人、收货人的委托,为其办理揽货、托运、仓储、中转、集装箱拼拆箱、运杂费结算、报关、报检、报验和短途运输服务及咨询业务的人。国际公路货运代理企业需要依法注册并在商务主管部门备案,取得国际公路货运代理资质,既可以是代理人型的货运代理,也可以是当事人型的货运代理。国际公路货运代理分为出口国发货人货运代理以及进口国收货人货运代理,而无须出入国境站货运代理和过境国货运代理。

二、国际公路货运代理业务流程

(一) 公路货运代理的一般业务流程

1. 托运

发货人(货主或货运代理)填写国际道路货物运单,并以此作为书面申请向国际公路承运人提出委托运输。承运人接到运单后,检查运单内容是否正确和符合承运要求,如审查通过,则受理托运。

2. 装车发运

对于整车货物,承运人受理托运后,发货人将货物运送(或承运人派车)至指定装车地点装车,装车时应检查货物是否与运单相符。装车完毕后,发货人向承运人支付相关运杂费,承运人向发货人签发国际道路货物运单。之后,承运人发车履行运输送货义务。对于零担货物,承运人受理托运后,发货人将货物送至指定交货地点,承运人验货司磅并接收入库。货物交接后,发货人向承运人支付相关运杂费,承运人向发货人签发货运单。之后,承运人编制配载计划,并据此安排装车发运。

3. 提取货物

对于整车货物,货物到达目的地后,承运人通知收货人(货主或货运代理)到指定收货地点提货,或承运人将货物送至指定交货地点。对于零担货物,货物到达目的地后卸车入库,整理查验完毕后通知收货人到指定地点提货或组织上门送货。货物交接时,收货人检查货物并记载货损货差情况,对有关货运事故及时做出处理。

(二) TIR 制度下国际公路货运海关流程

1. 起运国内陆海关流程

发货人填写"出口货物报关单",并随附国际公路货物运单,向起运地海关(通常为内陆海关)办理货物出口报关手续。海关根据发货人的报关单据以及承运人的 TIR 单证检查货物,符合要求后由海关对车辆或集装箱施加关封,并同时在 TIR 单证上作相应记录,保留第一联凭单并填写相应的存根;然后将 TIR 单证交还给承运人,由此开始 TIR 证运输作业。

2. 起运国出境海关流程

装载货物的 TIR 证运输车辆在离开起运国国境时,由起运国出境海关检查封志,从 TIR 单证上撕下第二联,填写相应的存根,并将撕下的凭单寄给起运地海关,或使用电子邮件等其他方式发给起运地海关,以加快审核速度;起运地海关核对收到的凭单与自己原来保存的凭单,如果出境海关没有任何反对意见或保留意见,则放行,起运地出境海关填写的存根则作为 TIR 业务在该国已经完成的凭据。

如果起运国出境海关撕下的一联凭单含有保留意见,或没有送达起运地海关,或海关因其他原因怀疑 TIR 业务,则海关有权利进行调查,即"TIR 业务例外性调查"。

3. 过境国海关流程

装载货物的 TIR 证运输车辆在途经每一个过境国时都适用与起运国相似的海关过境制度。过境国入境海关对封志进行检查,并从 TIR 单证中撕下一联凭单;过境国出境海关像起运国出境海关一样处理 TIR 凭单。通过核对过境国入境海关与出境海关所取下的两联 TIR 凭单,填写无误一致后即放行 TIR 作业;若出现异常情况,则依出境环节所述程序进行处理。

4. 到达国海关流程

若到达国入境海关同时也是目的地海关,则由入境海关填写 TIR 单证,并保存两联凭单,进行进口货物贸易清关处理。若货物入境后还需运往该国的另一海关(通常为内陆海关),则入境海关成为一个入境边境海关,执行过境环节中入境海关的类似程序;而该国境内内陆海关成为目的地海关,执行开箱查验、清关等程序。

三、国际公路货运代理业务单证

国际公路货物运单是国际公路货物运输合同的证明,是承运人接收货物或货物已装上运输工具的证明。但与海运提单不同,与航空运单和铁路联运运单相同,公路货物运单不具有物权凭证的性质,因此不能转让,抬头只能是记名收货人,货物到达目的地后承运人通知运单抬头人提货。

(一) CMR 运单

CMR 运单是《CMR 公约》下的运单。《CMR 公约》全称为《国际道路货物运输合同公约》(Convention on the Contract for the International Carriage of Goods by Road),由联合国欧洲经济委员会草拟,于 1961 年 7 月 2 日生效,其宗旨是为了统一国际公路运输单证和承运人责任。欧洲 30 多个国家以及蒙古、俄罗斯、哈萨克斯坦等国家加入了该公约,并使用 CMR 运单从事国际公路运输业务。

CMR 运单正本一式 3 份,第一份交发货人,第二份随货同行交收货人,第三份由承运人留存。当待装货物装运在不同车内,发货人或承运人有权要求对每辆车签发运单;当一辆车中装运不同种类货物或数票货物时,可以针对每种货或每票货签发运单。

(二) 我国国际道路货物运单

我国没有加入《CMR 公约》,根据我国《国际道路运输管理规定》,我国使用的国际公路货物运输单证是国际道路货物运单,由我国省级国际道路运输管理机构或其委托的口岸国际道路运输管理机构发放,一车一单,在规定期限内往返一次有效。运单文字用中文和相应国家文字印制。

国际道路货物运单一式四联,第一联由承运人留存,第二联在发运国内陆海关,第三联在发运国出境地海关,第四联随车携带。如果是过境运输,可印制六至八联的运单,供过境海关留存。图 5-3 所示为国际道路货物运单格式。

四、国际公路货物运输费用

国际公路货物运价按双边或多边出入境汽车运输协定,由两国或多国政府主管机关协商确定。我国公路货物运价主要依据《汽车运价规则》和《国际集装箱汽车运输收费规则》等相关法规。国际重点物资(如抢险、救灾、军用物资等)运输以及车辆通行费和汽车货运站服务费实行国家定价;生产资料(如化肥、农药、农膜等)运输实行国家指导价;其他货物运输实行市场调节价。下面主要介绍我国公路货物运价及运费的计算方法。

(一) 公路货物运输运价

1. 基本运价

整批货物基本运价指一吨整批普通货物在等级公路上运输的每吨千米运价;零担货物基本运价指零担普通货物在等级公路上运输的每千克千米运价;集装箱基本运价指各类标准集装箱重箱在等级公路上运输的每箱千米运价。

2. 吨(箱)次费

吨次费指对整批货物运输在计算运费的同时,以吨次为单位加收的费用;箱次费指

(CHN) 国 际 道 路 货 物 运 单   No: 000000

1. 发货人 名称_____ 国籍_____	2. 收货人 名称_____ 国籍_____
3. 装货地点 国家_____ 市_____ 街道_____	4. 卸货地点 国家_____ 市_____ 街道_____

5.货物标记和号码	6.件数	7.包装种类	8.货物名称	9.体积(m^3)	10. 毛重(kg)

11. 发货人指示	
a. 进/出口许可证号码: 从 在 海关	
b. 货物声明价值	
c. 发货人随附单证	
d. 订单或合同号	包括运费交货点
e. 其他指示	不包括运费交货点

12. 运送特殊条件	13. 应付运费			
	发货人	运费	币别	收货人
14. 承运人意见				
15. 承运人	共计			

16. 编制日期 到达装货_____时_____分 离去_____时_____分 发货人签字盖章_____ 承运人签字盖章_____	17. 收到本运单货物日期_____ 18. 到达卸货_____时_____分 离去_____时_____分 收货人签字盖章_____
19. 汽车牌号_____车辆吨位_____ 司机姓名_____拖挂车号_____ 行车许可证号_____路单号_____	20. 运输里程_____过境里程_____ 收货人境内里程_____ 共计_____
21. 海关机构记载:	22. 收货人可能提出的意见:

图 5-3 国际道路货物运单

汽车集装箱运输在计算运费的同时，以箱次为单位加收的费用。

3. 普通货物运价

普通货物实行等级计价，以一等货物为基础，二等货物加成15％，三等货物加成30％。

4. 特种货物运价

长大笨重货物运价：一级长大笨重货物在整批货物基本运价的基础上加成40％～60％；二级长大笨重货物在整批货物基本运价的基础上加成60％～80％。危险货物运价：一级危险货物在整批（零担）货物基本运价的基础上加成60％～80％；二级危险货物在整批（零担）货物基本运价的基础上加成40％～60％。贵重、鲜活货物运价：贵重、鲜活货物在整批（零担）货物基本运价的基础上加成40％～60％。

5. 集装箱运价

标准集装箱重箱运价按照不同规格的箱型的基本运价执行，标准集装箱空箱运价在标准集装箱重箱运价的基础上减成计算。非标准箱重箱运价按照不同规格的箱型，在标准集装箱基本运价的基础上加成计算，非标准集装箱空箱运价在非标准集装箱重箱运价的基础上减成计算。特种箱运价在箱型基本运价的基础上按装载不同特种货物的加成幅度加成计算。

6. 其他形式运价

特种车辆运价：按车辆的不同用途，在基本运价的基础上加成计算，特种车辆运价和特种货物运价两个价目不准同时加成使用。非等级公路货运运价：非等级公路货物运价在整批（零担）货物基本运价的基础上加成10％～20％。快速货物运价按计价类别在相应运价的基础上加成计算。

(二) 公路货物运输杂费

1. 代征代收费用

在我国，公路运输代征代收费用指政府还贷性收费公路和经营性收费公路征收的车辆通行费。车辆通行费分为按车型收费和计重收费两种方式，已安装计重设备的收费公路按重量计收，未安装计重设备的收费公路按车型计收。

2. 附加费

附加费包括货物装卸费用、人工费用、调车费、装货（箱）落空损失费、排障费、车辆处置费、检验费、装卸费、道路阻塞停车费、运输变更手续费等。如果是零担货物，还包括货物在库仓储保管费等；集装箱运输还包括查验拖车服务费、集装箱堆存费、清洗费、熏蒸费及冷藏箱预冷费等。

(三) 公路货物运输费用的计算方法

整车、集装箱货物公路运输费用由运费、总吨(箱)次费、杂费构成；零担货物公路运输由运费和杂费构成。

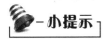小提示

整批货物运输费用＝整批货物运价×计费重量×计费里程＋吨次费×计费重量＋杂费
零担货物运输费用＝零担货物运价×计费重量×计费里程＋杂费
集装箱货物运输费用＝集装箱运价×计费箱数×计费里程＋箱次费×计费箱数＋杂费

本章小结

本章系统地讲解了国际航空、国际铁路以及国际公路货运代理的基本性质、业务流程、业务单证以及涉及的运输费用计算，其中重点是国际货运代理的基本性质、国际货运代理业务单证的性质以及航空货物运价的分类。

国际航空货运代理既可作为货主代理，也可作为货主与航空公司的双方代理；既可是代理人型的货运代理，也可以是当事人型的货运代理；分为出口国货运代理和进口国货运代理。

国际铁路货运代理只作为货主代理，而不作为承运人代理；并且只属于代理人型的货运代理，而非当事人型的货运代理；分为发运站货运代理、国境站货运代理和到达站货运代理。

国际公路货运代理一般只作为货主代理；既可以是代理人型的货运代理，也可以是当事人型的货运代理；分为出口国发货人货运代理以及进口国收货人货运代理，而无须出入国境站货运代理和过境国货运代理。

本章练习题

一、单选题

1. 航空货运单、国际货协运单和国际道路货运单与海运提单的区别是( )。
   A. 是运输合同的证明　　　　　　B. 是接收货物的收据
   C. 不具有物权凭证性质　　　　　D. 是运费结算的凭证
2. 指定商品运价的等级代码是( )，等级货物运价的等级代码是( )，普通货

物运价的等级代码是(　　),起码运价的等级代码是(　　)。
　　　A. M　　　　B. N 或 Q　　　C. S 或 R　　　D. C
3. AWC 表达的含义是(　　),SUA 表达的含义是(　　)。
　　　A. 货运单费用归承运人所有　　　B. 货运单费用归货运代理所有
　　　C. 地面运输费归承运人所有　　　D. 地面运输费归货运代理所有
4. 国际货协运单的工作语是中文和俄文,运单必须用(　　)填写。
　　　A. 工作语的一种　　　　　　　B. 工作语的一种和本国语同时
　　　C. 本国语　　　　　　　　　　D. 工作语与本国语同时
5. 设有国境站货运代理的国际货物运输方式是(　　)。
　　　A. 国际海上运输　　　　　　　B. 国际航空运输
　　　C. 国际铁路联运　　　　　　　D. 国际公路运输

二、多选题
1. 在航空货运中,下面哪些货物可以混运(　　)。
　　　A. 塑料玩具　　B. 活动物　　C. 衣服　　D. 金表
2. 航空货运代理公司在接收货物时出现下列哪些问题,可以向航空公司申请开具商务事故证明(　　)。
　　　A. 纸箱开裂　　　　　　　　　B. 木箱上防震、防倒置标志泛红
　　　C. 无包装货物金属管折弯　　　D. 木箱完好,内部机器无法使用
3. 航空货物运输费用包括(　　)。
　　　A. 运费　　　　　　　　　　　B. 附加费
　　　C. 声明价值附加费　　　　　　D. 地面运费
4. 航空集中托运的文件包括(　　)。
　　　A. 分运单　　　　　　　　　　B. 主运单
　　　C. 集中托运货物舱单　　　　　D. 识别标签

三、填空题
1. 在办理集中托运业务时,由航空货运代理签发的航空运单称为_____。
2. 国际航空货运单承运人留存联是_____色,收货人留存联是_____色,托运人留存联是_____色,货运代理留存联是_____色。
3. 我国境内铁路货物运输费用计算主要依据_____,国际铁路联运货物过境运费计算主要依照_____。
4. 国际公路货物运输的起运地、目的地或约定经停地位于不同国家或地区。根据途经国家多少,分为双边汽车运输和_____汽车运输。

四、问答题

1. 简述国际铁路联运的承运范围。
2. 简述普通货物航空运费的计算步骤。
3. 简述等级货物航空运费的计算步骤。
4. 简述指定商品航空运费的计算步骤。
5. 简述既是指定商品又是等级货物的航空运费的计算步骤。
6. 论述 TIR 制度的基本思想。
7. 简述国际铁路联运运输费用的计算方法。
8. 简述国际公路货物运输费用的构成。

五、计算题

求国际航空货物运费并填表。

Routing：BEIJING,CHINA(BJS)to OSAKA,JAPAN(OSA)

Commodity：Fresh Oranges

Gross Weight：each 92.6kg total 2 pieces

Dimensions：2 pieces×120cm×80cm×60cm

公布运价如下：

	KGS	CNY
	M	230
	N	37.51
	45	28.13
	200	25.42
0008	300	18.80

No.of Pieces RCP	Gross Weight	kg lb	Rate Class		Chargeable Weight	Rate/ Charge	Total	Nature and Quantity of Goods (incl.Dimensions or Volume)
			Commodity Item No					

六、实训题

1. 如果你是一名国际航空运输货运代理,试解释航空货运单的内容条款。
2. 如果你是一名国际铁路运输货运代理,试解释国际货协运单的内容条款。

第六章 国际多式联运实务

【知识目标】

1. 掌握国际多式联运的特点和种类、经营人的含义和类型、业务流程和单据流转。
2. 了解国际多式联运单一运费率的构成和制定策略。
3. 了解国际多式联运经营人应具备的条件和赔偿责任。

【技能目标】

1. 能够进行国际多式联运的组织与运作。
2. 能够进行国际多式联运单据的填制。

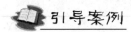 引导案例

国际多式联运合同纠纷案[①]

2017年8月1日,广东省某农用机械厂与某国际多式联运公司签订了一份水陆联运合同,将一批农用机器从广州港托运出发,运至荷兰鹿特丹港,并在鹿特丹港中转火车,运至荷兰内陆某火车站。合同约定,由该国际多式联运公司负责货物包装。

货物于11月6日到达目的地,提货时收货人发现有两台机器损坏。经查,机器损坏是在目的地火车站卸货时,包装托木折断致使货物脱落。于是收货人向多式联运公司提出赔偿请求。但多式联运公司以货物损坏是铁路站装卸不当导致为由,拒绝赔付。

双方协商未果,收货人将多式联运公司作为被告向法庭起诉,请求赔偿两台机器损失费用20 000元。

---

① 资料来源:卢永真.运输合同[M].北京:中国民主法制出版社,2003.

审判结果:

多式联运经营人全额赔偿收货人 20 000 元。

案例分析:

本案例的关键点在于国际多式联运经营人具有对货物全程负责的特点。只要货物损坏是在多式联运经营人责任范围内,那么不管是分承运人责任造成还是多式联运经营人自身原因造成,多式联运经营人都有义务赔偿货物损失。

至于本案例货物损失是由火车站造成,多式联运经营人可以根据与其签订的分合同向其追偿。那么多式联运经营人具有哪些特点?其业务流程及业务单证是什么?其赔偿责任是什么?本章将予以介绍与讲解。

第一节 国际多式联运概述

国际多式联运(multimodal transport)把国际海上运输、航空运输、公路运输、铁路运输等多种运输方式有机结合并实现优势互补,为客户提供一站式的门到门运输服务,是国际货物运输组织形式上的创新。国际多式联运业务最早出现在 20 世纪 60 年代中期的美国,后来随着集装箱的广泛应用而在美洲、欧洲、亚洲、非洲等地区普遍推广。国际多式联运业务的开展为国际物流的快速发展奠定了坚实的基础。

一、国际多式联运的特点及优越性

根据 1980 年《联合国国际货物多式联运公约》的规定,国际多式联运是指由国际多式联运经营人按照多式联运合同,以两种或两种以上不同的运输方式,将货物从一国境内接管货物的地点运至另一国境内指定交付货物的地点。

(一) 国际多式联运的特点

1. 必须是跨国境运输

多式联运按照运输范围分为国内多式联运和国际多式联运,国内多式联运的起迄点在同一个国家;而国际多式联运的起迄点必须在两个不同的国家,即跨国境的联合运输。

2. 必须是不同运输方式下的连续运输

多式联运必须使用两种或两种以上不同的运输工具,并且必须是不同运输方式下的连续运输。同一种运输工具的联运,如铁路转铁路运输或船转船运输,只能称为国际铁路联运或海海联运,而不能称为国际多式联运。

3. 国际多式联运经营人对货物全程负责

国际多式联运经营人是国际多式联运的组织者和主要承担者,以当事人的身份负责将货物从接管地点一直运到指定交付地点，必须对各分程运输环节、分程运输之间的转运和储存环节全权负责，即在接管货物后，不论货物在哪一个运输环节发生灭失或损坏都要直接承担赔偿责任，而不能借口把某一个运输环节委托给其他分承运人而不负责任。

4. 签订一份国际多式联运合同

在国际多式联运业务中，货主必须与国际多式联运经营人签订国际多式联运合同，以书面形式明确双方的权利和义务。需要注意的是，货主只需要与国际多式联运人签订一份多式联运合同即可，而不需要与实际分程承运人签订分合同，与分程承运人签订分合同的是国际多式联运经营人。

5. 一次托运、一份运单、一次计费

托运人只需向国际多式联运经营人进行一次托运，并从多式联运经营人处获得一份多式联运运单，并进行一次运费计收；而无须向多个分程承运人分别托运，也不必向不同分程承运人分别计费和换取运单。

6. 一般为集装箱运输

国际多式联运涉及多种运输方式之间的转运，为提高转运效率和质量，集装箱的应用是必然选择，因此国际多式联运以集装箱运输为主，包括整箱货运输以及拼箱货运输。除涉及航空运输时需要换装航空集装箱外，货物在其他运输方式之间转运时无须换装。

(二) 国际多式联运的优越性

1. 实现合理化运输

国际多式联运可以利用各种运输方式的经济特点实现合理运输，如海上运输、铁路运输运价低、时间长，而航空运输时间短、运价高，则海空联运、铁空联运既可以弥补海、铁运输时间长的缺点，又可以弥补航空运输运价高的弊端，从而寻求最佳结合点实现货物的合理运输。

2. 实现门到门运输

国际物流的主要运输方式是国际海上运输和国际航空运输，但这两种运输方式无法实现现代物流要求的"门到门"运输，若将公路运输与海上运输或航空运输有机结合，形成海公联运或空公联运，则可以把货物从发货人仓库或工厂运至收货人仓库或工厂，从而实现"门到门"运输。

3. 缩短运输时间、提高货运质量

国际多式联运主要以集装箱作为运载单元，在货物中途转运中无须拆箱卸载，大大减少了转运时间，并降低了货损货差和偷窃丢失事故，从而提高了运输效率并保证了货运质量。另外，在各转运点负责货物交接的是国际多式联运经营人的分支机构，其具有较强的沟通协调能力,能够最大限度地保证货物的无缝连续和连续运输,从而减少等待时间。

4. 简化手续、降低成本

国际多式联运是一次托运、一份运单、一次计费,简化了托运手续、制单手续和结算手续,从而节约了由此产生的成本;同时使用集装箱运输可以减少货物外包装材料及相关费用,并且货运质量的提高可以减少某些保险费用;另外货物装箱或装上一程运输工具后即可取得多式联运提单进行结汇,有利于加快货物资金周转,减少利息损失。

二、国际多式联运的种类

(一) 海陆联运

海陆联运是国际多式联运的主要形式,是远东至欧洲重要的运输组织形式。海陆联运以海运为主,多式联运经营人一般为航运公司。海陆多式联运主要包括海铁联运、海公联运、火车轮渡和滚装运输等。海铁联运具有快速、安全、运能大、成本低等突出优势,成为当今国际上多式联运的重要模式。海公联运可以实现"门到门"运输,符合现代物流一体化服务的需要,是国际物流的发展趋势。

火车轮渡是一种特殊的海铁联运,是指以装载旅客或货物的火车作为一个运输单位,由火车司乘人员驾驶直接驶上、驶离船舶进行的运输。滚装运输是一种特殊的海公联运,是指以一台不论是否装载旅客或货物的机动车辆或移动机械作为一个运输单元,由托运人或者雇佣人员驾驶直接驶上、驶离船舶进行的运输。火车轮渡和滚装运输的共同特点是在不同运输方式连接时不需要换装,节省了大量的装卸时间和装卸费用。

(二) 海空联运

所谓海空联运就是把空运货物先经由船舶运至拟中转的国际机场所在港口,然后安排拖车将货物拖至拟中转的国际机场进行分拨、装板、配载后,再空运至目的地的国际多式联运形式。海空多式联运结合海运运量大、成本低和空运速度快、时间要求紧的特点,能对不同运量和不同运输时间要求的货物进行有机结合,从而实现安全、准确、迅速、经济的目标。需要注意的是,海空联运的货物通常要在航空港换入航空集装箱,但目前发达国家已出现采用大型飞机进行国际标准集装箱的海空多式联运。海空联运始于20世纪60年代,80年代获得较大发展,目前已有远东至欧洲、远东至美洲及远东至中近东、非洲、澳大利亚等航线。

(三) 陆空联运

陆空联运包括空陆空联运、陆空陆联运和陆空联运,其特点是费用适中、到货迅速、安全性强、手续简便等。目前陆空联运广泛采用"卡车航班"的运输形式,即卡车内陆运输与空运进出境航班相结合，作为飞机航班运输的补充方式。陆空联运普遍被工业发达以及高速公路较多的国际和地区采用，如欧洲、美洲和澳大利亚。

(四) 公铁联运

公铁联运集公路与铁路于一体，发挥了铁路运输准时、安全、低成本以及公路运输快速、灵活、门到门的优势，避免了铁路运输速度慢、网点少，以及公路运输费用高、交通拥堵的劣势，适合现代物流发展的要求。驼背运输是一种特殊的公铁联运方式，指将载运货物的公路拖车置于铁路平车上运输，其特点是有助于实现铁路货运与汽车货运之间的直接转移而无须换装。

(五) 陆桥运输

陆桥运输采用集装箱专用列车或卡车，把横贯大陆的铁路或公路作为中间"桥梁"，使大陆两端的集装箱海运航线与专用列车或卡车连接起来的一种连贯运输方式。

1. 西伯利亚大陆桥

西伯利亚大陆桥是目前最长的一条陆桥运输线，是指使用国际标准集装箱，将货物由远东地区海运到俄罗斯东部港口，经跨越亚欧大陆的西伯利亚铁路运至欧洲波罗的海沿岸港口、俄罗斯西部国境站或黑海沿岸港口，再分别通过海运、铁路、公路等运输方式运至欧洲各地，其联运方式包括海铁海、海铁铁和海铁公。

西伯利亚大陆桥于1971年正式确立，全长13 400千米，它大大缩短了从远东到欧洲（经苏伊士运河）的运输距离，节省了运输时间，现已成为远东至欧洲的重要运输通道。

2. 北美大陆桥

北美大陆桥是利用北美大铁路进行从远东到欧洲的"海陆海"联运，大大缩短了远东至欧洲（经巴拿马运河）的运输距离，节省了运输时间。北美大陆桥主要包括美国大陆桥、加拿大大陆桥和墨西哥大陆桥。美国大陆桥运输始于1967年，拥有连接太平洋和大西洋、连接太平洋与墨西哥湾的两条线路。

加拿大大陆桥运输于1979年开通使用，与美国大陆桥平行。随着美国大陆桥和加拿大大陆桥的成功运营，北美其他地区也开展了大陆桥运输，墨西哥大陆桥于1982年开始运营。北美大陆桥是世界上历史最悠久、影响最大、服务范围最广的陆桥运输线。

3. 新亚欧大陆桥

1990年9月，随着中国兰新铁路与哈萨克斯坦铁路接轨，连接亚欧的第二座大陆桥正式贯通，即新亚欧大陆桥。它东起我国连云港，经陇海铁路到新疆，出阿拉山口至欧洲鹿特丹，横贯西亚各国以及波兰、俄罗斯、德国、荷兰等三十多个国家和地区。

新亚欧大陆桥全线10 837千米，其开通不仅缓解了西伯利亚大陆桥的运输压力，而且缩短了运输距离；不仅给中亚地区的振兴与发展创造了新的契机，而且已成为我国中西部地区与中亚、中东和欧洲地区之间新的经济带。

> **小贴士**
>
> 我国国际多式联运的主要路线。
> (1) 我国内地—我国港口—日本港口—日本内地；
> (2) 我国内地—我国港口(包括香港地区)—美国港口—美国内地；
> (3) 我国港口—肯尼亚港口—乌干达内地；
> (4) 我国内地—我国港口(包括香港地区)—欧洲有关港口—西欧内地；
> (5) 我国内地—我国港口—科威特—伊拉克；
> (6) 我国东北地区—图们—朝鲜清津港—日本港口；
> (7) 我国港口—日本港口—澳大利亚港口—澳大利亚内地；
> (8) 我国内地—苏联西部边境—欧洲、中近东。

4. 北美小陆桥

世界上最典型的小陆桥是北美小陆桥，它主要承担从日本经北美太平洋沿岸到北美大西洋沿岸或墨西哥湾地区港口的集装箱运输，或反向承担欧洲到北美大西洋沿岸港口的集装箱运输。小陆桥运输比大陆桥"海陆海"联运缩短了一段海上运输，即"陆海"联运或"海陆"联运。美国小陆桥运输把美国西海岸和墨西哥湾连接起来，绕道巴拿马运河，节省了船舶过河的费用，缩短了运输时间。

5. 北美微型陆桥

微型陆桥运输指没有通过整条陆桥，而只利用了部分陆桥区段，是比小陆桥更短的海陆运输方式，又称为半陆桥运输。北美微型陆桥运输是经北美东、西海岸和墨西哥地区沿岸港口到美国和加拿大内陆地区的联运业务。与北美小陆桥相比，北美微型陆桥运输的交货地点在内陆，而不在沿海港口；其优势在于缩短了运输距离，节省了运输时间，简化了手续并节省了费用。

三、国际多式联运经营人的含义及分类

(一) 国际多式联运经营人的含义

据我国交通部和铁道部1997年发布的《国际集装箱多式联运管理规则》的定义：多式联运经营人是指本人或委托他人以本人的名义与托运人订立一项多式联运合同并以承运人身份承担完成此项合同责任的人。

国际多式联运经营人(multimodal transport operator, MTO)是具有双重身份的"中

间人"，一方面它以契约承运人的身份与托运人签订一份国际多式联运合同，另一方面它以托运人的身份与各分程的实际承运人签订分运输合同。

(二) 国际多式联运经营人的类型

1. 船舶运输型

经营船舶运输的船公司在开展海上运输时，可以在不拥有陆运、空运设施和工具以及场站设施的情况下，通过与陆、空承运人以及场站经营人合作的方式，扩展陆运、空运、装卸与仓储等服务，从而转型为国际多式联运经营人，从事海陆联运、海空联运等多式联运业务。

例如，中国远洋运输有限公司在远东至欧洲的海陆联运中就扮演着国际多式联运经营人的角色。这类国际多式联运经营人既是契约承运人，又是某个或几个区段的实际承运人。

2. 承运人型

承运人型国际多式联运经营人不拥有船舶，但拥有汽车、火车或飞机等运输工具。他与船舶运输为主的国际多式联运经营人一样，除了利用自己拥有的运输工具完成某些区段的实际运输外，对于自己不拥有或不经营的运输区段，通过与相关承运人订立分合同来实现运输，从而完成整个运输过程。

3. 场站经营人型

场站经营人型国际多式联运经营人不拥有任何运输工具，但拥有堆场、货运站、仓库等场站设施。他除了利用自己拥有的场站资源完成装卸、仓储服务外，还需要与相关各运输方式的分承运人订立分合同，来完成整个运输过程。

4. 代理人型

代理人型的国际多式联运经营人既不拥有船舶、汽车、火车、飞机等运输工具，也不拥有任何场站资源，而必须通过与相关承运人以及相关场站经营人合作订立分合同，来履行他与货主订立的国际多式联运合同。

四、国际多式联运经营人的基本条件

1. 具有从事国际多式联运的资格

在我国，从事国际多式联运业务的企业必须具有中华人民共和国企业法人资格。中外合资企业、中外合作企业的法人资格需要由交通运输部、铁道部共同批准。除非法律、行政法规另有规定，外商独资企业、境外企业不得从事国际集装箱多式联运业务。

2. 具有一定的资金和良好的资信

申请设立国际集装箱多式联运经营业务的注册资金不能低于一千万元人民币，而且要有良好的资信。增设经营性的分支机构时，每增设一个分支机构需要增加注册资金一百万元人民币。

3. 具有符合要求的国际多式联运单据

国际多式联运单据实行登记编号制度，凡在我国境内签发的国际多式联运单据必须报交通部、铁道部登记，并在单据右上角注明许可证编号。

4. 具备所经营国际多式联运线路的运价表

由于国际多式联运是一次计费，因此国际多式联运经营人应该制定全程运价表，并采用单一运费制。但在国际多式联运业务中，全程运费随着运输方式、运输线路以及交货方式的变化而大不相同，因此制定单一运费率较为困难。但为了提高知名度和市场竞争力，国际多式联运企业应力争制定出自己所经营路线的运价表并对外公布。

5. 具有较完整的经营网络

由于国际多式联运经营人需要对货物全程负责，因此拥有能够覆盖其业务范围、满足客户需要的经营线路和经营网络，并在所经营的各条联运线路上设有分支机构或代理尤为重要。当然，国际多式联运经营人可以通过与有关的实际承运人、场站经营人保持长期的合作关系，使他们成为自己的联运网络中相对稳定的节点。

6. 具有完备的软硬件资源

从事国际多式联运业务的人员，应掌握国际货运代理、国际多式联运、国际物流管理等基本专业知识，并根据岗位不同，具备相应的专业技能和经验；多式联运经营人应具有完善有效的管理制度，包括多式联运合同、多式联运单据、多式联运费用的制定与结算、服务质量跟踪与考核、服务作业流程控制等管理规定和管理方法；国际多式联运经营人还必须拥有先进的信息管理系统以实现运输的全程控制和实时控制。

第二节 国际多式联运业务的流程及单据

一、国际多式联运业务流程

国际多式联运经营人及其在各区段的分支机构或代理分工协作，共同完成从发货人处接收货物，与分程承运人交接货物以及将货物交付收货人的全程业务。

(一) 签订多式联运合同及分合同

1. 接受托运并订立国际多式联运合同

国际多式联运经营人根据托运人托运申请的内容以及自己所经营的运输路线的情况，判断是否能够接受托运申请。如果能够接受托运，则双方确定有关事项后，签订国际多式联运合同。

2. 制订运输计划并订立分运合同

国际多式联运经营人与托运人订立国际多式联运合同后，即制定集装箱货物的运输计划。运输计划包括运输线路的确定、运输区段的划分、各区段实际承运人的选择以及各区段衔接地点的到达和起运时间等。运输计划必须具有科学性，力求实现运输费用最小化；同时要能够根据实际情况及时调整计划，力求实现运输时间最小化。多式联运经营人按照运输计划安排各区段的运输工具，并与选定的各区段实际承运人订立分运合同。

（二）从发货人处接收货物

1. 发放空箱

国际多式联运中使用的集装箱一般应由国际多式联运经营人提供。在整箱货运输中，如果双方协议由发货人自行装箱，则多式联运经营人签发设备交接单，发货人在规定日期从指定堆场提取空箱运至装箱地点准备装箱；如果由多式联运经营人负责装箱，则由多式联运经营人将空箱从堆场运到装箱地点准备装箱。

在拼箱货运输中，由多式联运经营人将空箱运至接收货物的集装箱货运站做好装箱准备。无论谁负责装箱，装箱人均需要做好装箱计划，并填制集装箱装箱单。

2. 代理出口报关

货物出口报关可以由发货人自行办理，也可委托多式联运经营人办理。如果多式联运的第一程是海运，则在发货地海关办理报关；如果第一程是陆运，则在附近的内陆地海关办理报关。报关时所需单据与集装箱班轮运输所需单据基本一致，主要包括"出口货物报关单"、场站收据、集装箱装箱单等。

3. 货物装箱、接收货物

货物装箱一般在报关后进行，并请海关人员到装箱地点监装和办理加封事宜。若是货主自行装箱，则将集装箱货物运至双方指定地点，多式联运经营人在指定地点接收货物；若多式联运经营人负责装箱，则多式联运经营人在指定装箱地点接收货物；若是拼箱货物，则多式联运经营人在指定货运站接收货物。

4. 计收运费、签发多式联运单据

多式联运经营人接收货物后，向发货人计收运费，并向发货人签发多式联运单据。发货人凭多式联运单据向银行结汇。多式联运经营人组织各区段实际承运人、各分支机构或代理共同协调工作，完成全程各区段的运输及各区段之间的衔接工作。

（三）与分程承运人交接货物

1. 与第一程实际承运人交接货物

多式联运经营人始发站分支机构或代理向第一程实际承运人交付货物，第一程实际承运人向始发站分支机构或代理签发运单；始发站分支机构或代理将此运单寄给下一站（第二站）分支机构或代理，作为向第一程实际承运人提货的凭证。

2. 与第二程承运人交接货物

多式联运经营人第二站分支机构或代理向第二程实际承运人交付货物，第二程实际承运人向第二站分支机构或代理签发运单；第二站分支机构或代理将此运单寄给下一站（第三站）分支机构或代理，作为向第二程实际承运人提货的凭证。

依次类推，多式联运经营人目的地分支机构或代理向最后一程实际承运人提货。

(四) 向收货人交付货物

1. 通知收货人提货，签发提货单

当货物运至目的地后，多式联运经营人目的地分支机构或代理通知收货人提货；收货人需凭多式联运单据提货，目的地分支机构或代理向收货人签发提货单，即交货记录。

2. 代理进口报关

货物进口报关可以由收货人自行办理，也可委托多式联运经营人办理。进口报关单据与集装箱班轮运输基本一致，需要"进口货物报关单"、提货单和集装箱装箱单等。

3. 向收货人交付货物

收货人凭提货单到指定堆场地点提取货物。如是整箱自提，则交货地点在指定堆场地点；若委托多式联运经营人送货，则多式联运经营人将整箱运至指定交货地点交付收货人。若是拼箱货，则由多式联运经营人将整箱运至指定货运站交付收货人。

4. 还箱

整箱货在货主处拆箱，后将空箱还回堆场；拼箱货在货运站拆箱，货主提货后货运站将空箱还回堆场。

二、国际多式联运业务单据

(一) 国际多式联运单据的概念及分类

《国际多式联运公约》中指出：国际多式联运单据（multimodal transport document，MTD）是指证明多式联运合同及多式联运经营人接管货物并负责按照合同条款交付货物的单据。

国际多式联运单据一般分为可转让的和不可转让的两种形式。可转让的国际多式联运单据通常称为国际多式联运提单，一般用于第一程为海运的多式联运业务。不可转让的多式联运单据通常称为多式联运运单，一般用于第一程为陆运或空运的多式联运业务,与可转让的多式联运单据最大的区别在于不具有流通性,因此收货人一栏必须是记名的。

(二) 国际多式联运单据的性质

国际多式联运单据与海上运输提单的性质和作用基本一致。

1. 是多式联运合同的证明

从国际多式联运业务流程可见,在多式联运经营人接受托运时即与托运人签订多式联运合同。签发多式联运单据是多式联运经营人履行合同的一个环节,因此多式联运单据不是运输合同,而只是运输合同的证明。

2. 是多式联运经营人接管货物的收据

多式联运经营人向托运人签发多式联运单据,表明多式联运经营人已从托运人手中接管货物,并开始对货物负责。

3. 是收货人提取货物的凭证

收货人在目的地必须凭多式联运单据正本才能换取提货单,也就是说多式联运经营人只能把货物交付给多式联运运单持有人。

4. 是物权凭证

可转让的多式联运单据具有物权凭证的作用,托运人可凭多式联运单据向银行结汇,收货人可凭此单向多式联运经营人提货,也可以作为有价证券流通买卖、转让或办理抵押等。不可转让的多式联运单据与公路运单、铁路运单和航空运单一样,不具有物权凭证的作用。

(三) 国际多式联运单据的内容

国际多式联运单据不仅应反映出多式联运合同的内容和证明货物的情况,而且应适应不同运输方式和集装箱运输的实际需要。多式联运单据的内容是否准确、清楚、完整,对保证货物的安全运输、正常交接和责任划分具有重要的意义。

国际多式联运单据的内容包括发货人的名称和地址、收货人及通知人的名称和地址、多式联运经营人的名称和地址、多式联运经营人接管货物的日期和地点、多式联运经营人交付货物的日期(或期限)和地点、货物的品类和外表状况、运费支付方式及金额的说明、有关运输线路和转运地点的说明、签发多式联运单据的日期和地点、多式联运经营人签字以及双方商定的其他事项等。

(四) 国际多式联运单据的流转

在实际业务中,多式联运单据和各区段实际承运人运单的缮制大多由多式联运经营人在各区段的分支机构或代理负责,多式联运经营人主要充当全面控制和发布必要指示的角色。下面以"海铁公"联运为例,介绍国际多式联运单据以及各区段分程运单的流转(如图 6-1 所示)。

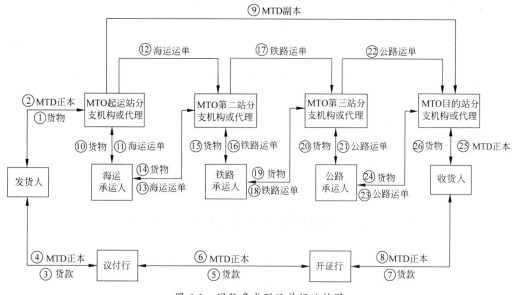

图 6-1 国际多式联运单据流转图

1. 多式联运单据的流转

多式联运经营人起运地分支机构或代理缮制并签发全程多式联运单据,一般为一式四份,一份正本,三份副本。正本交给发货人结汇,收货人付款赎单后据以向多式联运经营人目的地分支机构或代理办理提货手续。三份副本其中一份交付多式联运经营人留底;另两份寄送目的地分支机构或代理,用于核对收货人的正本单据并交付货物。

2. 海运运单的流转

多式联运经营人始发地分支机构或代理把货物交第一程海运承运人后,海运承运人向其签发以多式联运经营人或其始发地分支机构或代理为托运人、以多式联运经营人或其第二站分支机构或代理为收货人的海运运单,海运运单上应注有全程多式联运单据的号码。多式联运经营人始发站分支机构或代理在货物出运并取得运单后将其寄交多式联运经营人第二站分支机构或代理,据以向海运承运人提货。

3. 铁路运单的流转

多式联运经营人第二站分支机构或代理收到海运运单后,据以向海运承运人提取货物,并将货物交付铁路承运人。铁路承运人收到货物后,签发以多式联运经营人或其第二站分支机构或代理为托运人、以多式联运经营人或第三站分支机构或代理为收货人的铁运提单,铁路运单上应注明全程多式联运单据号码。

第二站分支机构或代理在货物出运并取得铁路运单后将其寄交多式联运经营人第三站分支机构或代理,据以向铁路承运人提货。

4. 公路运单的流转

多式联运经营人第三站分支机构或代理收到铁路运单后,据以向铁路承运人提取货物,并将货物交付公路承运人。公路承运人收到货物后,签发以多式联运经营人或其第三站分支机构或代理为托运人、以多式联运经营人或其目的地分支机构或代理为收货人的公运提单,公路运单上应注明全程多式联运单据号码。第三站分支机构或代理在货物出运并取得公路运单后将其寄交多式联运经营人目的地分支机构或代理,据以向公路承运人提货。

第三节　国际多式联运的单一运费率

单一运费率即单一运价,指单位运量(集装箱)的全程统一费率,它是国际多式联运的主要特点之一。单一运费率的制定是否合理不仅影响多式联运经营人的揽货数量,而且影响其在国际多式联运市场中的竞争地位。

但基于国际多式联运路线长、运输方式多、转运环节多、费用构成复杂、分承运人之间既有费率存在差别等,单一运费率的制定较为困难。因此多式联运经营人在制定单一运费率时应细致剖析单一运费率的构成,并灵活运用其制定策略。

一、单一运费率的构成

为了形象地反映出单一运费率的构成,下文以"公海公"联运为例进行阐述。

(一) 物流费用

根据交接方式不同,国际多式联运的物流费用构成也有所不同,具体物流费用构成如表 6-1 所示(■表示包括此项费用,□表示不包括此项费用)。

1. 内陆段公路物流费用

(1) 起点到起运港运输费用

对于整箱货物以"门"为起点,则产生由"门"到起运港码头堆场的运输费用;以堆场为起点则不产生内陆物流费用。拼箱货以"货运站"为起点,产生从集装箱货运站到起运港码头堆场的运输费用。

表 6-1　国际多式联运物流费用构成表

交接方式		内陆段公路物流费用		海运物流费用			境外段公路物流费用	
		起点到起运港运费	货运站中转费用	起运港中转费用	海上运输费用	目的港中转费用	目的港到终点运费	货运站中转费用
整箱货/整箱货	堆场/堆场	□	□	■	■	■	□	□
	堆场/门	□	□	■	■	■	■	□
	门/堆场	■	□	■	■	■	□	□
	门/门	■	□	■	■	■	■	□
整箱货/拼箱货	堆场/货运站	□	□	■	■	■	□	■
	门/货运站	■	□	■	■	■	□	■
拼箱货/整箱货	货运站/堆场	■	■	■	■	■	□	□
	货运站/门	■	■	■	■	■	■	□
拼箱货/拼箱货	货运站/货运站	■	■	■	■	■	■	■

（2）货运站中转费用

拼箱货在集装箱货运站拼装箱，由此产生集装箱存放费和拼装费以及其他站内操作费用等。整箱货不产生在货运站的中转费用。

2. 干线海运物流费用

（1）运输费用

集装箱干线海运费用指集装箱从境内起运港至境外目的港的海上运输费用。

（2）中转费用

中转费用包括在起运港产生的集装箱卸车费、集装箱堆存费、集装箱搬运费、集装箱装船费、港口使费及其他附加费等；以及在目的港产生的集装箱卸船费、集装箱堆存费、集装箱搬运费、集装箱装车费、港口使费及其他附加费等。

3. 境外段公路物流费用

（1）目的港到终点运输费用

对于整箱货以"门"为终点，则产生从目的港码头堆场到"门"的运输费用；以堆场为终点，则不产生境外段公路费用。拼箱货以"货运站"为终点，产生从目的港码头堆场至内陆货运站的运输费用。

（2）货运站中转费用

拼箱货在集装箱货运站拆箱，由此产生集装箱存放费、集装箱拆箱费及其他站内操作费用等。整箱货不产生在货运站的中转费用。

(二) 经营管理费用

1. 集装箱租赁费用

集装箱租用费指由多式联运经营人提供的集装箱的租赁费用,该项费用一般按全程预计天数包干计算,全程预计天数一般从提箱算起至还箱结束。

2. 单证管理费用

单证管理费用包括多式联运经营人及其分支机构或代理的单证成本和制单手续费用,以及多式联运经营人与货主、各分支机构或代理、实际承运人之间的单证传递费用。

3. 人员管理费用

人员管理费用包括多式联运经营人及其分支机构或代理的管理人员和业务人员的费用,包括工资、奖金、福利等。

4. 保险费用

保险费用包括多式联运经营人投保的集装箱保险费以及货物运输责任保险费。需要注意的是:货物运输保险一般由货主负责,如果委托多式联运经营人投保,则该费用应由货主负担并另行支付,一般不列入单一运费率中。对于全程运输中发生的报送手续费、申请监管运输手续费、报验手续费以及托运人委托的其他服务产生的费用,一般也应单独列出,而不包含在单一费率内。

(三) 预期利润

预期利润是指多式联运经营人预期获得的利润,一般通过费用的一定百分比来确定。预期利润的确定既要结合企业内部的经营目标等内部因素,也要考虑市场竞争、行业标准、宏观经济情况的外部因素。

二、单一运费率的制定策略

1. 成本定价与竞争定价相结合

成本定价和竞争定价是制定运价的两大基本原则。成本定价指在成本的基础上加上预期利润,即单一运费率=(物流费用+运营管理费+预期利润)/货运量。

正常的业务通常采用这种定价方法。但在货源紧张、市场竞争激烈或开辟新线路、开拓新业务的情况下,一般还需要结合竞争定价的方法,在成本定价的基础上给予一定折扣,比如,根据运量多少给予优惠或折扣,根据不同地区给予优惠或折扣,根据不同商品给予优惠或折扣,以及根据双方合作关系给予优惠或回扣等。

2. 薄利多运

在制定单一运费率时,有的业务环节可以计算利润,有的则只需计算费用而无须计算利润,也就是说不要对每一业务环节都计算利润,从而导致费率过高。尤其在市场弹性较大的情况下,运费率稍高将会导致运量的大幅下降;相反,运费率降低则会带来很大的货运量,从而可以获取较高的经济收益。

3. 其他定价策略

基于单一运费率制定的困难性,目前有的多式联运经营人从国内接收货物地点至境外目的国港口采用统一运费率,即单一费率中的费用只包括出口国国内段费用和海上费用,并向发货人收取预付费用,而从目的国港口至内陆目的地的费用另行计算并向收货人收取到付运费。在实践中,这种做法是一种可取的过渡方法。

第四节 国际多式联运经营人的赔偿责任

一、国际多式联运经营人的责任期间

国际多式联运经营人的责任期间是指多式联运经营人履行义务、承担责任的期间。根据《国际多式联运公约》的规定:国际多式联运经营人的责任期间为从接管货物时起至交付货物为止,承运人掌管货物的全部时间。国际多式联运经营人接管货物有两种形式:一是从发货人手中接收货物,这是最普遍的形式;二是根据接管货物地点所适用的法律法规,从海关、港口当局或其他第三方手中接收货物,这是比较特殊的形式。

国际多式联运经营人交付货物有三种形式:一是将货物直接交付收货人;二是根据交付货物地点所适用的法律法规,将货物交付海关、港口当局或其他第三方手中;三是按照多式联运合同的规定或交货地点的法律法规或特定的行业惯例,将货物存放在合适的地点(收货人支配之下)并发出提货通知,即视为已交付收货人。第一种形式是最常用的形式,第二、三种形式在收货人延迟提货的情况下是十分必要的,也是比较合理的。

二、国际多式联运经营人的赔偿责任基础

国际多式联运经营人的赔偿责任基础是指多式联运经营人在按多式联运合同完成全程运输(责任期间)的过程中,对发生的哪些事故应承担赔偿责任,以及按照什么原则判断是否应承担责任。

承运人的赔偿责任基础大致可分为过失责任制和严格责任制。过失责任制是指承运人因自己在执行运输合同过程中有过失,并因这些过失造成对货主或其他人的损害而承担损害的赔偿责任。过失责任制又分为完全过失责任制和不完全过失责任制。完全过失责任制是指不管承运人的过失是什么,只要发生过失并造成损害就承担责任,如海上运输的《汉堡规则》和航空运输的《海牙议定书》就采取这种责任制。不完全过失责任制是指承

运人对有的过失造成的损害承担责任,而对有的过失造成的损害不承担赔偿责任,如海上运输的《海牙规则》所规定的"对管货的过失造成的损害承担责任,对管船的过失造成的损害免责"。

严格责任制指除不可抗力造成的损失可以免责外,承运人对责任期间发生的各类损失承担赔偿责任,不管承运人是否有过失,也不管损害是否是由于过失所致。目前国际铁路、公路运输公约采取严格责任制。

《国际多式联运公约》仿照《汉堡规则》,对多式联运经营人的赔偿责任基础规定为:"国际多式联运经营人对于发生在其掌管期间内货物的灭失、损坏或延误交付的损失应承担赔偿责任。除非多式联运经营人能够证明其本人、受雇人或其代理人为避免事故的发生已采取了一切符合要求的措施。"这说明如果多式联运经营人能够证明自己无过失则可以免责;换言之,如果多式联运经营人不能证明自己无过失,则需要承担赔偿损失。并且规定中没有区分过失的性质,因此国际多式联运经营人的赔偿责任基础体现的是完全过失责任制。

三、国际多式联运经营人的赔偿责任形式

国际多式联运经营人赔偿责任形式要解决的问题是:货物在运输过程中发生灭失、损坏或延误交付,是由多式联运经营人负责还是实际承运人负责?在不同运输区段,或在不同运输方式下,是依据什么标准进行赔偿,是按照统一标准还是各区段或各运输方式所适用的法律法规的标准?

国际多式联运经营人的赔偿责任形式有责任分担制和单一责任制,其中单一责任制分为网状责任制和统一责任制,而基于统一责任制自身的局限性,《国际多式联运公约》中提出了修正的统一责任制。

(一) 责任分担制

责任分担制指多式联运经营人和各区段的实际承运人仅对自己完成区段的货物运输负责,各区段承担的赔偿责任和赔偿数额按该区段适用的法律予以确定。在这种责任形式下,没有全程统一的责任人,即多式联运经营人不承担全程运输责任,这显然与多式联运的特点不符,因此责任分担制在多式联运实践中很少被采用。

(二) 单一责任制

国际单一责任制即由单一的承运人(多式联运经营人)对货物全程负责,而各区段的实际承运人仅对自己完成的区段负责,即无论损害发生在哪种运输方式或哪一运输区段,托运人或收货人均可向多式联运经营人索赔。

1. 网状责任制

多式联运经营人对全程运输负责,而各区段的实际承运人仅对自己完成的区段负责,多式联运经营人和各区段实际承运人的赔偿责任及赔偿数额按损失发生区段适用的法律予以确定。1973年的《联运单证统一规则》、1991年的《多式联运单证规则》以及我国的《海商法》和《合同法》中都采纳这种责任制。目前大多数国家的多式联运经营人的责任形式都是网状责任制。

2. 统一责任制

多式联运经营人对全程运输负责,而各区段的实际承运人仅对自己完成的区段负责,多式联运经营人与各区段实际承运人的赔偿责任和赔偿数额,不分运输方式和区段,均按统一规定的标准进行赔偿。但由于各国家和承运人早已接受不同方式公约的规定,而统一责任制规定的责任与单一方式公约规定的责任又有所不同,因此,统一责任制在实践中很少被接受。

3. 修正统一责任制

《国际多式联运公约》规定的修正统一责任制指:多式联运经营人对全程运输负责,各区段的实际承运人仅对自己完成的区段负责,无论货损发生在哪一区段,多式联运经营人和实际承运人的赔偿责任和赔偿限额都按本公约的规定予以确定。但如果货损发生的区段所适用的国际公约或强制性法律规定的赔偿责任限额高于本公约规定的赔偿责任限额,则按照适用的国际公约或强制性法律的规定予以确定。

四、国际多式联运经营人的赔偿责任限额

多式联运经营人的赔偿责任限额指多式联运经营人在掌管货物期间对货物灭失、损害和延迟交付进行赔偿的最高限额。对于限额规定有两种形式,一是单一赔偿标准,即只规定单位重量(毛重每公斤)货物或每一货损单位(每件或每一基本运输单元)的赔偿限额;另一种是双重赔偿标准,即同时规定单位重量货物或每一货损单位的赔偿限额。

目前航空运输在《华沙公约》和《蒙特利尔议定书》中、公路运输在《国际公路货运公约》中、铁路运输在《国际铁路货运公约》中以及海运在《海牙规则》中均采用单一赔偿标准,而海运在《维斯比规则》和《汉堡规则》中则采用双重赔偿标准。国际多式联运在《国际多式联运公约》中采用的是单一赔偿标准与双重赔偿标准相结合的方式。

(一) 对灭失、损坏的货物赔偿责任限额

1. 多式联运业务包括海运或内河运输

如果多式联运业务包括海运或内河运输,如海(水)空联运、海(水)公联运或海(水)铁

联运,则采用双重赔偿标准,即多式联运经营人对每一件或每一货损单位的赔偿限额为920个特别提存权(S.D.R)或毛重每公斤2.75SDR,两者以较高为准。

2. 多式联运业务不包括海运或内河运输

如果多式联运业务不包括海运或内河运输,如公铁联运、公空联运、铁空联运,则采用单一赔偿标准,即多式联运经营人赔偿责任限额按灭失或损坏货物毛重每公斤不得超过8.33SDR计算。

(二) 对延迟交付的货物赔偿责任限额

多式联运经营人对于延迟交货造成损失的赔偿责任限额为延误交付的货物应付运费的2.5倍,但不得超过多式联运合同规定应付运费的总额。在货物灭失、损坏与延迟交付同时发生时,赔偿总额以货物全部灭失时应负的责任为限。

第五节 我国国际多式联运的发展

一、我国国际多式联运发展现状

我国从20世纪七八十年代开始从事国际多式联运,目前已开展国际多式联运路线十多条,新的路线正在不断发展中,联运形式也更为灵活多样。经过近四十年的发展,我国国际多式联运业务已取得了一定的成绩,但也存在一定的问题。

(一) 我国国际多式联运取得的成绩

1. 联运规模迅速扩张

国际集装箱运输的发展是国际多式联运发展的前提,我国港口集装箱吞吐量的持续攀升为我国国际多式联运规模的迅速扩张创造了良好的条件。从近几年的发展趋势来看,我国海铁联运量年均增长率高达30%,江海联运量增速也超过20%。

目前,我国135个水运口岸、66个陆路口岸、57个航空口岸已经开通了主要包括内地经海运往返于日本内地、美国内地、非洲内地、西欧内地、澳大利亚内地等的联运线,以及经蒙古或苏联至伊朗和往返于西、北欧各国的西伯利亚大陆桥运输线。

2. 交通设施和设备有所改善

近年来,我国"三横四纵"的铁路网络体系已发挥重要作用,"五纵七横"的高速公路国道主干线也已建成,加之亚欧大陆桥和新亚欧大陆桥的应用,我国交通基础设施大幅改善,这为我国国际多式联运的发展提供了良好的硬件基础。

另外,我国港口装备了现代化机械设施,1吨、5吨、10吨的集装箱已基本退出市场,更换为国际上通用的20英尺和40英尺标准箱。同时,新的转运技术和信息技术也开始应用,如双层集装箱班列、公铁两用拖挂车和电子通关等。物流设备的改善以及信息技术的应用为我国国际多式联运的迅速发展提供了重要的物质基础。

(二) 我国国际多式联运的运输形式

1. 公海联运是主要运输形式

受到铁路管理体制和运力的限制,我国与铁路相关的联运形式,如海铁联运和公铁联运,虽然取得了一定的发展,但总体规模较小。其他一些联运方式如空铁联运和空水联运,近年来也取得了一些发展,但总体规模很小。从我国实际的运作情况来看,公海联运仍然是多式联运主要的运输方式。

2. 大陆桥运输是特色运输形式

我国进行大陆桥运输具有天然的优势,亚欧大陆桥和新亚欧大陆桥运输线分别经满洲里和阿拉山口陆路口岸与俄罗斯及欧洲各国相连接。运距的缩短加之运速的加快,不仅使运输时间大为缩短,还使运输费用节省 20%～30%。

(三) 我国国际多式联运存在的问题

1. 管理体制不顺

国际多式联运是多种运输方式的衔接与整合,而我国目前的管理体制实行的是条块管理模式,部门间缺乏协调与配合,这大大降低了国际多式联运的效率。另外,我国税务部门制定的税率标准与多式联运的实际有所不符,这阻碍了国际多式联运单一费率的实施。

2. 铁路运力不足

据统计,全国各地每天向铁路部门申请车皮的数量近 30 万车,而铁路部门每天最大的装车能力仅为 10 万车左右,这意味着我国铁路请求车满足率总体只有 30% 左右。铁路运力不足严重阻碍了我国海铁联运的发展。

3. 缺乏统一的法规

目前,我国尚无统一的国际多式联运法规,各主管部门受行业和利益限制缺乏对多式联运的全盘考虑,制定的有关集装箱运输监管法规相互矛盾,从而使我国国际多式联运市场不能得到有效的法制管理。

4. 信息技术水平不高

尽管我国国际多式联运系统信息化建设已经开展,在港口和枢纽站已建立起实用的 EDI 系统,但是目前该系统的发展仍不平衡,而且没有普遍应用。并且,我国国际多式联运系统还没有引进先进的货物全程在线跟踪技术,港口、船公司、查验单位也没有实现数据信息共享,造成了联运环节上的信息传递滞后。

二、我国国际多式联运发展对策

1. 充分发挥政府职能

政府应充分发挥职能,引导、协调和促进我国国际多式联运的发展。国家应出台综合运输政策,鼓励和支持国际多式联运的发展。铁道部应调整铁路集装箱运价形成机制和货运运价结构,提高海铁联运的市场竞争力。

2. 理顺国际多式联运管理体制

国际多式联运的"无缝衔接"一方面体现在运输方式的连接上,另一方面体现在管理制度的衔接与各部门的配合上。因此要真正实现不同运输方式之间的无缝衔接,就要改革目前的多式联运管理制度,构建综合交通管理体制,避免多头管理,简化各部门间的联运手续。

3. 积极培育国际多式联运经营人

货运代理业从经营上推动了国际多式联运的发展,因此进一步规范货运代理业,积极培育一批国际化、规模化、专业化的国际多式联运经营人,并支持其构建国际化的多式联运网络是国际多式联运成功运作的关键,有利于促进多式联运的健康发展。具体来讲,建议船公司、铁路、港口、公路、贸易等相关企业携手联盟,集合各方资源、发挥各自优势,成立国际多式联运经营人。

4. 建立多式联运管理信息系统

通过电子信息采集、电子数据传输和电子数据交换,可以实现多式联运参与者的信息共享,从而实现整个国际多式联运系统信息的快速流动,进而提高整个国际多式联运的效率。因此,建立国际多式联运管理信息系统是我国国际多式联运快速发展的必然选择。

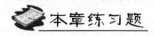
本章小结

本章重点讲解了国际多式联运的内涵和类型,国际多式联运经营人的含义、分类及基本条件,国际多式联运经营人的业务流程和业务单证,以及国际多式联运经营人的责任期间、赔偿责任基础、赔偿责任形式以及赔偿责任限额。

本章练习题

一、多选题

1. 国际多式联运的特点是什么?(　　)

　　A. 国际多式联运经营人对货物全程负责

　　B. 必须签订一份国际多式联运合同

C. 一次托运、一份运单、一次计费
D. 一般为集装箱运输

2. 多式联运经营人的类型分为( )。
   A. 船舶运输型　　　　　　　　　　B. 承运人型
   C. 场站经营人型　　　　　　　　　D. 代理人型

3. 国际多式联运经营人应具备的条件是( )。
   A. 具备国际多式联运资格　　　　　B. 具有国际多式联运单据
   C. 具备国际多式联运运价表　　　　D. 具有较完整的经营网络

4. 国际多式联运经营人的赔偿责任形式有( )。
   A. 责任分担制　　　　　　　　　　B. 网状责任制
   C. 统一责任制　　　　　　　　　　D. 修正的统一责任制

二、判断题

1. 国际多式联运经营人的责任期间为从接管货物时起至交付货物为止，承运人掌管货物的全部时间。　　　　　　　　　　　　　　　　　　　　　　　　　　（　　）

2. 在FOB价格条件下，收货人以保函形式作为到付运费的支付保证，船公司在目的港交货前，收货人还没有支付到付运费，船公司对货物行使留置权，收货人说，船公司无权对货物行使留置权。　　　　　　　　　　　　　　　　　　　　　　　（　　）

3. 托运人订舱提出："货物必须在圣诞节前30天到达目的港。"船公司同意承运并在提单上注明，但由于途中产生不合理绕航而无法按时到港，托运人提出船公司违约，应承担赔偿责任。　　　　　　　　　　　　　　　　　　　　　　　　　　　　（　　）

4. 无船承运人不是运输合同当事人。　　　　　　　　　　　　　　　　（　　）

三、简答题

1. 简述国际多式联运的业务流程。
2. 简述国际多式联运单据的流转。
3. 简述国际多式联运经营人的赔偿责任限额。
4. 简述国际多式联运单一运费率的制定策略。

四、实训题

如果你是某货运代理企业的管理者，你将从哪些方面入手开展多式联运业务？

第七章

国际物流报关实务

【知识目标】

1. 掌握报关的概念、报关单位种类、报关的随附单证、进出口报关单的填制。

2. 掌握一般进出口货物报关程序中的进出口申报实务。

3. 了解一般进出口货物报关程序中的配合查验、缴纳税费及提货与装运货物实务。

【技能目标】

1. 能够完成进出口货物报关程序的操作。

2. 能够进行进出口报关单的填制。

美国白酒进口报关

国内某公司A从美国进口白酒,经海运运至上海港。A公司委托国际货运代理B公司办理进口运输及报关、报验相关业务。国际货运代理公司换取提货单后,编制"进口货物报关单"向海关进行货物申报;海关接受申报后,货运代理向海关提交提货单、装箱单、发票、贸易合同、进口许可证等随附单证。后在海关监管区,货运代理配合海关人员查验,并在规定期限内缴纳进口关税、进口环节消费税和增值税。海关放行后,货运代理提取货物转交货主。

案例分析:

这是进口国货运代理办理进口货物报关的案例,涉及进口货物报关的基本程序,即货物申报、配合查验、缴纳税费和提取货物。在申报环节,需要填写"进口货物报关单"并递交随附单证;在缴纳税费环节,需要缴纳进口关税、进口环节增值税和消费税。那么什么是报关?如何填写"进口货物报关单"?必须递交哪些随附单证?进口税费如何计算?这些都是作为货运代理在货物进出口报关时必须掌握的专业知识,本章将予以介绍和讲解。

第一节　国际物流报关概述

一、报关的相关概念

(一) 报关与通关

国际物流是通过运输工具、货物、物品的进出境来实现。《中华人民共和国海关法》中规定：进出境运输工具、货物和物品必须通过设立海关的地点进境或出境。由设立海关的地点进出境并办理规定的海关手续是运输工具、货物、物品进出境的基本规则，也是进出境运输工具负责人、进出口货物收发货人、进出境物品所有人应履行的基本义务。

报关指进出境运输工具负责人、进出口货物收发货人、进出境物品所有人或他们的代理人向海关办理运输工具、货物、物品进出境手续及相关海关事务的过程。通关不仅包括进出境运输工具负责人、进出口货物收发货人、进出境物品所有人或他们的代理人的报关过程，还包括海关对进出境运输工具、进出口货物、进出境物品依法进行查验、征缴税费，直至核准其进出境的监督管理全过程。由此可见，报关与通关的含义既有联系又有区别。

小贴士

报关与通关的工作对象是相同的，都是进出境运输工具、进出口货物、进出境物品，但活动视角不同，报关是从被管理者角度来考察活动的，通关是从管理者角度来考察活动的；活动内容不同，报关只限于被管理者向海关办理报关对象的进出境手续，通关还包括海关对报关对象依法进行监管，批准其进出境的管理过程。

(二) 报关单位

报关单位指在海关注册登记或经海关批准，向海关办理进出口货物报关、纳税等海关事务的境内法人或其他组织。《中华人民共和国海关法》中将报关单位分为两类，即进出口货物收发货人和报关企业。

1. 进出口货物收发货人

一般来说，进出口收发货人指的是依法向国务院对外贸易主管部门或其委托的机构办理备案登记的对外贸易经营者。但对于未取得对外贸易经营者备案登记表但按照国家有关规定需要从事非贸易性进出口活动的单位，海关也视为进出口货物收发货人，如国际船舶代理企业、国家机关、学校、科研院所等组织机构，临时接受捐赠、礼品、国际援助的单位、少量货样进出境的单位以及境外企业、新闻、经贸机构、文化团体等依法在中国境内设立的常驻代表机构等。

总而言之,进出口货物收发货人是指依法直接进口或出口货物的中华人民共和国关境内的法人、其他组织或个人。进出口货物收发货人可直接向海关办理注册登记,其注册登记手续和条件比较简单;向海关注册登记后,进出口货物收发货人只能为本企业进出口货物报关,即自理报关。

2. 报关企业

报关企业指按照规定经海关准予注册登记,接受进出口货物收发货人的委托,以进出口货物收发货人的名义或者以自己的名义向海关办理代理报关业务、从事报关服务的境内企业法人。目前我国报关企业有两种类型:一类是国际货运代理企业,在经营国际货物运输代理业务的同时兼营进出口货物代理报关业务;另一类是报关公司或报关行,主营代理报关业务。这两类报关企业的报关业务都属于代理报关。代理报关分为直接代理报关和间接代理报关。直接代理报关是指报关企业以委托人的名义报关,目前我国一般都采取直接代理报关;间接代理报关指报关企业以委托人的名义报关,一般适用于经营快件业务。

基于报关服务专业性和技术性很强的特点,海关要求报关企业必须具备规定的设立条件并取得海关报关注册登记许可。报关企业设立条件为:具备境内企业法人资格;注册资本不低于人民币150万元;健全的组织机构和财务管理制度;报关员人数不少于5名;投资人、报关业务负责人、报关员均无走私记录;报关业务负责人具有5年以上从事对外贸易工作经验或者报关工作经验等。

(三) 报关员

报关员是代表企业向海关办理通关手续的人员。为改革报关人员资格管理制度,自2014年起,我国将不再举行报关员资格全国统一考试,而是由全国报关协会和各地报关协会组织行业性考试——报关员水平测试,测试依据为《报关员国家职业标准(试行)》。此外,根据海关总署发布的《海关报关单位注册登记管理规定》,海关取消报关员注册登记,改为以报关企业名义对其所属从业人员进行备案,同时取消对报关员记分考核管理,改为对报关单位报关差错进行记录。

!—小贴士

《关于印发报关员国家职业标准的通知》(劳社厅发〔2007〕25号)

各省、自治区、直辖市劳动和社会保障厅(局)、海关总署广东分署,天津、上海特派办,各直属海关、院校:根据《中华人民共和国劳动法》,劳动和社会保障部、海关总署共同制定了《报关员国家职业标准(试行)》,职业编码为 X2-06-05-01,现印发施行。

(四) 电子报关

电子报关是指进出口货物收发货人或其代理人通过计算机系统,按照《中华人民共和国海关进出口货物报关单填制规范》的有关要求,向海关传送报关单电子数据,并备齐随附单证的申报方式。

《中华人民共和国海关法》中规定:办理进出口货物的报关手续,应当采用纸质报关单和电子数据报关单的形式。一般情况下,纸质报关单和电子数据报关单同时使用,具体操作方法是:进出口货物收发货人或其代理先向海关计算机系统发送电子数据报关单;接收到海关计算机系统发送的"接受申报"电子报文后,凭以打印纸质报关单,附相关单证向海关提交。特殊情况下,纸质报关单或电子数据报关单可被单独使用。电子报关单和纸质报关单具有同等的法律效力。

> **小贴士**
>
> 电子申报和纸质申报的申报日期不完全相同。采用先电子数据报关单申报,后提交纸质报关单,或者仅以电子数据报关单方式申报的,申报日期为海关计算机系统接受申报数据时记录的日期。电子数据报关单经过海关计算机检查被退回的,视为海关不接受申报,进出口货物收发货人或其代理人应当按照要求修改后重新申报,申报日期为海关接受重新申报的日期。海关已接受申报的报关单电子数据,送入人工审核后,需要对部分内容进行修改的,进出口货物收发货人或其代理人应当按照海关规定进行修改并重新发送,申报日期仍为海关原接受申报的日期。
>
> 先纸质报关单申报,后补报电子数据,或只提供纸质报关单申报的,申报日期为海关工作人员在报关单上作登记处理的日期。

二、报关的范围及内容

1. 进出境运输工具

进出境运输工具指用以运载人员、货物、物品进出境,并在国际间运营的各种境内、境外的船舶、车辆、航空器和驮畜等。进出境运输工具报关内容是:运输工具进出境的时间、航次;运载货物基本情况;运输工具服务人员名单及自用物品、货币情况;所载旅客情况;所载邮递物品、行李情况;提交证明文件(船舶国籍证书、吨税证书、海关监管簿、签证簿)。

2. 进出境货物

进出境货物指一般进出口货物、保税货物、特定减免税货物、暂准出境货物及其他进出境货物等。进出境货物报关内容是：填制报关单；如实申报商品编码；实际成交价格；原产地及相应优惠贸易协定代码；办理提交报关单证；办理缴纳税费和退税补税事宜；办理加工贸易合同备案、变更和核销及保税监管等事宜；办理货物减免税事宜；办理货物查验、结关事宜。

3. 进出境物品

进出境物品指进出境的行李物品、邮递物品和其他物品（享有外交特权和豁免的外国机构或人员的公务用品或自用物品）。进出境物品报关的基本内容是：进出境行李物品的报关——红绿通道制度（带有绿色标志的通道适用于携运物品数量和价值均不超过免税限额，且无国家限制或禁止进出境物品的旅客；红色通道必须填写"中华人民共和国海关进出境旅客行李物品申报单"向海关提出书面申请）；进出境邮递物品的报关（进出口邮包必须由寄件人填写"报税单"，向邮包寄达国家的海关申报）。

三、报关货物的种类

(一) 一般进出口货物

一般进出口货物是指在进出境环节交纳了应征的进出口税费并办结了所有必要的海关手续，海关放行后不再进行监管，可以直接进入生产和消费领域流通的进出口货物。一般进出口货物分为一般进口货物和一般出口货物。一般进出口货物有三个特点：一是进出境时依法向海关交纳税费；二是依法向海关提交相关的进出口许可证件；三是海关放行即意味着海关手续已全部办结，海关不再监管货物，货物可直接进入生产和消费领域流通。

(二) 保税货物

保税货物指经海关批准未办理纳税手续进境，在境内储存、加工、装配后复运出境的货物，分为保税物流货物和保税加工货物。

1. 保税物流货物

保税物流货物是指经海关批准未办理纳税手续进境，在境内储存后复运出境的货物。保税物流货物在境内储存后的流向除出境外，还可以留在境内按照其他海关监管制度办理相应的海关手续。

2. 保税加工货物

保税加工货物是指经海关批准未办理纳税手续进境，在境内加工、装配后复运出境的货物，包括专为加工、装配出口产品而从国外进口且海关准予保税的原材料、零部件、元器件、包装物料、辅助材料以及用上述料件生产的成品、半成品。

(三) 特定减免税货物

经海关依法准予免税进口的用于特定地区、特定企业，有特定用途的货物。特定减免税货物有三个特征：一是特定条件下减免进口关税，二是进口申报提交进口许可证件，三是进口后在特定的海关监管期限内接受海关监管。

(四) 暂准进出境货物

暂准进出境货物包括暂准进境货物和暂准出境货物。暂准进境货物指经海关批准凭担保进境在境内使用后按规定期限原状复运出境的货物。暂准出境货物是指经海关批准凭担保出境在境外使用后按规定期限原状复运进境的货物。暂准进出境货物有四个特点：①有条件暂时免予缴纳税费，即进出境申报时不必交纳税费，但货物收发货人必须向海关提供担保；②免予提交进出口许可证件；③规定期限内按原状复运进出境，规定期限一般为6个月，经收发货人申请，海关可以根据规定延长期限；④必须在规定期限内向海关办结海关手续。

(五) 其他进出境货物

其他进出境货物包括过境货物、转运货物、通运货物、进出境快件、租赁货物、无代价抵偿货物、进出境修理货物和出料加工货物等。

1. 过境货物

过境货物是指从境外启运，在我国境内不论是否换装运输工具，通过陆路运输，继续运往境外的货物。准予过境的货物包括与我国签有过境货物协定的国家或与我国签有铁路联运协定的国家的过境货物，以及未与我国签有过境协定但经国家商务、运输主管部门批准，并向入境地海关备案后准予过境的货物。

2. 转运货物

转运货物指从境外启运，在我国境内设立海关的地点换装运输工具，不通过陆路运输，继续运往境外的货物。符合下列条件之一的可以办理转运手续：持有转运或联运提单的；进口载货清单上注明转运货物的；持有普通提单，但在卸货前向海关声明转运的；误卸下的进口货物，经承运人提供确实证件的；因特殊原因申请转运，获海关批准的。

3. 通运货物

通运货物是指从境外启运，不通过我国境内陆路运输，运进境后由原运输工具运载出境的货物。

四、报关的基本程序

由于国际货运代理的代理报关业务主要针对进出境货物,因此本节重点介绍进出境货物的报关程序。从海关对进出境货物监管的全过程来看,报关的基本程序分为三大阶段,即前期阶段、进出境阶段和后续阶段。对于一般进出口货物,只有进出境阶段,没有前期阶段和后续阶段。

(一) 前期阶段

前期阶段是指保税货物、特定减免税货物、暂准进出境货物、其他进出境货物的收发货人或其代理在货物进出境以前,向海关办理备案手续的过程。

1. 保税加工货物

保税加工货物进口之前,应当办理加工贸易备案手续,申请建立加工贸易电子账册、电子手册或者申领加工贸易纸质手册。

2. 特定减免税货物

特定减免税货物在进口之前,应当办理企业的减免税申请和申领减免税证明手续。

3. 暂准进出境货物

暂准进出境货物的展览品实际进境之前,应当办理展览品进境备案申请手续。在国际展品物流中,货运代理需要办理这一手续。

4. 其他进出境货物

其他进出境货物中的出料加工货物实际出境之前,应当办理出料加工的备案手续。

(二) 进出境阶段

进出境阶段是一般进出口货物、保税货物、特定减免税货物、暂准进出境货物和其他进出境货物的收发货人或其代理,在货物进出境时向海关办理进出口申报、配合查验、缴纳税费、提取或装运货物等手续的过程。

1. 进出口申报

进出口申报指进出口货物的收发货人或其代理在海关规定的期限内,按照海关规定的形式,向海关报告进出口货物的情况,提请海关按其申报的内容放行进出口货物的工作环节。

2. 配合查验

配合查验指申报进出口货物经海关决定查验时,进出口货物收发货人或其代理到达查验现场,配合海关查验货物,按照海关要求搬移货物、开拆包装以及重新封装货物的工作环节。

3. 缴纳税费

缴纳税费指进出口货物的收发货人或其代理接到海关发出的税费缴纳通知书后,在规定期限内,通过银行将有关税费款项缴入海关专门银行账户的工作环节。

4. 提取或装运货物

提取货物是指进口货物收货人或其代理人,在办理了进口申报、配合查验、缴纳税费等手续,海关决定放行后,凭海关加盖放行章的进口提货凭证或海关通过计算机发送的放行通知书,提取进口货物的工作环节。

装运货物是指出口货物的发货人或其代理人,在办理了进口申报、配合查验、缴纳税费等手续,海关决定放行后,凭海关加盖放行章的出口装货凭证或海关通过计算机发送的放行通知书,通知港区、机场、车站及其他有关单位装运出口货物的工作环节。

(三) 后续阶段

后续阶段是指保税货物、特定减免税货物、暂准进出境货物和部分其他进出境货物的收发货人或其代理,在货物进出境储存、加工、装配、使用、维修后,在规定的期限内,按照规定的要求,向海关办理上述货物核销、销案、申请解除监管等手续的过程。

1. 保税货物

无论是保税加工货物还是保税物流货物,都应当在规定期限内办理申请核销的手续。

2. 特定减免税货物

对于特定减免税货物,应当在海关监管期满,或在海关监管期内经海关批准出售、转让、退运、放弃并办妥有关手续后,向海关申请办理解除海关监管的手续。

3. 暂准进出境货物

对于暂准进境货物,应当在暂准进境规定期限内或经海关批准延长期限内办理复运出境手续或正式进口手续,然后申请办理销案手续;对于暂准出境货物,应当在暂准出境规定期限内或经海关批准延长期限内,办理复运进境手续或正式出口手续,然后申请办理销案手续。

4. 其他进出境货物

其他进出境货物中的出料加工货物、修理货物、部分租赁货物等,应当在规定期限内办理销案手续。

第二节 一般进出口货物报关程序

一般进出口货物报关程序仅涉及进出境阶段,这也是保税货物、特定减免税货物、暂准进出境货物和其他进出境货物报关必经的程序。本节仅以一般进出口货物为例,讲解货物报关程序中进出境阶段的四大环节,即进出境申报、配合查验、缴纳税费和提取或装运货物。

一、进出口申报

(一) 申报的含义

申报是指进出口货物收发货人、受委托的报关企业,依照《中华人民共和国海关法》以及有关法律、行政法规的要求,在规定的期限、地点,采用电子数据报关单和纸质报关单形式,向海关报告实际进出口货物的情况,并接受海关审核的行为。

(二) 申报地点

一般来说,出口货物在货物出境地海关申报,进口货物在货物进境地海关申报。

经货物收发货人申请,海关同意,出口货物可以在设有海关的货物起运地申报,进口货物可以在设有海关的货物指运地申报。

(三) 申报期限

出口货物的申报期限为货物运抵海关监管区后,装货的 24 小时之前。

进口货物的申报期限自装载货物的运输工具申报进境之日起 14 日内,如申报期限的最后一天是法定节假日或休息日,则可顺延一个工作日。经海关批准集中报关的进口货物,自装载货物的运输工具申报进境之日起 1 个月内办理申报手续。对于超过 3 个月仍未向海关申报的进口货物,由海关提取依法变卖处理;如果货物不宜长期储存,海关可以根据实际情况提前处理。

(四) 滞报金

当进口货物未在海关规定的申报期限内向海关申报,则由海关按照规定征收滞报金。进口货物滞报金按日计征,计征起始日为运输工具申报进境日起第 15 日,截止日为海关接受申报之日,起始日与截止日都计入滞报期间。起始日如果是法定节假日或休息日,则顺延至其后第一个工作日。下面有三种情况需要注意。

(1) 当进口货物收货人在向海关传送报关单电子数据申报后,未在规定期限提交纸质报关单,海关予以撤销电子数据报关单的,滞报金以运输工具申报进境之日起第 15 日为起始日,以海关重新接受申报之日为截止日计收。

(2) 当货物首次申报未通过,而撤销原电子数据报关单后重新申报产生滞报,经进口货物收货人申请并经海关审核同意,滞报金以撤销原电子数据报关单之日起第 15 日为起始日,以海关重新接受申报之日为截止日计收。

(3) 进口货物收货人在运输工具申报进境之日起超过 3 个月未向海关申报,货物由海关提取依法变卖处理后,收货人申请发还余款的,滞报金以运输工具申报进境日起第 15 日为起始日,以该 3 个月期限的最后一日为截止日计收。

(五) 申报步骤

1. 准备申报单证

准备申报单证是货物报关申报工作的第一步,是整个报关工作是否能顺利进行的关键,影响着货物是否能顺利出运或提取。申报单证主要是报关单和随附单证,准备申报单证的原则是:随附单证必须齐全、有效、合法;报关单必须真实、准确、完整;报关单和随附单证数据必须一致。

(1) 报关单

报关单是报关员按照海关规定格式填制的申报单,分为出口报关单和进口报关单。

(2) 随附单证

随附单证包括基本单证和特殊单证。基本单证包括进出口货物的货运单证和商业单据。出口货物用于报关的货运单证是装货单、国际航空货运单、国际货协运单和国际公路货运单;进口货物用于报关的货运单证是提货单、国际航空货运单、国际货协运单和国际公路货运单。进出口货物报关所用的商业单据主要是商业发票、装箱单等。特殊单证包括进出口许可证、原产地证明书、贸易合同等。

2. 申报前看货取样

申报前看货取样是针对进口货物。进口货物的收货人在向海关申报前,可向海关提出查看货物或提取货样的书面申请,海关审核通过后派员到现场监管。对于须依法提供检疫证明的货物,如动植物及其产品,进口收货人应事先取得主管部门签发的书面批准证明提取货样。同时海关派员与进口货物收货人在海关开具的取样记录和取样清单上签字确认。

3. 申报

进出口货物收发货人或其代理人将报关单内容录入海关电子计算机系统,生成电子数据报关单,一旦接收到海关发送的"接受申报"报文和"现场交单"或"放行交单"通知,即表示电子申报成功。之后 10 日内,持打印的纸质报关单,备齐随附单证并签名盖章,到货物所在地海关提交书面单证,办理相关海关手续。

海关接受货物申报后，电子数据报关单和纸质报关单不得修改或撤销，除非确有正当理由并且经海关审核批准。进出口货物收发货人或其代理人申请修改或撤销报关单的，应向海关提交"进出口货物报关单修改/撤销申请表"，并提交相应单证。若是海关发现需要进行修改和撤销，但进出口货物收发货人或其代理人未提出申请的，海关应当通知进出口货物收发货人或其代理人，由其填写"进出口货物报关单修改/撤销确认书"。对于海关已经布控、查验的，以及涉及有关案件的进出口货物报关单，在"结关"之前不得修改或撤销。

二、配合查验

(一) 配合查验的地点

海关查验是指海关为确定进出境货物收发货人向海关申报的内容是否与进出口货物的真实情况相符，或者为确定商品归类、价格、原产地等，依法对进出口货物进行实际核查的执法行为。查验地点一般在海关监管区内；不宜在监管区查验的，经进出境货物发收货人或其代理申请，海关可以派员到海关监管区外实施查验。海关查验时，进出口货物收发货人或其代理应当到场配合查验。

(二) 配合查验的时间

海关查验时间一般为海关正常工作时间内；在进出口业务繁忙的口岸，海关也可以接受进出口货物收发货人或其代理的请求，在海关正常工作时间以外查验；危险品或鲜活易腐货物或需紧急验放的货物，经进出口货物收发货人或其代理的申请，海关可以优先安排查验。

海关在决定查验时，会将查验的决定以书面通知的形式通知进出口货物收发货人或其代理，约定查验时间。进出口货物收发货人或其代理应该在约定的查验时间到场配合查验。

(三) 配合查验的注意事项

1. 了解海关查验的方式

海关查验根据查验范围分为彻底检查和抽样检查。彻底查验是对一票货物逐渐开拆包装验核货物实际状况；抽验是按照一定比例有选择地对一票货物中的部分货物验核实际状况。海关查验根据操作方式分为人工查验和设备查验。人工查验包括对货物包装、运输标志和外观等状况的外形查验以及将货物从集装箱中取出拆除外包装对货物的开箱查验。设备查验是指利用技术检查设备对货物进行查验。

另外，在特殊情况下，海关还可能对货物进行复验或径行开验。复验是指对已经查验的货物再次查验;径行开验是指海关在进出口收发货人或其代理不在场的情况下,对货物进行开拆包装查验。

小贴士

经初次查验未能查明货物的真实属性,需要对已查验货物的某些性状作进一步确认的;货物涉嫌走私违规的,需要重新查验的;进出口货物收发货人对海关查验有异议,提出复验要求并经海关同意的等情形,海关可以进行复验。

2. 了解配合查验的工作

配合查验人员需要做到:按海关要求搬移货物、开拆包装以及重新封装;预先了解货物情况,如实回答查验人员询问及提供必要资料;协助海关提取需要进一步检验、化验或鉴定的货样;查验结束后,认真阅读由查验人员填写的"海关进出境货物查验记录",如果查验记录准确无误,则签字确认;如果在查验过程中,因海关查验人员责任造成货物损坏的,可以要求海关予以赔偿。

三、缴纳税费

(一) 进口货物缴纳税费

进口货物缴纳税费包括进口关税、进口环节消费税和增值税、滞纳金和滞报金,由进口货物收货人或其代理向海关缴纳。

1. 进口关税

进口关税是由海关代表国家,按照国家制定的关税政策和公布实施的《税法》及《进出口税则》,对进境货物或物品征收的流转税。进口关税的计收主要有三种方法:一是从价税,二是从量税,三是复合税。

(1) 从价税

从价税以货物的价格作为计税标准,用货物的完税价格乘以进口从价税率作为应征税额。这是包括我国在内的大多数国家使用的主要计税方法,也是我国大多数进口货物使用的计税方法。一般来说,进口货物的完税价格即货物的 CIF 成交价格;进口从价税率根据"原产地规则"和"税率适用原则"确定。

小提示

从价税应征税额 = 货物的完税价格 × 进口从价税税率

例7.1

2010年3月1日,我国某公司从日本进口排气量为2.5升4座位本田牌小轿车15辆,成交价格总计FOB大阪200 000美元。实际运费为7 000美元,保险费用为1 000美元。计算应征进口关税。(为方便起见,汇率按1美元=人民币6元计算,下同)

解:① 进口货物的完税价格CIF:FOB+运费+保险费=200 000+7 000+1 000=208 000(美元)

② 将外币完税价格折算成人民币完税价格:208 000×6=1 248 000(元)

③ 根据原产地原则和税率适用原则确定税率:该进口货物原产国日本,适用最惠国税率25%。

④ 从价税应征税额:1 248 000×25%=312 000(元)

(2) 从量税

从量税是以货物的计量单位(如货物数量、重量、容量等)为计税标准,以每一计量单位的应征税额乘以计量单位作为总应征税额。目前我国对啤酒、胶卷、石油原油、冻鸡等进口货物按此方法征税。单位税额根据"原产地规则"和"税率适用原则"确定。

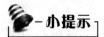

从量税应征税额=单位税额×货物数量

例7.2

2018年4月2日,我国某公司从日本进口富士胶卷20 000卷(每卷规格为长度1 180毫米,宽度35毫米)。计算应征进口关税。

解:① 根据原产地原则和税率适用原则确定税率:该进口货物原产国日本,适用最惠国税率30元/立方米。

② 确定进口货物计量单位:20 000×1 180×35/1 000 000=826(平方米)

③ 从量税应征税额:30×826=24 780(元)

(3) 复合税

复合税指对货物同时征收从价税和从量税,以从价税和从量税之和作为应收税额。目前我国对录像机、摄像机、放像机、非家用型摄录一体机及部分数字照相机等按此方法征税。

> **小提示**
>
> 复合税应征税额＝从价税应征税额＋从量税应征税额＝货物的完税价格×
> 进口从价税税率＋单位税额×货物数量

例7.3

2018年5月3日,我国某公司从日本进口摄像机50台,每台成交价格为CIF上海5 600美元。计算应征进口关税。

解：① 根据原产地原则和税率适用原则确定税率：该进口货物原产国日本,适用最惠国税率,其中从价税率为3％,单位税额为每台12 960元。

② 确定进口货物完税价格：5 600×50×6＝1 680 000(元)

③ 确定进口货物计量单位：50台

④ 复合税应征税额：1 680 000×3％＋12 960×50＝698 400(元)

2. 进口环节税

进口货物在办理海关手续放行后进入国内市场流通,其征税与国内货物同等对待,主要包括增值税和消费税。国内商品的消费税和增值税由税务机关征收,但进口环节的增值税和消费税由海关征收。

（1）进口环节增值税

增值税是对商品生产、流通加工、修理修配等各环节的增值额征收的一种税。增值税的纳税人包括在我国境内销售货物或者提供加工、修理修配劳务,以及进口货物的单位和个人。其中进口货物单位所缴纳的增值税即属于进口环节增值税。

进口环节增值税以组成价格作为计税价格,用组成价格乘以适用增值税税率计算应收税额。其中组成价格是进口货物完税价格、实征关税价格和实征消费税价格之和；增值税基本税率为17％,生活必需品(如粮食、食用植物油、自来水、煤气、石油液化气、天然气、沼气、居民用煤炭制品、暖气、冷气、热气、图书、报纸、杂志、饲料、化肥、农药等)税率为13％。进口环节增值税起征额为50元,低于50元免征。

> **小提示**
>
> 进口环节增值税＝组成价格×适用增值税税率
> 组成价格＝进口货物完税价格＋实征关税价格＋实征消费税价格

(2) 进口环节消费税

消费税是在对货物普遍征收增值税的基础上，对少数消费品再予征收的税。凡在我国境内生产、委托加工和进口应税消费品的单位和个人都应缴纳消费税。其中进口应税消费品的单位缴纳的消费税属于进口环节消费税。进口环节消费税起征额为50元，低于50元免征。

应税消费品大致分为四类：一类是过度消费会对人类健康、社会秩序、生存环境造成危害的烟、酒、鞭炮及焰火、木制一次性筷子等；二是奢侈品、非生活必需品，如贵重首饰、化妆品、高尔夫球及球具、高档手表、游艇、实木地板等；三是高能耗和高档消费品，如小汽车、摩托车、汽车轮胎等；第四类是不可再生和替代的石油类消费品，如汽油、柴油、石脑油、溶剂油、润滑油、燃料油和航空煤油等。

进口消费税的计税方法有三种，一是从价税，二是从量税，三是复合税。

① 从价税

从价税是按照组成计税价格与消费税税率之积征收。消费税税率根据商品类别确定税目税号，再查找出对应税率确定。我国大多数应税消费品按照此方法计税。

② 从量税

从量税是按照应税消费品数量与单位税额之积确定。单位税额根据商品类别确定税目税号，再查找出对应的单位税额确定。目前我国对啤酒、黄酒、汽油、柴油、石脑油、溶剂油、润滑油等征收消费税按此方法计算。

③ 复合税

复合税是从价税与从量税之和。我国对进口白酒、卷烟等实行复合计税。

> **小提示**
>
> 消费税组成计税价格＝（进口货物完税价格＋进口关税税额）/(1－消费税税率)
> 从价税应纳税额＝消费税组成计税价格×消费税税率
> 从量税应纳税额＝应税消费品数量×单位税额
> 复合税应纳税额＝消费税组成计税价格×消费税税率＋应税消费品数量×单位税额

例7.4

2010年6月4日，我国某公司进口一批货物，总成交价格为CIF青岛100 000美元。已知货物进口关税税率为8%，消费税税率为10%，增值税税率为17%。计算进口关税以及进口环节消费税和增值税。

解：① 进口关税：完税价格×关税税率＝100 000×6×8％＝48 000(元)

② 消费税组成计税价格：(进口货物完税价格＋进口关税税额)/(1－消费税税率)＝(600 000＋48 000)/(1－10％)＝720 000(元)

进口环节消费税：消费税组成计税价格×消费税税率＝720 000×10％＝72 000元

③ 增值税组成价格：进口货物完税价格＋实征关税价格＋实征消费税价格＝600 000＋48 000＋72 000＝720 000(元)

进口环节增值税：增值税组成价格×增值税税率＝720 000×17％＝122 400(元)

3. 滞纳金

进口关税、进口环节消费税及增值税的纳税人或其代理人，应当自海关填发税款缴款书之日起15日内向指定银行缴纳税款，逾期缴纳的，海关依法加收滞纳金。滞纳金是税收管理中一种行政强制措施。滞纳金的起征额为人民币50元，不足50元的免征。

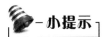

进口关税滞纳金金额＝滞纳进口关税税额×0.05％×滞纳天数

进口环节税滞纳金金额＝滞纳进口环节税税额×0.05％×滞纳天数

4. 滞报金

当进口货物未在海关规定的申报期限内向海关申报，则由海关按照规定征收滞报金。滞报金的起征点为50元人民币，计征单位为"元"，不足一元的部分免征。

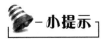

滞报金＝进口货物完税价格×0.05％×滞报期间

(二) 出口货物缴纳税费

出口货物缴纳税费包括出口关税和滞纳金，由出口货物发货人或其代理向海关缴纳。

1. 出口关税

出口关税是由海关代表国家，按照国家制定的关税政策和公布实施的《税法》及《进出口税则》，对出境货物或物品征收的流转税。出口关税税率按照《进出口税则》的出口税率征收；适用出口税率的出口货物有暂定税率的，按暂定税率征收。

当今各国为鼓励本国货物出口，纷纷削减和废止出口关税；发展中国家为增加财政收入，限制本国资源输出，仍保留出口税；我国对大部分出口货物不征收出口税，但是为了控制某些商品特别是国内紧俏资源的过度、无序出口,我国对少数商品征收出口关税。目前我国对鳗鱼苗、铅矿砂等部分有色金属矿砂石及其精矿、部分铁合金、钢铁废碎料、铜和铝原料及其制品等30种总计90个商品征收出口关税。

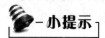

应征出口关税税额＝出口货物完税价格×出口关税税率

出口货物完税价格＝FOB/(1＋出口关税税率)

2010年7月5日,我国国内某企业出口100吨铁合金,总成交价格为FOB天津80 000美元。已知货物出口关税税率为20%。计算出口关税。

解：① 出口货物完税价格：80 000×6/(1＋20%)＝400 000(元)

② 应征出口关税税额：完税价格×关税税率＝400 000×20%＝80 000(元)

2. 滞纳金

出口货物的滞纳金是海关针对出口关税逾期缴纳而加收的税项。其征收标准与进口关税滞纳金一致。

四、提取或装运货物

1. 海关放行与货物结关

海关在进口货物提货凭证和出口货物装货凭证上加盖海关放行章,即意味着海关准予货物放行。在实行"无纸通关"的海关,海关通过计算机将决定放行的信息发送给进出口货物收发货人或其代理以及海关监管货物保管人员,即意味着准予放行。

货物结关指进出境货物办结了所有海关手续,海关不再进行监管。对于一般进出口货物,海关放行等同于货物结关。海关放行或货物结关后,进出口货物收发货人或其代理凭加盖海关放行章的凭证提取货物(进口)或装运货物(出口)。

2. 申请签发报关单证明联

进出口货物收发货人或其代理提取货物(进口)或装运货物(出口)后,如需海关签发有关货物的进出口报关单证明联的,如进口付汇证明、出口收汇证明、出口收汇核销单、出口退税证明、进口货物证明书等,可向海关提出申请。

第三节 进出口货物报关单

一、进出口货物报关单概述

1. 报关单的含义及分类

进出口货物报关单是指进出口货物的收发货人或其代理,按照海关规定的格式对进出口货物的实际情况做出的书面申请,以此要求海关对其货物按适用的海关制度办理报关手续的法律文书。进出口货物报关单按照进出口状态分为进口报关单和出口报关单,按照表现形式分为纸质报关单和电子数据报关单。

2. 报关单的构成及作用

纸质出口货物报关单一式六联,纸质进口货物报关单一式五联,其各联构成及作用如表 7-1 所示。

表 7-1 报关单的构成及用途

构成	出口货物报关单	进口货物报关单	用 途
第一联	海关作业联		报关员配合查验、缴纳税费、提取或装运货物的重要单据
第二联	海关留存联		海关查验货物、征收税费、编制海关统计等的重要凭证
第三联	企业留存联		
第四联	海关核销联		是海关办理加工贸易合同核销、结案手续的重要凭证
第五联	出口收汇证明联	进口付汇证明联	是银行和国家外汇管理部门办理售汇、收汇、付汇及核销手续的重要依据之一
第六联	出口退税证明联	无	是国家税务部门办理货物退税手续的重要凭证之一

二、进出口货物报关单的填制

(一) 报关单填制的基本要求

1. 如实申报

报关员必须依照《中华人民共和国海关法》《货物申报管理规定》和《报关单填制规范》,向海关如实申报,报关单的填写要实事求是,不能伪造。

2. 单证相符、单货相符

报关单各栏目内容必须与贸易合同、发票、装箱单、提货单或装货单等随附单据数据相符；同时，应与实际货物情况相符。

3. 准确、完整、清楚

报关单内容必须逐项填写，做到完整不漏项；必须准确填写，填错需要更正的，必须在更正项目上加盖校对章；必须清楚填写，不得用铅笔或红色复写纸填写。

4. 分单填报原则

不同批文或不同贸易合同的货物、同一批货物中不同贸易方式的货物、不同备案号的货物、不同提运单的货物、不同征免性质的货物、不同运输方式或相同运输方式但不同航次的货物等，均应分单填报。

(二) 报关单填制的主要依据

1. 发票

报关单的栏目中是依据发票内容填写的有：经营单位、收/发货单位、结汇方式、成交方式、合同协议号、唛头、商品名称、规格型号、数量与单位、原产国、单价、总价、币制等。

2. 装箱单、装货单或提运单

报关单的栏目中是依据装箱单、装货单或提货单内容填写的有：运输方式、运输工具名称、航次、提运单号、起运国/运抵国、装货港/指运港、件数、包装种类、毛重、净重、标记唛码与备注、运费、杂费等。

(三) 报关单填制的内容规范

尽管出口报关单和进口报关单内容有所差别，但很多内容的填制基本相同，因此本节将两种报关单的填制一并介绍。

1. 预录入编号与海关编号

预录入编号指预录入单位录入报关单的编码，用于申报单位与海关之间引用其申报后尚未接受申报的报关单。预录入编号由海关决定编号规则，由计算机自动打印。

海关编号指海关接受申报时给予报关单的18位顺序编号，一般与预录入编号相同，由计算机自动打印，无须手写。18位数字中前四位表示海关编号，5—8位表示海关接受申报的公历年份，第9是进出口标志，后9位数表示报关单顺序编号。

2. 出口口岸/进口口岸

报关单中出口口岸/进口口岸特指货物申报出口口岸/进口口岸的海关名称。填报时必须填写口岸海关名称及代码。海关名称与代码指国家对外公布并已编入海关"关区代码表"的海关中文名称及代码(四位码)。

若货物在上海吴淞港出口,则"出口口岸"栏填写：<u>吴淞海关 2202</u>
若货物在上海浦东港进口,则"进口口岸"栏填写：<u>浦东海关 2210</u>

3. 出口日期/进口日期

出口日期指运载所申报货物的运输工具办结手续出境的日期；进口日期指运载所申报货物的运输工具申报进境的日期。填报时,"出口日期"栏为空,免予填报,因为本栏供海关打印报关单证明联用。"进口日期"栏填写八位数日期,顺序为四位年、两位月和两位日。

若船舶申报进境日期为 2010 年 12 月 12 日,则"进口日期"栏填写：<u>2010.12.12</u>

4. 申报日期

申报日期指海关接受申报的日期,而不是报关员发出申报动作的日期。以电子数据报关单方式申报的,申报日期为海关计算机系统接受申报数据时记录的日期；以纸质报关单申报的,申报日期为海关接受纸质报关单并对报关单进行登记处理的日期。一般情况下,进口货物的申报日期不得早于进口日期；出口货物的申报日期不得晚于出口日期。

若船舶申报进境日期为 2010 年 12 月 12 日,货物申报进境日期为 2010 年 12 月 20 日,海关接受货物申报日期为 2010 年 12 月 24 日,则"申报日期"栏填写：<u>2010.12.24</u>

5. 经营单位

经营单位专指对外签订并执行进出口贸易合同的我国境内企业、单位或个人。填报时必须同时填写经营单位名称及编码,只填名称或编码都是错误的。

经营单位编码由 10 位数字构成：1、2 位为省、自治区、直辖市；3、4 位为省辖市；5 位表示经济区(1 经济特区,2 经济技术开发区,3 高兴技术产业开发区,4 保税区,5 出口加工区,6 保税港区,7 物流园区,9 其他)；6 位表示进出口企业经济类型(1 有进出口权的国有企业,2 中外合作企业,3 中外合资企业,4 外商独资企业,5 集体企业,6 私有企业,7 个体工商户,8 有报关权但没有进出口权的企业,9 其他);7—10 位为顺序。

6. 发货单位/收货单位

发货单位是指出口货物在境内的生产或销售单位,包括有外贸进出口经营权的自行从境外进口货物的单位(经营单位)和委托有外贸进出口经营权的企业进口货物的单位;收货单位是进口货物在境内的最终消费、使用单位,包括有外贸进出口经营权的自行出口货物的单位(经营单位)和委托有外贸进出口经营权的企业出口货物的单位。

由此可见,发/收货单位不一定是经营单位。如果发/收货单位是有外贸进出口经营权的自行出/进口货物的单位,则发/收货单位与经营单位一致;如果发/收货单位是委托有外贸进出口经营权的企业出/进口货物的单位,则发/收货单位与经营单位不一致。

当发/收货单位同经营单位一致时,则发/收货单位栏填报单位编码;当发/收货单位同经营单位不一致时,则发/收货单位栏填写其中文名称。

如舟山海洋渔业公司自行进口货物,则"经营单位"栏填写:舟山海洋渔业公司 3309913303,"收货单位"栏填写:3309913303。

若清华大学委托有外贸进出口经营权的佳能公司进口一批仪器,则"经营单位"栏填写:佳能公司 4404140055,"收货单位"栏填写:清华大学。

7. 运输方式

报关单中的运输方式专指海关规定的运输方式,与国际物流运输方式有所不同。填报时填写运输方式名称或代码。对于一般货物来说,海关规定的运输方式名称及代码有:江海运输 2;铁路运输 3;汽车运输 4;航空运输 5;邮递运输 6;其他运输 9(人扛、驮畜、输水管道、输油管道、输电网)。注意:出口货物按运离我国的最后一个口岸填报,进口货物按运抵我国关境的第一个口岸填报。

8. 运输工具名称

运输工具名称指运输方式对应的运输工具的种类名称或运输工具的编号。填报时写明运输工具(名称或编号)及航次号,两者之间用"/"隔开。不同运输方式下,运输工具(名称或编号)及航次号如表 7-2 所示。

表 7-2　运输工具及航次号

运输方式	运输工具(名称/编号)	航 次 号	填写举例
江海运输	船舶英文名	航次号	HANSA/HV200
铁路运输	车厢编号	进出境日期8位数字	xy01/20080901
汽车运输	车牌号	进出境日期8位数字	辽B99L99/20080802
邮政运输	邮政包裹单号	进出境日期8位数字	38902/200809022
航空运输	航班号	航次号免于填报	2939
其他运输方式	运输方式名称	航次号免于填报	人扛

9. 提运单号

提运单号指进出口货物提单或运单的编号。提单号是江海运输方式下承运人签发的提单编号；运单号是铁路运输、公路运输及航空运输方式下承运人签发的货运单编号。不同运输方式下，"提运单号"栏的填写如表 7-3 所示。

表 7-3　不同运输方式下提运单号填写方法

运 输 方 式	"提运单号"栏填写方法	有分提单或分运单时
江海运输	提单号	提单号*分提单号
铁路运输	铁路运单号	—
航空运输	航空运单号	总运单号_分运单号
汽车运输	免于填报	—
邮政运输	邮政包裹单号	—

10. 运抵国(地区)与最终目的国(地区)/起运国(地区)与原产国(地区)

在出口报关单中，运抵国是指在未与任何中间国发生任何商业性交易的情况下，货物被出口国所发往的或最后交付的国家；最终目的国指出口货物最后交付的国家。

在进口报关单中，起运国是指在未与任何中间国发生任何商业性交易的情况下，把货物发出并运往进口国的国家。原产国指进口货物的生产、开采或加工制造的国家。

出口报关单中的"运抵国(地区)"栏与"最终目的国(地区)"栏以及进口报关单中"起运国(地区)"栏与"原产国(地区)"栏，应按海关规定的《国别(地区)代码表》填报国别(地区)的中文名称或代码，非中文名称的翻译成中文名称填报。

以下两种情况，四个国别(地区)的确认有所不同。第一种情况：货物直接运抵时或中转但不发生买卖关系时，运抵国与最终目的国(地区)相同，起运国(地区)和原产国(地区)相同(如图 7-1 所示)。第二种情况：中转且发生买卖关系时，运抵国为发生买卖关系的第三国，起运国为发生买卖关系的第三国(如图 7-2 所示)。

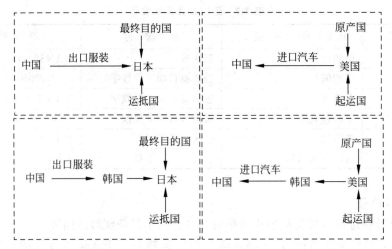

图 7-1 货物直接运抵时或中转但不发生买卖关系时的国别(地区)

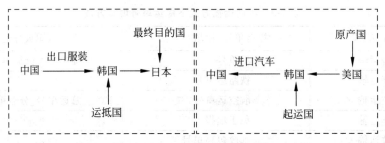

图 7-2 货物中转且发生买卖关系时的国别(地区)

11. 指运港/装货港

出口报关单中的指运港也称最终目的港,指最终卸货的港口;进口报关单上的装货港专指进口货物在运抵我国关境前的最后一个装运港。"指运港"栏和"装货港"栏填报港口中文名称或代码,非中文名称的翻译成中文名称。

以下分两种情况,指运港或装货港有所不同。第一种情况:当货物直接运抵,指运港即最终目的国的卸货港口,装货港即在原产国实际装货的港口(如图 7-3 所示)。第二种情况:当货物中转(不论中转港是否发生买卖关系)运抵,指运港仍是最终目的国卸货港,装货港不是原产国实际装货港,而是最后一个中转港(如图 7-4 所示)。

12. 境内货源地/境内目的地

出口报关单中的境内货源地指出口货物在境内的生产地或原始发货地,进口报关单中的境内目的地指进口货物在境内的消费、使用地区或最终运抵地区。填报时,此两栏均按"国内地区代码表"填写地区名称或代码。

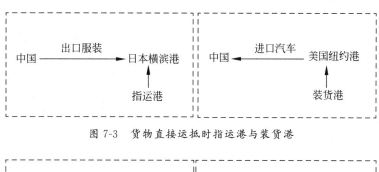

图 7-3 货物直接运抵时指运港与装货港

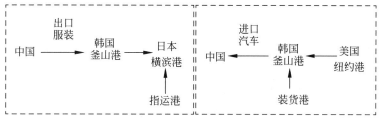

图 7-4 货物中转运抵时的指运港与装货港

13. 成交方式

这里的成交方式是中国海关规定的"成交方式代码表"中所指定的成交方式,与贸易术语中的含义并非完全相同。报关单中的 FOB、CFR、CIF 等不仅局限于水路,而是任何运输方式。此栏填写成交方式名称或代码(CIF-1、CFR-2、FOB-3、C&I-4、市场价-5)。

14. 运费、保险费、杂费

运费指报关单中所含全部货物的运费。"运费"栏的填报方法有三种。第一种:按运费率填报,即直接填报运费率的数值,运费率标记为"1"免填。第二种:按运费单价填报,填报形式是"币制代码/运费单价数值/运费单价标记"。运费单价标记为"2",表示每吨货物运费单价。常用币制代码如表 7-4 所示。第三种:按运费总价填报,填报形式为"币制代码/运费总价数值/运费总价标记"。运费总价标记为"3"。

表 7-4 常用币制代码

币制名称	币制符号	币制代码	币制名称	币制符号	币制代码
人民币	CNY	142	韩元	KRW	133
美元	USD	502	新加坡元	SGD	132
欧元	EUR	300	新西兰元	NZD	609
英镑	GBP	303	加拿大元	CAD	501
日元	JPY	116	澳大利亚元	AUD	601
港元	HKD	110	俄罗斯卢布	SUR	344
瑞士法郎	CHF	331	瑞典克朗	SEK	330

保险费指报关单中全部国际货物运输保险费用。"保险费"栏的填报方法有两种。第一种：按保费率填报，即直接填写保费率的数值，保费率标记"1"免填。第二种：按保费总价填报，填报形式是币制代码/保费总额/保费总价标记，保费总价标记为"3"。

杂费指成交价格以外的，应计入完税价格或应从完税价格中扣除的费用，如手续费、佣金、折扣等费用。应计入完税价格的杂费为正值，应从完税价格中扣除的杂费为负值。"杂费"栏有两种填报方法。第一种：按杂费率填报，即直接填入杂费率数值，杂费率标记"1"免填。第二种：按杂费总价填报，填报形式为"币制代码/杂费数值/杂费总价标记"，杂费总价标记为"3"。

!—小贴士

如运费率为 5%，则"运费"栏填报 5；
如运费单价为每吨 24 美元，则"运费"栏填报 502/24/2；
如运费总价为 700 000 美元，则"运费"栏填报 502/700000/3。
若保费率为 0.3%，则"保险费"栏填报 0.3；
若保险费总额为 9000 港元，则"保险费"栏填报 110/9000/3。
若应计入完税价格的杂费率为 1.5%，则"杂费"栏填报 1.5；
若应从完税价格中扣除的杂费率为 1%，则"杂费"栏填报 —1；
如应计入完税价格杂费总额为 500 英镑，则"杂费"栏填报 303/500/3。

15. 件数、包装种类

件数指有外包装的单件进出口货物的实际件数，货物可以单独计数的一个包装称为一件。以下有四种情况需要注意：第一种，若为裸装、散装货物，"件数"栏填报"1"；第二种，若有关单据中仅列明托盘件数，或既列明托盘件数又列明单件包装件数，则"件数"栏填报托盘件数；第三种，若有关单据仅列明集装箱个数，则"件数"栏填报集装箱个数；第四种，若有关单据既列明集装箱个数，又列明托盘件数和单件包装件数，则"件数"栏填报托盘件数。

包装种类应与件数对应，"包装种类"栏应按照"包装种类代码表"填写包装种类的名称或代码（木箱-1，纸箱-2，桶装-3，散装-4，托盘-5，包-6，裸装货物、件货、集装箱及其他-7）。若有两种包装，则"件数"栏填报总件数，"包装种类"栏填报"其他"。

!—小贴士

若为散装货物，则"件数"栏填报 1，"包装种类"栏填报散装或 4。
若有关单据载明"PACKED IN 20 CTNS"，则"件数"栏填报 20，"包装种类"栏填报纸箱或 2。

若有关单据载明"2WOODEN CASES AND 4 CTNS",则"件数"栏填报 6,"包装种类"栏填报其他或 7。

若有关单据载明"2 PALLETS 100 CTNS",则"件数"栏填报 2,"包装种类"栏填报托盘或 5。

16. 重量

重量包括毛重与净重,在装箱单、提运单中都有体现。毛重与净重以千克计,不足 1 千克填报"1";超过 1 千克非整数,小数点保留 4 位,第 5 位以后略去。

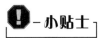

若货物毛重为 0.9 千克,则"毛重"栏填报:1;
若货物净重为 1.234 56 千克,则"净重"栏填报:1.2345。

17. 集装箱号

集装箱号是在每个集装箱体两侧标志的全球唯一编号,如 EASU9809490。其组成规则是:箱主代号(3 位字母)+设备识别号"U"+顺序号(6 位数字)+校验码(1 位数字)。

填报时应填写:"集装箱号"/"规格"/"自重"。需要注意两点:①当是非集装箱货物时,此栏填报"0";②当有多个集装箱时,此栏填报第一个集装箱,其余集装箱依次填在"标记唛码及备注"栏中。

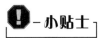

如有两个 20 英尺的自重为 2275 千克的集装箱进出口,集装箱号分别为 TEXU3605231 和 EASU9809490,则"集装箱号"栏填写:TEXU3605231/20/2275。

18. 随附单据

报关单中的"随附单据"栏,不填报发票、装箱单、装货单/提货单、贸易合同等,仅填报除进出口许可证外的其他监管证件(名称及代码如表 7-5 所示),如原产地证明等。

"随附单据"栏应填写"监管证件代码:监管证件编号"。若有多个监管证件,则其中一个写在"随附单据"栏,其他写在"标记唛码与备注"栏。以原产地证明为例,其填报方法如下。对于优惠贸易协定项下的出口货物:"随附单据"栏填报"原产地证明代码和编号"。对于优惠贸易协定项下的进口货物:若原产地证书实行联网管理,则"随附单据"栏填报"原产地证明代码:〈优惠贸易协定代码〉";若原产地证书未实行联网管理,则"随附单据"栏填报"原产地证明代码:〈优惠贸易协定代码:需证商品序号〉"。优惠贸易协定代码如表 7-6 所示。

表 7-5 监管证件代码

代码	监管证件名称	代码	监管证件名称
1	进口许可证	L	药品进出口准许证
2	两用物项和技术进口许可证	O	自动进口许可证(新旧机电产品)
3	两用物项和技术出口许可证	P	固体废物进口许可证
4	出口许可证	Q	进口药品通关单
5	纺织品临时出口许可证	S	进出口农药登记证明
6	旧机电产品禁止进口	T	银行调运现钞进出境许可证
7	自动进口许可证	W	麻醉药品进出口准许证
8	禁止出口商品	X	有毒化学品环境管理放行通知单
9	禁止进口商品	Y	原产地证明
A	入境货物通关单	Z	进口音像制品批准单或节目提取单
B	出境货物通关单	a	请审查预核签章
D	出/入境货物通关单(毛坯钻石用)	c	内销征税联系单
E	濒危物种允许出口证明书	e	关税配额外优惠税率进口棉花配额
F	濒危物种允许进口证明书	s	适用ITA税率的商品用途认定证明
G	两用物项和技术出口许可证(定向)	t	关税配额证明
H	港澳OPA纺织品证明	v	自动进口许可证(加工贸易)
I	精神药物进(出)口准许证	x	出口许可证(加工贸易)
J	金产品出口证或人总行进口批件	y	出口许可证(边境小额贸易)
K	深加工结转申请表		

表 7-6 优惠贸易协定代码

代码	优惠贸易协定	代码	优惠贸易协定
01	亚太贸易协定(曼谷协定)	05	对非洲特惠待遇
02	中国-东盟自由贸易区	06	台湾水果及农产品零关税措施
03	香港CEPA	07	中巴自贸协定
04	澳门CEPA	08	中智自贸协定

-小贴士

原产地证书实行联网管理,澳门 CEPA 项下的进口货物,"随附单据"栏填报 Y:〈04〉。

原产地证书未实行联网管理,《亚太贸易协定》项下的进口报关单中的第1、2、3、5项货物为优惠贸易项下的货物,"随附单据"栏填报 Y:〈01:1—3,5〉。

19. 生产厂家/用途

生产厂家指出口货物的境内生产企业名称,必要时本栏目手工填写。

用途指按海关规定的"用途代码表",如表7-7所示填报相应的用途名称或代码。

表 7-7 用途代码

代码	用途名称	代码	用途名称	代码	用途名称
1	外贸自营内销	5	加工返销	9	作价提供
2	特区内销	6	借用	10	货样、广告品
3	其他内销	7	收保证金	11	其他
4	企业自用	8	免费提供	13	以产顶进

20. 标记唛码及备注

标记唛码专指货物的运输标志,由一个简单的几何图形和一些字母、数字及简单的文字组成,即发票中或提运单中的"Shipping Marks"或"Marks & No"。

备注中填报多余的"集装箱号"、多余的"监管证件代码及编号"、关联报关单号、关联备案号以及其他申报时必须说明的事项。关联报关单号指与本报关单有关联的,同时在海关业务管理规范方面又要求填报的报关单的海关编号;关联备案号指与本报关单有关联的,同时在海关业务管理规范方面有要求填报的备案号。

21. 备案号

备案号指经营进出口业务的企业在向海关办理加工贸易合同备案或征、减、免税审批备案等手续时,由海关给予加工贸易手册、征免税证明或其他有关备案审批文件的编号。一份报关单只允许填报一个备案号,无备案审批的报关单,本栏目免予填报。

22. 贸易方式

报关单上的贸易方式指以国际贸易中进出口货物的交易方式为基础,结合海关对进出口货物监督管理综合设定的对进出口货物的管理方式,即海关监管方式。"贸易方式"栏填报贸易方式简称或代码如表7-8所示,代码由四位数字构成。

23. 征免性质

征免性质是指海关根据《中华人民共和国海关法》《关税条例》及国家有关政策对进出口货物实施的征、减、免税管理的性质及类别。征免性质共有40多种,填报征免性质简称或代码。征免性质简称及代码如表7-9所示。

表 7-8 贸易方式简称及代码

代码	贸易方式简称	代码	贸易方式简称	代码	贸易方式简称
110	一般贸易	715	进料非对口	3410	承包工程进口
130	易货贸易	744	进料成品减免	3422	对外承包出口
139	旅游购物商品	815	低值辅料	3511	援助物资
200	料件放弃	844	进料边角料内销	3611	无偿军援
214	来料加工	845	来料边角料内销	3612	捐赠物资
243	加工专用油	864	进料边角料复出	3910	有权军事装备
245	来料料件内销	865	来料边角料复出	3939	无权军事装备
255	来料深加工	1110	对台贸易	4019	边境小额
258	来料余料结转	1139	国轮油物料	4039	对台小额
265	来料料件复出	1200	保税间货物	4200	驻外机构运回
300	来料料件退换	1215	保税工厂	4239	驻外机构购进
320	不作价设备	1233	保税仓库货物	4400	来料成品退换
345	来料成品减免	1234	保税区仓储转口	4500	直接退运
400	成品放弃	1300	修理物品	4539	进口溢误卸
420	加工贸易设备	1427	出料加工	4561	退运货物
444	保区进料成品	1500	租赁不满一年	4600	进料成品退换
445	保区来料成品	1523	租赁贸易	5000	料件进出区
446	加工设备内销	1616	寄售代销	5015	区内加工货物
456	加工设备结转	1741	免税品	5033	区内仓储货物
466	加工设备退运	1831	外汇商品	5100	成品进出区
500	减免设备结转	2025	合资合作设备	5200	区内边角调出
513	补偿贸易	2215	三资进料加工	5300	设备进出区
544	保区进料料件	2225	外资设备物品	5335	境外设备进区
545	保区来料料件	2439	常驻机构公用	5361	区内设备退运
615	进料对口	2600	暂时进出货物	9639	海关处理货物
642	进料以产顶进	2700	展览品	9700	后续补税
644	进料料件内销	2939	陈列样品	9739	其他贸易
654	进料深加工	3010	货样广告品A	9800	租赁征税
657	进料余料结转	3039	货样广告品B	9839	留赠转卖物品
664	进料料件复出	3100	无代价抵偿	9900	其他
700	进料料件退换	3339	其他进口免费		

表 7-9 征免性质简称及代码

代码	名称	代码	名称	代码	名称
101	一般征税	418	国产化	605	勘探开发煤层气
118	整车征税	419	整车特征	606	海洋石油
119	零部件征税	420	远洋船舶	608	陆上石油
201	无偿援助	421	内销设备	609	贷款项目
299	其他法定	422	集成电路	611	贷款中标
301	特定区域	423	新型显示器件	698	公益收藏
307	保税区	499	ITA产品	789	鼓励项目
399	其他地区	501	加工设备	799	自有资金
401	科教用品	502	来料加工	801	救灾捐赠
403	技术改造	503	进料加工	802	扶贫慈善
406	重大项目	506	边境小额	888	航材减免
408	重大技术装备	510	港澳OPA	898	国批减免
412	基础设施	601	中外合资	997	自贸协定
413	残疾人	602	中外合作	998	内部暂定
417	远洋渔业	603	外资企业	999	例外减免

24. 结汇方式/征税比例

进口报关单中,"征税比例"栏现已不须填报。

出口报关单中,结汇方式是出口货物发货人或其代理人收结外汇的方式。填报时,按照"结汇方式代码表"填写相应的结汇方式名称或代码或英文缩写如表7-10所示。

表 7-10 结汇方式代码

代码	名称	英文缩写	代码	名称	英文缩写	代码	名称
1	信汇	M/T	4	付款交单	D/P	7	先结后出
2	电汇	T/T	5	承兑交单	D/A	8	先出后结
3	票汇	D/D	6	信用证	L/C	9	其他

25. 许可证号、批准文号、合同协议号

进出口许可证的编号由10位号码组成,如"06-AA-101888"。1、2位表示年份,3、4位表示发证机关(AA部级发证,AB、A特派员办事处发证,01、02代表地方发证),后六位为顺序号。批准文号指出口收汇核销单上的编号;进口货物免于填报。合同协议号即发票中的"Contract No",此栏填报合同协议的全部字头和号码,如"ABCD-1002"。

26. 项号、商品编号、商品名称、规格型号

项号是指申报货物在报关单中的商品排列序号。一张纸质报关单最多可打印 5 项商品，可另外附带 3 张纸质报关单，合计一份纸质报关单最多打印 20 项商品。一张电子报关单共有 20 栏，超过 20 项商品时必须填报另一份纸质报关单。

商品编码是指按《进出口税则》确定的进出口货物的编号，有 8 位税则号列，如"鳗鱼苗"的商品编码为 <u>0 3</u> <u>0 1</u> <u>9 2</u> <u>1 0</u>。商品名称、规格型号分两行填报，第一行填报进出口货物的中文名称（可加原文），第二行填报规格型号。一般来说，商品名称和规格型号在表中的"Description of Goods"栏描述。

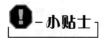

氨纶弹力丝 ELASTANE

40 DENIER TYPE 149B MERGE 17124 5KG TUBE

27. 数量及单位

"数量及单位"栏指进出口货物的实际数量和计量单位。计量单位分为海关法定计量单位和成交计量单位，海关法定计量单位又分为海关法定第一计量单位和海关法定第二计量单位。填报时分三行填报，海关法定第一计量单位及数量在第一行，海关法定第二计量单位及数量在第二行，成交计量单位及数量在第三行。

28. 单价、总价、币制、征免

单价、总价如非整数，保留小数点后 4 位，第 5 位及以后略去。币制填写币制名称或代码或符号。征免指对进出口货物进行征税、减税、免税或特案处理的实际操作方式。"征免"栏填报按照"征免方式代码表"，征免方式的名称及代码如表 7-11 所示。

表 7-11 征免方式名称及代码

代码	名　　称	代码	名　　称	代码	名　　称
1	照章征税	4	特案	7	保函
2	折半征税	5	随征免性质	8	折半补税
3	全免	6	保证金	9	全额退税

出口报关单样式与进口报关单样式分别如图 7-5 及图 7-6 所示。

中华人民共和国海关出口货物报关单

预录入编号：　　　　　　　　　　　　　　海关编号：

出口口岸	备案号	出口日期		申报日期
经营单位	运输方式	运输工具名称		提运单号
发货单位	贸易方式	征免性质		结汇方式
许可证号	运抵国（地区）	指运港		境内货源地
批准文号	成交方式	运费	保费	杂费
合同协议号	件数	包装种类	毛重（公斤）	净重（公斤）
集装箱号	随附单据			生产厂家
标记唛码及备注				
项号 商品编号 商品名称、规格型号 数量及单位 最终目的国(地区) 单价 总价 币制 征免				
税费征收情况				
录入员　　　录入单位	兹声明以上申报无讹并承担法律责任	海关审单批注及放行日期（签章）		
		审单　　　　审价		
报关员　　单位地址　　邮编	申报单位（签章）　　电话　　填制日期	征税　　　　统计		
		查验　　　　放行		

图 7-5　出口货物报关单

中华人民共和国海关进口货物报关单

预录入编号：　　　　　　　　　　　　　　海关编号：

进口口岸	备案号	进口日期		申报日期
经营单位	运输方式	运输工具名称		提运单号
收货单位	贸易方式	征免性质		征税比例
许可证号	起运国（地区）	装货港		境内目的地
批准文号	成交方式	运费	保费	杂费
合同协议号	件数	包装种类	毛重（公斤）	净重（公斤）
集装箱号	随附单据			用途

标记唛码及备注

项号	商品编号	商品名称、规格型号	数量及单位	原产国(地区)	单价	总价	币制	征免

税费征收情况

录入员 录入单位	兹声明以上申报无讹并承担法律责任	海关审单批注及放行日期（签章）	
		审单	审价
报关员 单位地址 邮编	申报单位（签章） 电话　　　　填制日期	征税 查验	统计 放行

图 7-6　进口货物报关单

第四节　我国报关员业务管理与发展

一、我国报关员相关管理制度

1. 报关员资格许可制度

按照我国《海关法》规定，从事报关业务的人员必须是取得报关员资格考试的人员。报关员资格考试实行全国统一考试制度，考试内容包括报关专业知识、报关专业技能以及与报关业务相关的法律、行政法规及海关总署规章等。考试合格者可以向海关申请报关员资格证书，凭以从事报关业务。目前，我国已取消报关员资格许可制度。

2. 报关员水平测试

自 2014 年起，我国将不再举行报关员资格全国统一考试，而是由全国报关协会和各地报关协会组织行业性考试——报关员水平测试，该测试有报关基础知识和报关技能两大部分，更加注重应用和实践能力的考核，目的在于引导行业更加规范发展，为行业企业考核、录用报关人员提供参考。

3. 报关员职业等级设定

报关员职业等级分为助理报关师（国家职业资格三级）、报关师（国家职业资格二级）、高级报关师（国家职业资格一级）三个等级。助理报关师侧重具体业务操作层面，负责报关单填制、报关业务现场操作等；报关师侧重相对复杂操作和管理层面，负责单证复核，对报关质量和程序的控制以及报关核算和报关业务咨询等；高级报关师侧重全面管理、指导和策划层面，负责组织设计、实施报关业务体系、风险管理等。

二、提升报关员职业素质的途径

目前，我国报关员业务中存在许多问题，如报关员法律意识淡薄影响了国家财政收入和扰乱了外贸秩序、报关员业务技能不高降低了通关效率和质量等，因此提升报关员职业素质十分必要。报关员的职业素质主要包括道德素质、业务技能以及计算机和英语水平等。

(一) 提升道德素质

通过海关、报关协会和报关单位组织与配合，加强对报关员的思想教育，增强其守法意识。同时，对外贸易法律、法规及海关规章制度的更新很快，报关单位应与海关加强联系、紧密配合，加大力度对报关员进行培训和教育，使之掌握最新的国家政策和相关法律法规。报关员应该主动跟踪学习新的法律法规，并严于律己，遵守法律法规，按照相应要求办理进出口手续。

(二) 提升业务技能

报关员的业务技能直接决定着通关质量和通关效率，影响着国际物流是否能顺利完成。报关员业务技能主要体现在货物通关技能上，包括进出口商品归类、货物报关程序、计算并缴纳进出口税费以及报关单填制四大技能。

1. 提升进出口商品归类技能

进出口商品归类是海关监管、海关征税、海关统计的基础，商品归类的正确与否直接影响着报关单填制的正确与否，从而影响进出口货物的顺利通关。因此，进出口商品归类是报关员必须掌握的基本技能。

2. 提升货物报关技能

根据货物进出境目的不同，海关监管货物可分为一般进出口货物、保税货物、特定减免税货物、暂准进出境货物和其他进出境货物。对于不同类型的海关监管货物，其报关程序有所不同。因此，报关员必须精通海关通关政策，掌握各类货物的报关程序。

3. 提升进出口税费计算技能

依法缴纳进出口税费是有关纳税人的基本义务。作为纳税义务人的报关代理，报关员应当快速、准确地计算进出口货物税费，并做到及时缴纳税费，从而顺利完成通关并减少纳税人的成本。

4. 提升报关单填制技能

进出口货物报关单是报关员向海关办理货物进出境手续的主要单证，完整、准确、快速地填制进出口货物报关单是成功申报的必备条件，是报关员执业所必备的基本技能。因此，报关员应当全面掌握报关单的内容条款，并仔细填写。

(三) 提升计算机和英语水平

随着海关通关信息化、网络化趋势的形成，作为一名合格的报关员，应掌握并熟练运用计算机网络通过电子口岸向海关报关。另外，外语知识是提高报关员业务水平和工作能力的重要方面，报关员应加强外语学习，提高外语阅读、沟通和写作技能。

本章小结

本章在介绍报关、通关、报关单位、报关员等基本概念的基础上，简要阐述了报关范围、报关货物以及报关的一般程序，重点讲解了一般进出口货物的报关程序及报关单的填制，最后介绍了我国报关员业务的管理与发展。

本章练习题

一、单选题

1. 经海关批准未办理纳税手续进境,在境内储存后复运出境的货物,称为( )。
   A. 保税物流货物　　　　　　　　B. 保税加工货物
   C. 特定减免税货物　　　　　　　D. 暂准进境货物
2. 进出口关税、进口环节消费税及增值税的起征额为( )元。
   A. 50　　　　　B. 100　　　　　C. 150　　　　　D. 200
3. 出口报关单一式( )联,进口报关单一式( )联。
   A. 4　　　　　B. 5　　　　　C. 6　　　　　D. 7

二、多选题

1. 报关单位包括( )。
   A. 进口货物收货人　　　　　　　B. 出口货物发货人
   C. 货运代理企业　　　　　　　　D. 报关行
2. 进出境阶段的报关程序是( )。
   A. 进出口申报　　　　　　　　　B. 配合查验
   C. 缴纳税费　　　　　　　　　　D. 提取或装运货物
3. 出口货物需向海关缴纳的税费不包括( )。
   A. 关税　　　　　　　　　　　　B. 消费税或增值税
   C. 滞纳金　　　　　　　　　　　D. 滞报金
4. 填制报关单时需要依据的主要单据包括( )。
   A. 提运单　　　　　　　　　　　B. 装箱单
   C. 发票　　　　　　　　　　　　D. 设备交接单

三、判断题

1. 报关与通关的含义既有联系又有区别。　　　　　　　　　　　　　(　)
2. 电子报关单和纸质报关单具有同等的法律效力。　　　　　　　　　(　)
3. 一般进出口货物的报关程序包括前期阶段、进出境阶段和后续阶段。(　)

四、计算题

2010年3月1日,我国某公司从日本进口排气量为2.5升4座位本田牌小轿车15辆,成交价格总计FOB大阪200 000美元。实际运费为7 000美元,保险费用为1 000美元。经查,进口关税税率为25%,消费税税率为9%,增值税税率为17%。由于进口货物收货人原因,所有税费逾期2天缴纳。试计算进口货物收货人针对这一票货物向海关缴纳的税费。

五、填制进口货物报关单

2010年上海浦东夜总会委托上海土产进出口公司(3101915031)与苏格兰威士忌酒厂签订购买200木箱(每箱4瓶,每瓶750ml)威士忌酒(商品编号为2208.3000)的进口合同。进出口方以FOB价格成交,单价为每箱800元,总价为16万元。货物总重为1 023千克,净重为604千克,分两个20ft集装箱装运(集装箱号分别为MISU1123306和MISU1113376,自重为2 275千克),装于"STAVANGER"号轮AB01航次从苏格兰格拉斯哥港经新加坡转运(未发生商品买卖)至上海浦东港,提单号为CX-0002,运费率为5%,保费总价为650元,杂费总价为300元。

船舶于10月8日在上海港申报进境,货物于10月12日在上海港申报进境,海关于10月15日接受货物进口申报,货物进口报关单顺序号为13023432。已知:合同协议号为GHD-0229,进口许可证号为07-AA-101020,贸易方式为一般贸易,征免性质属于一般征税,用途为企业自用,征免方式是照章征税,原产地证明未实行证书联网管理,进口货物优惠贸易协定代码为01。

六、实训题

1. 如果你接受卖方委托代理办理出口货物报关业务,那么需要如何准备申报工作?
2. 如果你想成为一名专业而成功的报关员,应该从哪些方面武装自己?

第八章

国际物流报检实务

【知识目标】

1. 掌握出入境检验检疫程序。
2. 掌握报验范围、报验方式及报验程序。
3. 掌握出入境货物报验分类、时效、地点及提交单据。
4. 了解出入境检验检疫机构及法律法规,以及检验检疫证单的作用和有效期。

【技能目标】

1. 能够完成出入境货物的检验检疫程序的操作。
2. 能够进行出入境货物检验检疫相关单证的填制。

引导案例

国家质检总局发布进口食品、化妆品安全预警通告[①]

2018年12月,海关总署发布了境外生产企业进口食品、化妆品安全风险预警通告,涉及美国、英国、德国、法国、澳大利亚、日本、泰国、越南、新加坡等35个国家,共计321家企业的熟制坚果炒货、饼干、固体饮料、冷冻食品、乳制品、淋洗类化妆品等商品。

进口食品、化妆品如果未经检验检疫合格,可能存在微生物、重金属超标、染色剂、防腐剂不合格等安全隐患,严重危害人体健康。列入安全预警的企业所生产经营的某种(些、类)食品、化妆品曾发生过不符合我国法律法规而被拒绝入境的情况,且达到《进口食品不良记录管理实施细则》(质检总局公告2014年第43号)所规定批次。在相关产品再次进口时,检验检疫机构将加强监管,要求企业提交相应检测报告或合格证明材料。

---

① 资料来源:国家质检总局网,http://www.aqsiq.gov.cn/。

案例分析：

本案例涉及国际货物出入境检验检疫问题。出入境检验检疫是国际贸易的重要环节，它通过报检、检验检疫、监督认证、许可、鉴定等工作保证了中国对外贸易的顺利进行和持续发展。报检工作是货物进出口流程中的重要环节，是国际货运代理的重要业务之一。那么进出口货物报检的范围是什么？报检方式和报检程序是什么？报检时效、地点以及报检所需要的单证有哪些？本章将予以介绍和讲解。

第一节 国际物流报检概述

一、出入境检验检疫概述

出入境检验检疫是指出入境检验检疫机构依照国家检验检疫法律、行政法规和国际惯例等要求，对进出境的货物、交通运输工具、人员等进行检验检疫、认证及签发官方检验检疫证明等监督管理工作。

（一）出入境检验检疫机构

1．国家质量监督检验检疫总局

中华人民共和国国家质量监督检验检疫总局（简称国家质检总局）是中华人民共和国国务院直属机构，主管全国质量、计量、出入境商品检验、出入境动植物检疫、出入境卫生检疫、进出口食品安全和认证认可、标准化等工作，并行使行政执法职能。

国家质检总局对省（自治区、直辖市）质量技术监督机构实行业务领导，对出入境检验检疫机构实施垂直管理。2001年4月10日，国家质检总局成立，成为我国政府主管质量监督和检验检疫工作的最高行政执法机关。

2．各地出入境检验检疫机构

1999年之前，在进行进出口贸易活动时，外贸企业在向海关申报前，首先要申请商品检验、动植物检疫和卫生检疫，俗称"一关三检"。1999年，全国各地的进出口商品检验局、动植物检疫局、卫生检疫局陆续合并，成立各地"出入境检验检疫局"。

全国31个省级的检验检疫局和深圳、珠海、厦门、宁波共35个局被称作"直属检验检疫局"，其下隶属的分布在各地海、陆、空各口岸的出入境检验检疫局或办事处被称作"检验检疫分支机构"，负责各所辖区域进出口商品检验、动植物检疫和出入境卫生检疫的行政执法工作。国家质检总局对出入境检验检疫机构实施垂直管理，即直属局由国家质检总局直接领导，分支局隶属于所在区域的直属局。

3．中国国家认证认可监督管理委员会

中国国家认证认可监督管理委员会（简称国家认监委）是国家质检总局管理的事业单

位,是国务院授权履行行政管理职能,统一管理、监督和综合协调全国认证认可工作的主管机构。

4. 中国国家标准化管理委员会

中国国家标准化管理委员会是国家质检总局管理的事业单位,是国务院授权的履行行政管理职能,统一管理、监督和综合协调全国标准化工作的管理机构。

5. 中国检验认证集团

中国检验认证集团是经国家质量监督检验检疫总局许可、国家认证认可监督管理委员会资质认定、中国合格评定国家认可委员会认可,以"检验、鉴定、认证、测试"为主业的独立第三方检验认证机构。它属于非官方性质的检验机构,是以中国检验认证(集团)有限公司为核心企业,由自愿参加的企业和机构团体组成的联合体。它属于社会公益型的独立法人,是独立承担民事责任的检验实体,以第三者的地位,独立、公正、科学的态度,开展进出口商品的检验服务。

中国检验认证(集团)有限公司可以接受对外贸易有关各方如进口商、出口商、供货商、中间商、承运人、保险人等以及外国检验机构的委托,进行进出口商品的检验、鉴定工作,出具检验、鉴定报告或证书,并向委托人收取检验费。

6. 国外检验检疫机构

目前在国际上比较有名望和权威的国外商品检验检疫机构有瑞士通用公证行(SGS)、英国英之杰检验集团(IITS)、日本海事检定协会(NKKK)、新日本检定协会(SK)、日本海外货物检查株式会社(OMIC)、美国安全试验所(UL)、美国材料与试验学会(ASTM)、加拿大标准协会(CSA)、国际羊毛局(IWS)等。

(二) 出入境检验检疫法律法规

法律法规和国际通行做法、有关规则、协定等赋予检验检疫机构公认的法律地位,使检验检疫工作受到法律保护,所签发证件具有法律效力。主要法律法规依据《中华人民共和国进出口商品检验法》《中华人民共和国国境卫生检疫法》《中华人民共和国进出境动植物检疫法》《中华人民共和国食品卫生法》《中华人民共和国进出口商品检验法实施条例》《中华人民共和国进出境动植物检疫法实施条例》和《中华人民共和国卫生检疫法实施细则》等。

(三) 出入境检验检疫工作内容

1. 进出口商品检验

对进出口商品进行检验有利于维护社会公共利益和进出口贸易有关各方的合法权益,防止欺诈行为,促进对外贸易的顺利发展,服务国家经济建设。

(1) 一般进出口商品检验

1999年,原国家进出口商品检验局、国家动植物检疫局和国家卫生检疫局合并组建的国家出入境检验检疫局以《商品分类和编码协调制度》(简称 H. S. 编码)为基础,将实施检验检疫的进出口产品融合在一起,发布了《出入境检验检疫机构实施检验检疫的进出境商品目录》(简称《法检目录》)。

《法检目录》由"商品编码""商品名称及备注""计量单位""海关监管条件"和"检验检疫类别"五栏组成。其中"商品编码""商品名称及备注"和"计量单位"是以 H. S. 编码为基础,并依照海关"商品综合分类表"的商品编号、商品名称、商品备注和计量单位编制。《法检目录》中,若某商品的"海关监管条件"为"A",则表示该商品必须实施进境检验检疫,并且海关凭检验检疫机构出具的"入境货物通关单"验放;若为"B",表示该商品必须实施出境检验检疫,并且海关凭检验检疫机构出具的"出境货物通关单"验放;若为"D",表示海关与检验检疫联合监管。

《法检目录》中,若某商品的"检验检疫类别"为"M",则表示该商品必须实施进口商品检验;若为"N",表示该商品必须实施出口商品检验;若为"P",表示该商品必须实施进境动植物、动植物产品检疫;若为"Q",表示该商品必须实施出境动植物、动植物产品检疫;若为"R",表示该商品必须实施进口食品卫生监督检验;若为"S",表示该商品必须实施出口食品卫生监督检验;若为"L",表示该商品必须实施民用商品入境验证。

> **小贴士**
>
> "牛肉罐头"在《法检目录》中对应的商品编码为 1602 5010,计量单位为"听"。"海关监管条件"为 A/B:表示该商品在入境和出境时均须实施检验检疫。"检验检疫类别"为"M. P. R/N. Q. S":表示该商品进口时应实施商品检验、动物产品检疫和食品卫生监督检验;出口时应实施商品检验、动物产品检疫和食品卫生监督检验。

凡列入《法检目录》的进出口商品,必须经过出入境检验检疫部门或其指定的检验机构依法实施检验。检验检疫机构确定列入目录的进出口商品是否符合国家技术规范的强制性要求。确定的方式采取合格评定,合格评定程序包括:抽样、检验和检查;评估、验证和合格保证;注册、认可和批准以及各项的组合。未经检验合格的,或未进行规定的检验检疫的,进口商品不准进境销售、使用,出口商品不准出口。

(2) 进口废物原料装运前检验

对国家允许作为原料进口的废物,实施装运前检验制度,防止境外有害废物向我国转运。收货人与发货人签订的废物原料进口贸易合同中,必须订明所进口的废物原料须符合中国环境保护控制标准的要求,并约定由出入境检验检疫机构或国家质检总局认可的检验机构实施出口装运前检验,检验合格后方可装运。

（3）进口旧机电产品装运前检验

对涉及国家安全、环境保护、人类和动植物健康的旧机电产品，如翻新的旧压力容器类、旧工程机械类、旧电器类、旧车船类、旧食品机械类、旧农业机械类、旧印刷机械类等，实施装运前检验制度，防止不符合我国有关安全、卫生和环境保护等技术规范强制性要求的旧机电进入国内，从而保障人身和财产安全，有效地保护环境。

进口旧机电产品的收货人或其代理人应在签订合同前向国家质检总局或收货人所在地直属检验检疫局办理备案手续。对按规定应当实施装运前预检验的，由国家质检总局指定或认可的装运前预检验机构实施装运前检验。检验合格后方可装运。

（4）出口危险货物运输包装检验

危险货物是指具有燃烧、爆炸、腐蚀、毒害、放射性等性质的货物，一般分为以下几种：爆炸品、氧化剂、压缩气体、自燃物体、遇水燃烧物体、易燃液体、毒害品、腐蚀性物品、放射性物品。大部分危险货物在力、光、热的作用下，极易产生危险现象，因此，危险货物的运输、包装、装卸、储存各环节都要严格执行有关规定。

生产危险货物出口包装容器的企业，必须向检验检疫机构申请包装容器的性能鉴定。生产危险货物的企业必须向检验检疫机构申请危险货物包装容器的使用鉴定。包装容器鉴定合格的，方可包装危险品出口。

2．动植物及动植物产品检疫

对出入境动植物及其产品，包括装运动植物的运输工具、包装材料进行检疫和监督管理，防止危害动植物的病菌、害虫、杂草种子及其他有害生物由国外传入或由国内传出，保护本国农、林、渔、牧业生产，以及国际生态环境和人类的健康。

（1）依法必须实施动植物检疫的情形

① 进境、出境、过境的动植物、动植物产品和其他检疫物；

② 装载动植物、动植物产品和其他检疫物的装载容器、包装物、铺垫材料；

③ 来自动植物疫区的运输工具；

④ 进境拆解的废旧船舶；

⑤ 有关法律、行政法规、国际条约规定或贸易合同约定应实施进出境动植物检疫的其他货物、物品。

（2）动植物检疫的相关工作

① 对于国家列明的禁止进境物作退回或销毁处理；

② 对进境动物、动物产品、植物种子、种苗及其他繁殖材料实行进境检疫许可制度，在签订合同之前，先办理检疫审批；

③ 对出境动植物、动植物产品或其他检疫物，检验检疫机构对其生产、加工、存放过程实施检疫监管；

④ 对过境运输的动植物、动植物产品和其他检疫物实行检疫监管；

⑤ 对携带、邮寄动植物、动植物产品和其他检疫物的进境实行检疫监管；

⑥ 对来自疫区的运输工具，口岸检验检疫机构实施现场检疫和有关消毒处理。

3. 卫生检疫

（1）卫生检疫的对象和目的

卫生检疫的对象是出入境人员、交通工具、运输设备以及可能传播检疫传染病的行李、货物、邮包，目的是防止传染病由国外传入或者由国内传出，从而保护人类健康。

（2）卫生检疫的相关工作

① 检验检疫机构对未染有检疫传染病或者已实施卫生处理的交通工具，签发入境或出境检疫证；

② 对入境、出境人员实施传染病监测，有权要求出入境人员填写健康申明卡，出示预防接种证书、健康证书或其他有关证件；

③ 对患有鼠疫、霍乱、黄热病的出入境人员，应实施隔离留验；

④ 阻止患有严重精神病、传染性肺结核病或者有可能对公共卫生造成重大危害的其他传染病的外国人入境；

⑤ 对患有监测传染病的出入境人员，视情况分别采取留验、发就诊方便卡等措施；

⑥ 对国境口岸和停留在国境口岸的出入境交通工具的卫生状况实施卫生监督；

⑦ 对发现的患有检疫传染病、监测传染病、疑似检疫传染病的入境人员实施隔离、留验和就地诊验等医学措施；

⑧ 对来自疫区、被传染病污染、发现传染病媒介的出入境交通工具、集装箱、行李、货物、邮包等物品进行消毒、除鼠、除虫等卫生处理。

4. 进口商品认证管理

国家对涉及人类健康和动植物生命与健康，以及环境保护和公共安全的产品实行强制性产品认证制度（China Compulsory Certification，3C）。凡列入《中华人民共和国实施强制性产品认证的产品目录》内的商品，必须经过指定的认证机构认证合格，取得指定认证机构颁发的认证证书并加施认证标志后，方可进口。

目前，中国公布的首批必须通过强制性认证的产品共有 19 大类 132 种，包括电线电缆、低压电器、信息技术设备、安全玻璃、消防产品、机动车辆轮胎、乳胶制品等。

5. 出口商品质量许可制度

国家对重要出口商品实行质量许可制度。出入境检验检疫部门单独或会同有关主管部门共同负责发放出口商品质量许可证，未获得质量许可证书的商品不准出口。检验检疫部门已对机械、电子、轻工、机电、玩具、医疗器械、煤炭等类商品实施出口产品质量许可制度。国内生产企业或其代理人可向当地出入境检验检疫机构申请出口质量许可证书。对于实施质量许可制度的出口商品实行验证管理。

6. 出口食品卫生注册登记管理

国家对出口食品及其生产企业(包括加工厂、屠宰场、冷库和仓库等)实施卫生注册登记制度。出口食品生产企业应向检验检疫机构申请卫生注册登记,取得卫生注册登记证书后,方可生产、加工、储存出口食品。

7. 进出口商品鉴定

(1) 外商投资财产价值鉴定

在外商投资企业及各种对外补偿贸易方式中,检验检疫机构对境外(包括港、澳、台地区)投资者用以作价投资的实物,或外商投资企业委托国外投资者用投资资金从境外购买的财产进行价值鉴定。通过价值鉴定,可有效防止低价高报或高价低报的现象,保护外商投资企业各投资方的合法权益。外商投资财产价值鉴定的内容包括价值鉴定、损失鉴定及品种、质量、数量鉴定等。检验检疫机构进行价值鉴定后出具"价值鉴定证书",供企业到所在地会计师事务所办理验资手续。

(2) 适载检验和残损鉴定

对装运出口易腐烂变质的食品、冷冻品的船舶和集装箱等运输工具,承运人、集装箱单位或其代理人必须在装运前向口岸检验检疫机构申请检验清洁、卫生、冷藏、密固等适载检验。经检验合格后,方准装运货物。对外贸易关系人及仲裁、司法等机构,对海运进口商品可向检验检疫机构申请办理监视、残损鉴定、监视卸载、海损鉴定、验残等残损鉴定工作。

8. 检验鉴定认证机构管理与涉外机构审核认可

对于拟设立的中外合资、合作进出口商品检验、鉴定、认证公司,由国家出入境检验检疫局负责对其资格信誉、技术力量、装备设施及业务范围进行审查。合格后出具"外商投资检验公司资格审定意见书",然后交由外经贸部批准。在工商行政管理部门办理登记手续领取营业执照后,再到国家出入境检验检疫局办理"外商投资检验公司资格证书",方可开展经营活动。

9. 与外国和国际组织开展合作

检验检疫部门承担世界贸易组织《贸易技术壁垒协议》和《实施动植物卫生检疫措施协议》咨询业务;承担联合国(UN)、亚太经合组织(APEC)等国际组织在标准与一致化和检验检疫领域的联络点工作;负责对外签订政府部门间的检验检疫合作协议、认证认可合作协议、检验检疫协议执行议定书等,并组织实施。

(四) 出入境货物检验检疫程序

1. 出境货物检验检疫程序

出境货物检验检疫的总体程序是:报检—实施检验检疫—放行通关。

(1) 对产地和报关地相一致的货物

具体程序是：报检人在规定的时限内持相关单证向检验检疫机构报检；检验检疫机构审核单证；符合要求的受理报检并计收费，然后转施检部门实施检验检疫；经检验检疫合格，检验检疫机构出具"出口货物通关单"供报检人在海关办理通关手续；经检验不合格，检验检疫机构出具"出境货物不合格通知单"。

(2) 对产地和报关地不一致的货物

具体程序是：报检人向产地检验检疫机构报验；检验检疫机构审核单证；符合要求的受理报检并计收费，然后转施检部门实施检验检疫；同时产地检验检疫机构出具"出境货物换证凭单"，或将电子信息发送至口岸检验并出具"出境货物换证凭条"；报检人员凭"出境货物换证凭单"或"出境货物换证凭条"向口岸检验检疫机构报检；口岸检验检疫机构验证或查核货证合格后，出具"出口货物通关单"供报检人在海关办理通关手续；否则检验检疫机构出具"出境货物不合格通知单"。

2. 入境货物检验检疫程序

入境货物检验检疫总体程序是：报检—放行通关—实施检验检疫。

具体程序是：报检人向卸货港口或到达站地检验检疫机构报检；检验检疫机构审核单证；符合要求的受理报检并计收费，签发"入境货物通关单"供报检人在海关办理通关手续；货物通关后，报检人应及时与检验检疫机构联系检验检疫事宜；检验合格的，检验机构签发"入境货物检验检疫证明"，准予销售、使用；检验不合格的，检验检疫机构签发"检验检疫处理通知书"，作相应处理；未经检验的货物不准销售、使用。

二、报检相关概念

报检是指有关当事人根据法律、行政法规的规定，对外贸易合同的约定或证明履约的需要，向检验检疫机构申请检验、检疫、鉴定，以获准出入境或取得销售使用的合法凭证及某种公证证明所必须履行的法定程序和手续。报检工作由报检单位的报检员负责，报检单位和报检员统称为报检当事人。报检当事人从事报检行为，办理报检业务，必须按照检验检疫机构的要求，取得报检资格，未按规定取得报检资格的，检验检疫机构不予受理报检。

(一) 报检单位

报检单位是根据法律、法规有关规定在出入境检验检疫机构登记备案或注册登记的境内企业法人、组织或个人。国家质检总局将其分为自理报检单位和代理报检单位。

1. 自理报检单位

自理报检单位是指根据法律法规规定办理出入境检验检疫报检/申报，或委托代理报检单位办理出入境检验检疫报检/申报手续的出入境货物或其他报检物的收发货人、进出口货物的生产、加工、储存和经营单位等。

自理报检单位主要包括：有进出口经营权的国内企业；进口货物的收货人或其代理人；出口货物的生产企业；出口食品包装容器和包装材料、出口货物运输包装及出口危险货物运输包装生产企业；中外合资、中外合作、外商独资企业；国外（境外）企业、商社常驻中国代表机构；进出境动物隔离饲养和植物繁殖生产单位；进出境动植物产品的生产、加工、存储、运输单位；对进出境动植物、动植物产品、装载容器、包装物、交通运输工具等进行药剂熏蒸和消毒服务的单位；有进出境交换业务的科研单位；其他需报检的单位。

自理报检单位在首次报检时须办理备案登记手续，取得"自理报检单位备案登记证书"和报检单位代码后，方可办理相关检验检疫事宜。自理报检单位自行报检本企业生产、加工、储存或经营的进出口货物的报检行为，属于自理报检行为，简称自理报检。

2. 代理报检单位

代理报检单位是指经检验检疫机构注册登记，依法接受有关关系人的委托，为有关关系人办理报检/申报业务，在工商行政管理部门注册登记的境内企业法人。代理报检单位须经国家质检总局审核获得许可、注册登记，取得"代理报检单位注册登记证书"和报检单位代码后，方可依法代为办理检验检疫报检。代理报检单位接受有关贸易关系人委托，为有关贸易关系人办理出入境检验检疫手续的报检行为，属于代理报检行为，简称代理报检。

（二）报检员

报检员是获得国家质量监督检验检疫总局规定的资格，在国家质检总局设在各地的出入境检验检疫机构注册，办理出入境检验检疫报检业务的人员。为改革报关人员资格管理制度，自2014年起，我国将不再举行报检员资格全国统一考试，而是由中国出入境检验检疫协会组织行业性考试——报检员水平测试，成绩合格后可获得《进出口商品检验鉴定机构从业人员水平证书》。

（三）报检范围

凡是法定须进行检验检疫的进出口商品、进出境动植物及其产品和其他检疫物、装载动植物及其产品和其他检疫物的装载容器和包装物、来自动植物疫区的运输工具、出入境人员、交通工具、运输设备以及可能传播检疫传染病的行李、货物、邮包等都必须向检验检疫机构报检。报检范围主要包括五类。

第一类是法律、行政法规规定的报检范围，具体包括：①列入《法检目录》内的货物；

②入境废物、进境旧机电产品；③出口危险货物包装容器的性能检验和使用鉴定；④进出境集装箱，进境、出境、过境的动植物、动植物产品及其他检疫物；⑤装载动植物、动植物产品和其他检疫物的容器、包装物、铺垫材料；⑥进境动植物性包装物、铺垫材料；⑦来自动植物疫区的运输工具；⑧装载进境、出境、过境的动植物、动植物产品及其他检疫物的运输工具；⑨进境拆解的废旧船舶；⑩出入境人员、交通工具、运输设备以及可能传播检疫传染病的行李、货物、邮包等物品；⑪旅客携带物(包括微生物、人体组织、生物制品、血液及其制品、骸骨、骨灰、废旧物品和可能传播传染病的物品以及动植物、动植物产品和其他检疫物)和携带伴侣动物；⑫国际邮寄物(包括动植物、动植物产品和其他检疫物、微生物、人体组织、生物制品、血液及其制品以及其他需要实施检疫的国际邮寄物)；⑬法律、行政法规规定的其他应检对象。

第二类是输入国家或地区规定必须凭检验检疫机构出具的证书方准入境的货物。

第三类是国际条约规定必须检验检疫的货物。

第四类是外贸合同中约定必须凭检验检疫机构证书办理交接、结算的货物。

第五类是需要出具原产地证明书的货物。

(四) 报检方式

出入境货物的收/发货人或其代理人向检验检疫机构报检，可以采用书面报检或电子报检两种方式。书面报检是指报检当事人按照检验检疫机构的规定，填制纸质"出/入境货物报检单"，备齐随附单证，向检验检疫机构当面递交的报检方式。电子报检是实施"电子申报、电子转单、电子通关"的检验检疫新"三电工程"中的重要组成部分。一般情况下，报检当事人应采用电子报检方式向检验检疫机构报检，并且确定电子报检信息真实、准确，与纸质报检单及随附单据有关内容保持一致。

所谓电子报检是指报检当事人使用电子报检软件，通过检验检疫电子业务服务平台，将报检数据以电子方式传输给检验检疫机构，经电子审单中心检验检疫业务管理系统和检验检疫工作人员处理后，将受理报检信息反馈给报检人当事人，报检人当事人在受到检验检疫机构已受理报检的反馈信息(生成预录入号或直接生成正式报检号)后打印出符合规范的纸质报检单，在检验检疫机构规定的时间和地点提交"出/入境货物报检单"和随附单据的过程。目前能够进行电子报检的业务包括出入境货物的报检、出境运输包装和进出境包装食品的报检、进出境木质包装、集装箱的报检等。

(五) 复验

报检人对检验检疫机构的检验结果有异议的，可以向做出检验结果的检验检疫机构或其上级检验检疫机构申请复验，也可以向国家质检总局申请复验。受理复验的检验检疫机构或国家质检总局负责组织实施复验，但对同一检验结果只进行一次复验。如果报检人对复验结论仍不服,可以依法申请行政复议,也可以向人民法院提起行政诉讼。

报检人应当在收到检验检疫机构作出的检验结果之日起15日内提出复验,并且要保证和保持原报检商品的质量、重量、数量符合原检验时的状态,并保留其包装、封识、标志。报检人申请复验时须提交"复验申请表"、原报检所提供的证单和资料和原检验检疫机构出具的证单。

接受申请的机构对复验材料进行审核,符合规定的予以受理,并组织实施复验。受理机构应当自收到复验申请之日起60日内做出复验结论。若技术复杂,则经本机构负责人批准,可以适当延长,延长期限最多不超过30日。申请复验的报检人应当按照规定交纳复验费用,但复验结论认定属原检验检疫机构责任的,复验费用由原检验检疫机构承担。

第二节 出入境货物报检

一、入境货物报检

(一) 入境报检的分类

1. 入境一般报检

入境一般报检是指法定检验检疫入境货物的货主或其代理人,持有关单证向报关地检验检疫机构申请对入境货物进行检验检疫以获得入境通关放行凭证,并取得入境货物销售、使用合法凭证的报检。对于入境一般报检业务而言,对货物实施检验检疫和签发"入境货物通关单"都由报关地检验检疫机构完成。货主取得"入境货物通关单"后,凭以向报关地海关报关。

2. 入境流向报检

入境流向报检又称口岸清关转异地进行检验检疫的报检,指法定入境检验检疫货物的收货人或其代理人持有关证单在卸货口岸向口岸检验检疫机构报检,获取"入境货物通关单"并通关后,由入境口岸检验检疫机构进行必要的检疫处理,货物调往目的地后,法定入境检验检疫货物的收货人或其代理人再向目的地检验检疫机构申报,由目的地检验检疫机构进行检验检疫监管的报检。申请入境流向报检货物的报关地与目的地属于不同辖区。

3. 异地施检报检

异地施检报检是指已在口岸完成入境流向报检,货物到达目的地后,该批进境货物的货主或其代理人在规定的时间内(海关放行后20日内),向目的地检验检疫机构申请对入境货物实施检验检疫的报检。

异地施检报检是入境流向报检货物到达目的地后，入境货物的货主或其代理人对同一批货物向目的地检验检疫机构的二次申报，主要目的是申请检验检疫，以获得合法的销售使用凭证。因为入境流向报检只在口岸对装运货物的运输工具和外包装进行了必要的检疫处理，并未对整批货物进行检验检疫，只有当地检验检疫机构对货物实施了具体的检验检疫，确认其符合有关检验检疫要求及合同、信用证的规定后，货主才能获得相应的准许入境货物销售、使用的合法凭证，完成入境货物的检验检疫工作。

异地施检报检时应提供口岸检验检疫机构签发的"入境货物调离通知单"，即"入境货物通关单"（四联）中的第三联流向联。2006年，"口岸内地联合执法系统"开通以后，流向管理主要以该系统传递电子数据为主，以纸质流向单为辅。

（二）入境报检的时限和地点

1. 报检时限

输入微生物、人体组织、生物制品、血液及其制品或种畜、禽及其精液、胚胎、受精卵的，应当在入境前30天报检；输入其他动物的，应在入境前15天报检；输入植物、种子、种苗及其他繁殖材料的，应在入境前7天报检；入境货物需对外索赔出证的，应在索赔有效期前不少于20天内向到货口岸或货物到达地的检验检疫机构报检；除上述列明的入境货物报检时限外，法律、行政法规及部门规章另有特别规定的从其规定。

2. 报检地点

审批、许可证等有关政府批文中已规定检验检疫地点的，在规定的地点报检；大宗散装商品、易腐烂变质商品、可用作原料的固体废物、卸货时已发现残损、数量短缺的商品，必须在卸货口岸检验检疫机构报检；需结合安装调试进行检验的成套设备、机电仪产品以及在口岸拆开包装后难以恢复包装的货物，应在收货人所在地检验检疫机构报检并检验；输入动植物、动植物产品和其他检疫物的，应向入境口岸检验检疫机构报检，并由口岸检验检疫机构实施检验检疫。

入境后需办理转关手续的检疫物，除活动物和来自动植物疫情流行国家或地区的检疫物须在入境口岸报检和实施检疫外，其他均应到指运地检验检疫机构报检，并实施检疫。过境的动植物、动植物产品和其他检疫物，在入境口岸报检，出境口岸不再报检；其他入境货物，应在入境前或入境时向报关地检验检疫机构办理报检手续。

（三）入境货物报检时应提供的单据

1. 入境货物报检单及随附单据

入境报检时，应填写"入境货物报检单"，并提供外贸合同、发票、提（运）单、装箱单等有关单证。

2. 其他相关特殊证单

（1）凡实施安全质量许可、卫生注册或其他需审批审核的货物，应提供有关证明；

（2）申请品质检验的，还应提供国外品质证书或质量保证书、产品使用说明书及有关标准和技术资料；

（3）凭样成交的，须附成交样品；

（4）以品级或公量计价结算的，应同时申请重量鉴定；

（5）入境废物，还应提供国家环保部门签发的"进口废物批准证书"和经认可的检验检疫机构签发的装运前检验合格证书等；

（6）申请残损鉴定的，还应提供理货残损单、铁路商务记录、空运事故记录或海事报告等证明货损情况的有关单位；

（7）申请数/重量鉴定的，还应提供数/重量明细单、磅码单、理货清单等；

（8）货物经收、用货部门验收或其他单位检测的，应随附验收报告或检测结果以及数/重量明细单等；

（9）入境动植物及其产品，还必须提供产地证、输出国家或地区官方的检疫证书；

（10）需办理入境检疫审批的，还应提供入境动植物检疫许可证；

（11）过境动植物及其产品，应提供货运单和输出国家或地区官方出具的检疫证书；

（12）运输动物过境的，还应提交国家质检总局签发的动植物过境许可证；

（13）入境旅客、交通员工携带伴侣动物的，应提供入境动物检疫证书及预防接种证明；

（14）因科研等特殊需要，输入禁止入境物的，须提供国家质检总局签发的特许审批证明；

（15）入境特殊物品的，应提供有关的批件或规定文件；

（16）开展检验检疫工作要求提供的其他特殊证单。

二、出境货物报检

（一）出境报检的分类

1. 出境一般报检

出境一般报检是指法定检验检疫出境货物的货主或其代理人，持有关单证向产地检验检疫机构申请检验检疫以取得出境放行证明及其他证单的报检。对于出境一般报检的货物，检验检疫合格后，在当地海关报关的，由产地检验检疫机构签发"出境货物通关单"，货主或其代理人凭此向当地海关报关。在异地海关报关的，由产地检验检疫机构签发"出境货物换证凭单"或"换证凭条"，货主或其代理人凭此向报关地检验检疫机构申请换发

"出境货物通关单"。

对经检验检疫合格的符合出口直通放行条件的货物,产地检验检疫机构直接签发"出境货物通关单",货主或其代理人凭此直接向报关地海关办理通关手续,无须再凭产地检验检疫机构签发的"出境货物换证凭单"或"换证凭条"到报关地检验检疫机构换发"出境货物通关单"。

2. 出境换证报检

出境换证报检是指经产地检验检疫机构检验检疫合格的法定检验检疫出境货物的货主或其代理人,持产地检验检疫机构签发"出境货物换证凭单"或"换证凭条"向报关地检验检疫机构申请换发"出境货物通关单"的报检。对于出境换证报检的货物,报关地检验检疫机构按照国家质检总局规定的抽查比例进行查验。

3. 出境预检报检

出境预检报检是指货主或其代理人持有关单证向产地检验检疫机构申请对暂时还不能出口的货物预先实施检验检疫的报检。预检报检的货物经检验检疫合格的,检验检疫机构签发标明"预检"字样的"出境货物换证凭单",正式出口时,货主或其代理人可在检验检疫有效期内持此单向检验检疫机构申请办理换证放行手续。申请预检报检的货物须是经常出口的、非易腐烂变质、非易燃易爆的商品。

(二) 出境报检的时限和地点

1. 报检时限

出境货物最迟应在出口报关或装运前7天报检,对于个别检验检疫周期较长的货物,应留出相应的检验检疫时间;需隔离检疫的出境动物在出境前60天预报,隔离前7天报检;出境观赏动物应在动物出境前30天到出境口岸检验检疫机构报检;除上述列明的出境货物报检时限外,法律、行政法规及部门规章另有特别规定的从其规定。

2. 报检地点

法定检验检疫货物,除活动物需由口岸检验检疫机构检验检疫外,原则上应实施产地检验检疫,在产地检验检疫机构报检;法律法规允许在市场采购的货物应向采购地的检验检疫机构办理报检手续;异地报关的货物,在报关地检验检疫机构办理换证报检,实施出口直通放行制度的货物除外。

(三) 出境货物报检应提供的单据

1. 出境货物报验单及随附单证

出境货物报检时,应填写"出境货物报检单",并提供外贸合同(销售确认书或函电)、信用证、发票、装箱单等有关单证。

2. 其他相关特殊单证

（1）凡实施质量许可、卫生注册或需经审批的货物，应提供有关证明。

（2）生产者或经营者检验的结果单和数/重量明细单或磅码单。

（3）凭样成交的，应提供经买卖双方确认的样品。

（4）出境危险货物，必须提供"出境货物运输包装性能检验结果单"和"出境危险货物运输包装使用鉴定结果单"。

（5）有运输包装、与食品直接接触的食品包装，还应提供检验检疫机构签发的"出入境货物包装性能检验结果单"。

（6）出境特殊物品的，根据法律法规规定应提供有关的审批文件。

（7）预检报检的，应提供生产企业与出口企业签订的贸易合同；尚无合同的，需在报检单上注明检验检疫的项目和要求。

（8）预检报检货物换证放行时，应提供检验检疫机构签发的标明"预检"字样的"出境货物换证凭单"。

（9）一般报检出境货物在报关地检验检疫机构办理换证报检时，应提供产地检验检疫机构签发的标明"一般报检"的"出境货物换证凭单"或"换证凭条"。

（10）开展检验检疫工作要求提供的其他特殊证单。

第三节 出入境货物检验检疫单证

一、出入境货物报检单填制的一般要求

（1）报检时，企业提交书面报检单的同时，必须向检验检疫机构发送电子数据，且必须确保书面报检单和电子数据信息的完全一致。

（2）报检单必须按所申报的进出境货物实际内容填写。填写内容必须与随附单证相符，填写必须完整、准确、真实，不得涂改，对无法填写的栏目或无此项内容的栏目，统一填写"×××"。

（3）填制完毕的报检单必须加盖报检单位公章或已经向检验检疫机构备案的"报检专用章"，报检人应在签名栏手签，不能由他人代签。

（4）对于填制完毕的报检单在发送数据和办理报检手续前必须认真审核，检查是否有错填、漏填的栏目，所填写的各项内容必须完整、准确、清晰，不得涂改。

二、"入境货物报检单"的填制内容

报检员要认真填写"入境货物报检单"（样本见图8-1），内容应按合同、外国商业发票、提单、运单上的内容填写。各栏目的主要内容和填写规范如下。

中华人民共和国出入境检验检疫
入境货物报验单

报验单位（加盖公章）：　　　　　　　　　编　号 _____

报验单位登记号：　　联系人：　　电话：　　报验日期：　年　月　日

收货人	（中文）	企业性质（划"√"）	□合资 □合作 □外资
	（外文）		
发货人	（中文）		
	（外文）		

货物名称（中/外文）	H.S.编码	原产国（地区）	数/重量	货物总值	包装种类及数量

运输工具名称号码		合同号	
贸易方式	贸易国别（地区）	提单/运单号	
到货日期	启运国家（地区）	许可证/审批号	
卸毕日期	启运口岸	入境口岸	
索赔有效期至	经停口岸	目的地	

集装箱规格、数量及号码

合同订立的特殊条款以及其他要求		货物存放地点	
		用　　途	

随附单据（划"√"或补填）		标记及号码	外商投资财产（划"√"）	□是 □否
□合同	□到货通知		检验检疫费	
□发票	□装箱单		总金额（人民币元）	
□提/运单	□质保书			
□兽医卫生证书	□理货清单		计费人	
□植物检疫证书	□磅码单			
□动物检疫证书	□检收报告			
□卫生证书	□		收费人	
□原产地证	□			
□许可/审批文件				

报检人郑重声明：	领取证单
1. 本人被授权报检。	日期
2. 上列填写内容正确属实。	
签名：_____	签名：

图 8-1　入境货物报检单

(1) 编号：15 位数字由检验检疫机构受理报检员填写。前 6 位为检验检疫机构代码；第 7 位为入境货物报检类代码"1"；第 8、9 位为年度代码，如 2009 年为 09；第 10 至 15 位为流水号。实行电子报检，该编号可在电子报检受理回执中自动生成。

(2) 报检单位（加盖公章）：填写报检单位的全称，并加盖报检单位公章或已经向检验检疫机构备案的"报检专用章"。

(3) 报检单位登记号：填写报检单位在检验检疫机构备案或注册登记的代码。

(4) 联系人：填写报检人员姓名；电话：填写报检人员的联系电话。

(5) 报检日期：检验检疫机构实际受理报检的日期，由检验检疫机构受理报检员填写。

(6) 收货人：外贸合同中的收货人。企业性质根据实际情况在对应的"□"内打"√"。

(7) 发货人：填写外贸合同中的发货人。

(8) 货物名称（中/外文）：填写本批进口货物的品名、规格、型号、成分以及中英文对照，应与进口合同、信用证、商业发票所列一致。如为废旧货物应在此栏内注明。注意货物名称必须填写具体的名称，不得填写笼统的商品大类，如为"玩具电扇"，不能填为"电扇"。需要时可填写货物的型号、规格或牌号。

(9) H.S. 编码：填写本批进口货物的 10 位数商品编码，以当年海关公布的商品税则编码分类为准。

(10) 原产国（地区）：填写本批货物生产/加工的国家或地区。

(11) 数/重量：填写本批货物数/重量，注明数/重量单位，应与合同、商业发票或报关单上所列一致。重量一般以净重填写，如填写毛重，或以毛重作净重则需注明。

(12) 货物总值：填写入境货物的总值及币种，应与合同、商业发票或报关单上所列的货物总值一致。

(13) 包装种类及数量：填写本批货物实际运输包装的种类及数量，注明包装的材质。如 100 纸箱；散装的要注明"散装"；如采用木质包装，应详细列明。

(14) 运输工具名称号码：填写装运本批货物的运输工具的名称和号码。

(15) 合同号：填写对外贸易合同、订单或形式发票的号码。

(16) 贸易方式：填写本批货物进口的贸易方式。根据实际情况选填一般贸易、来料加工、进料加工、易货贸易、补偿贸易、边境贸易、无偿援助、外商投资、对外承包工程进出口货物、出口加工区进出境货物、出口加工区进出区货物、退运货物、过境货物、保税区进出境仓储、转口货物、保税区进出区货物、暂时进出境货物、暂时进出口留购货物、展览品、样品、其他非贸易性物品等。

(17) 贸易国别（地区）：填写本批货物的贸易国别（地区）。

(18) 提单/运单号：填写本批货物海运提单号、空运单号或铁路运单号，有二程提单的应同时填写。

（19）到货日期：填写本批进口货物到达口岸的日期。

（20）启运国家（地区）：填写装运本批货物的交通工具的启运国家或地区，若从中国境内保税区、出口加工区入境的，填写保税区、出口加工区。

（21）许可证/审批号：办理进境许可证或审批的货物，应填写有关许可证号或审批号。

（22）卸毕日期：填写本批货物在口岸卸货完毕的日期。

（23）启运口岸：填写本批货物的交通工具的启运口岸，若从中国境内保税区、出口加工区入境的，填写保税区、出口加工区。

（24）入境口岸：填写本批货物的入境口岸。

（25）索赔有效期至：按对外贸易合同中约定的索赔期限填写，注明截止日期。

（26）经停口岸：填写本批货物启运后入境前，在运输中曾经停靠的口岸名称。

（27）目的地：填写本批货物预定最后到达的境内交货地。

（28）集装箱规格、数量及号码：货物若以集装箱运输应填写。

（29）合同订立的特殊条款以及其他要求：填写在合同中特别订立的有关质量、卫生等条款或报检单位对本批货物检验检疫的特殊要求。

（30）货物存放地点：填写本批货物存放的地点。

（31）用途：填写本批货物的用途。根据实际情况，选填种用或繁殖、食用、奶用、观赏或演艺、伴侣动物、实验、药用、饲用、介质土、食品包装材料、食品加工设备、食品添加剂、食品容器、食品洗涤剂、食品消毒剂、其他。

（32）随附单据：向检验检疫机构提供的单据，在随附单据种类前划"√"或补填。

（33）标记及号码：填写本批货物的标记号码，应与合同、商业发票等有关外贸单据保持一致。若没有标记号码则填"N/M"，即 No Mark 的缩写。标记太多填写不下，或有计算机无法绘制的图案时，报检人应提供标记的样张。

（34）外商投资财产：由检验检疫机构受理报检人员填写，在对应的"□"内打"√"。

（35）报检人郑重声明：由报检人员亲笔签名。

（36）检验检疫费：由检验检疫机构计费人员核定费用后填写。

（37）领取证单：由报检人员在领取检验检疫机构出具的有关检验检疫证单时填写领证日期及领证人姓名。

三、"出境货物报检单"的填制内容

报检员要认真填写"出境货物报检单"（样本见图 8-2），内容应按合同或销售确认书或订单、信用证、有关函电、商业发票等单证的内容填写。各栏目的主要内容和填写规范如下。

中华人民共和国出入境检验检疫
出境货物报检单

报检单位（加盖公章）：　　　　　　　　　　　　　　编　号_____

报检单位登记号：　　　联系人：　　电话：　　报检日期：　年　月　日

发货人	（中文）	
	（外文）	
收货人	（中文）	
	（外文）	

货物名称(中/外文)	H.S.编码	产地	数/重量	货物总值	包装种类及数量

运输工具名称号码		贸易方式		货物存放地点	
合同号		信用证号		用途	
发货日期		输往国家		许可证/审批号	
启运地		到达口岸		生产单位注册号	
集装箱规格、数量及号码					

合同、信用证订立的检验检疫条款或特殊要求	标记及号码	随附单据（划"✓"或补填）	
		□合同	□包装性能结果单
		□信用证	□许可/审批文件
		□发票	□
		□换证凭单	□
		□装箱单	□
		□厂检单	□

需要证单名称（划"✓"或补填）		*检验检疫费	
□品质证书　　__正__副	□植物检疫证书　__正__副	总金额（人民币元）	
□重量证书　　__正__副	□熏蒸/消毒证书　__正__副		
□数量证书　　__正__副	□出境货物换证凭单　__正__副		
□兽医卫生证书　__正__副	□	计费人	
□健康证书　　__正__副			
□卫生证书　　__正__副		收费人	
□动物卫生证书　__正__副			

报检人郑重声明： 1. 本人被授权报检。 2. 上列填写内容正确属实，货物无伪造或冒用他人的厂名、标志、认证标志，并承担货物质量责任。 　　　　　　　　　签名：_____	领　取　证　单	
	日期	
	签名	

图 8-2　出境货物报检单

(1) 编号：15位数字形式，由检验检疫机构受理报检人员填写。前6位为检验检疫机构代码；第7位为出境货物报检类代码"2"；第8、9位为年度代码，如2010年为10；第10至15位为流水号。实行电子报检的，该编号可在电子报检的受理回执中自动生成。

(2) 报检单位（加盖公章）：填写报检单位的全称，并加盖报检单位公章或已经向检验检疫机构备案的"报检专用章"。

(3) 报检单位登记号：填写报检单位在检验检疫机构备案或注册登记的代码。

(4) 联系人：填写报检人员姓名。电话：填写报检人员的联系电话。

(5) 报检日期：实际受理报检的日期，由检验检疫机构受理报检人员填写。

(6) 发货人：根据不同情况填写。预检报检的，可填写生产单位。出口报检的，应填写外贸合同中的卖方或信用证的受益人。如需要出具英文证书的，填写中英文。

(7) 收货人：指本批出境货物贸易合同中或信用证中买方名称。如需要出具英文证书的，填写中英文。

(8) 货物名称（中/外文）：按外贸合同、信用证中所列品名及规格填写。

(9) H.S.编码：填写本批货物的10位数商品编码，以当年海关公布的商品税则编码分类为准。

(10) 产地：指本批货物生产（加工）地，填写省、市、县名。

(11) 数/重量：填写报检货物的数/重量，注明数/重量单位。重量一般填写净重。

(12) 货物总值：按本批货物外贸合同或发票上所列的货物总值和币种填写。

(13) 包装种类及数量：填写本批货物运输包装的种类及件数，注明包装的材质。

(14) 运输工具名称号码：填写装运本批货物的运输工具的名称和号码。

(15) 贸易方式：填写本批货物的贸易方式，根据实际情况选填一般贸易、来料加工、进料加工、易货贸易、补偿贸易、边境贸易、无偿援助、外商投资、对外承包工程进出口货物、出口加工区进出境货物、出口加工区进出区货物、退运货物、过境货物、保税区进出境仓储、转口货物、保税区进出区货物、暂时进出口货物、暂时进出口留购货物、展览品、样品、其他非贸易性物品、其他贸易性货物等。

(16) 货物存放地点：填写本批货物存放的具体地点、厂库。

(17) 合同号：填写本批货物贸易合同、订单或形式发票的号码。

(18) 信用证号：填写本批货物对应的信用证编号。

(19) 用途：填写本批货物的用途。根据实际情况，选填种用或繁殖、食用、奶用、观赏或演艺、伴侣动物、实验、药用、饲用、介质土、食品包装材料、食品加工设备、食品添加剂、食品容器、食品洗涤剂、食品消毒剂、其他。

(20) 发货日期：填写本批货物出口装运日期，预检报检可不填。

(21) 输往国家（地区）：指外贸合同中买方（进口方）所在的国家或地区，或合同注明的最终输往国家和地区。出口到中国境内保税区、出口加工区的，填写保税区、出口加工区。

（22）许可证/审批号：对实施许可证制度或者审批制度管理的货物，报检时填写许可证编号或审批单编号。

（23）启运地：填写本批货物离境的口岸/城市地区名称。

（24）到达口岸：指本批货物抵达目的地入境口岸名称。

（25）生产单位注册号：填写本批货物生产/加工单位在检验检疫机构的注册登记编号，如卫生注册登记号等。

（26）集装箱规格、数量及号码：货物若以集装箱运输应填写。

（27）合同、信用证订立的检验检疫条款或特殊要求：填写在合同中特别订立的有关质量、卫生等条款或报检单位对本批货物检验检疫的特殊要求。

（28）标记及号码：填写本批货物的标记号码，应与合同、发票等有关外贸单据保持一致。若没有标记号码则填"N/M"。

（29）随附单据：按实际向检验检疫机构提供的单据，在对应的"□"内打"√"。对报检单上未标出的，须自行填写提供的单据名称。

（30）需要证单名称：在对应的"□"内打"√"，并对应注明所需证单的正副本的数量。对报检单上未标出的，须自行填写所需证单的名称和数量。

（31）报检人郑重声明：报检人员必须亲笔签名。

（32）检验检疫费：由检验检疫机构计费人员核定费用后填写。

（33）领取证单：由报检人员在领取检验检疫机构出具的有关检验检疫证单时填写领证日期及领证人姓名。

本章小结

本章主要介绍了进出境检验检疫的基础知识、报检的相关概念及报检程序，阐述了出入境报检的分类、时限及地点，详细讲解了报检单的填制并介绍了检验检疫证单。

本章练习题

一、单选题

1. 作为原料进口的废物，必须符合中国环境保护控制标准的要求，并由国家质检总局认可的检验机构实施（　　）检验，检验合格后方可装运。

　　A. 装运前　　　　B. 装船后　　　　C. 卸船后　　　　D. 目的地

2. 某商品其海关监管条件为 A/B，表示该商品（　　）。

　　A. 只在入境的时候须实施检验检疫

B. 只在出境的时候须实施检验检疫

C. 入境和出境时均须实施检验检疫

D. 入境和出境时都不用实施检验检疫

3. 出境货物最迟应在出口报关或装运前（　　）天报检，个别检验检疫周期长的货物，应留有相应的检验检疫时间。

A. 5　　　　　　B. 7　　　　　　C. 10　　　　　　D. 15

4. 出口法检商品，检验检疫合格后，检验检疫机构签发（　　），货主凭以向海关办理通关手续。

A. 品质证书　　　　　　　　　　B. 出境货物报检单

C. 出境货物换证凭单　　　　　　D. 出境货物通关单

5. 可用作原料的固体废物进口时，必须在（　　）检验检疫机构报检。

A. 卸货口岸　　B. 指运地　　C. 收货人工厂　　D. 中转地

二、多选题

1. 依法实施动植物检疫的情形有（　　）。

A. 进口的活羊　　　　　　　B. 进境拆解的旧船舶

C. 鸡肉骨粉　　　　　　　　D. 来自植物疫区的船舶

2. 某种商品在《法检目录》中的"检验检疫类别"为"M.P.R/Q.S"，该商品入境时应实施（　　）。

A. 商品检验　　　　　　　　B. 动植物、动植物产品检疫

C. 食品卫生监督检验　　　　D. 民用商品入境验证

3. 在进出口业务中，通常所称的"一关三检"中的"三检"指的是（　　）。

A. 商品检验　　B. 动植物检疫　　C. 卫生检疫　　D. 海关查验

4. 出境货物报检时，除了应填写"出境货物报检单"外，还要提供（　　）等随附单证。

A. 外贸合同　　B. 发票　　C. 原产地证　　D. 装箱单

5. 申请注册成为报检员的条件有（　　）。

A. 获得"报检员资格证"

B. 受雇于一家报检单位

C. 从业满一年

D. 已在一家报检单位注册为报检员，尚未办理注销手续

三、简答题

1. 简述出入境检验检疫的工作内容。

2. 简述报检单位的分类。

3. 简述出入境检验检疫证单的作用。

4. 简述货物出入境报检的时限。

5. 简述报检范围。

6. 出入境检验检疫机构有哪些？

四、实训题

1. 如果你是一名报检员，接受卖方货主的委托办理货物出境报检，请考虑如何进行出境货物的报检工作。

2. 如果你是一名报检员，接受买方货主委托办理货物进境报检，请考虑如何填写"入境货物报检单"。

第九章

国际物流保险实务

【知识目标】
1. 掌握国际海上货物运输保险及国际陆空运输保险。
2. 掌握国际货运代理责任保险。
3. 掌握保险的分类及基本原则。
4. 掌握进出口货物保险程序。

【技能目标】
1. 能够进行货物运输保险费的计算。
2. 能够模拟完成进出口货物保险办理程序。

引导案例

国际海上货物运输保险

我国出口商按 CIF 条件出口一批器材共 50 箱,根据《海洋运输货物保险条款》对货物运输投保一切险。在装船时有 5 箱因吊具脱扣而落海。那么,是否可以就这一损失向保险公司索赔?

案例分析:

投保人在保险事故发生和要求赔偿时,必须遵循可保利益原则。在 CIF 条件下,由卖方负责保险,并且货物风险在装船时(越过船舷)才由卖方转移给买方,因此卖方对装船前的货物具有可保利益,即落海的 5 箱货物应属于卖方的风险损失。根据《海洋运输货物保险条款》,在投保一切险的情况下,保险公司负责赔偿"在装卸或转运时,由于一件或数件整件货物落海造成的全部或部分损失"。

因此本案例保险公司应该就这一损失给予出口商赔偿。那么什么是国际海上货物运输保险?可保利益原则指的是什么?什么是一切险?《海洋运输货物保险条款》还包括哪些险种?在国际物流中,除国际海上货物运输保险外,还应有哪些保险?本章将予以介绍和讲解。

第一节 国际物流保险概述

一、国际货运保险的含义

保险是一种精神补偿的手段,以概率论和大致定律为依据收取保险费,集中具有同一危险的多数单位的资金建立保险金,利用"分散危险,分摊损失"的办法,对少数参加者(被保险人)由于特定灾害事故所造成的损失进行经济补偿,或对人身伤害给付保险金。

国际货物运输保险是指保险人与被保险人以运输过程中的各种货物作为保险标的订立合同,在被保险人交付约定的保险费后,保险人根据保险合同的规定,对货物在运输过程中发生承保责任范围内的损失和费用时,对被保险人给予经济补偿。

二、国际保险的基本原则

在规定和维护保险当事人权益关系时,保险合同坚持和贯彻以下四条原则。

1. 可保利益原则

可保利益(insurable interest)又称保险利益,指投保人或被保险人对保险标的所拥有的某种法律承认的经济利益。如果保险标的安全,投保人或被保险人的利益可以保全;一旦保险标的受损,被保险人必然会蒙受经济损失。例如,国际货物运输中的货主拥有货物的所有权,其对货物的利益是法律承认的利益,所以货主对货物具有可保利益。

投保人对保险标的具有可保利益是保险合同成立的必要条件,即在签订和履行保险合同的过程中,投保人和被保险人对保险标的必须具有可保利益,否则保险合同无效。各国保险法中规定可保利益的意义在于防止将保险变成赌博、限制保险赔付的额度以及防止诱发道德风险。

2. 最大诚信原则

最大诚信原则(principle of utmost good faith)是投保人和保险人在签订保险合同时以及在保险合同有效期内必须遵守的一项原则。当事人中的一方如果违反最大诚信原则与他人签订合同,一旦被发现,他方即有权接触合同,如有损害,并可要求给予补偿。该原则的内容包含告知、陈述、保证。

(1)告知。被保险人在投保时把其所知道的有关保险标的的重要事项告诉保险人。我国《海商法》规定,如果被保险人的不告知是故意所为,保险人有权解除合同,且不退还保险费;如果被保险人的不告知不是故意所为,保险人也有权解除合同或者要求相应增加保险费。

(2)陈述。被保险人在磋商合同或合同订立前对其所知道的有关保险标的物的情况,向保险人所做的说明、陈述真实。

(3) 保证。被保险人在保险合同中保证要做或不做某种事情。对于保险合同中的保险条件,不论其重要性如何,被保险人均需严格遵守;如有违反,保险人可解除合同。

3. 近因原则

由于国际运输复杂多变、风险四伏,保险人出于商业利益的需要,不会将所有可能导致货物损失的原因全部承保,而是设立不同的保险险别,并确定各险别所承保的风险范围。

损失发生后,保险人认定直接造成损失或最接近损失后果的原因是否属于其承保范围,进而判断是否承担赔偿责任。近因是指导致损害发生的最直接、最有效、起决定作用的原因,一般是直接原因和主要原因,而不包括间接原因和次要原因。近因原则是当保险标的发生损失时认定保险人保险责任的基本原则。

然而在实际业务中造成损失的原因多种多样,近因认定相对复杂,一般分为两种情况。第一种情况:由单一原因造成保险标的损害。这是最简单的一种情况,造成损害的原因只有一个,这个原因就是近因。若这个近因属于承保风险,保险人就对损失予以赔偿;若该近因属于未保风险或除外责任,则保险人不必赔偿。第二种情况:由多个原因造成的损害。

若致损原因都属于保险责任范围内风险,则保险人必然承担赔偿责任。若致损原因有的属于保险责任之内风险,有的不属于保险责任内风险,则应当判断其作用的主次。若致损最直接、作用最大原因在保险责任之内构成近因,则保险人应当承担保险责任;若最直接、作用最大原因为非保险责任,则保险人不必承担保险责任。

4. 补偿原则

补偿原则(principle of indemnity)又称损失补偿原则,是指当保险事故发生时,保险人给予被保险人的经济赔偿恰好弥补被保险人遭受保险事故的经济损失,即保险人给予被保险人的赔偿数额不能超过被保险人所遭受的经济损失,被保险人不能通过保险赔偿得到额外利益。该原则应把握以下三点。

(1) 赔偿金额既不能超过保险金额,也不能超过实际损失。

(2) 被保险人必须对保险标的具有可保利益。

(3) 被保险人不能通过保险赔偿而得到额外利益。

损失补偿原则的派生原则是代位追偿原则和分摊原则。代位追偿权(subrogation)是指当保险标的发生了保险责任范围内的由第三方责任造成的损失时,保险人向被保险人履行损失赔偿责任后,有权取得被保险人在该项损失中向第三责任方索赔的权利,保险人取得该项权利后,即可站在被保险人的地位上向责任方进行追偿。代位追偿原则可以避免被保险人就同一损失分别向第三责任方和保险公司进行追偿,得到双份赔偿,从中获得额外利益。

分摊原则又称重复保险分摊原则(principle of contribution of double insurance),指

在重复保险的情况下,被保险人所能得到的赔偿金由各保险人采用适当的方法进行分摊,从而使被保险人所得到的总赔偿金不超过实际损失额。重复保险分摊原则同样也是为了防止被保险人就同一损失从多个保险人那里得到超出保险标的实际损失的赔偿,从而获得额外利益。

这四个原则是人们进行保险活动的准则,是处理保险合同双方权利义务关系的基本出发点。

第二节 国际海上货物运输保险

海上运输货物保障的风险,是指海上偶然发生的自然灾害和意外事故,而并不包括海上经常发生的和必然发生的事件。与海上风险相对应的外部原因所造成的风险,其中包括一般外来风险和特殊外来风险,也属保障的风险。

一、国际海上货物运输承保风险

(一)海上风险

这是指包括海上发生的自然灾害和意外事故所带来的风险。根据英国《1906年海上保险法》第三条规定,海上风险是指由于航海的后果所造成的危险或航海有关的危险。

按照发生性质,海上风险可以分为自然灾害和意外事故两大类。

1. 自然灾害

自然灾害是指不以人的意志为转移的自然界的力量所引起的灾害。它是客观存在的人力不可抗拒的灾害事故,是保险人承保的主要风险。但在海上货物运输保险的灾害事故中,保险人承保的自然灾害并不是泛指一切由自然力量所引起的灾害事故。

我国的保险条款规定,保险人承保的自然灾害仅指恶劣气候、雷电、海啸、地震、洪水等人力不可抗拒的灾害。伦敦保险协会条款规定,在保险人承保的风险中,属于自然灾害的风险有雷电、地震、火山喷发、浪击落海以及海水湖水等进入船舶、船舱、运输工具、集装箱、大型海运箱或储存场所等。

2. 意外事故

意外事故是指船舶搁浅、触礁、沉没、互撞或与其他固体物如流冰、码头碰撞,以及失踪、失火、爆炸等意外原因造成的事故或其他类似事故。

搁浅是指船舶与海底浅滩、堤岸在事先无法预料到的意外情况下发生触礁,并搁置一段时间,使船舶无法继续行进以完成运输任务。但规律性的潮汐涨落所造成的搁浅则不属于保险搁浅的范畴。触礁是指载货船舶触及水中岩礁或其他阻碍物(包括沉船)。

沉没是指船体全部或大部分已经没入水面以下,并已失去继续航行能力。若船体部分入水,但仍具航行能力,则不视作沉没。碰撞是指船舶与船或其他固定的、流动的固定物猛力接触。如船舶与冰山、桥梁、码头、灯标等相撞。

火灾是指船舶本身、船上设备以及载运的货物失火燃烧。爆炸是指船上锅炉或其他机器设备发生爆炸和船上货物因气候条件(如温度)影响产生化学反应引起的爆炸。失踪是指船舶在航行中失去联络,音讯全无,并且超过了一定期限后,仍无下落和消息。

(二) 外来风险

外来风险(extraneous risks)是指由于自然灾害和意外事故以外的其他外来原因造成的风险。外来风险必须是意外的、事先难以预料的风险,而不是必然发生的外来因素。外来风险可以分为一般外来风险和特殊外来风险两种。

1. 一般外来风险

一般外来风险是指由于一般外来原因所造成的风险,主要包括偷窃、渗漏、短量、碰损、钩损、生锈、雨淋、受热受潮等。

2. 特殊外来风险

特殊外来风险是指由于军事、政治、国家政策法令和行政措施等以及其他特殊外来原因,如战争、罢工,交货不到、被拒绝进口或没收。

战争风险是指由于战争行为、敌对行为以及由此引起的捕获、拘留、扣留、禁止及各种战争武器引起的货物损失。罢工风险是指由于罢工者、被迫停工工人或参加工潮、暴动、民众斗争的人员的行为所造成的货物的损失。拒收风险是指由于在进口国的政府或有关当局拒绝进口或没收所带来的风险。

二、国际海上货物运输承保损失

损失指保险人承保的损失,根据承保风险不同分为海上损失和其他损失。其中海上损失又称海损(average),一般是指海运保险货物在海洋运输中由于海上风险所造成的损失和灭失;其他损失主要是由于外来风险造成的货物的损失和灭失。按损失的程度不同,海上损失分为全部损失和部分损失。

(一) 全部损失

全部损失(total loss)简称全损,指海上保险货物遭受承保风险而全部损失。按照损失的性质不同,全部损失可分为实际全损和推定全损。

1. 实际全损

实际全损(actual total loss)是指保险标的物在运输途中全部灭失或等同于全部灭失,或者货物实际上已不可能归还被保险人的损失。

构成实际全损的情况主要有四种:一是保险标的完全灭失,如船舶触礁,船货全部沉入深海,或船上着火,货物全部被烧焦;二是保险标的丧失已无法挽回,在这种情况下,保险标的仍然存在甚至可能完好,但是被保险人失去了对它的有效占有,如载货船舶被海盗劫走;三是保险标的已丧失商业价值或失去原有用途,如水泥遭到海水浸泡;四是载货船舶失踪达到一定合理期限(一般为6个月)仍没有获知其下落,则船上所载货物被视为实际全损。

2. 推定全损

推定全损(constructive total loss)又称商业全损,是指保险标的虽然尚未达到全部灭失状态,但是完全灭失将是不可避免的,或者为避免实际全损、抢救、修复、继续运送货物到原定目的地所耗费用将超过其实际价值。

如果发生了推定全损,被保险人要办理委付(notice of abandonment),即指被保险人在获悉受损情况后,以书面或口头方式向保险人发出委付通知书,声明愿意将保险标的的一切权益,包括财产权及一切由此产生的权利与义务转让给保险人,而要求保险人按全损给予赔偿的一种行为。如果被保险人决定索赔推定全损,则应在合理的时间内及时发出委付通知,明确委付或放弃的意图。

(二) 部分损失

部分损失(partial loss)是指保险标的损失没有达到全部损失程度的一种损失,即凡不构成全损的海损均是部分损失。部分损失按其性质可分为单独海损和共同海损。

1. 共同海损

共同海损(general average)是指在同一海上航程中,当船、货及其他利益方处于共同危险时,为了共同的利益,由船方有意识地、合理地采取措施所引起的特殊的牺牲和额外的费用。由于牺牲和费用等损失都是为了船货的共同安全而做出的,显然完全由做出牺牲的货主来负担不公平,所以应由得到保全利益的一切船货所有者按其财产价值比例进行分摊。

小贴士

船舶搁浅时,船长不得不命令抛弃船上部分货物以使船舶浮起,从而确保船货安全,所抛弃的货物就属于共同海损牺牲;船舶在航行中,因意外原因触礁,为了使船舶脱险,船长只好雇佣拖轮将船舶拖带脱险,期间发生的拖船的拖带费用,属于共同海损费用。

构成共同海损应该具备的条件主要有四个:一是共同海损的危险必须是真实存在的,或者是不可避免发生的,而非主观臆断的;二是采取的措施必须是为了船、货共同的安全,如果只是为了货物或船舶单方的安全而造成的损失,不能作为共同海损处理;三是必须是主动的行为和有意采取的行为,而不是意外事件;四是采取的措施必须是合理的。

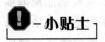

船舱内装载的棉花着火,船员用水灭火而使着火的棉花又遭水浸泡,不能作为共同海损处理,因为这与船舶安全无关,不符合条件二。但是如果火势危机船货,为了灭火,引海水入舱使本来没着火的货物被海水浸泡受损,这部分损失应作为共同海损处理。海浪把货物席卷入大海,这部分货物损失不属于共同海损,因为不符合条件三。搁浅时抛货入海,应该抛重量大、价值轻的货物,对于不合理抛货措施造成的损失不能作为共同海损,因为不符合条件四。

2. 单独海损

单独海损(particular average)是指除共同海损以外的、由于承保范围内的风险所直接导致的船舶或货物的部分损失。单独海损和共同海损的区别如表9-1所示。

表9-1 单独海损和共同海损的区别

项 目	单独海损	共同海损
造成损失的原因	由承保风险直接导致的船、货损失	为了解除船、货共同危险,船方有意采取措施而造成的损失
损失的责任承担	由受损方单独承担	由船舶、货物等各受益方按照获救价值的比例共同分摊,即"共同海损分摊"

三、国际海上货物运输承保费用

保险人承保的费用,不仅指保险人对承保风险所造成的货物自身损失给予赔偿,还对为了避免损失扩大而产生的费用给予赔偿,如施救费用和救助费用。救助费用和施救费用的区别如表9-2所示。

1. 施救费用

施救费用(sue and labor expenses)是指保险标的在遭受保险责任范围内的灾害事故时,被保险人(或其代理人、雇佣人员、受让人)为了避免或减少损失,采取各种抢救与防护措施所支付的合理费用。保险人对施救费用赔偿的条件有:一是施救费用必须是合理的和必要的;二是施救费用必须是为防止或减少承保风险造成的损失所采取的措施而支出的费用;三是施救费用是由被保险人及其代理人、雇佣人采取措施而支出的费用;四是施救费用的赔偿与措施是否成功无关。

表 9-2　救助费用和施救费用的区别

项　　目	施救费用	救助费用
采取行动的主体	被保险人自己（或其雇佣人员、代理人或受让人）	被保险人和保险人以外的第三者
保险人赔偿的前提	不管施救行为是否取得成效	救助行为应取得成效
保险人的赔偿限度	以另一个保险金额为限，即在对被保险货物本身损失赔偿的那个保险金额之外，再给一个保险金额赔偿施救费用	对救助费用的赔偿与对被保险货物本身损失的赔偿合在一起，以一个保险金额为限
是否是共同海损费用	因被保险人为减少自己的货物损失采取施救措施而产生的，与共同海损没有联系	多数情况下是由于作为救助人的其他过往船舶为船货获得共同安全而前来救助并取得成效而产生的，因此，多数可列入共同海损费用项目

2. 救助费用

救助费用(salvage charge)是指船舶或货物遭遇海上危险事故时，对于自愿救助的第三者采取的使船舶或货物有效地避免或减少损失的救助行为所支付的酬金。救助费用产生必须具备如下条件：一是救助必须是第三人的行为；二是救助必须是自愿的；三是救助必须是有实际效果。

四、国际海上货物运输保险险种

为满足投保人对保险的不同要求，各国保险组织或保险公司将其承保的风险按范围的不同划分为不同的险别，并以条款的形式分别予以明确。

(一) 我国海洋货物运输保险险种

我国海洋货物运输保险主要采用修订于1981年1月1日的中国人民保险公司的"中国保险条款"中的《海洋运输货物保险条款》。

我国海洋运输货物保险险种分为基本险和附加险，其中基本险分为平安险、水渍险和一切险，附加险分为一般附加险和特殊附加险。基本险可以单独投保，而附加险不能单独投保，只有在投保某一种基本险的基础上才能加保附加险。

1. 基本险

(1) 平安险(free from particular average, F. P. A.)，这一名称在我国保险行业中沿用甚久，其英文原意是指单独海损不负责赔偿。

平安险的责任范围包括如下几项。

① 被保险货物在运输途中由于恶劣气候、雷电、海啸、地震、洪水自然灾害造成整批货物的全部损失或推定全损。

② 由于运输工具遭搁浅、触礁、沉没、互撞,与流域内其他物体碰撞以及失火、爆炸等意外事故造成被保险货物的全部或部分损失。

③ 只要运输工具曾经发生搁浅、触礁、沉没、焚毁等意外事故,不论这个意外事故发生之前或者以后曾在海上遭恶劣气候、雷电、海啸等自然灾害所造成的被保险货物的部分损失。

④ 在装卸转船过程中,被保险货物一件或数件落海所造成的全部损失或部分损失。

⑤ 运输工具遭自然或灾害或意外事故,在避难港卸货所引起被保险货物的全部损失或部分损失。

⑥ 运输工具遭自然灾害或意外事故,需要在中途港口或者避难港口停靠,因而引起的卸货、装货、存仓以及运送货物所产生的特别费用。

⑦ 发生共同海损所引起的牺牲、公摊费和救助费用。

⑧ 发生了保险责任范围内的危险,被保险人对货物采取抢求救,防止或减少损失的各种措施,因而产生的合理施救费用。

综上所述,平安险的承保范围包括:所有海上风险的全部损失;所有海上风险引起的部分损失中的共同海损;意外事故引起的部分损失中的单独海损;一次航程中既有意外事故又有自然灾害的损失。其承保范围如图9-1所示。

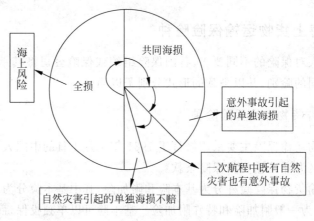

图9-1 平安险承保范围

(2) 水渍险

水渍险(with particular average, W. P. A.)又称"单独海损险",英文原意是指单独海损负责赔偿。它是海洋运输货物保险的主要险别之一。

水渍险的责任范围除了包括"平安险"的各项责任外,还负责被保险货物由于恶劣气候、雷电、海啸、地震、洪水等自然灾害所造成的部分损失。

(3) 一切险

一切险(all risks)的责任范围除包括上列"平安险"和"水渍险"的所有责任外,还包括货物在运输过程中,因一般外来原因所造成保险货物的全部或部分损失。

2. 附加险别

进出口商品除了投保货物的上述基本险别之外,还可根据货物的特点和实际需要,酌情再选择若干适当的附加险别。附加险别包括一般附加险、特别附加险和特殊附加险三类。

一般附加险包括:①偷窃、提货不着险;②淡水雨淋险;③短量险;④混杂、沾污险;⑤渗漏险;⑥碰损、破碎险;⑦串味险;⑧钩损险;⑨受潮受热险;⑩包装破损险;⑪锈损险。

特别附加险包括:①交货不到险;②进口关税险;③舱面险;④拒收险;⑤黄曲霉素险;⑥出口货物到香港(包括九龙在内)或澳门地区存仓火险责任扩展条款。

特殊附加险包括海运货物战争险和罢工险。

(二) 伦敦保险协会海运货物保险条款

在国际保险市场上,英国伦敦保险协会所制定的"协会货物保险条款"(Institute Cargo Clause, ICC)对世界各国有着广泛的影响。目前,世界上许多国家在海运保险业务中直接采用该条款。

在我国,按 CIF 条件出口,一般以中国人民保险公司所制定的保险条款为依据,但如国外客户要求按英国伦敦保险协会所制定的货物保险条款为依据,也可酌情接受。

1. 协会货物保险条款的种类

(1) 协会货物条款(A):Institute Cargo Clause (A),ICC(A)。

(2) 协会货物条款(B):Institute Cargo Clause (B),ICC(B)。

(3) 协会货物条款(C):Institute Cargo Clause (C),ICC(C)。

(4) 协会战争险条款(货物):Institute War Clause-Cargo。

(5) 协会罢工险条款(货物):Institute Strikes Clause-Cargo。

(6) 恶意损害险条款:Malicious Damage Clause。

以上六种险别中,A、B、C 三种险别是基本险,战争险、罢工险及恶意损害险是附加险。其中,除了恶意损害险外,前五种险别都可以单独投保。另外,A 险包括恶意损害险,但在投保 B 险或 C 险时,应另行投保恶意损害险。

2. 协会货物保险主要险别的承保风险与除外责任

(1) ICC(A)险的承保风险和除外责任

类似于我国的一切险,采用"一切风险减除外责任"的概括式规定方法,即除了"除外责任"项下所列的风险保险人不予负责外，其他风险均予负责。

除外责任包括以下几类。

一般除外责任：这是指归因于被保险人故意的不法行为造成的损失或费用；自然损耗、自然渗漏、自然磨损、包装不足或不当所造成的损失或费用；直接由于延迟所引起的损失或费用；由于船舶所有人、租船人经营破产或不履行债务所造成的损失或费用；由于使用任何原子弹或其他核武器所造成的损失或费用。

不适航、不适货除外责任：这是指被保险人在保险标的装船时已经知道船舶不适航或船舶、装运工具、集装箱等不适货，保险人不负责赔偿责任。

战争除外责任：这主要是指由于战争、内战、敌对行为等造成的损失或费用；由于捕获、拘留、扣押等（海盗除外）所造成的损失或费用；由于漂流水雷、鱼雷等造成的损失或费用。

罢工除外责任：这主要是指罢工者、被迫停工工人造成的损失或费用以及由于罢工、被迫停工所造成的损失或费用等。

(2) ICC(B)险的承保风险和除外责任

类似于我国的水渍险，采用承保"除外责任"之外列明风险的方法。

承保风险包括：火灾或爆炸；船舶或驳船搁浅、触礁、沉没或颠覆；陆上运输工具的倾覆或出轨；船舶、驳船或运输工具同除水以外的任何外界物体碰撞；在避难港卸货；地震、火山爆发、雷电；共同海损牺牲；海水、湖水或河水进入船舶、驳船、运输工具、集装箱、大型海运或储存住所；货物在装卸时落海或摔落造成整件的全损。

除外责任是在 ICC(A) 除外责任基础上加上"海盗行为"和"恶意损害险"。意思是指在 ICC(A) 险中，恶意损害的风险被列为承保风险，而在 ICC(B) 险中，保险人对此项风险不负赔偿责任，被保险人若想获得此种风险的保险保障，就需加保"恶意损害险"。在 ICC(A) 险中，海盗行为属于赔偿范围内，而 ICC(B) 险中，保险人对此项风险不负保险责任。

(3) ICC(C)险的承保风险和除外责任

类似于我国的平安险，仅承保"重大意外事故"的风险，而不承保自然灾害及非重大意外事故的风险。

承保范围包括：火灾、爆炸；船舶或驳船触礁、搁浅、沉没或颠覆；陆上运输工具倾覆或出轨；船舶、驳船或运输工具同除水以外的任何外界物体碰撞；在避难港卸货；共同海损牺牲；抛货。

除外责任与 ICC(B) 完全相同。

至于战争险、罢工险和恶意损坏险不同于中国保险条款的规定，即不一定要在投保了三种基本险别的基础上才能加保，而是可以作为独立险别投保的。恶意损坏险是新增加的附加险别，它所承保的是被保险人以外的其他人（如船长、船员等）的故意破坏行为所致被保险货物的灭失和损害。它属于(A)险的责任范围，但在(B)、(C)险中，则被列为"除外责任"。

伦敦协会新条款保险期限,规定被保险货物在最后卸载港全部卸离海轮后满 60 天为止。

五、国际海上货物保险期限

保险期限又称保险期间或责任起讫,就是保险人承担保险责任的起止期限。由于海运货物保险航程的特殊性,保险期限一般没有具体的起讫日期,我国海运货物基本险保险期限按国际惯例,采取"仓至仓条款",这与 ICC 规定大体相同。

具体来说,保险自被保险货物运离保险单所载明的起运地仓库或储存处所开始运输时生效,包括正常运输过程中的海上、陆上、内河和驳船运输在内,直至该项货物到达保险单所载明目的地收货人的最后仓库或储存处所或被保险人用作分配、分派或非正常运输的其他储存处所为止。如未抵达上述仓库或储存处所,则以被保险货物在最后卸载港全部卸离海轮后满 60 天为止。如在上述 60 天内被保险货物需转运到非保险单所载明的目的地时,则以该项货物开始转运时终止。

战争险的保险期限不采用"仓至仓条款",而是以水上危险为限,即自货物在起运港装上海轮或驳船时开始,直到目的港卸离海轮或驳船时为止。不卸离海轮或驳船,则从海轮到达目的港的当日午夜起算满 15 天,保险责任自行终止;如在中途港转船,不论货物是否在当地卸货,保险责任以海轮到达该港或卸货地点的当日午夜起算满 15 天为止,待再次装上续运海轮时,恢复有效。

第三节 国际陆空货物运输保险

陆运、空运、邮运货物保险是在海运货物保险的基础上发展起来的。但由于陆、空运与邮运货物同海运货物可能遭到的风险不尽相同,所以陆、空、邮货运保险与海上货运保险的险种及其承保责任范围也有所不同。

一、国际陆上货物运输保险

陆上货物运输保险是以火车和汽车运输过程中的各种货物为保险标的的货物运输险。根据中国人民保险公司 1981 年 1 月 1 日修订的《陆上运输货物保险条款》规定,陆运货物运输保险的基本险别有陆运险和陆运一切险两种。被保险货物在投保陆运险或陆运一切险的基础上,还可以加保一种或若干种附加险,如陆运战争险等。

(一) 基本险

1. 陆运险

陆运险(overland transportation risks)与海运保险中的"水渍险"相似。保险公司负责赔偿被保险货物在运输途中发生的下列损失或费用：①遭受暴风、雷电、洪水、地震等自然灾害所造成的全部或部分损失；②陆上运输工具(如火车、汽车等)遭受碰撞、倾覆、出轨，或在驳运过程中驳船遭受搁浅、触礁、沉没、碰撞，或遭受隧道坍塌、崖崩或失火、爆炸等意外事故所造成的全部或部分损失；③被保险人对遭受承保风险的货物采取抢救，在不超过该批被救助货物保险金额的条件下，防止或减少货损而支付的合理费用。

2. 陆运一切险

陆运一切险(overland transportation all risks)与海运保险中的"一切险"相似。除包括上述陆运险的责任外，保险公司还负赔偿被保险货物在运输途中由于一般外来原因造成的短少、短量、偷窃、渗漏、碰损、破碎、钩损、雨淋、生锈、受潮、受热、发霉、串味、沾污等全部或部分损失。

3. 除外责任

上述两个险别的除外责任与海洋运输货物保险的除外责任相同。

(二) 保险期限

陆运基本险也采用"仓至仓"条款。保险人负责自被保险货物运离保险单所载明的起运地仓库或储存处所开始运输时生效，包括正常运输过程中的陆上和与其有关的水上驳运在内，直至该项货物运达保险单所载目的地收货人的最后仓库或储存处所或被保险人用作分配、分派的其他储存处所为止，如未运抵上述仓库或储存处所，则以被保险货物运抵最后卸载的车站满 60 天为止。

(三) 陆运战争险

陆运战争险(overland transportation cargo war risks)目前仅限于铁路运输，负责范围与海运战争险基本上是一致的，即直接由于战争、类似战争行为和敌对行为、武装冲突所致的损失和各种常规武器包括地雷、炸弹所致的损失。陆运战争险属于附加险，不能单独投保。陆运战争险的保险期限，不采用"仓至仓"条款，而是以货物置于运输工具上为限，这与海运战争险类似。

二、国际航空货物运输保险

航空货物运输保险是以航空运输过程中的各类货物为保险标的的货物运输险。航空运输货物保险是以飞机为运输工具的货物运输保险。根据中国人民保险公司 1981 年 1 月 1 日修订的《航空运输货物保险条款》的规定，空运货物保险的基本险别有航空运输险和航空运输一切险。此外，在投保航空运输险和航空运输一切险的基础上，还可以加保航空运输货物战争险(air transportation cargo war risks)等附加险。

(一) 基本险

1. 航空运输险

航空运输险(air transportation risks)与海运保险中的"水渍险"大致相同。保险公司负责赔偿被保险货物在运输途中发生的下列损失或费用：①被保险货物在运输途中遭受雷电、火灾、爆炸或由于飞机遭受恶劣气候或其他危难事故而被抛弃，或由于飞机遭受碰撞、倾覆、坠落或失踪意外事故所造成的全部或部分损失；②被保险人对遭受承保风险的货物采取抢救，防止或减少货损的措施而支付的合理费用，但以不超过该批被救货物的保险金额为限。

2. 航空运输一切险

航空运输一切险(air transportation all risks)与海运保险中的"一切险"相似，其承保责任范围，除包括上述航空运输险的全部责任外，还对被保险货物在运输途中由于一般外来原因造成的全部或部分损失负赔偿责任。

3. 除外责任

上述两个险别的除外责任与海洋运输货物保险的除外责任相同。

(二) 保险期限

航空货运险的基本险也采用"仓至仓"条款，即自被保险货物运离保险单所载明的起运地仓库或储存处所开始运输时生效，在正常运输过程中继续有效，直至该项货物运达保险单所载目的地收货人的最后仓库或储存处所或被保险人用作分配、分派或非正常运输的其他储存处所为止。如未运抵上述仓库储存处所，则以被保险货物在最后卸离飞机后满 30 天为止。如在上述 30 天内被保险的货物需转送到非保险单所载明的目的地，则以该项货物开始转运时终止。航空运输货物战争险的保险期限，是自货物装上飞机时开始，到卸离飞机为止。

三、国际邮政包裹运输保险

邮政包裹保险承保通过邮包邮寄的货物，不管是海运、陆运或空运方式都包括在内，在运输过程中因自然灾害、意外事故和外来原因造成的损失。包裹运输保险主要承保通过邮局邮包方式递运的货物在邮递过程中遭到自然灾害、意外事故或外来原因造成的损失。根据中国人民保险公司 1981 年 1 月 1 日修订的《邮包保险条款》的规定，邮包保险基本险分为邮包险和邮包一切险两种基本险别。此外还有邮包战争险(parcel post war risks)等附加险。

(一) 基本险

1. 邮包险

邮包险(parcel post risks)承保责任范围：①被保险邮包在运输途中由于恶劣气候、雷电、海啸、地震、洪水自然灾害或由于运输工具遭受搁浅、触礁、沉没、碰撞、出轨、坠落、失踪，或由于失火、爆炸意外事故所造成的全部或部分损失；②被保险人对遭受承保风险的货物采取抢救、防止或减少货损的措施而支付的合理费用，但以不超过该批被救货物的保险金额为限。

2. 邮包一切险

邮包一切险(parcel post all risks)的责任范围，除包括上述邮包险的全部责任外，还对被保险货物在运输途中由于一般外来原因造成的全部或部分损失负赔偿责任。

3. 除外责任

上述两个险别的除外责任与海洋运输货物保险的除外责任相同。

(二) 保险期限

邮包保险责任期间：自被保险邮包离开保险单所载起运地点寄件人的处所运往邮局时开始生效，直至被保险邮包运达保险单所载明的目的地邮局，自邮局签发"到货通知书"当日午夜起算满15天为止，但在此期限内邮包一经递交至收件人的处所，保险责任即告终止。邮包战争险的保险责任是自被保险邮包经邮政机构收讫后自储存处所开始运送时生效，直至该项邮包运达本保险单所载目的地邮局送交收件人为止。

第四节　国际货运代理责任保险

国际货运代理企业的经营风险是客观存在的，必要的防范手段只能在一定程度上减少风险发生的概率，但不能完全避免它的发生。实践中，投保货运代理责任险是转移经营风险较为行之有效的方法，通过这种方式可以转化一些无法预料和规避的经营风险，减少重大或突发风险事件给企业带来的冲击和影响。

国际货运代理责任保险是指国际货运代理人在业务经营过程中，对他人承担的赔偿责任由保险公司代为承担的一种责任保险。

一、国际货运代理责任险承保风险

1. 国际货运代理本身的过失

国际货运代理未能履行代理义务，或在使用自有运输工具进行运输出现事故的情况下,无权向任何其他人追索,如货代员单证缮制错误等。

2. 分包人的过失

在"背对背"签约的情况下,责任的产生往往是由于分包人的行为或遗漏,而国际货运代理没有任何过错。在这种情况下,从理论上讲国际货运代理有充分的追索权,但常常由于复杂的实际情况使其无法全部甚至部分地从责任人处得到补偿。例如,国际货运代理将报关业务委托给报关行,由于报关行的原因货物无法通关造成损失,货代有权向报关行索赔,但是如果报关行破产,货代将得不到补偿。

3. 责任限制不同

货运代理发现某分包人的责任小于自己的责任或者没有责任,这就意味着当分包人因为可免责的原因造成货物损失时,货运代理的对外赔付得不到补偿。

二、国际货运代理责任险承保内容

国际货运代理责任险主要承保因国际货运代理的过失或疏忽所导致的风险和损失。具体来说,国际货运代理责任险的承保范围主要包括以下几个方面。

1. 错误与遗漏

虽有指示但未能投保或投保类别有误;迟延报关或报关单内容缮制有误;发运到错误的目的地;选择运输工具有误,选择承运人有误;再次出口未办理退还关税和其他税务的必要手续;保留向船方、港方、国内储运部门、承运单位及有关部门追偿权的遗漏;不顾保单有关说明而产生的遗漏;所交货物违反保单说明等。

2. 仓库保管中的疏忽

在港口或外地中转库(包括货运代理自己拥有的仓库或租用、委托暂存其他单位的仓库、场地)监卸、监装和储存保管工作中的疏忽与过失。

3. 货损货差责任不清

在与港口储运部门或内地收货单位各方交接货物时,数量短少、残损责任不清,最后由国际货运代理承担的责任。

4. 迟延或未授权发货

如部分货物未发运;港口提货不及时;未及时通知收货人提货;违反指示交货或未经授权发货;以付款交货条件成交时,交货但未收取货款等。

三、国际货运代理责任险除外责任

国际货运代理责任险只是企业在完善自身风险防范机制基础上的补充,不能将防范和规避风险的全部希望都寄托在保险公司上,因为保险公司也是以盈利为目的,为了降低和减少其承担的赔付责任,会制定出相应免赔条款。

下列风险一般不在承保范围:

(1) 对在承保期间以外发生的危险或事故不予承保;

(2) 索赔时间超过承保条例或法律规定的时效;

(3) 保险合同或保险公司条例中所规定的除外条款及不在承保范围内的国际货运代理的损失;

(4) 违法行为造成的后果,如出口仿牌货物被海关没收的损失;

(5) 蓄意或故意行为引起的损失;

(6) 战争、外敌入侵、敌对行为(不论是否宣战)、内战、反叛、革命、起义、军事或武装侵占、罢工、停业、暴动、骚乱、戒严和没收、充公、征购等的任何后果,以及为执行任何政府、公众或地方权威的指令而造成的任何损失或损害;

(7) 任何由核燃料或核燃料爆炸所致核废料产生的离子辐射或放射性污染所导致、引起或可归咎于此的任何财产灭失、摧毁、毁坏或损失及费用,不论直接或间接,还是作为其后果损失;

(8) 超出保险合同关于赔偿限额规定的部分;

(9) 事先未征求保险公司的意见,擅自赔付对方,亦可能从保险公司得不到赔偿或得不到全部赔偿。

四、国际货运代理责任险的保险条款

国际货运代理责任保险一直以来就是国际货运代理企业所关注的一项内容。许多货代企业具有强烈的保险意识,有部分企业在香港投保,也有的与联运保赔协会签订了多年的保险业务合同。但国内的保险公司以往却没有针对国际货运行业推出相应的保险业务。经过几年的努力,内地的人保公司、太平洋保险公司和平安保险公司等已经开始承保货运代理责任险。

为减少、化解国际货物运输代理企业的经营风险,2008年修订的《国际货物运输代理业管理规定实施细则》规定,国际货物运输代理企业应投保国际货运代理企业责任险,责任范围包括企业从事货代业务应承担的法律责任、错误、疏忽遗漏等责任。

《实施细则》的出台,明确了国际货运代理企业投保责任险的强制性和实行集体投保和管理制度,即国家商务部委托中国国际货运代理协会负责国际货运代理责任保险制度的实施,由中国国际货运代理协会代表行业对外谈判保险价格和条款,落实投保、索赔等服务,对保险公司、保险经纪公司、保险合同范本、保险费率等进行评估。

目前,国内有两种国际货运代理责任保险,国际货代企业可根据企业需求,投保"国际货运代理人责任保险条款"或"国际货运代理提单责任保险条款"。凡中华人民共和国境内(不包括香港、澳门、台湾地区)依据《中华人民共和国国际货物运输代理业管理规定》及其他相关法律法规设立并独立经营的国际货物运输代理企业及纳入国际货物运输代理备案管理的企业可以成为该保险的被保险人。"国际货运代理人责任保险条款"和"国际货运代理提单责任保险条款"适用于不同的货运代理企业。

国际货运代理企业既可以作为进出口货物收货人、发货人的代理人，也可以作为独立经营人从事国际货运代理业务。国际货运代理企业以独立经营人身份签发提单的，应投保最低限额为 100 万元人民币的国际货运代理提单责任险，如果提单责任险范围涵盖企业责任险，可不投保企业责任险。

第五节　国际货物运输保险实务

一、进出口货物运输保险程序

(一) 选择投保险别

在国际货物运输中，只有选择了适当的货物运输保险险别，才能在货损时得到充分的经济补偿。不同的险别，保险人承保的责任范围不同，被保险人受保障的程度不同，保险费率也不同。为了使货物得到充分的保障，又减少不必要的保险费支出，在选择险别时要慎重，应考虑以下几个因素。考虑多种影响因素后，最终投保什么险别，则由进出口双方在贸易合同中做出约定。

1. 被保险货物的自然属性和特点

不同货物有着不同的属性、各异的特点，使得它们可能遭受的损失也不尽相同。因此，在投保时必须充分考虑货物的属性和特点，据以确定适当的险别。例如，易碎的玻璃制品要保一切险，而不易损坏的钢铁制品就不必投保一切险；茶叶容易吸潮、串味，就在投保水渍险的基础上加保受潮受热险和串味险。

2. 被保险货物的包装

在办理投保和选择险别时，应把货物包装在运输过程中可能发生的损坏及其对货物可能造成的损害考虑在内。但须注意，因货物包装不良或由于包装不适应国际贸易运输的一般要求而致货物遭受损失则属于发货人的责任，保险人一般不予负责。

3. 运输路线及挂靠港口情况

货物在运输途中所遇的风险大小与其选择的运输路线以及所停泊的港口的安全情况有很大的关系。例如，某些航线途经气候炎热地区，若载货船舶通风不良，就会造成货损；在政局不稳或在已经发生战争的海域内航行，货物遭受意外损失的可能性增大。同时，由于不同停靠港口在设备、装卸能力以及安全等方面有很大差异，进出口货物在港口装卸时发生货损、货差的情况也就不同。因此，在投保前应先做好调查工作，以便选择适当的险别。

4. 运输季节

不同的运输季节,给运输货物带来的风险和损失也不同。例如,夏季运输水果,极易出现腐烂或者生虫等现象;冬季在寒冷海域航行,极易发生船舶与流动冰山碰撞事故。

5. 国际惯例

按照国际惯例,如果货物按 CIF 条款出口,卖方应负责投保何种险别须在贸易合同中加以明确规定;如果合同中对此没有规定,则需按照国际贸易惯例及有关国家的法律规定办理,如《2000 通则》规定,CIF 条件下的卖方应负责投保最低限度的保险险别,即卖方可选择承保范围最小、保险费用最省的险别。

6. 保险条款的适用

不同保险公司的保险条款不尽相同,各自的险别的承保范围也不一样,所以在投保之前要明确以哪一家保险公司的保险条款为准。

(二) 确定保险金额

办理保险首先要确定保险金额。保险金额又称投保金额,系指保险人承担赔偿或者给付保险金责任的最高限额,也是保险人计算保险费的基础。投保人在投保货物时,应向保险人申报保险金额。按照国际保险市场的习惯做法,出口货物的保险金额一般按 CIF 货价另加 10% 计算,这增加的 10% 叫保险加成,也就是买方进行这笔交易所付的费用和预期利润。

保险金额的计算公式为

$$保险金额 = CIF 价 \times (1 + 投保加成率)$$

根据保险金额,保险公司计收保险费。保险费(premium)的多少根据保险金额和费率计算。投保人按约定方式缴纳保险费是保险合同生效的条件。保险费则根据保险费率表按保险金额计算,是保险金额与保险费率的乘积。保险费率(premium rate)是由保险公司根据一定时期、不同种类的货物的赔付率,按不同险别和目的地确定的。

保险费的计算公式为

$$保险费 = 保险金额 \times 保险费率 = CIF 价 \times (1 + 投保加成率) \times 保险费率$$

(三) 填写投保单

无论在进口或出口业务中,投保货物运输保险时,投保人通常需以书面方式做出投保要约,即填写货物运输保险投保单,经保险人在投保单上签章承诺,或是出立保险单,保险双方即确定了保险合同关系。

投保单(application form)又称投保书或要保书,是投保人在投保时对保险标的及有关事实的告知和陈述,是进出口企业向保险公司对运输货物进行投保的申请书,也是保险公司据以出立保险单的凭证,保险公司在收到投保单后即缮制保险单。

投保单一般由保险人事先准备,具有统一格式。投保人必须依其所列项目如实填写,以供保险人决定是否承保或以何种条件、何种费率承保。投保单本身并非正式合同文本,但一经保险人接受后,即成为保险合同的一部分。因此,如果投保单填写的内容不实或故意隐瞒、欺诈,都将影响保险合同的效力。为保障买卖双方的利益不会因货物在运输途中发生事故而遭受损失,投保人应在货物开始运输之前办理保险。

(四) 支付保险费

保险费是保险人根据投保单上的价值和一定的保险费率计算出来的。一般来讲,保险公司向投保人收取的保险费按下面公式计算。

一批出口货物,发票总金额为 CIF 36 000 美元,信用证规定按发票金额加一成投保一切险和战争险,两种险的费率分别为 0.4% 和 0.2%。求保险费。

解:保险金额＝CIF 货价×(1＋保险加成率)＝36 000×110%＝39 600(美元)

保险费＝保险金额×保险费率＝39 600×(0.4%＋0.2%)＝237.6(美元)

一批进口货物,发票总金额为 CFR20 000 美元,国外出口商电告货已发运,进口商立即向保险公司按 CIF 价投保,保险费率为 0.6%。求保险费(I)。

解:CIF 货价＝CFR 货价＋保险费

I＝CIF 货价×(1＋保险加成率)×保险费率

I＝(CFR 货价＋I)×(1＋保险加成率)×保险费率

I＝(20 000＋I)×110%×0.6%

I＝132.88(美元)

(五) 领取保险单证

投保人交付保险费后,便可取得保险单证。保险单证是进出口商向保险公司投保货物保险的凭证和货物发生损失时要求赔偿的依据。保险单证的种类有以下几种。

1. 保险单

保险单(insurance policy)俗称大保单,是保险人和被保险人之间成立保险合同关系的正式凭证,是使用最广的一种保险单据。因险别的内容和形式有所不同,海上保险最常用的形式有船舶保险单、货物保险单、运费保险单、船舶所有人责任保险单等。其内容除载明被保险人、保险标的、运输工具、险别、起讫地点、保险期限、保险价值和保险金额等项目外,单据背面还附有保险人责任范围,以及保险人和被保险人的权利与义务等方面的详细条款。如当事人双方对保险单上所规定的权利和义务需要增补或删减,可在保险单上加贴条款或加注字句。

2. 保险凭证

保险凭证(insurance certificate)俗称小保单,它是保险人签发给被保险人,证明货物已经投保和保险合同已经生效的文件。背面无保险条款,没有保险人与被保险人的权利和义务等方面的详细内容。保险凭证具有与保险单同等的效力,但在信用证规定提交保险单时,一般不能作为保险单的简化形式。

3. 联合凭证

联合凭证(combined certificate)是一种将发票和保险单相结合的保险单据,它比保险凭证更为简化。这种单据只有我国采用,并仅适用于港、澳地区的出口业务。由于它和国际惯例不接轨,现很少使用。

4. 预约保险单

预约保险单(open policy)又称预约保险合同,它是被保险人(一般为进口人)和保险人订立的总合同,是经常有保险业务需要陆续办理时,为简化手续而采用的一种形式。

5. 批单

批单(endorsement)不是一种独立的保险单,是正式的保险单出立后,投保人如需补充或变更内容,根据保险公司的规定,经申请并同意后所出具的一种凭证,以注明更改或补充内容。批单原则上要粘贴在原保险单上,并加盖骑缝章,作为原保险单不可分割的一部分,和原保险单具有同样的法律效力。

(六) 理赔与索赔

在国际货物运输中,被保险货物遭受损失,则涉及索赔和理赔,它们实际是就保险争议的解决从被保险人和保险人两个角度来说的。保险索赔是指被保险人就保险合同承保的危险而产生的损害要求保险人支付保险金的行为,是被保险人依据保险合同享有的重要权利。保险理赔是指保险人依据保险合同或有关法律法规的规定,受理被保险人提出的保险赔偿请求,进行查勘、定损、理算和实行赔偿的业务活动,是保险人履行其义务的主要形式。

1. 索赔时效

索赔时效亦称索赔期限,是指被保险货物发生保险责任范围内的损失时,被保险人向保险人提出索赔的有效期限。我国《海洋运输货物保险条款》规定,海洋运输货物保险索赔期限为两年,自被保险货物运到目的港全部卸离海轮之日起计算。

我国《航空运输货物保险条款》规定,航空运输货物保险索赔期限为两年,从被保险货物在最后卸载地卸离飞机之日起计算。我国《陆上运输货物保险条款》规定,陆上运输货物保险索赔期限为两年,从被保险货物在最后目的地车站全部卸离车辆后计算。我国《邮包险条款》规定,邮政包裹保险索赔期限为两年,从被保险邮包递交收件人时起计算。

2. 索赔程序

被保险货物遭受损失后,被保险人应按规定办理索赔手续,向保险人提出赔偿要求。根据可保利益原则,索赔时,被保险人对保险标的必须具有可保利益。例如,以 CIF 条件成交,货物的损失若是发生在起运港装上海轮之前的运输途中,应由卖方向保险公司索赔;如果货物的损失发生在装上海轮之后,风险已经由卖方转移给买方,应由买方向保险公司进行索赔。

(1) 损失通知与申请检验

当被保险人获悉被保险货物已经遭受损失时,应立即通知保险公司或保险单上指明的代理人,并申请对货损进行检验。因为一经通知,则表示索赔行为已经开始,不再受索赔时效的限制;若延迟通知,则会耽误保险公司货损检验,使保险公司难以确定货损是否发生在保险有效期内,而且可能导致损失原因无法查明,影响索赔。

保险公司接到损失通知后应即采取相应的措施,如检验损失、提出施救意见、确定保险责任等。保险公司或其代理人或其他公证机构对货损进行检验,完毕后出具检验报告,确定损失程度。检验报告是向保险公司索赔的重要证明文件。

(2) 向第三者责任方索赔

被保险人除向保险公司报损外,还应向承运人及有关责任方(如理货公司、海关等)索取货损货差证明,如货损属于承运人等方面责任的,应及时以书面方式向责任方提出索赔。向第三责任方提出索赔是被保险人的义务,目的是维护保险公司的追偿权利。

(3) 合理施救

当货损发生时,作为货主的被保险人不能因为已经投保就放任货损的扩大。被保险人应该对受损货物采取合理而及时的施救、整理措施。若保险公司对货损提出处理意见,则应按保险公司的要求办理,并由保险公司负责因此所支出的费用。

(4) 提出索赔

被保险人向保险公司或其代理人提出索赔请求时,应备齐有关的单证:保险单或保险凭证正本、货运单、商业发票、装箱单、磅码单、向承运人等第三责任方请求赔偿的来往函电或其他单证、检验报告、货损货差证明、海事报告和索赔清单。

(5) 等候结案

被保险人在办妥上述有关索赔手续和提供齐全的单证后,即可等待保险公司审定责任,给付赔款。

(6) 理赔

为了使被保险人尽快获得经济补偿,保险人应积极主动地做好理赔工作。理赔遵循以保险合同为依据、遵守国际惯例和有关国际公约、及时和合理作出赔偿的原则。理赔一般是从接受损失通知开始,经过查勘、检验或委托检验、核实案情、理算赔偿金额和支付赔偿六个步骤。

(7) 领取保险赔款与代位追偿

被保险人有权及时获得保险赔偿。但是如果损失是由于其他第三者(包括承运人在内)的疏忽或过失所致,被保险人不能双重获益,任何第三者也不能因保险人负责赔偿而推卸责任。保险人在履行全损赔偿或部分损失赔偿后,在其赔偿金额内,要求被保险人转让其对造成损失的第三者责任方要求全损赔偿或相应部分赔偿的权利,即代位求偿权。具体做法是被保险人在获得赔偿的同时,签署一份权益转让书,作为保险人取得代位权的证明。保险人便可凭此向第三者责任方进行追偿。

(8) 解决争议

有时候,被保险人和保险人之间会因为对承保的风险范围或保险合同条款的解释产生分歧,也可能对责任的认定、损失的赔偿、保险费的缴纳等产生争议。对于上述矛盾,被保险人和保险人双方可以通过协商、调解、仲裁和诉讼等渠道解决。

二、保险单的缮制

缮制保险单的要求如下,其示意图如图 9-2 所示。

1. 被保险人

在国际贸易业务中,买卖双方对货物的权利因单据的转移而转移,保险单的可保利益也会由卖方转给买方,保险索赔通常是由买方办理。按照习惯,被保险人(insured)一栏,一般填写出口商的名称,若信用证另有规定,则按规定。

2. 发票号码

发票号码(invoice no.):按实际号码填写。

3. 标记

标记(MARKS & no.s):按信用证规定,应与发票、提单相一致,可单独填写,也可填"AS PER INV. NO. ***"。

4. 包装及数量

包装及数量(quantity):填写商品外包装的种类和数量。如以单位包装件数计价者,可只填总件数;若为散装货,则应注明"IN BULK",再填重量。

货物运输保险单

CARGO TRANSPORTATION INUSRANCE POLICY

总公司设于北京　　　一九四九年创立
Head Office Beijing　　Established in 1949

发票号　（INVOICE NO.）　　　　　　保单号次
合同号　（CONTRACT NO.）　　　　　POLICY NO.
信用证号（L/C NO.）

被保险人：
INSURED　　　　　　　　　　　　　　　　　　　　　　　中国人民财产保险保

险有限公司（以下简称本公司）根据被保险人的要求，由被保险人向本公司缴付约定的保险费，按照本保险单承保险别和背面所载条款与下列特款承保下述货物运输保险，特立本保险单。

THIS POLICY OF INSURANCE WITNESSES THAT PICC PROPERTY AND CASUALTY COMPANY LIMITED （HEREINAFTER CALLED "THE COMPANY"）AT REQUEST OF THE INSURED AND IN CONSIDERATION OF THE AGREED PREMIUM PAID TO THE COMPANY BY THE INSURED, UNDERTAKES TO INSURANCE. THE UNDERMENTIONED GOODS IN TRANSPORTATION SUBJECT TO THE CONDITIONS OF THIS POLICY AS PER THE CLAUSES PRINTED OVERL AND OTHER SPECIAL CLAUSES ATTACHED HEREON.

标记 MARKS & NO.s	包装及数量 QUANTITY	保险货物项目 DESCRITION OF GOODS	保险金额 AMOUNT INSURED

总保险金额：
TOTAL AMOUNT INSURED _____

保费：　　　　　　　启运日期：　　　　　　　装载运输工具：
PREMIUM _____ DATE OF COMMENCEMENT _____ PER CONVEYANCE _____

自　　　　　　　　　经　　　　　　　　　至
FROM _____ VIA _____ TO _____

承保险别：
CONDITIONS

所保货物，如发生保险单项下可能引起索赔的损失或损坏，应立即通知本公司代理人查勘。如有索赔，应向本公司提交保单正本（本保险单共有____份正本）及有关文件。如一份正本已用于索赔，其余正本自动失效。

IN THE EVENT OF LOSS OR DAMAGE WHICH MAY RESULT IN A CLAIM UNDER THIS POLICY, INNEDIATE NOTICE MUST BE GIVER TO THE COMPANY'S AGENT AS MENTIONED HEREUNDER CLAIMS, IF ANY ONE OF THE ORIGINAL POLICY WHICH HAS BEEN ISSUED IN ____ ORIGINAL TOGETHER WITH THE RELEVENT DOCUMENTS SHALL BE SURRENDERED TO THE COMPANY. IF ONE OF THE ORIGINAL POLICY HAS BEEN ACCOMPLISHED. THE OTHERS TO BE VOID.

中国人民财产保险股份有限公司上海市分公司
PICC Property and Casualty Company Limited, Shanghai

赔款偿付地点
CLAIM PAYABLE AT/IN_____　　　　_____

出单日期
ISSUING DATE _____　　　　　　　　CENERAL MANAGER

图 9-2　保险单示意图

5. 保险物资项目

保险物资项目(description of goods)：本栏填写商品的名称，根据投保单填写，要与提单一致。

6. 保险金额

保险金额(amount insured)应为发票金额加上投保加成后的金额，也可按含佣价加成投保，但须按扣除折扣后的价格加成投保。信用证支付方式下，严格按信用证规定。大小写要一致，币种要用英文全称，币制应与信用证规定相符。保险金额按加成计算，如有小数，应采取"进一法"。如保险金额为"USD785.22"，应填写"USD786"。

7. 保险总金额

保险总金额(total amount insured)：此栏需将保险金额以大写的形式填入。计价货币也写全称，并与信用证使用的金额一致。

8. 保费和保率

保费和保率(premium & rate)：一般由保险公司在保险单印刷时填入"as arranged"，出口公司无须填写。

9. 装载运输工具

装载运输工具(per conveyance S.S)：要与运输单据一致。海运填船名航次，转运时，填"一程船/二程船"，可填"AS PER B/L"；陆运填"BY RAILWAY"或"BY TRAIN：WAGON NO.××"；空运填"BY AIR"；邮包运输填"BY PARCEL POST"。

10. 开行日期及起讫地点

开行日期及起讫地点(slg on or abt & from…to…)：一般填提单签发日，也可填写提单签发日前5天内的任一日期，或填"AS PER B/L"。

11. 承保险别

承保险别(conditions)：按信用证规定或双方约定。

如：AS PER ICC（A），1982.1.1，COVERING ALL RISKS AS PER OCEAN MARINE CARGO CLAUSES (1981.1.1) OF THE PICC.

12. 赔款偿付地点

赔款偿付地点(claim payable at)：应填地点和币种两项内容。地点按信用证或投保单，一般为目的地；币种应与保险金额一致。

13. 保险勘查代理人

保险勘查代理人(agency)：由保险公司自定，但要提供其地址，以便发生损失时收货人通知其代理人进行勘查、赔款。

14. 签发地点和日期

签发地点和日期(address & date)：签发日期须早于运输单据的签发日期，才能证明是在装运前办理的投保。

15. 保险公司签章

经签章后保险单才能生效。

16. 背书

海运保险单可以经背书(endorsement)转让。根据国际保险行业的习惯，保险单据经被保险人背书后，即随着被保险货物的所有权转移到受让人手中。背书前后均不需通知保险公司。因此，出口方只需对保险单进行背书，即完成转让手续。

本章小结

本章主要介绍了国际货物运输保险的基础知识，着重阐述了国际海上货物运输保险、国际陆空货物保险以及国际货运代理责任保险，并讲解了国际货物运输保险操作实务。

本章练习题

一、单选题

1. 在保险人所承包的风险中，碰撞、搁浅、触礁属于(　　)。
   A. 自然灾害　　　　　　　　　　B. 意外事故
   C. 一般外来风险　　　　　　　　D. 特殊外来风险

2. 根据我国海洋运输货物保险条款，不能单独投保的险别是(　　)。
   A. 平安险　　　B. 水渍险　　　C. 战争险　　　D. 罢工险

3. 在海上运输过程中，船体因撞到流冰受损，海水涌入，导致舱内一批服装严重受浸，若将这批服装漂洗后运至原定目的港所花的费用已超过服装的保险价值，那么这批服装的损失应该属于(　　)。
   A. 实际全损　　　B. 推定全损　　　C. 单独海损　　　D. 共同海损

4. 在CIF条件下，由(　　)负责办理货物运输保险，如果货物在海上运输过程中发生承保范围内的损失时，(　　)根据保险单证向保险公司索赔。
   A. 船方、卖方　　B. 卖方、买方　　C. 买方、买方　　D. 船方、买方

5. 我国航空货运险基本险的保险期限是自被保险货物运离保险单所载明的起运地仓库或储存处所开始运输时生效，直至该项货物运达保险单所载目的地收货人的最后仓库或储存处所或被保险人用作分配、分派或非正常运输的其他储存处所为止。如未运抵

上述仓库储存处所,则以被保险货物在最后卸离飞机后满( )天为止。

  A. 15   B. 30   C. 60   D. 90

  6. 货物按 CIF 条件出口,如果贸易合同中未规定卖方应投保何种险别,按照《2000通则》,卖方应投保( )。

  A. 平安险   B. 水渍险

  C. 一切险   D. 一切险+战争险

二、多选题

  1. 某载货船舶在航行中撞到暗礁,使船身一侧裂口,海水涌进,舱内部分棉布遭浸泡,船长不得不将船就近驶上浅滩,进行排水,修补裂口。而后为了起浮又将部分笨重的钢锭抛入海中。这一连串的损失属于单独海损的是( ),属于共同海损的是( )。

  A. 船体撞裂   B. 被浸泡棉布

  C. 被抛钢锭   D. 不存在

  2. 采用"一切风险加除外责任"的办法表示的险别是( )。

  A. ICC(A)   B. ICC(B)   C. ICC(C)   D. 一切险

  3. 国际货运代理企业投保国际货运代理责任险,通常情况下,保险公司对货运代理企业的( )引起的损失负赔偿责任。

  A. 倒签提单   B. 预借提单   C. 选择承运人有误   D. 无单放货

  4. 被保险人向保险公司提出索赔请求时,应备齐有关的单证,包括( )等。

  A. 保险单   B. 运输单证   C. 检验报告   D. 商业发票

三、判断题

  1. 根据我国《海洋货物运输保险条款》的规定,承保范围最小的基本险别是水渍险。
                                 ( )

  2. 载货船舶遇险,由于急于抛弃货物使船货脱险,在船边或舱面开凿洞口,使船身、甲板等遭受的损失,属于共同海损。   ( )

  3. 保险单可经被保险人背书随着被保险货物所有权的转移自动转到受让人手中。
                                ( )

  4. 我国海运货物基本险和附加险的保险期限都是采取"仓至仓条款"。 ( )

  5. 我国进口货物大多采用预约保险的办法,进口商和保险公司事先签订预约保险合同,在承保范围内的被保险货物一经启运,保险公司即自动承保。   ( )

  6. 由于载货船船长过失致使船舶发生碰撞造成货损,货物保险人在赔偿货主后,可以向本船承运人进行代位追偿。   ( )

  7. 我国《海洋运输货物保险条款》规定,海洋运输货物保险索赔期限为两年,自被保险货物发生货损之日起计算。   ( )

8. 国际货运保险中的被保险人应在保险事故发生要求赔偿时具有可保利益。（　）

9. 投保了一切险就意味着除了列明的除外责任,保险公司对一切风险承担赔偿责任。（　）

10. 出口玻璃制品时,被保险人在投保一切险的基础上,还应加保碰损破碎险。（　）

四、实训题

1. 我国外贸公司出口一批商品,共 100 公吨,报价为 CFR 纽约每公吨 100 美元,投保一切险(保险费率为 0.6％)及战争险(保险费率为 0.4％),保险加成率为 10％,计算该批商品的保险金额及保险费。

2. 有一批茶具出口到日本,分装在两艘货轮驶往目的港,并投保了平安险。海上航行中,一艘货轮遭遇暴风雨袭击,船身颠簸,货物相互碰撞而发生部分损失;另一艘货轮与流冰碰撞,货物也发生了部分损失。那么保险公司对于这两次的损失是否都应给予赔偿?

3. 某货运代理在码头误将一个编号为 COSU252316079 的 40 英尺集装箱交给拖车公司运往内陆某城市。2 天后货到收货人工厂,拆箱后发现不符,又将货拖回码头。然后,把真正属于该收货人的编号为 COSU234313296 的 40 英尺集装箱发运给收货人。两个集装箱对调所产生的额外费用为 6 万元人民币。那么该损失应该由谁来承担?如果货运代理有投保了货代责任险,可以从保险公司处获得赔偿吗?

4. 如果某货主委托你办理一批货物的海上运输保险,你该如何进行投保?

5. 如果你经营一家货运代理企业,你会为企业投保什么险?为什么?

第十章

国际物流租船运输实务

【知识目标】
1. 掌握租船运输的特点及种类。
2. 航次租船装卸时间的计算和航次租船运价的估算。
3. 掌握航次租船和定期租船的主要合同条款。
4. 了解最广泛应用的标准租船合同格式和租船合同的订立程序。

【技能目标】
1. 能够阐明航次租船、定期租船和光船租船各自的特点及区别。
2. 能够制定航次租船、定期租船和光船租船合同的主要条款,并能够处理简单的合同纠纷案
3. 能够进行航次租船运价的估算。

引导案例

航次租船合同纠纷案[①]

2016年10月,A公司为运输一批货物,与B公司签订航次租船合同,约定租用C轮,D公司为C轮的光船承租人。B公司在履行航次租船合同过程中,根据接收的货物情况,向A公司签发了正本提单,提单上记载A公司为托运人,B公司为承运人。2017年1月22日,C轮大副发表共同海损声明。因货物在运输过程中发生货损,作为货物保险人的E公司在支付A公司货物保险理赔款后,于2017年1月22日代位求偿向某海事法院提起诉讼,要求B公司、D公司连带赔偿货物损失约100万美元。

那么,D公司作为光船承租人是否需要承担连带责任?

案例评析:

D公司系C轮的光船承租人,实际承运案涉货物,但并非案涉航次租船

---

① 资料来源:上海国际贸易律师网:http://www.shlawyer.org/

合同的当事方,不应作为航次租船合同出租人承担责任。尽管海商法将航次租船合同作为特别的海上货物运输合同在其第四章中予以规定,但并非第四章的所有规定均适用于航次租船合同的当事人,所应适用的仅为海上货物运输合同当事人即承运人与托运人之间的权利义务规定,并不包括实际承运人的规定。在提单证明的海上货物运输法律关系中,法律规定承运人的责任扩大适用于非合同当事方的实际承运人,但实际承运人是接受承运人的委托,而不是接受航次租船合同出租人的委托,实际承运人及其法定责任限定在提单的法律关系中。

本案例提及的航次租船合同、光船租船人是什么含义呢?他们之间的责任该如何划分呢?本章将予以介绍和讲解。

第一节 租船运输概述

一、租船运输的概念及特点

(一) 租船运输的概念

租船运输(tramp shipping)又称不定期船运输,根据货源情况安排船舶就航的航线,组织货物运输,即通过船舶出租人(ship owner)和船舶承租人(charter)之间签订租船运输合同进行货物运输的运营方式。

(二) 租船运输的特点

1. 租船运输合同是租船运输的关键

与班轮运输相比,租船运输没有既定的船期表、固定的船舶、固定的航线、固定的挂靠港口及固定的运费或租金,所有这些条款均在租船运输合同中规定。在租船运输中,出租人和承租人之间通过租船运输合同来明确双方的权利和义务,因此租船运输合同的签订是开展租船业务的前提和关键。

2. 租船运输的货物属于大宗散货

租船运输特别适用于大宗散货的整船运输,如粮食、化肥、石油、煤炭、矿砂、钢材、木材等。这类货物的特点是批量大、价格低廉,不需要或只需要比较简单的包装。租船运输使用的船舶为散货船,主要包括2万吨级、4万吨级、6万吨级、8万吨级、10万吨级及以上船舶。一般来说,船舶承租人会根据货物数量和自身业务需求,租用适当吨位的船舶。

3. 租船经纪人是签订租船运输合同的代理人

租船运输合同种类多、条款复杂,签订租船运输合同必须具备扎实的物流专业知识。租船经纪人(broker)是接受船舶出租人或船舶承租人或双方委托,为其签订运输合同的中间人。他们具有大量的船舶出租人和船舶承租人信息,与客户建立了长期而良好的合作关系,具有专业的租船理论知识、丰富的租船实践经验及良好的英语沟通能力,是租船运输市场不可或缺的业务主体。

但需要注意的是,租船经纪人只是充当中间人的身份洽谈合同和拟订合同,最后是否订立合同的决定在客户手中。租船经纪人获得的报酬是佣金(commission),通常为运费或租金的1.25倍,一般由船舶出租人支付。

二、租船运输的种类

(一) 航次租船

航次租船(voyage charter)又称程租,是指由出租人负责提供船舶或船舶的部分舱位,在约定的港口之间进行单个航次或数个航次,以运送约定货物的租船方式。航次租船是租船市场上最为普遍的一种租船方式。

1. 航次租船的特点

(1) 船舶出租人的特点

船舶出租人提供一艘船舶,并负担船舶折旧费、贷款利息等船舶资本成本;配备船长、船员,安排船舶日常经营,并负担人员费用、保险费用、船舶维修费用、物润料费用、供给费用等经营成本;负责船舶的航次运输,承担油费、港口使费、运河费等航次成本,航次成本中的装卸费用视合同而定。

(2) 船舶承租人的特点

船舶承租人租用船舶单个或数个航次,因此需要向船舶出租人支付运费;同时装卸费用视合同而定。

(3) 租船合同的特点

航次租船合同与其他租船合同的关键不同之处在于两点:一是订有货物装卸条款,装卸条款中规定了装卸时间、滞期费和速遣费的计算方法,以及装卸费用由船舶出租人还是由承租人承担;二是订有运费条款,按照合同约定的运价和货物数量或船舶吨位计收运费。

2. 航次租船的种类

(1) 单航次租船

单航次租船(single trip charter)是指船舶出租人与船舶承租人约定,提供船舶完成一个航次的货物运输。货物运抵目的港交付后,航次租船合同即告结束。

(2) 往返航次租船

往返航次租船(return trip charter)是指船舶出租人按照约定完成一个往返航次的货物运输。但往返航次的出发港和到达港并不一定相同,实际上相当于两个单航次租船运输在时间上的顺序连接。

(3) 连续单航次或连续往返航次租船

在货运量比较大的情况下,单航次运输或往返航次无法将货物全部运完,就需要船舶出租人进行多个航次的运输,这样就相应产生了连续单航次租船或连续往返航次租船(consecutive single voyage charter or continuous return voyage charter)。但在实际业务中,连续往返航次租船合同很少出现,原因是连续往返航次要求去程和回程都要有足够的货源支撑,而船舶承租人很难做到这一点。

(4) 包运租船

包运租船(contract of affreightment,COA)即按合同中规定的货物总数量、每航次运送的货量、承运的期限、运费以及船舶的类型、吨位进行运输的租船方式。

包运在形式上与连续单航次类似,但不同之处有两点:一是包运可以使用不同船舶运输,船舶出租人在指定船舶时比较自由;二是包运并不要求航次连续进行,只要在合同规定的承运期限内完成全部货运即可,前后两个航次之间可以有空余时间,船舶出租人也有权在这期间安排其他的运输。

(二) 定期租船

定期租船(time charter)又称期租,是指船舶出租人将约定船舶出租给承租人按照约定的用途使用一定期间,并由承租人支付租金的一种租船方式。定期租船以租船合同约定的期间来计算须由承租人缴纳的租金,租期长短由合同双方根据实际需要自由约定。

1. 定期租船的特点

(1) 船舶出租人的特点

船东出租人负责提供一艘船舶,并负责船舶折旧费、贷款利息等船舶资本成本;负责配备船长、船员,安排船舶维修、保险、供给等,并负责人员费用、保险费用、船舶维修费用、物润料费用、供给费用等船舶经营成本。

(2) 船舶承租人的特点

船舶承租人租用整个船舶运营一段时间,因此向船舶出租人支付租金。在船舶租用期间,承租人按照约定的用途,可以将船舶用于班轮运输,也可以再进行航次租船或定期租船,并负责船舶的装卸费用、油费、运河费和港口使用费等航次成本。

(3) 租船合同的特点

定期租船合同与航次租船合同的关键不同之处在于两点:一是定期租船合同中订有租期、交船、还船、停租、转租条款;二是订有租金条款,租金率的高低受船舶装载能力、租期长短、航运市场情况影响,租金率以美元/(天·载重吨)或美元/天为单位。

2. 定期租船的种类

(1) 长期租船与短期租船

期租在一年以上的通常被称为长期租船;租期短于一年的通常被称为短期租船,如1

个月、2个月或半年。不管是长期租船或短期租船,租期长短在租船合同中明确规定。

(2) 航次期租

航次期租(time charter on trip basis,TCT)是定期租船的一种,但是兼有航次租船的特点。之所以具有航次租船的特点,是因为航次期租的租期并不是一个月、几个月、一年或几年,而是以一个航次为限,如 27 天。航次期租的这一特点使租船业务更为灵活,避免了提前还船或延后还船给船舶出租人或承租人带来的麻烦和造成的损失。目前 TCT 是一种比较流行的租船方式。

(三) 光船租船

光船租船(demise charter)又称船壳租船或光租(bare charter),是船舶出租人提供一艘不包括船员在内的空船出租给承租人使用一定时期,并由承租人支付租金的一种租船方式。光船租船与定期租船相比租期较长。

1. 光船租船的特点

(1) 船舶出租人的特点

船舶出租人负责提供没有配备船员的"光船",并负担船舶折旧费、贷款利息等船舶资本成本;经营成本中的船舶保险费视合同而定。

(2) 船舶承租人的特点

承租人负责任命船长、配备船员,负责船舶维修、船上供给等日常经营业务,并承担人员费用、保险费用(除船舶保险)、船舶维修费用、物润料费用、供给费用等船舶经营成本,船舶保险视合同而定;在船舶租用期间,承租人按照约定的用途,可以将船舶用于班轮运输,也可以再进行航次租船或定期租船。

(3) 租船合同的特点

光船租船合同与定期租船合同的相同之处在于都订有租期、交船、还船和租金条款。不同之处主要有两点:一是增加了船舶检验、维修与保养条款,二是增加了船舶抵押与保险条款。

2. 光船租船特例

光船租船的特殊形式——光船租购,是指船舶出租人向承租人提供不配备船员的船舶。在约定的期间内,由承租人占有和使用,并在约定期间届满时将船舶所有权转移给承租人,而由承租人支付租购费。光船租购实际上相当于分期付款购买船舶,船东在收到全部付款前对船舶拥有正式的所有权,租船人支付每期租金相等于分期付款,租期结束船价全部付清,船舶就属于租船人所有。当然光船租购的租金率要比光船租赁的租金率高。

光船租购所要达到的目的是买卖船舶,因此光船租购具有船舶融资的性质。在多数情况下,光船租购相比较传统的贷款买船更为经济。光船租购一般租期相对较长,原则上不得中途解约,租期届满时承租人有购买、续租的优先权。

三、租船合同的订立程序

1. 询价

询价(inquiry)通常是指由承租人对自己的货物运输需求(如货物种类、数量、装货港、卸货港、装船期限及计划运价等)或者是对船舶的特定需求进行详细说明,提交给租船经纪人,要求安排适当船舶。租船经纪人将这些要求转发给船舶出租人,要求答复是否可以提供相应的船舶。

2. 报价

报价(offer)或称"租船发盘"或"租船要约",是指船舶出租人从租船经纪人获得询价信息后,经过比较和估算,通过租船经纪人向承租人提出自己所能提供船舶的情况和提供的条件。

报价分为硬性报价和条件报价。硬性报价指报价条件不可改变,且常常附有有效期限。对于承租人,必须在有效期内对报价做出答复,超过有效期则报价失效;对于出租人,在报价有效期内不得向其他承租人报价,也不得撤销或更改已报出的报价条件。硬性报价缺乏灵活性,实践中比较少见。条件报价可以改变报价条件,也可以向其他承租人报价。

3. 还价

还价(counter offer)又称还盘,是指接受发盘的一方对发盘中的一些条款提出修改意见,或者删除,或者提出自己的新的条件的业务过程。还价在形式上是还价人对报价人的拒绝,实质上是还价人发出一个新的报价。

报价人对还价人的还价条件,同样也需要做出及时回复,同意接受或者不同意。对于不同意的部分条款提出再还价,这样的报价被称为反还价或反还盘。

4. 报实盘

经过几次还价和反还价之后,双方的意见趋于一致,一方可以以报实盘(firm offer)的方式要求对方做出是否成交的决定。报实盘时应包含合同中的必要条款,既要将双方已经同意的条款进一步明确,也要对尚未最后确定的条款加以确定。

有时候在实盘中会规定有效期限,限制对方在有效期内答复是否接受实盘。若在有效期限内未做出答复,所报实盘即告失效。同样,在有效期内,报实盘的一方对报出的实盘是不能撤销或修改的,也不能同时向其他第三方报实盘。

5. 接受订租

接受订租(acceptance)指承租人接到出租人所报实盘,在有效期内对实盘中各项条件明确表示承诺或对尚待敲定的事项加以确认的过程。

6. 签订订租确认书

签订订租确认书(issue fixture note)指承租人接受订租后,租船经纪人编制"订租确认书"(fixture note),由出租人和承租人双方签字确认的过程。订租确认书无统一格式,但内容应详细列出双方承诺的主要条款,签字确认后由双方各留一份。一般来说,签订订租确认书即表明船舶出租人和承租人之间的租船合同成立。

但是假如承租人与出租人对某些细节和个别问题存在争议,即使双方签署了订租确认书,但事后就上述细节或个别条款未能达成一致意见,合同则仍不生效。

7. 签订租船合同

签订订租确认书后,出租人编制正式的租船合同,通过租船经纪人转交承租人,双方对合同条款逐项反复推敲无异议后,双方签署租船合同。为减少租船合同的商洽时间,促成租船业务迅速达成一致,出租人和承租人通常都采用标准租船合同范本,根据自身的需要,对合同范本的某些条款进行修改、删减或是补充,最终达成双方确认的合同。这样的标准租船合同范本也称标准租船合同格式。

第二节 航次租船合同

一、航次租船合同概述

航次租船合同又称程租合同,是指出租人就约定港口之间的航程提供船舶或部分舱位,承运约定的货物,而由承租人支付约定运费的合同。我国《海商法》第43条规定,航次租船合同必须采用书面形式。

航次租船合同格式很多,当事人根据运输货物、航线等情况,可以选用不同的合同格式。目前,实际业务中使用较多的航次租船合同格式有以下几种。

(1)"统一杂货租船合同"(uniform general charter,GENCON),该租船合同的租约代号为"金康",由波罗的海内海航运公会于1922年制定,现在使用较多的是1994年格式版本。该合同格式不分货种和航线,适用范围比较广泛。

(2)"谷物泊位租船合同"(berth grain charter party),该租船合同简称"巴尔的摩 C 式"(BALTIME FORM C)是北美地区向世界各地进行整船谷物运输的航次租船的合同格式。当前普遍使用的是1974年的修订本。

(3)"北美谷物航次租船合同,1989"(North American Grain Charter Party,1973,〈Amended 1989〉,NORGRAIN),是专用于美国与加拿大出口谷物的航次租船合同格式。

(4)"澳大利亚谷物租船合同"(Australian Grain Charter Party,AUSTRAL),此合同格式主要用于从澳大利亚到世界各地进行谷物整船运输的航次租船活动。

(5)"斯堪的纳维亚航次租船合同1956年"(Scandinavian Voyage Charter Party,

1956,SCANCON),是波罗的海国际航运公会于1956年制定并经1962年修改的用于斯堪的纳维亚地区的杂货运输的航次租船合同格式。

（6）"普尔煤炭航次租船合同"（Coal Voyage Charter Party,POLCOALVOY），是波罗的海国际航运公会于1971年制定，经1978年修订的用于煤炭运输的航次租船合同格式。

（7）"北美化肥航次租船合同，1978"（North American Fertilizer Charter Party，1978,FERTIVOY），是波罗的海国际航运公会和国际航运委员会制定的用于化肥运输的航次租船合同格式。

二、航次租船合同的主要条款

(一) 船舶说明条款

1. 船名

必须在合同中明确指定。船舶所有人只能派遣合同中被指定的船舶，非经承租人同意，无权更换已指定船舶。但为确保提供船舶，合同中规定指定船舶的同时，可规定替代船。

采用"船舶待指定"（vessel to named）条款时，有关派遣船舶的条件、性质和技术规范等，应在合同中规定，且船舶所有人应在履行合同前的适当时间内告知承租人所派船只的具体船名。

2. 船籍与船旗

国际贸易运输中，船舶船籍和悬挂船旗不同，可能影响到法律适用、货物保险、港口收费等问题。出租人在合同履约期间，擅自变更船舶国籍或变换船旗，即构成违约，承租人有权解约并提出因此遭受损失的索赔。

3. 船级

船级（classification of vessel），这是船舶技术与性能状况的反映。

4. 船舶位置

船舶位置（present position），签约时船舶所有人在合同中提供船舶所处的位置或状况说明。

(二) 预备航次条款

当船舶被洽租时，船舶刚好处于合同中规定的装货港并做好准备履行合同的情形非常少有；多数情况下，船舶都处于装货港以外的某一个地方，并极有可能在履行前一个租船合同。这样船舶为履行本航次租船合同，就必须从装货港前某一地方驶往装货港，这一航次即为预备航次(preliminary voyage)。预备航次是本航次租船合同履行的第一个阶段，在计算航次时间时需要将预备航次的时间计入。

(三) 货物装卸条款

1. 装卸港口

装卸港口一般由承租人指定或选择。由承租人指定的意思是，在合同中明确指定装/卸港口名称，甚至具体到特定泊位。由承租人选择意思是，在合同中注明两个或两个以上港口，由承租人在此范围内选择。承租人在约定时间内选择港口的行为称为"宣港"，对于卸货港而言，承租人必须在船长签发提单或船舶抵达第一个卸货港之前"宣港"，否则给出租人造成的延误损失由承租人赔偿。

装卸港口的指定或选择必须符合港口的安全性要求，即自然环境安全、港口装卸条件安全和政治环境安全。为此，合同中可以添加"临近条款"，即当原定港口变得不安全时，承租人应当重新指定临近港口；如果承租人不重新指定临近港口，出租人有权且只能将货物卸于这种临近地点并视为航次租船合同已经履行。当然，若港口不安全仅仅是因为暂时状况造成，出租人不能以此条款卸货，而必须在合理时间内等待障碍消除。

2. 装卸费用

装卸费用是航次费用之一，由承租人支付还是由出租人支付视合同而定。其常见条款如下：①班轮条款(liner terms)又称泊位条款(berth terms)、总承兑条款(gross terms)或船边交接货物条款(free alongside ship)，指由出租人负责装卸费；②F.I 条款(free in)，指出租人不负责装货费；③F.O 条款(free out)，指出租人不负责卸货费；④F.I.O 条款(free in and out)，指出租人不负责装卸费；⑤free in and out, stowed, trimmed, lashed and dunnaged 条款，指出租人不负责装卸费、积载费、平舱费、绑扎费和垫舱费。

3. 装卸货物

(1) 货物种类

对于货物种类(kinds of goods)的规定有两种方式：一是列明特定货物，即合同中列明一种或几种特定货物，承租人必须按照合同规定提供货物，如果不能提供规定货物，合同予以解除，承租人需要赔偿由此给出租人造成的损失；二是规定替代货物，即在合同中规定"某货物或其替代货物"，如果承租人选定的货物由于其免责原因不能装船，承租人仍有义务在规定的货物种类中选其他货物装船。

(2) 货物数量

合同中一般要求承租人提供满舱满载货物(full and complete cargo)。满舱指承租人提供的货物数量(quantity of goods)应能装满舱容；满载是指承租人提供的货物数量应达到船舶的载货能力；满舱满载货物就是船舶所能装运的最大限度的货物。一般来说，轻泡货物应达到满舱，重货应达到满载。对于不能满舱满载的货物，承租人需要向出租人支付亏舱费。

4. 装卸时间

装卸时间(lay time)是指合同双方当事人协议的，出租人应使船舶并保持船舶适合装卸，承租人在运费之外不需要支付任何费用的一段时间。装卸时间是航次租船合同最重要的条款之一，也是实践中最易产生争议的问题。

(1) 装卸时间的规定方法

① 规定装卸日数：直接规定装卸日数或通过装卸率间接规定。装卸率可表示为"每天××吨""每舱口每天××吨"或"每工作舱口每天××吨"。

② 按港口习惯尽快装卸(customary quick dispatch, CQD)：没有一个固定的装卸时间，而是按照港口情况尽可能快地进行装卸。

③ 以船舶能够收货或交货的速度(as fast as the vessel can receive/deliver)：指船舶处于完全工作状态时，在能够最大限度进行装卸的情况下所计算出的装卸时间。

(2) 装卸日的规定方法

① 日(day)：从午夜到午夜连续24小时的时间，即日历日。从装/卸货物开始至装/卸货物为止所经历的日历天数。

② 工作日(working days, W.D)：排除休息日和法定节假日的日子。

③ 良好天气工作日(weather working days, W.W.D)：排除休息日、法定节假日和不良天气日的日子。

这里需要注意的是，周日一般国家都将其作为休息日，但是周六是否也作为休息日，各国的规定并不相同。为了使工作日更为明确，条款可以规定得更详细一些：

"良好天气工作日，周日与法定节假日除外"(weather working days, sunday and holiday excepted, W.W.D, SHEX.)；"良好天气工作日，周六、周日与法定节假日除外"(weather working days, saturday, sunday and holiday excepted, W.W.D, SSHEX.)；"良好天气工作日，周日与法定节假日除外，即使使用了周日、法定节假日，也不计入装卸时间"(weather working days, sunday and holiday excepted, even if used, W.W.D, SHEX, EIU)。

"良好天气工作日，周日与法定节假日除外，除非使用了周日和法定节假日，否则不计入装卸时间"(weather working days, sunday and holiday excepted, unless used, W.W.D, SHEX, UU)，也就是说如果已经使用了周日和法定节假日，则计入装卸时间。

④ 连续24小时良好天气工作日(weather working days of 24 consecutive hours)：这是指除去周日、法定节假日和不良天气日后，其余所有时间以真正的连续24小时为一日的表示装卸时间的方法。目前该术语是使用较多的表示装卸时间的方法。

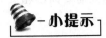

若货物从某日 00:00 开始装货,当日 10:00—12:00 下雨,20:00—22:00 也下雨,那么按连续 24 小时良好天气工作日计算:货物在当日的装卸时间为 24-2-2=20 小时,再累计第二天 4 个小时,才凑足 24 小时作为一个装卸日。

(3) 装卸时间的起算

装卸时间的起算对于计算装卸时间非常重要,通常情况下是在船长向承租人或其代理人递交了"装卸准备就绪通知书"(notice of readiness,NOR)之后,经过一定时间开始起算。"金康 94"合同格式中规定:如果上午 12:00 之前递交 NOR,装卸时间从当日 13:00 起算;如果 12:00 之后递交,装卸时间从下一工作日 06:00 起算。

船长递交 NOR 时必须满足两个条件:一是船舶必须实际到达合同约定的装卸港口或地点;二是船舶必须在各方面做好装卸准备。如果船长递交 NOR 时船舶还没有达到以上两点要求,那么他所递交的 NOR 无效,装卸时间并不起算。船长需要在船舶满足条件后重修递交,否则装卸时间只能等到承租人实际开始装货时才能起算。

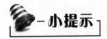

装卸时间的中断

装卸时间中断,时间损失由责任人承担。按照国际惯例和合同规定,承租人不负责或免责的主要有:租船合同订明不计为装卸时间的,如除外时间、承租人无法预测和控制的事件、船方原因等。这些导致装卸时间中断或货物装卸中断的时间不计入装卸时间。

一般装卸时间免责事项越多,对承租人越有利。但下列情况下,承租人不能使用免责条款:明知道某种事情肯定会发生,仍在合同中订入予以免责;免责事项与船舶不能作业的损失时间只属间接因果关系;免责事项的发生是承租人能控制的;承租人行为过失引起免责事项的发生。

5. 滞期费和速遣费

由于合同中规定了货物的装卸时间,那么承租人就需要保证在这段时间内全部装完或卸下货物。一旦由于承租人原因使实际装卸时间超出合同规定的装卸时间,则承租人需要根据超期长短向出租人支付滞期费(demurrage)。滞期期间遇到的休息日、法定节假日以及不良天气日,通常也作为滞期时间计收滞期费,这就是业务中常见的"一旦滞期,永远滞期"。

滞期费的计算步骤是:①确定装卸起算时间;②根据合同中装卸时间条款和装卸记

录计算货物应装卸完毕的时间；③与实际装卸完毕时间比较计算滞期时间；④利用滞期时间乘以滞期费率求得滞期费。

速遣费(dispatch)是指承租人是在规定的装卸时间内提前完成装卸任务，船舶出租人支付给承租人的奖励金额。滞期费和速遣费都是按照滞期时间和速遣时间与约定的滞期费率和速遣费率相乘得到，通常合同约定滞期费率是速遣费率的2倍。

(四) 其他相关条款

1. 绕航条款

出租人要保证船舶按正常航线航行，除合理绕航外，不允许擅自偏离航线。正常航线是指船舶航行航线必须根据合同中的规定；当合同中没有规定时，按习惯航行航线；没有习惯航线时，则以两港之间的最近航海距离作为航线。合理绕航的缘由包括救助人命、救助他船、为避免本船货物受到危险或者是承租人过错所致。

2. 运费支付条款

运费以装入船中的实际货物数量，以现金形式支付；预付运费装船时支付，无论航行中船舶或货物是否灭失，运费永不退还；到付运费：按照实际交付的货物数量计费。随着 CIF、CFR 贸易术语的盛行，承租人预付运费比较常见。

3. 留置权条款

出租人有权因承租人运费、亏舱费或滞期费等未付，对货物享有留置的权利；如果在一定时期内，上述费用仍未付清，则可以拍卖弥补相关费用损失。

4. 佣金条款

租船合同中通常规定：佣金按已赚取运费的若干百分比支付。这表明三层含义：

(1) 租船经纪人有权向出租人要求支付佣金，如果出租人拒付，租船经纪人可以委托承租人根据租船合同要求承租人履约或径直以侵权为由起诉出租人。

(2) 出租人支付佣金是以已收到运费为前提，即如果出租人未收到运费，则无支付佣金的义务。当然根据合同的特别约定，佣金也可能规定在签订租船合同或装货完毕后支付；也可能约定为不论合同履行与否，也不管船舶灭失与否，均须支付佣金。

(3) 佣金通常按照运费的百分比计算，但根据合同的特殊约定，也可能按运费、亏舱费和滞期费总额的一定百分比计算。

5. 罢工条款、战争条款、冰冻条款

(1) 罢工条款(strike clause)：对罢工期间的装卸时间和滞期费的计算，解除合同的选择权问题，以及因罢工和停工而使装卸货受阻时对已装或未装的部分货物的处理等做出明确规定。

(2) 战争风险条款(war risks clause)：订立此条款目的是明确发生战争时可以采取

的措施与行为。

(3) 冰冻条款(ice clause)：当船舶在港口因港口冰冻而使货物装卸受阻时，就合同履行将受到的影响做出的相应规定。

航次租船合同还包括留置权条款、共同海损和新杰森条款、代理人条款、法律与仲裁条款等。

三、航次租船运价估算

航次租船运价估算是出租人洽谈租船合同的第一步工作，是在收到承租人询价后向其报价的依据。由于租船经纪人赚取的佣金与运费有关，因此作为租船经纪人也需要了解航次租船运费的估算方法。

(一) 航次总费用的构成

航次总费用由航次时间内的资本成本、航次时间内的经营费用以及航次费用构成，而航次费用由船舶油费、货物装卸费、港口使费和运河费构成。在航次租船中，除装卸费用视合同而定外，均由船舶出租人承担。资本成本和经营费用一般按照月核算，因此需要将这两项费用转化为航次时间内的费用。

航次总费用＝航次费用＋(月经营费用＋月资本成本)×航次时间/30 天

航次费用＝油费＋装卸费用＋港口使费＋运河费用

(二) 航次时间的计算

航次时间是从上一个航次终点港卸空所在货物时起，至本航次终点港卸空所在货物为止的天数。航次时间包括船舶航行时间和船舶停泊时间，船舶航行包括预备航次船舶空驶航行时间和装货后重载航行时间，船舶停泊时间包括港口装卸作业时间和等待时间。

航次时间＝航行天数＋停泊天数

＝空驶航行天数＋重载航行天数＋港口装卸天数＋等待天数

$$= \frac{空驶距离}{24 \, 空驶速度} + \frac{重载距离}{24 \, 重载速度} + \frac{装货量}{24 \, 装货效率} + \frac{卸货量}{24 \, 卸货效率} + 等待天数$$

(三) 船舶油费的计算

船舶油费是由船舶燃油费和柴油费构成的,其中燃油费在船舶航行时消耗,在船舶停靠时不消耗;而柴油费在船舶航行时和停靠时都消耗。

> **小提示**
>
> 燃油费=航行天燃耗费用=燃油价格×航行天消耗定额×航行天数
> 柴油费=航行天柴油消耗费用+停泊天柴油消耗费用
> 　　　=柴油价格×(航行天消耗定额×航行天数+停泊天消耗定额×停泊天数)

(四) 航次收入的计算

航次毛收入指在航次时间内出租人赚取的总收入,包括运费收入、亏舱费收入和滞期费收入等。航次净收入指扣除佣金后的收入,佣金计算根据合同规定,可以是运费的百分比,也可以是运费、亏舱费和滞期费等总费用的百分比。

> **小提示**
>
> 航次毛收入=运费+亏舱费+滞期费
> 运费=运价×货物实载重量
> 亏舱费=亏舱费率×亏舱重量(或容量)
> 滞期费=滞期费率×滞期时间
> 航次净收入=航次毛收入-佣金
> 佣金=运费×佣金率(或=航次毛收入×佣金率)

(五) 运价估算步骤

航次租船运价的估算步骤:①求航次净收入;②求航次时间;③求航次费用;④估算月经营成本、月资本成本和航次预期利润;⑤根据(收入-费用=利润)的恒等式,估算运价。

第三节　定期租船合同

一、定期租船的格式合同

1. 巴尔的摩统一定期租船合同

巴尔的摩统一定期租船合同(BALTIME 1939-Uniform Time Charter),由波罗的海

国际航运公会制定,条款有偏于船东,是目前国际上广泛使用的定期租船合同范本。

2. 纽约土产交易所定期租船合同

纽约土产交易所定期租船合同(Time Charter New-York Produce Exchange,NYPE)由美国纽约土产交易制定,并经美国政府批准使用,现普遍使用1981年格式。

3. 中租1980年定期租船合同

中租1980年定期租船合同(SINOTIME 1980),是由中国租船公司于1980年制定的专供中租使用的自备范本,此范本条款对承租人较有利。

二、定期租船合同的主要条款

定期租船方式下,船舶出租人凭借指定船舶在约定的期限内供承租人使用调派,与船舶相关的事宜、双方的权利义务与责任在合同中有比较具体、详细的规定。合同内容主要包括:出租人与承租人的名称及地址,船名、船籍与船级、船舶吨位、载重与满载水尺、窖、机器马力、船速、燃油消耗与储量、航区、用途、租期、交船、还船及转租、租金及其支付、不准装载的货物,以及运输特殊货物的措施、其他有关事项等。

(一) 船舶说明条款

承租人应根据船舶使用范围与航线要求,寻找合适国籍的船舶并在合同中加以指定。一旦船舶指定,出租人提供非指定船舶或交船时的级别与合同订明的不一致时,承租人有权拒绝接受。指定船舶在租期开始前或租期内灭失,合同即告终止。

(1) 船舶吨位、载重量和容积等直接关系到承租人运载货物和进出港口及费用开支。如果合同中这些事项前冠以"大约"一词,则允许有一定百分比的差异。船舶租用后,发现"差异"超出合同约定,承租人有权向出租人要求降低租金或解约。

(2) 船速和燃油消耗是租赁船舶易产生纠纷的方面。如果船舶实际航行没有达到合同规定的速度,或租期内每天燃油实际消耗量超过合同规定量,承租人有权向出租人就减速或燃油超量部分的损失提出索赔。如果影响船速,甚至损坏船舶机械等是由于租期内实际使用的燃油质量与合同规定不符导致的,则承租人须承担责任。

(3) 船舶使用范围与航区

通常规定承租人应保证船舶用于运输约定的合法货物,但一般不规定具体货名。所谓"合法",是指所装运的货物符合装货港、卸货港、中途挂靠港所在地法律、船籍国法律或合同所适用的其他法律的规定。就航区而言,通常规定承租人应当保证船舶在约定航区内的安全港口或地点之间从约定的海上运输。有的合同特别订明承租人不能指示船舶前往如战区、冰冻区、传染病流行地区、与船籍国处于敌对状态的国家或地区、冬季北半球高纬度地区等,除非事前征得出租人的同意,否则船长有权拒绝承租人的指示。

(二) 租期与租金支付条款

1. 租期

租期是指合同双方约定租用船舶的期限。租期的长短一般视承租人对船舶的需求及市场行情的发展趋势而定，从几个月到几年不等。租期的表述有以下几种。

第一种：××月（如6个月）。这种表述方法意味着租期不仅仅是规定的日期，通常还默示认为应包括一个合理的宽限期，该宽限期的长短根据租船合同条款、船舶状况等因素确定。

第二种：大约××月（如大约6个月）。这种表述方法含"大约"，即已明示规定了宽限期，该宽限期长短也是根据实际情况而定，可能是几天，也可能是几个星期或一个月。

第三种：××月，或多或少××天由承租人选择。这种表述方法已明确规定了宽限期，只要在浮动范围内还船都不算违约。

第四种：不超过××月，不低于××月。这种表述方法规定了租期的上下限，本身就是一个明示的宽限期，因此不再允许有进一步超期，否则视为违约。

第五种：××月到××月的必要时间以便完成航次。这种表述方法中含"必要时间"，也就是说允许根据实际情况有宽限期，但默认的宽限期较短，仅为几天。

租期的计算单位有天、月或年，月有日历月或每30天为一个月两种，也有规定上下限的。租期通常从交船时起算。

(1) 交船：船舶出租人按合同规定，将船舶交给承租人使用。交船有期限、地点、船舶状态等规定与要求。交船期限的最后一天一般为解约日，如果出租人未能在这一日之前将船舶按约定条件交于承租人，承租人有权解除合同。我国《海商法》第131条规定，出租人应当按照合同约定的时间和地点交船；否则，承租人有权解除合同。并规定，出租人将船舶延误情况和船舶预期抵达交船港的日期通知承租人的，承租人应当自接到通知时起48小时内，将解除合同或者继续租用船舶的决定通知出租人。因出租人过失延误提供船舶致使承租人遭受损失的，出租人应当负赔偿责任。交船地点一般规定为某一具体港口。

(2) 还船：承租人按合同规定，于租期届满时将原船按交船时相同的良好状态还给船东。完成最后航次的日期称为合同约定的还船日期，对于可能超过合同约定的还船日期的，承租人有权超期用船以完成该航次。超期期间，承租人应按合同约定的租金率支付租金，市场租金率高于合同约定租金率的，承租人应按市场租金率支付租金。若承租人在剩余的租期内安排一个即使非常顺利也无法准时还船的航次，则该航次一般被认为是不合法的。这时，除须按合同租金率和市场租金率二者的高者支付超期天数租金外，承租人还应赔偿出租人所遭受的损失。

(3) 转租：承租人根据需要可以把船舶转租给另外的租船人。转租时，原承租人以二船东的身份与第三者签订租船合同,但原承租人仍负有原租船合同规定的权利、义务与责任,并按原租船合同履行。承租人转租船舶时,应将转租的情况及时通知出租人。与转租承运人订立转租合同,在船舶航行区域、装运货物的范围等方面,同原租船合同内容不能相抵触;否则,船长有权拒绝接受转租承运人的指示。

(4) 停租:非承租人的原因,承租人拥有因船舶不能按约定使用而停付租金的权利。停租的原因主要有:船员配置数量或船员生病等不能工作;物料不足,影响船舶机器正常运转或货物正常积载;船舶故障或需要驶往附近港口进行维修;海损事故等阻碍船舶按合同进行完全工作。

2. 租金支付条款

租金支付条款是定期租船合同的重要条款之一,通常规定租金率、租金支付方式、租金支付时间和租金币种等内容。租金率通常是以天为计算单位,也可以每天每载重吨为计算单位。定期租船合同格式对租金支付的规定有所不同,但三个共同特点,也是三个关键点。

(1) 现金支付

现金除日常生活中的现钞之外,还包括与现钞相类似的其他支付方式,如支票、汇票、银行支付单等。现金支付必须满足两个条件:一是租金一旦支付则不能撤回;二是必须使出租人无条件地立即使用租金。

(2) 预付

预付指租金的支付时间必须在支付日之前或当日支付,不能晚于支付日。支付日必须是银行工作日,除非另有明示规定,否则承租人只要在支付日午夜之前支付租金即可;如果支付日正好是银行非工作日,则承租人应在该日期前一银行工作日或之前完成支付。

对于支票等票据支付方式,支付时间以出租人银行收到票据时间为准,而不以承租人银行发出票据时间为准;在银行之间通过电报、电传等方式发出指令通知付款的情况下,支付时间以出租人银行收到这种文件并确认时为准,而不以承租人银行发出这种文件时间为准。

(3) 不作扣减

租金必须全额支付,不能作扣减,但并不意味着不作任何扣除。根据法律或合同约定,承租人可以在允许扣减的范围内,在支付下一期租金时扣减。

1946年NYPE格式和BALTIME格式都规定了允许扣减的事项,但前者规定得较多,具体包括四项:一是预先的停租,即在预定支付租金日之前已出现了停租,则在支付下一期租金时扣减;二是应船长的请求,承租人为出租人预垫的本应由出租人承担的费用;三是因船体、船机和设备的缺陷、损坏而造成的船速索赔和燃油消耗量索赔;四是由出租人承担的船上生活用燃油。需要注意的是:允许扣减的事项必须在合同中明确规定,如果双方未有明确约定,承租人不得随意扣减。

> **!-小贴士**
>
> 按照 1946 年 NYPE 格式规定：租金应在纽约以美元现金方式每半个月预付。对于最后半个月或不足半个月的部分时间及可能延长的时间，如果承租人能够合理预计提前还船，则可以预付估计的租金额，而不必全额支付；如果承租人预计会延迟还船，则全额预付最后半个月租金，并对超期部分租金按天支付。但半月一次支付会给承租人带来许多不便，因此在实践中常改成"按月支付"。
>
> 按照 BALTIME 格式规定：租金应在××地方以现金方式，每 30 天提前预付，不得作任何扣减。对于最后一个月的租金，如果预计可能提前还船，但合同中没有明确条款表示相反意见的话，承租人仍应全额支付，对于多付的租金在还船后由出租人退还；如果延期还船，对于超期部分租金按天支付。
>
> 如果承租人不按时支付租金，则出租人有权依据撤船条款将船舶撤回，从而终止租船合同。从 BALTIME 和 NYPE 格式的解释来看，承租人无论是否有过失，只要不按时支付租金，出租人即可撤船，即承租人支付租金是一项绝对义务。但在实践中，这种严格的义务显得不十分必要或不十分合理，原因有三：一是如果签订本租船合同时的租金率高于当时市场租金率，那么如果因为承租人晚交几天租金而撤船会导致出租人无法以高租金率再将船舶出租；二是承租人晚交租金的原因并非本人过错，可能是银行、通信等方面的原因所致；三是承租人晚交几天租金并未给出租人带来重大的损失。
>
> 为了避免出租人滥用撤船权，实践中通常在租船合同中加入反技巧性条款，即当承租人没有按时、定期支付租金时，出租人应书面通知承租人可以在几个银行工作日之内支付，如果承租人在通知中规定的日期内仍未支付租金，则出租人有权撤船。
>
> 这里需要注意三点：一是如果出租人决定撤船，应向承租人发出书面撤船通知，自承租人收到撤船通知起，开始实施撤船；二是撤船决定具有终局性，不能只是借撤船通知威胁或恐吓承租人；三是出租人的撤船决定必须在合理时间内作出，否则视为放弃撤船权。

(三) 其他相关条款

1. 使用与赔偿条款

使用与赔偿条款 (employment and indemnity clause) 是定期租船合同中较为常见的主要条款之一，包括对船长、船员的雇佣情况说明、对船舶的使用说明以及对出租人和承租人的索赔事项说明。

在期租合同下，船长和船员由出租人任命和雇用。但依据此条款，船长视为承租人的雇佣人员或代理人,有义务听从承租人有关运营方面的合理指示或安排。这里必须注意两点:一是船长听从承运人的指示仅是有关运营方面的,而有关船舶安全和管理方面的指示,船长仍听从于出租人;二是承租人的指示必须是与租船合同有关的、合理的指示,对于要求船长签发倒签提单、无单放货等不合理指示,船长可以不予听从。

2. 航行区域条款

在期租合同中,船舶营运安排由承租人负责,因此出租人为了保障船舶安全,在合同中往往订有航行区域条款,限制船舶航行的区域,从而限制承租人自由支配船舶的权利。其条款表述为"只允许船舶在××范围内航行"或"船舶不得在××水域营运"等。

3. 合法货物条款

所谓合法货物指依据装卸港当地法律、船旗国法律以及租船合同使用法律允许装运的货物。对于出租人不想装运的货物,如化学品、危险品、盐、硫黄等,也必须在合同中订明。如果承租人指示船长装运合法货物以外的货物,船长有权拒绝装运;如果在出租人不知情的情况下装运货物,则出租人有权向承租人索赔因此造成的损失;严重情况下,出租人可以解除合同。

4. 佣金条款

在定期租船中,租船经纪人所获得的佣金一般由船舶出租人在获得租金后,以租金的一定百分比支付。依据NYPE条款规定,如果承租人未向出租人支付租金,则不管租船经纪人是否已有实际费用发生或是否遭受实际损失,出租人都无义务支付佣金。

这一规定很显然对租船经纪人不利。为了更好地保护自身的利益,租船经纪人最好像BALTIME格式那样在合同中详细而明确地约定租金条款。

!-小贴士

BALTIME格式规定:出租人根据本租船合同,在获得租金的基础上,向××支付××佣金,且任何情况下佣金不得少于补偿租船经纪人的实际开支和其工作的合理报酬。若因合同当事人任何一方违约而使全部租金未付,则负责任的一方应赔偿经纪人的佣金损失;如当事人双方协议解除合同,则船舶出租人负责赔偿经纪人的佣金损失,佣金损失不超过按一年的租金计算的费用。

定期租船合同还包括救助报酬条款、仲裁条款、首要条款、共同海损条款、留置权条款、提单条款、战争条款、征用船舶条款、货物索赔条款、税费条款、货舱清洁条款、偷渡条款、走私条款等。

第四节 光船租船合同

一、标准光船租船的合同格式

目前国际上使用比较广泛的光船租船合同格式,是波罗的海国际航运公会1974年制定的标准光船租赁合同,租约代号"贝尔康"(BARECON)。该格式经过1989年和2001年两次修订,具有A、B两种格式,分别称为"贝尔康A"和"贝尔康B"。

二、光船租船合同的主要条款

(一) 船舶说明条款

光船租船合同中的船舶说明条款包括船名、船旗、船级、船型、船舶吨位、建造时间及地点、夏季干舷高度、上一次船级社特别检验及其他有关船舶情况。这些事项使船舶特定化,出租人应保证上述内容的正确性。

(二) 交船还船条款

1. 交船条款

出租人应在约定期限内,在约定的港口或地点,将船舶交与承租人。出租人在交船时应注意三点:一是谨慎处理使船舶适航,包括船体、船机和设备等各方面适合于约定用途,为确保船舶的技术状态,出租人和承租人各自指定一名验船师,对交船时船舶的状态进行检验并出具书面检验报告,由出租人支付检验费并承担因此产生的时间损失;二是保证船上的各种文件与证书齐全;三是双方当事人对船舶的各种设备、备用品、器具和船上用于消耗的物料列出清单,承租人应按当时当地的市场价格购买船上所剩有的燃油、润滑油、淡水、食品、油漆、缆索和其他用于消耗的物料。

2. 还船条款

承租人应在租期届满时,在合同约定的安全港口,将船舶还给出租人。还船时应注意两点:一是船舶应处于交船时相同的状态、结构和船级(不影响船级的自然损耗除外),为确定还船时的船舶状态,出租人和承租人各自指定验船师,对船舶进行检验,费用和时间损失一般由承租人承担;二是承租人需对船舶的各种设备、备用品、器具和船上所有用于消耗的物料列出清单,由出租人按当时当地的市场价格购买还船时船上所剩的燃料、润滑油、淡水、食品及用于消耗的物料。

(三) 租金支付条款

自船舶交付给承租人之日起,承租人应按合同约定每月支付租金,直至还船为止。承租人应按合同约定的方式、时间、地点和租金率无折扣地预付每一期租金。对于第一个月和最后一个月不足整月时,租金应相应地按比例按日支付。如果租金应付之日后连续7日内仍未按时支付,或者未足额支付,出租人就有权撤船。

(四) 其他相关条款

1. 船舶检查条款

在租期内,出租人有权随时检查船舶的状况,或指定验船师对船舶进行检查,以确定承租人是否对船舶进行适当的维修保养;出租人还有权检查船舶航海日志和轮机日志等,并有权要求承租人向其提供船舶发生海损事故的情况和船舶使用情况。船舶检查不同于船舶检验,船舶检验发生在船舶交接时,而船舶检查发生在租期期间。

2. 船舶维修和保养条款

在租期内,承租人要保持船舶、船机、锅炉、属具和备件处于良好状态,并保持船舶具有交船时的船级以及各种船舶证书的有效性,如果船舶在使用中发生损坏,承租人应立即采取措施,在合理时间内进行必要的修理。

此外,承租人在未征得出租人同意之前,不得对船舶、机器、锅炉、属具或备件进行结构性改造;如果已征得出租人同意并进行改造,则应出租人请求,承租人应在本合同终止前将船舶恢复原有状态。承租人可以使用交船时船上的一切设备与用品,但不得使设备与用品造成损坏,自然磨损除外,否则承租人应负责修理或更换,且不得因此降低船舶价值。承租人应在交船后定期将船舶入船坞进行清洗和油漆船底,以做到合理保养。

3. 船舶抵押条款

在光租合同中,通常约定出租人应保证船舶未经抵押,并且保证在租期内,在未征得承租人同意之前,出租人不得将船舶进行抵押。我国《海商法》规定:出租人在光船租船租期内不得设定船舶抵押权,除非事先征得承租人书面同意,否则因此致使承租人遭受的损失,由出租人负责赔偿。

4. 船舶保险条款

双方当事人在合同中通常确定应由哪一方负责投保、投保的险别及相关费用的负担。我国《海商法》第148条明确规定,由承租人按照合同约定的船舶价值,以出租人同意的方式进行投保,并负担保险费。如果船舶遭受承保范围内的风险而造成实际全损或推定全损,保险赔款应付与出租人,然后在出租人和承租人之间,按各自利益受到的损害程度进行分配。

5. 合同的转让与船舶转租

通常光船租船合同规定:未经出租人书面同意,承租人不得转让租船合同或者以光船租船的方式将船舶转租。这比定期租船合同有关转租的规定要严格。但如果承租人以定期租船或航次租船方式将船舶转租,则不必事先征得出租人书面同意,但转租后应尽快通知出租人。

光船租船合同还包括船舶无责任担保条款、留置权条款、救助报酬条款、共同海损条款、清除残骸条款、提单条款、船舶征用条款、战争条款、法律适用条款和仲裁条款等。

本章小结

本章介绍了租船运输的基本理论,包括租船运输的概念、特点、种类及租船合同的订立;从租船合同签订的实际业务出发,分别介绍了航次租船合同、定期租船合同和光船租船合同的标准租船合同格式和主要合同条款;并详细讲解了航次租船运价估算问题。

本章练习题

一、选择题

1. 海运中以完成航次运输为目的,按航次所需的实际天数和约定的日租金率计收租金的运输经营方式是( )。
   A. 航次租船　　　B. 定期租船　　　C. 光船租船　　　D. 定程租船

2. 从船舶所有人对船舶的支配、占有程度的强弱来看下列租船方式的排序正确的为( )。
   A. 包运租船、航次租船、航次期租、定期租船、光船租船
   B. 光船租船、包运租船、航次租船、航次期租、定期租船
   C. 航次租船、航次期租、定期租船、光船租船、包运租船
   D. 包运租船、航次租船、航次期租、光船租船、定期租船

3. 下列( )项费用不属于定期租船人支付的项目。
   A. 港口使用费　　B. 装卸费　　　　C. 船员给养　　　D. 燃料费

二、简答题

1. 航次租船、定期租船、光船租船各自的特点是什么?
2. 定期租船合同中的交船条件是什么?

三、判断题

1. 航次租船合同中一般默示可以使用的港口数量为一装一卸,但承租人指定使用的港口可以使用两个泊位。　　　　　　　　　　　　　　　　　　　　　( )
2. 航次租船运输,按规定船舶在受载期内的任一天到达装货港都是允许的。( )
3. 对于卸货港产生的滞期费等,原则上船舶出租人只能向承租人收取。　( )

4. 与班轮运输相比较,租船运输的批量大、运价高。（   ）

5. 光船租船的特点之一是承租人配备全部船员,并负有指挥责任。（   ）

四、实训题

1. 航次租船运价估算

某货主有一票 3.9 万吨散货欲从远东 A 港运往北美 B 港,委托 H 租船经纪人公司签订航次租船运输合同,佣金按照航次毛收入计算,佣金率为 2.5%。某船公司接到该经纪人询价后,对航次租船运价做出估算。

该船公司恰巧有一条 4 万吨的散货船 V 将于近日在 A 港附近的 C 港卸空,C 港到 A 港的海上距离为 336 海里,A 港到 B 港的海上距离为 2 184 海里,途经巴拿马运河,运河费 52 000 元左右。该船空载航速为 14 节,重载航速为 13 节。A 港装货效率为每小时 812.5 吨,B 港的卸货效率为每小时 1 300 吨,由于 A 港船舶压港现象非常严重,因此预测在 A 港可能会产生等待时间 18 小时。

船舶 V 航行时每天燃油消耗 30 吨,航行时与停泊时平均每天柴油消耗 3 吨,当时燃油市场价格为每吨 5 000 元,柴油价格每吨 4 500 元,A、B 港口使费合计 70 700 元左右,装卸费用暂定为货主负责,经纪人佣金暂定为船方支付。船舶每月折旧费为 30 万元,船舶运营费用平均每月 45 万元,亏舱费率一般定为每吨 20 元。船公司预期该航次盈利 6 万元。问船公司应该报出的运价率是多少？租船经纪人所赚取的佣金是多少？

2. 如果你是一名租船经纪人,请考虑如何进行航次租船合同的订立。

参考文献

[1] 郭萍.租船实务与法律[M].大连：大连海事出版社,2002.
[2] 卢永真.运输合同[M].北京：中国民主法制出版社,2003.
[3] 徐天芳,江舰.物流方案策划与设计[M].北京：高等教育出版社,2005.
[4] 蒋晓荣.国际货运与保险实务[M].北京：北京大学出版社,2006.
[5] 阎子刚.物流运输管理实务[M].北京：高等教育出版社,2006.
[6] 梁树新.跟单信用证与对外贸易[M].北京：人民邮电出版社,2007.
[7] 李作聚.国际货物运输代理[M].北京：清华大学出版社,2007.
[8] 张嘉生.国际货运代理业务中的法律风险防范[M].北京：法律出版社,2008.
[9] 杨鹏强.国际货运代理实务[M].北京：电子工业出版社,2008.
[10] 陈金山.国际货运代理[M].北京：科学出版社,2009.
[11] 中国国际货运代理协会.国际货物运输代理概论[M].北京：中国商务出版社,2010.
[12] 中国国际货运代理协会.国际航空货运代理理论与实务[M].北京：中国商务出版社,2010.
[13] 中国国际货运代理协会.国际海上货运代理理论与实务[M].北京：中国商务出版社,2010.
[14] 中国国际货运代理协会.国际陆路货运代理与多式联运理论与实务[M].北京：中国商务出版社,2010.
[15] 海关总署报关员资格考试教材编写委员会.报关员资格全国统一考试[M].北京：中国海关出版社,2010.
[16] 海关总署报关员资格考试教材编写委员会.2010年版进出口商品名称与编码[M].北京：中国海关出版社,2010.
[17] 高映."十二五"时期我国保税区的功能定位和拓展[J].港口经济,2010(12).
[18] 穆海平.企业物流成本分析及控制措施研究[J].价值工程,2011,22(3).
[19] 陈文.物流服务水平与物流成本的权衡探讨[J].物流技术,2012(2)：56-58.
[20] 刘文歌,刘丽艳.国际物流与货运代理[M].北京：清华大学出版社,2012.
[21] 陆佳平.包装标准化和质量法规[M].北京：印刷工业出版社,2013.
[22] 李爱华.海商法[M].北京：清华大学出版社,2014.
[23] 凌海生.国际物流单证操作实务[M].武汉：武汉大学出版社,2014.
[24] 邹小平.国际物流单证缮制[M].北京：清华大学出版社,2014.
[25] 彭影.现代物流综合实训教程[M].成都：西南交通大学出版社,2014.
[26] 李洁,翟树芹.进出口报关实务[M].广州：华南理工大学出版社,2016.
[27] 彭宏勤,杨淑娟.综合交通发展与多式联运组织[M].北京：人民交通出版社,2016.
[28] 张良卫.国际物流实务[M].3版.北京：电子工业出版社,2017.

推荐网站：

[1] 中华人民共和国交通运输部网：http://www.moc.gov.cn.
[2] 中华人民共和国铁道部网：http://www.china-mor.gov.cn.
[3] 商务部网站：http://www.mofcom.gov.cn.

［4］　中国海关网：http://www.customs.gov.cn.
［5］　国家海洋局：http://www.soa.gov.cn/soa/index.htm.
［6］　中国应急物流网：http://www.cnel.cn.
［7］　中国物流与采购网：http://www.chinawuliu.com.cn.
［8］　110法律咨询网：http://www.110.com.
［9］　沪港律师网：http://lgq.fabao365.com/article/view_19235_36437.html.
［10］　中国物流网：http://www.china-logisticsnet.com.

教师服务

感谢您选用清华大学出版社的教材！为了更好地服务教学，我们为授课教师提供本书的教学辅助资源，以及本学科重点教材信息。请您扫码获取。

▶ 教辅获取

本书教辅资源，授课教师扫码获取

▶ 样书赠送

物流与供应链管理类重点教材，教师扫码获取样书

 清华大学出版社

E-mail: tupfuwu@163.com　　　　　　网址：http://www.tup.com.cn/
电话：010-83470332 / 83470142　　　传真：8610-83470107
地址：北京市海淀区双清路学研大厦 B 座 509　　邮编：100084

配套资源

根据读者的现实需求，为便于读者使用本书教材，为了支持出版该教材，我们为读者免费提供本书的配套资源，以及本套系列重点教材信息，请按目录索取。

教师资源

本书教辅资源：PPT课件和习题答案

样书赠送

如您已决定将此书作为教材，欢迎扫码申请样书。

清华大学出版社

E-mail: tupbinwg@163.com
网址: http://www.tup.com.cn/
电话: 010-83470352 83470142 传真: 010-83470107
地址: 北京市海淀区双清路学研大厦B座805 邮编: 100084